INTEGRATED REPORTING REVOLUTION

統合報告革命

ベスト・プラクティス企業の事例分析

古賀智敏 [責任編集]
池田公司 [編著]

沖野光二
島永和幸
戸田統久
付　馨
島田佳憲 [著]

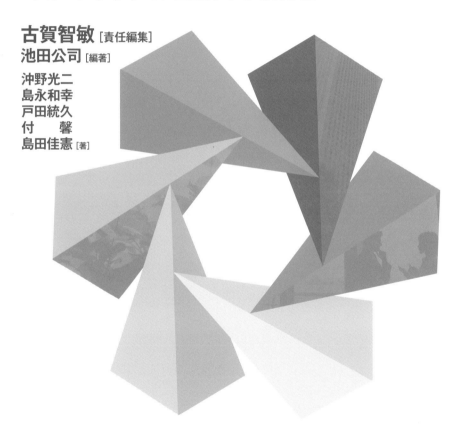

税務経理協会

まえがき

　本書は、現代社会の新たな情報開示のあり方として財務情報と非財務情報との一体化による統合報告について、その制度的背景と意義並びに特徴を先行企業のベスト・プラクティスの事例を詳細かつ緻密に分析・解説することによって、次世代の企業報告の展望を提示しようとするものである。

　本書は、日本知的資産経営学会において2012年4月から2014年8月まで行われたスタディグループ研究の成果をなすものであり、池田公司代表を中心として第一線で活躍中の研究者の手による意欲的かつ果敢な研究成果をなすものである。

　周知のように、近年の企業を取り巻くリスク環境の拡充化と企業活動のグローバル化の更なる展開のもと、企業報告のあり方も財務情報に強く基礎付けられた過去・短期指向的開示から、無形価値や環境・CSRに関する非財務情報を取り込んだ将来・中長期指向的開示へと大きく舵を切りつつある。この背景には、今世紀以降とくに高まりつつある無形のナレッジ資源の重要性とイノベーションの加速化とともに、環境・人間・社会を尊重するグローバルな意識の高まりがあり、それらが1つの潮流となって持続性ある経済社会の発展となってきたのである。その象徴が、統合報告である。

　統合報告が制度として生成・発展するようになったのは、2010年以降であり、まだ数年の実績にすぎない。わが国でも、統合報告に取り組む企業が増加しつつあるとはいえ、内容的には従来のアニュアル・レポートとCSR報告書を単に包含したケースが多く見られる。

　このような状況を踏まえて、本研究グループは、海外の優れた先行事例を研究の第1歩として、それを詳細に検討・分析することによって統合報告書の更なる普及と発展を目指そうとするものである。

　本書は、次の4点に特徴を持たせるように努めた。

(1) 統合報告に関して、IIRCパイロット・プログラム参加企業を中心に**20社**もの**ベスト・プラクティスの事例を緻密に、かつ具体的に紹介することによって統合報告書を作成しようとする日本企業にとって最適な教材を提供する**よ

まえがき

う努めた点である。統合報告が萌芽的段階にある現状を受けて、本書では、統合報告書の理論や制度分析そのものよりも実際の実践事例を通じて、その実践的普及に努めようとしている。

(2) 本書で取り扱った企業は、統合報告の制度的パイオニアをなす南ア連邦をはじめ、イギリス、オランダ、デンマーク、フィンランドなど欧州諸国、チリ、ブラジルなど南米諸国、オーストラリア、中国など制度が異なる多様な国の企業を包含するものであり、**本事例を通じて各地域や国毎の制度や文化の差異を学ぶ国際比較分析を行うことができる点**である。

(3) 本書では、単に事例を提示・紹介するのみならず、その開示実態の様式や開示のあり方に関する総括表を IIRC フレームワークに準拠して作成するなど、**バラエティある作成・開示実態の全体像が概観できる**ように努めている点である。これによって、読者は、自社に適する開示のあり方を選択することができよう。

(4) 最後に、統合報告の監査形態に関する記載を加えることによって、開示実態のみならず**統合報告書の監査ないし保証のあり方**をも加えることによって、内容の充実に努めている点である。

本書は、次世代の企業報告書としての統合報告書の高度の研究書をなすものではなく、また本格的な解説書を目指すものではない。しかし、本書は、いまだ体系的で詳細な実践的文献が乏しい中、具体的かつ豊富な事例分析を行った最初の試みとしての役割は十分に果たすものと考える。

また、出版事情が厳しい中、本書の出版にご理解と励ましをいただいた税務経理協会の大坪嘉春社長、並びに遅れる作業をじっと見守っていただき、絶えずご協力いただいた同社編集部の宮田英晶氏及び日野西資延氏に厚くお礼申し上げる次第である。

本書は、日本学術振興会基盤研究(B)(2012 年-2014 年)「企業の持続的発展可能性と財務情報・非財務情報の統合化に関する研究」(代表者：古賀智敏)の研究費等の一部をなすものである。

2015 年 3 月桜の季節を迎えて

責任編集　古賀　智敏

目　次

まえがき

第1部　統合報告入門

第1章　統合報告革命の始まりとその経済的・社会的・制度的背景……2
1. 統合報告革命とは何か……2
2. 統合報告革命の4つの要因……4
3. 持続的成長経済における企業モデル……5

第2章　企業レポーティングの拡充化と統合報告の意味するもの……7
1. 企業レポーティングの拡充化の経済的基盤……7
2. 財務情報と非財務情報との比較……9
3. CSRと知的資産情報との比較……9
4. 財務情報と非財務情報の分離と統合……11
5. 統合報告の論点と課題……12

第3章　統合報告と投資決定有用性……14
1. 「短期的有用性」対「長期的有用性」―アカデミック・リサーチからの知見……14
2. 財務情報・非財務情報の一体的開示と利益予測の信頼性―PWCの実験から……17

第4章　統合報告時代の意味するもの……20
1. いかにして持続的成長に向けての企業の新たな「説明責任」を果たすか―「対外的意義」……20
2. 統合報告、統合思考と統合経営―「対内的意義」……21

目 次

第2部
統合報告の制度的枠組み —IIRCの国際＜IR＞フレームワーク—

第5章　統合報告の全体像 …………………………………………………… 24

第6章　基 礎 概 念 …………………………………………………………… 28
1　組織に対する価値創造と他者に対する価値創造 ………………………… 28
2　資　　　本 ………………………………………………………………… 29
3　価値創造プロセス ………………………………………………………… 30

第7章　指 導 原 則 …………………………………………………………… 32
1　はじめに …………………………………………………………………… 32
2　指導原則の概要 …………………………………………………………… 32
3　本章のまとめ ……………………………………………………………… 34

第8章　内 容 要 素 …………………………………………………………… 36
1　統合報告書における構成要素の考え方 ………………………………… 36

第3部
ベスト・プラクティス企業の事例 —分析と解説—

第9章　調査対象会社の概要と事例分析の視点 ………………………… 46
1　調査対象会社の概要 ……………………………………………………… 46
2　事例研究の視点 …………………………………………………………… 50
　　(1) ＜IR＞の記載事項と情報量 …………………………………………… 50
　　(2) ＜IR＞の信頼性保証 …………………………………………………… 51

第1群
IA型（アニュアル・レポート活用型）の事例

第10章　ユニリーバ（Unilever）…………………………………………… 56
1　Unilever のプロフィール ………………………………………………… 57

目　次

　　2　Unileverの統合報告に関する企業の作成目的・意図・狙いどころ……… 58
　　3　Unileverの報告書の記載目次・項目のリスト……………………………… 59
　　4　Unileverの統合報告の主要構成要素の抽出・特徴点の解説……………… 60
　　　　(1)　Unileverについて……………………………………………………… 60
　　　　(2)　Unileverのガバナンス………………………………………………… 67
　　5　Unileverの統合報告の特徴点と問題点など………………………………… 69

第11章　ノボ・ノルディスク（Novo Nordisk） ……………………… 73
　　1　本事例を取り上げる理由……………………………………………………… 74
　　2　ノボ・ノルディスクにおける統合報告書の変遷…………………………… 75
　　　　(1)　統合報告書の変遷及び位置づけ……………………………………… 75
　　　　(2)　統合報告書の位置づけ………………………………………………… 76
　　3　統合報告書の記載目次・項目………………………………………………… 78
　　4　統合報告書の主要構成要素の特徴点………………………………………… 80
　　　　(1)　主要な記載内容に関する特徴点……………………………………… 80
　　　　(2)　開示情報の保証に関する特徴点……………………………………… 84
　　　　(3)　その他の特徴点………………………………………………………… 84
　　5　統合報告書の作成指針………………………………………………………… 85
　　6　統合化のアプローチ…………………………………………………………… 87
　　　　(1)　ファシリテーター……………………………………………………… 88
　　　　(2)　バランスト・スコア・カード………………………………………… 89
　　　　(3)　TBLアプローチ………………………………………………………… 90
　　7　総　　評………………………………………………………………………… 90

第12章　ナチュラ（NATURA） ………………………………………… 94
　　1　NATURA（NATURA Cosméticos S/A）のプロフィール………………… 95
　　2　統合報告に関する企業の作成目的・意図・狙いどころ…………………… 95
　　3　記載目次・項目のリスト……………………………………………………… 96
　　4　統合報告の主要構成要素の抽出・特徴点の解説…………………………… 98

目 次

  （1）作成と表示の基礎 …………………………………………… 98
  （2）ガバナンス …………………………………………………… 99
  （3）ステークホルダーとの関係性 ……………………………… 100
  （4）実績 …………………………………………………………… 103
  （5）独立監査人の限定保証報告書 ……………………………… 105
 5　当該企業の統合報告の特徴点など ……………………………… 107

第 13 章　アーム（ARM Holdings） ………………………… 109
 1　ARM Holdings のプロフィール ………………………………… 110
 2　ARM Holdings の統合報告に関する企業の作成目的・意図・
  狙いどころ ……………………………………………………………… 110
 3　ARM Holdings の報告書の記載目次・項目のリスト ………… 111
 4　ARM Holdings の統合報告の主要構成要素の抽出・特徴点の解説 …… 113
  （1）ARM Holdings の社長（CEO：最高経営責任者）からの挨拶 …… 113
  （2）ARM Holdings について …………………………………… 116
  （3）ARM Holdings 社のガバナンス …………………………… 119
  （4）ARM Holdings 社と市場 …………………………………… 120
  （5）目的の進捗状況 ……………………………………………… 121
 5　当該企業の統合報告の特徴点と問題点など …………………… 122
 6　インタビュー調査による成果 …………………………………… 123

第 14 章　シー・エル・ピー（CLP Holdings Limited） ……… 125
 1　CLP Holdings Limited のプロフィール ………………………… 126
 2　CLP の統合報告の経緯と報告体系 ……………………………… 126
  （1）統合報告書：『2012 年度年次報告』（2012 *Annual Report*（236 頁））
   ………………………………………………………………………… 128
  （2）その他の報告書：『2012 年度サステナビリティ報告書
   （2012 *Sustainability Report*（225 頁））』（ESG Reporting Guide、
   GRI に準拠） …………………………………………………… 128

目 次

　3　CLPの統合報告書の構造上の特徴……………………………………129
　4　CLPの統合報告書の記載内容の特徴…………………………………134
　　（1）「業績と展望」……………………………………………………134
　　（2）「資本」……………………………………………………………136
　　（3）「ガバナンス」（「プロセス」に所収）…………………………140
　5　CLPの統合報告に関する総評…………………………………………142

第15章　ブンデス（BNDES（The Brazilian Development Bank））……144

　1　BNDES（The Brazilian Development Bank）のプロフィール………145
　2　統合報告に関する企業の作成目的・意図・狙いどころ……………145
　3　記載目次・項目のリスト………………………………………………145
　4　統合報告の主要構成要素の抽出・特徴点の解説……………………147
　　（1）組織概要と外部環境及びガバナンス…………………………147
　　（2）ビジネスモデル…………………………………………………149
　　（3）リスクと機会……………………………………………………151
　　（4）戦略と資源配分及びステークホルダーとの関係性…………152
　　（5）実績………………………………………………………………154
　5　当該企業の統合報告の特徴点など……………………………………157

第16章　ヴァンシティ（Vancity）……………………………………………159

　1　Vancityのプロフィール…………………………………………………160
　2　Vancityの統合報告の経緯と報告体系…………………………………160
　3　Vancityの統合報告書の構造上の特徴…………………………………165
　4　Vancityの統合報告書の記載内容の特徴………………………………169
　　（1）「ビジネスモデルと戦略」（第1部に所収）……………………169
　　（2）「主要成果―統合したスコアカード」（第1部に所収）………170
　　（3）「業績概要、ビジネスレビューと将来計画」（第2部に所収）…172
　　（4）各種報告書の要約とその他の情報（主に第3部所収）………174
　5　Vancityの統合報告に関する総評………………………………………175

目次

第17章　クラウン・エステート（The Crown Estate） ………… 178
- 1　The Crown Estate のプロフィール ………………………… 179
- 2　The Crown Estate の統合報告に関する企業の作成目的・意図・狙いどころ ………………………… 179
- 3　The Crown Estate の記載目次・項目のリスト ………………………… 180
- 4　The Crown Estate の統合報告の主要構成要素の抽出・特徴点の解説 ………………………… 180
  - (1) 会社の概要 ………………………… 180
  - (2) ビジネスモデル ………………………… 181
  - (3) 業績 ………………………… 183
  - (4) ガバナンス ………………………… 187
  - (5) 独立保証報告書 ………………………… 188
  - (6) 監査報告書 ………………………… 188
- 5　当該企業の統合報告の特徴点と問題点など ………………………… 190

第18章　英国勅許公認会計士協会（ACCA） ………………………… 192
- 1　ACCA のプロフィール ………………………… 193
- 2　ACCA の統合報告に関する企業の作成目的・意図・狙いどころ ……… 194
- 3　ACCA の記載目次・項目のリスト ………………………… 195
- 4　ACCA の統合報告の主要構成要素の抽出・特徴点の解説 ………… 195
  - (1) 統合報告書に対する責任表明書 ………………………… 195
  - (2) 価値創造プロセス ………………………… 198
  - (3) 将来の見通し ………………………… 198
  - (4) 保証報告書 ………………………… 198
- 5　ACCA の統合報告の特徴点と問題点など ………………………… 199

第2群　IB型（サステナビリティ・レポート活用型）の事例
第19章　現代建設（Hyundai Engineering & Construction） ………… 206

目　次

1　Hyundai Engineering & Construction（現代建設）のプロフィール ···· 207
2　統合報告に関する企業の作成目的・意図・狙いどころ ·················· 207
3　記載目次・項目のリスト ·· 208
4　統合報告の主要構成要素の抽出・特徴点の解説 ························ 211
　(1)　組織概要と外部環境 ·· 211
　(2)　リスクと機会 ·· 211
　(3)　作成と表示の基礎 ·· 213
5　戦略と資源配分 ··· 214
　(1)　実績 ··· 217
　(2)　第三者保証報告書 ·· 223
6　当該企業の統合報告の特徴点など ······································ 223

第20章　ダノン（Danone） ·· 226
1　本事例を取り上げる理由 ·· 227
2　ダノンにおけるサステナビリティ報告書の変遷と位置づけ ············ 227
　(1)　ダノンのプロフィール ·· 227
　(2)　ダノンにおける報告書の体系及びサステナビリティ報告書の
　　　 位置づけ ·· 228
3　サステナビリティ報告書の記載目次・項目 ····························· 230
4　サステナビリティ報告書の特徴点及び課題 ····························· 231
　(1)　主要な記載内容に関する特徴点 ···································· 231
　(2)　開示情報の保証に関する特徴点 ···································· 233
　(3)　記載内容に関する課題 ·· 236
5　IIRF に対するダノンの見解 ·· 236
6　総　　評 ··· 238

第21章　ペトロブラス（PETROBRAS S.A.） ···························· 241
1　PETROBRS S.A.（Petróleo Brasileiro S.A.）のプロフィール ········ 242
2　統合報告に関する企業の作成目的・意図・狙いどころ ·················· 243

|3| 記載目次・項目のリスト……………………………………………… 243
|4| 統合報告の主要構成要素の抽出・特徴点の解説…………………… 245
　（1） 作成と表示の基礎……………………………………………… 245
　（2） 戦略と資源配分………………………………………………… 248
　（3） 見通し及びリスクと機会……………………………………… 249
　（4） 実績……………………………………………………………… 250
　（5） 独立監査人の限定保証報告書………………………………… 255
|5| 当該企業の統合報告の特徴点など…………………………………… 256

第22章　エイチ・エス・ビー・シー（HSBC Holdings）……… 258

|1| HSBC Holdings のプロフィール……………………………………… 259
|2| HSBC Holdings の統合報告に関する企業の作成目的・意図・狙いどころ…………………………………………………………… 259
|3| HSBC Holdings の報告書の記載目次・項目のリスト……………… 261
|4| HSBC Holdings の統合報告の主要構成要素の抽出・特徴点の解説…… 262
　（1） 概要……………………………………………………………… 262
　（2） 戦略……………………………………………………………… 265
　（3） 主要事実………………………………………………………… 265
　（4） 保証報告書……………………………………………………… 265
|5| HSBC Holdings の統合報告の特徴点と問題点など………………… 269

第3群
Ⅱ型（結合型）、Ⅲ型（独立型）及びⅣ型（Web・動画活用型）の事例

第23章　アクゾノーベル（AkzoNobel N.V.）…………………… 272

|1| アクゾノーベルの企業プロフィール………………………………… 273
|2| 統合報告に向けたアクゾノーベルの取り組み……………………… 274
|3| レポート 2008………………………………………………………… 275
|4| レポート 2009………………………………………………………… 277
|5| レポート 2012………………………………………………………… 278

| 6 | レポート 2013 | 279 |

第24章 マシサ（MASISA S.A.） 282

1	MASISA S.A. のプロフィール	283
2	統合報告に関する企業の作成目的・意図・狙いどころ	283
3	記載目次・項目のリスト	284
4	統合報告の主要構成要素の抽出・特徴点の解説	287
	(1) 作成と表示の基礎	287
	(2) 組織概要と外部環境	287
	(3) ガバナンス	288
	(4) ビジネスモデル	289
	(5) リスクと機会、及びステークホルダーとの関係性	291
	(6) 戦略と資源配分	295
	(7) 実績と見通し	298
5	当該企業の統合報告の特徴点など	299

第25章 サソール（SASOL） 302

1	Sasol のプロフィール	303
2	統合報告に関する企業の作成目的・意図・狙いどころ	304
3	記載目次・項目のリスト	305
4	統合報告の主要構成要素の抽出・特徴点の解説	308
	(1) 戦略と資源配分	308
	(2) ビジネスモデル	309
	(3) リスクと機会	311
	(4) 実績	311
	(5) ステークホルダーとの関係性	313
5	当該企業の統合報告の特徴点など	314

目 次

第26章　アエゴン（AEGON N.V.） …………………………………… 316
　1　AEGON 社のプロフィール ……………………………………………… 317
　2　AEGON 社の統合報告書の特徴 ………………………………………… 317
　3　統合報告書の信頼性保証 ………………………………………………… 320

第27章　ナショナル・オーストラリア・バンク
　　　　　（National Australia Bank） …………………………………… 324
　1　National Australia Bank のプロフィール ……………………………… 325
　2　NAB の統合報告の経緯と報告体系 …………………………………… 325
　3　NAB の統合報告書の構造上の特徴 …………………………………… 327
　4　記載内容の特徴 …………………………………………………………… 330
　　（1）「事業活動」と「戦略」……………………………………………… 330
　　（2）「ガバナンス」（「譲れない事項」の「リスクとコンプライアンス」
　　　　に所収）………………………………………………………………… 332
　　（3）「リスクと機会」（「譲れない事項」の「リスクとコンプライアンス」
　　　　に所収）………………………………………………………………… 333
　　（4）「ステークホルダーと将来指向」…………………………………… 336
　5　NAB の統合報告に関する総評 ………………………………………… 338

第28章　ストックランド（Stockland） ………………………………… 340
　1　Stockland 社のプロフィール …………………………………………… 341
　2　Stockland 社の統合報告の経緯と報告体系 …………………………… 341
　3　構造上の特徴 ……………………………………………………………… 344
　4　記載内容の特徴 …………………………………………………………… 349
　　（1）「コーポレート・ガバナンス」項目 ……………………………… 349
　　（2）「バリュー・チェーン」と「ステークホルダー・エンゲージメント」
　　　　項目 ……………………………………………………………………… 351
　　（3）「我々の戦略」と「我々の挑戦と機会」項目 …………………… 355
　5　Stockland 社の統合報告に関する総評 ………………………………… 357

目 次

第29章　エスコム（Eskom Holdings SOC Limited）············ 359
　1　Eskomのプロフィール ············ 360
　2　統合報告に関する企業の作成目的・意図・狙いどころ ············ 360
　3　記載目次・項目のリスト ············ 363
　4　統合報告の主要構成要素の抽出・特徴点の解説 ············ 363
　　（1）戦略と資源配分 ············ 363
　　（2）ビジネスモデル ············ 365
　　（3）資本 ············ 368
　　（4）実績 ············ 369
　　（5）ステークホルダーとの関係性 ············ 369
　　（6）保証報告書 ············ 373
　5　当該企業の統合報告の特徴点など ············ 375

索　引 ············ 377
著者紹介 ············ 383

第1部

統合報告入門

第1章
統合報告革命の始まりと
その経済的・社会的・制度的背景

1　統合報告革命とは何か

　統合報告とは、財務情報と非財務情報とを統合化した最新のコミュニケーション・ツールである。統合報告を初めて市場で公表したのは、デンマークのバイオ化学会社、ノボジーメス社（Novozymes）（2002）であったと言われており、アメリカでは多角的製造企業、ユナイティッド・テクノロジー（United Technology）（2008）のアニュアル・レポートであった（Eccles & Saltzman 2011）。しかしながら、歴史的には「統合」概念の萌芽形態は、エルキングトン（Elkington, J.）のトリプル・ボトムラインの概念（1994）にまで遡るとされる。

　その後、プライスウォータハウス・クーパーズ（PricewaterhouseCoopers：PWC）のバリューレポーティング（1999）を経て、ノボ・ノルディスク社（Novo Nordisk）の「統合化し、バランスをとった透明なレポーティング（"integrated, balanced, and candid reporting"）へと展開された。これが制度的に確立したのは、南アフリカ連邦「ガバナンスに関するキング法典」（2009）に基づく統合報告の強制開示化であり、その後の国際統合報告評議会（International Integrated Reporting Council：IIRC）の統合報告フレームワークの策定プロジェクトの発足によって、統合報告時代の幕開けとなった。

　統合報告とは何かについて、大きく2つのアプローチが考えられる。
(a) テクニカル・アプローチ（作成プロセス指向アプローチ）
(b) ファンクショナル・アプローチ（利用プロセス指向アプローチ）
　前者は、作成者の立場から統合報告とは財務的視点と戦略的フォーカスの統合化であるとみて定義づけようとするのに対して、後者は、利用者の立場に焦点を

第1章　統合報告革命の始まりとその経済的・社会的・制度的背景

置き、統合報告を長期持続的サステナビリティを目指す新時代のビジネス・レポーティングとみて定義づけようとするものである。ここでは、まずテクニカル・アプローチとしての統合報告の見方について述べてみたい。この場合、統合報告は、次のように定義づけられる。

「統合報告は、事業体が事業を行う商業的、社会的及び環境的背景を反映できるように、事業体の戦略、ガバナンス、業績及び将来見通しについて重要な情報を結び合わせ、それによって事業体がどのようにステュワードシップを履行するか、また、事業体が現在及び将来にわたってどのように価値を創造・維持するかに関して明瞭かつ簡潔に表明される。」(IIRC, 2011, p.6)

これより、統合報告は次の4つの側面から特徴づけることができる。

---

(1) 「目的命題」：財務的視点と戦略的フォーカスの統合化
(2) 「プロセス命題」：戦略・事業モデル、ガバナンス、業績及び将来展望の結合性
(3) 「情報命題」：財務情報と非財務情報との結合性
(4) 「効果命題」：短・中長期の価値創造・維持の促進

【図表1-1】は、上記の4つの側面を図示したものである。

【図表1-1】　統合報告の4側面―テクニカル・アプローチによる定義

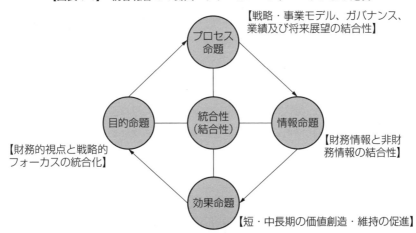

3

第1部 統合報告入門

2 統合報告革命の4つの要因

それでは、このような統合報告革命をもたらしたのは何であったのか。ここでは、その要因として次の4つを示しておこう。

第1に、「外部的経済要因」として長期的エクィティ・ファイナンシング市場の台頭が挙げられる。グローバル市場での競争優位性を促進するためには、有形・無形の長期資産を形成することが必要であり、そのための大規模な長期的投資のニーズが増大してきた（EC Green Paper 2013）。しかしながら、リーマン・ショック後の金融不安や不確実性、リスクに対する回避傾向が高まり、金融機関等による長期的資金融資を回避し、金融の安定化と信頼を回復しようとする風潮が高まっていった（EC 2013）。このように、企業の競争力向上に向けての長期資本投資ニーズと金融機関による長期融資への回避選好との間に大きなギャップが生じるようになり、それを埋めるための証券市場での長期的エクィティ・ファイナンシングが欧州のみならず、わが国においても緊喫の政策的課題となった（内閣府報告書 2013）。

第2に、「内部的経営要因」としての「ナレッジ＝知的資産」によるイノベーションの時代である。21世紀初頭以降、企業の成長戦略の源泉としてイノベーションが求められ、その中核（コア）をなすものとして無形財、ないし知的資産の重要性が高まってきた。米国等の先進諸国では、1990年代中葉までは有形財投資の対GDP比率が無形財投資を上回っていたが、その後、無形財投資の対GDP比率が上回るようになり、21世紀のナレッジの時代を迎えることになった（OECD 2012；古賀 2012a）。

第3に、企業レポーティングの「制度的要因」としての企業実態の透明性が求められる時代である。現代社会は従来の常識が常識ではなくなる時代であり、不確実性とリスクの時代である。このような変動とリスクというコンティンジェンシー（異常事態）に即時的に対応するためには、可及的に企業実態の透明性を高めるように企業レポーティングのインフラを整備することが必要である。統合報告は、財務情報と非財務情報との結合性を図ることによって企業の全体像を浮き彫りにするのに役立つ。

そして、第4に、現代社会はグローバリゼーションによる「価値観の画一化と多様化」が求められる時代でもある。グローバリゼーションは、一方では、価値観の統一化（画一化）を求めるが、他方では、その中で多様な個性を認め合う多様化の時代でもある。近年、企業の社会責任報告（CSR）が台頭した背景には、人間性を尊重し、価値観の多様化を認めようとするグローバル社会での気運の高まりがある。統合報告の制度化が人権問題をとくに重視する南ア連邦を起点とするのも、21世紀ダイバーシティ社会の到来を示すものである。

以上、4つの要因は相互に関連し合いつつ、究極的には長期持続的成長社会へのパラダイム・シフトを示唆するものであり、そのコミュニケーション・ツールとしての統合報告の生成背景をなす。【図表1-2】は、以上の議論を要約して示したものである。

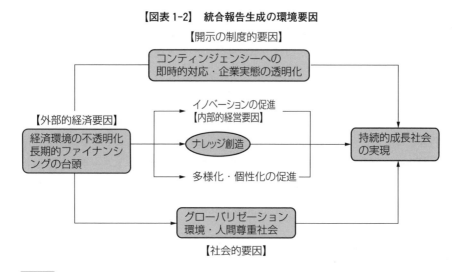

【図表1-2】 統合報告生成の環境要因

3 持続的成長経済における企業モデル

また、【図表1-3】は、このようなサステナビリティを支える企業モデルが財務的業績を重視した企業モデルから、企業の社会的責任や環境保全をも考慮し、財務的業績のみならず社会的業績や環境的業績をも包括したトリプル・ボトムライン（3つの業績成果）を重視する企業モデルへの変容を描くものである。この

【図表1-3】 持続的成長経済における企業モデル

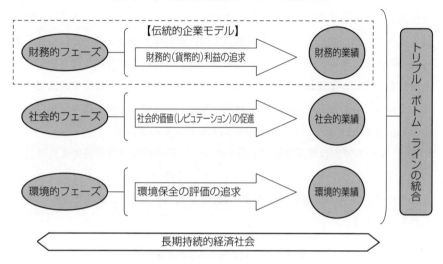

トリプル・ボトムライン原則は、統合報告のパイオニア企業の1つであるデンマークのノボ・ノルディスク社(Novo Nordisk)のアニュアル・レポート(2010)において、次のように紹介されている。

「われわれは、持続性ある事業であることを望むが、これは将来の成長のために利益を得るとともに、社会的、経済的発展のために貢献することを意味する。持続的発展に対するわれわれのコミットメントをトリプル・ボトム・ライン原則と言い換えたい。これは、財務的、社会的及び環境的配慮を責任ある方法でバランスをとることである。」(Annual Report 2010)

第2章
企業レポーティングの拡充化と統合報告の意味するもの

1 企業レポーティングの拡充化の経済的基盤

　企業の情報開示の拡充化は、企業活動の基盤をなす経済環境の変化に対応しつつ、開示の主たる目的や内容・範囲等の変容をもたらしてきた。ここでは、経済基盤の変化と開示目的について、大きく次の4つの段階に区分し、それぞれについてその特徴を浮き彫りにすることにしよう（古賀 2012b）。

　まず第1は、「プロダクト型経済―アカウンタビリティ（1930年代～70年代）」である。この時代では、鉄鋼、自動車等の製造業主体の産業経済を背景として、有形財投資（機械・設備等）の有形財投資が企業価値創出の主たるインプットとして活用され、物的効率性の追求が主たる経営課題となる。このような有形財投資額が取得原価で測定され、その製造・販売プロセスをフローとして貨幣金額で把握するアカウンタビリティが開示の主要な目的となり、財務情報が企業レポーティングにおける主たる開示情報となる。

　第2は、「ファイナンス型経済―アカウンタビリティ／投資意思決定有用性（1980年代～90年代）」の時代区分である。そこでは証券市場のグローバル化のもとで、デリバティブ等の新型金融商品が大きく発展し、投資効率性の追求が新たな経営課題となった。それとともに、測定尺度としての公正価値（時価）が広く用いられるようになり、従来の取得原価に基づく過去指向的情報から将来キャッシュ・フローに基づく将来指向的情報へと開示情報も変容し、伝統的アカウンタビリティから証券市場の投資意思決定への役立ちが一層求められるようになった。併せて、金融リスクに対応するリスク情報とリスクマネジメントに係る非財務情報が注目されるようになった。

第1部　統合報告入門

　第3は、「ナレッジ経済—説明責任（1990年代～2000年代）」の時代である。20世紀末期のバブル経済の崩壊と経済の低速化を受けて、企業の活性化とイノベーションに向けて特許権やブランド、ノウハウ等の無形財（インタンジブルズ）ないし知的資産が大きく注目されるようになった。これらの知的資産の多くは、会計の既存の認識要件を満たさずオフバランス処理され、複雑な企業実態がますます不透明なものになった。これを開示の面から改善しようとするのが非財務情報であった。

　それを受けて、第4は、「サステナビリティ価値創造経済—説明責任（2010年代以降）」の到来である。これは前述のナレッジ経済ともオーバー・ラップしつつ、一方では、CSRや戦略・価値創造プロセス・ガバナンス等の非財務情報の拡充化が求められ、他方では、開示情報の過重負担に対する開示の簡潔性が要求されるなど、財務と非財務との情報の統合化が追求されることになる。

　以上の議論を要約的にまとめたのが、【図表2-1】である。これより、経済環境の変化とともに、開示情報の内容も経営者の受託責任に基礎づけられた財務情報の開示から、金融リスクに関する財務的・非財務情報の開示へ、そして更には無形価値や環境・CSRに関する非財務情報の台頭など大きく変容し拡大してきたことが明らかになる。それとともに、企業の開示目的も伝統的なアカウンタビリティから、市場での投資決定有用性を経て、企業の中長期的発展に役立つ説明責任へと大きく拡充・発展してきたことが示されている。

【図表2-1】　企業レポーティングの拡充化と開示目的の変容

	（1930年代～70年代）	（1980年代～90年代）	（1990年代～2000年代）	（2010年代以降）
■ 経営パラダイム	プロダクト指向型経営パラダイム	ファイナンス指向型経営パラダイム	ナレッジ指向型経営パラダイム	サステナビリティ経営パラダイム
■ 経営環境	「製造業＝生産財」重視の産業経済	金融革命とリスク経済	イノベーション知識創造と持続的成長	
■ 価値創出源泉	物的生産財（機械・設備等）	金融財（デリバティブ等）	無形財（ブランド・レピュテーション等）	
■ 財貨の特性	物的効率性の追求	投資効率性の追求	知的創造性の追求　社会的正統性の追求	
■ 開示情報の特性	財務指向的	財務＋非財務（リスクマネジメント等）	財務＋非財務（環境／CSR・知的資産）	
■ 開示責任	アカウンタビリティ指向	アカウンタビリティ／投資決定有用性	説明責任／投資決定有用性	

2　財務情報と非財務情報との比較

　財務情報と非財務情報とは、前者は財務的パースペクティブ（視点）に立つのに対して、後者は非財務的パースペクティブに立つ。この場合、「財務的」とは何か、「非財務的」とは何かを明確に説明することは決して容易ではない。ごく大まかに言えば、財務的とは貨幣金額で表示されるものを示すのに対して、非財務的とは貨幣金額以外の物理的尺度で表示されるもの、その他記述情報で記載されるものを示すことが多い。

　学理的には、財務情報とは本来的に企業の受託資本の変動事象に係る財務報告上の情報を包含するのに対して、非財務情報は、受託資本の変動に関係しない社会責任事象を内容とする（武田 1993）。前者は貨幣資本の投下・回収計算を基本的課題とするのに対して、後者は広く企業の持続的成長の活動実態を提供しようとするものである。

　このような財務報告による財務情報の開示責任が「会計責任」をなすのに対して、企業の「社会責任」には、受託資本の変動に関係した会計責任の対象となる社会責任事象（「財務関連的社会責任」）と、それ以外の財務非関連的な社会責任とが含まれる。したがって、財務報告と非財務情報の開示を包括する「説明責任（報告責任）」とは、会計責任事象と財務に関連しない社会責任事象を加味したトータルの開示責任を含むものとして定義づけられる（武田 1993；古賀・姚・島田 2011）。

3　CSRと知的資産情報との比較

　直近四半世紀における非財務情報開示の展開として、大きく2つの展開がある（古賀 2011）。1つは環境・CSR情報開示の展開であり、もう1つは知的資産（知的資本）情報開示の展開である。前者は、「社会との共生」をキー・コンセプトとして環境・社会的責任の推進という世界的動向を受けて展開されてきた（たとえば、國部 2011参照）。他方、後者は「企業の価値創造」を基軸として、スウェーデン、デンマークなど北欧諸国を中心に生成・発展してきた（古賀・姚・島田 2011）。いずれも財務情報のもつ過去指向的・短期業績指向の視点に対して、将

来指向的・中長期業績指向の視点に立つ。

　業務実態においては、知的資産レポーティングがとくに日本では中小企業の差別化ないし競争優位性の源泉のためのコミュニケーション・ツールとして定着・発展してきたのに対して、わが国内外の大企業では知的資産情報を環境・CSRの一部に組み込み、CSR報告書として展開してきている（たとえば、スウェーデン電信電話会社 Telia Sonera Corporate Responsibility Report 2009参照）。このCSRの社会共生の視点と財務諸表の客観的業績測定の視点とを有機的に結合させ、コスト効率的に1つのレポーティング形態に取りまとめたのが統合報告である。つまり、統合レポーティングは、会計価値測定の財務的視点と、企業価値評価を目指す戦略的視点を企業の持続的発展という共通軸のもとで有機的に統合したレポーティングのあり方である。

　このように、CSRと知的資産情報の開示は、それぞれ成立した背景や目的は異なり、開示の視点や開示内容にも差異が見られる。CSR・環境情報はコンプライアンス・社会的正統性の見方に立ち、社会・環境保全活動に焦点を置くのに対して、知的資産情報は企業価値創造の見方に立ち、ナレッジ財（人的・構造・関係資産）に焦点を置く開示となっている。しかし、両者はともに相互に密接に関連し合いつつ、全体として企業の中長期的成長を目指そうとする点では共通性を

【図表2-2】　知的資産情報とCSR情報との関係

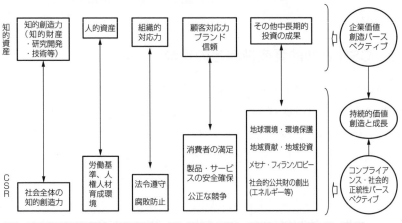

（出典：経済産業省『産業構造審議会・新成長政策部会　経営・知的資産小委員会　中間報告』、平成17年8月、p.73、一部加筆）

もつ。【図表 2-2】は、このような CSR と知的資産情報との関連性を示すものである。

4 財務情報と非財務情報の分離と統合

　財務情報と非財務情報とは、それぞれ独立して開示情報の拡充・発展を遂げてきた。まず、財務情報開示は、日本基準の場合、1990 年代初頭のバブル経済の崩壊を契機として、「フリー、フェア、グローバル」の名のもとに会計基準の国際的動向との整合化が推進され、その後、2005 年の EU 諸国における国際会計基準（IAS/IFRS）の強制適用の開始とともに、IFRS とのコンバージェンスと導入を目指して財務報告はますます拡充化し、複雑化していった。

　このような IFRS 導入に伴う将来予測や見積もり計算、更には公正価値（時価）会計の拡大に対して、記述情報としてのリスク／不確実性に関連して非財務情報の拡充化がもたらされ、非財務情報は財務情報の補完的役割をもつようになった。しかも、公正価値測定の短期的ボラティリティの高まりに対して、非財務情報は、企業の持続的発展可能性という長期的視点から企業を把握するのに役立つ。その結果、非財務情報は、前述の共生的価値社会やナレッジ経済への社会的要請ともあいまって、その開示意義はますます高まっていった。このように、財務情報と非財務情報とは相互に密接に関連し合いながら、両者はそれぞれ別個の道を歩みつつ発展し、一層分離化していった。

　それに対して、情報の統合化を促進するものとして、人間の情報処理の限界がある。サイモンのいう「限定合理性」の概念によれば、人間の認識能力は限定されているので、情報処理バイアスによって相対的にシンプルな意思決定戦略が採られることになる（Simon 1955；古賀 2012c）。このような限定合理性モデルに立つ限り、ヒューリスティック等の情報処理バイアスの介入によって意思決定もより単純化された「近似的」合理性をもつものとならざるを得ない。しかしながら、このような統合報告による開示の簡略化が、どのような環境なり状況のもとで意思決定のパフォーマンスを促進することができるかは、今後の研究課題である。それぞれ独自の道を拡充・発展してきた財務情報と非財務情報とは、統合化による開示の簡略化を模索する時代になった。

第1部　統合報告入門

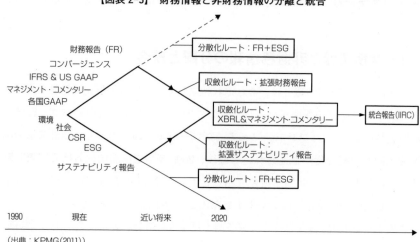

【図表 2-3】　財務情報と非財務情報の分離と統合

(出典：KPMG(2011))

【図表 2-3】は、KPMG（2011）による情報開示の分離と統合の概念図を描いたものである。

5　統合報告の論点と課題

以上の議論を踏まえて、統合報告をめぐって「対象」、「プロセス」、「結果」、並びに「利用者」の4つの扇面から特徴づけ、それぞれの論点課題とを示すことにしよう。【図表 2-4】に描かれているように、リスク経済など複雑性ある企業実態を対象として、それを忠実に反映することによって「戦略―価値創造プロセス―KPI」など一連のプロセスを統合性をもって把握し、もって情報ニーズとの適合性（目的適合性）とインパクトの大きな情報（マテリアリティ）を抽出して1つの簡潔性ある報告書（ワンレポート）に取りまとめ、それを利用者に理解可能性ある形で提供し、読者の判断や意思決定に広く受け入れられたときに、統合報告は有用性あるものとなる。

第2章　企業レポーティングの拡充化と統合報告の意味するもの

【図表2-4】　統合報告の論点と課題

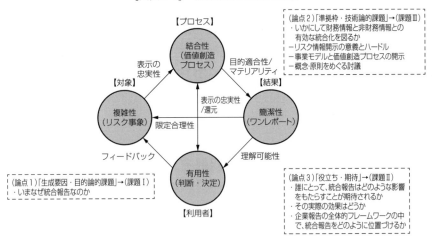

これより、統合報告をめぐって大きく次の3つの論点と課題が明らかになる。

> （論点1）「生成要因・目的論的課題」―いま、なぜ統合報告なのか
> （論点2）「準拠枠・技術論的課題」―いかにして財務情報と非財務情報との有効な統合化を図るか
> （論点3）「役立ち・期待」―誰にとって、統合報告はどのような影響をもたらすことが期待されるか、その実際の効果はどうか、企業報告の全体フレームワークの中で統合報告をどのように位置づけるか

　これらの論点は統合報告をめぐる論点・課題を例示するものにすぎない。このうち、本書の1「統合報告革命の台頭とその経済的・社会的・制度的背景」は上記の（論点1）のバックグランド情報をなす。また、上記（論点2）は、本書の「第2部」において取り扱う。そこで、次に、上記の（論点3）について統合報告と投資意思決定への役立ちを紹介しておこう。

13

第3章

統合報告と投資決定有用性

1 「短期的有用性」対「長期的有用性」―アカデミック・リサーチからの知見

　財務的マインドと非財務的マインドとを統合化した統合報告が、はたして期待どおりに投資意思決定に役立つであろうか。これを実証的に裏付けた成果は未だほとんど試みられていない。その中で、学生を擬似投資意思決定者とする実験で裏付けた先駆的研究としてフィッシャー＝ステーゼル（Fischer & Sterzel）の研究がある（Fischer & Sterzel 2010）。本研究は、非財務情報の典型例として人的資本情報をとり、財務情報と人的資本情報とをパックとした情報セットが企業評価や短期・長期の投資決定にどのように役立つかを実験研究で明らかにしようとするものである。その結果、財務情報が短期・長期の意思決定において重要な役割をもつのに対して、人的資本情報がとくに企業評価と長期の投資決定に役立つとの知見が得られた。

【リサーチ・デザイン】

　本研究は、ドイツのいくつかの大学の会計学専攻の学部4回生ないし大学院プログラム受講生総数342名を対象として、2つのレベルの財務情報（「ネガティブ（悪い業績）」及び「ポジティブ（良い業績）」）と3つのレベルの人的資本情報（「非開示」、「ネガティブ」及び「ポジティブ」）の2×3の6つの実験デザインをなす。実験参加者は無作為に各ケースにそれぞれ57名均等に配属され、企業評価と投資決定の関連データに関するケース・スタディ質問票が付与される。被験者グループの参加者には財務データとともに、企業の人的資本に関する補足

情報が提供されるが、コントロール・グループに配属された参加者には財務データのみが提供される。

このような実験デザインのもとで、第1ステップでは、財務データにのみ基づく企業評価が人的資本情報を加えることによって影響を受けるかどうかを分析した。また、第2ステップでは、それぞれ異なる業績レベルの財務情報と人的資本情報との組み合わせによって、短期及び長期の投資決定にどのようなインパクトを与えるかを分析しようとした。

【実験結果】

本実験の結果、主要な知見として次の3点が明らかになった。

第1に、【図表3-1】に示されるように、企業価値の評価において、意思決定者は財務情報と非財務情報とを一体として企業価値の評価を行うが、この場合、財務情報が主たる変数をなすのに対して、非財務数値は補足的役割をなすにすぎない（F&S 2010）。財務数値がポジティブな場合、それがネガティブな場合よりも総じて非財務数値の如何にかかわらず重視されており、「ポジティブな財務情報＋ネガティブな人的資本情報」の方が、「ネガティブな財務情報＋ポジティブな人的資本情報」よりも高く評価されている（7段階評価法の中央値4.26対3.57）。

【図表3-1】 企業価値の評価—『財務情報』対『非財務情報』

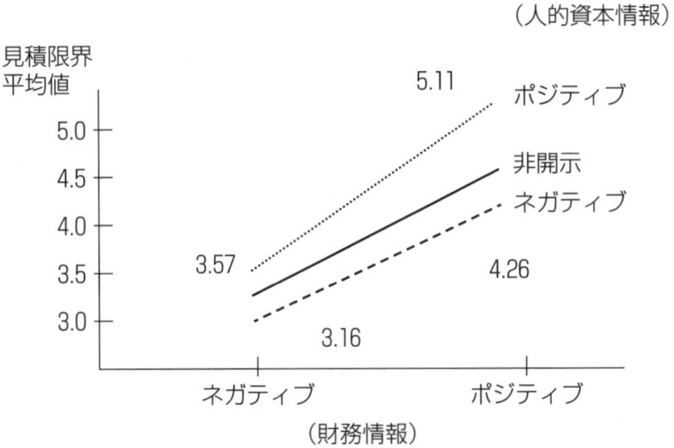

（人的資本情報）

見積限界平均値

5.11 ポジティブ
非開示
ネガティブ
3.57
4.26
3.16

ネガティブ　ポジティブ
（財務情報）

（出典：Fischer & Sterzel 2010., p.16）

追加的・補足的な人的資本情報は企業価値の評価に役立つが、その影響は財務情報に比して限定的である。

　第2に、【図表3-2】(a) に示されるように、短期的な意思決定については財務情報の評価（ポジティブかネガティブか）が強く影響し、人的資本情報の開示は短期的投資決定の有無にはほとんど影響しない。財務情報がポジティブな場合、追加的ポジティブな人的資本情報は、短期的投資決定においてネガティブな影響を与えるのに対して、追加的ネガティブな人的資本情報は短期的決定に有意に影響しない。これは、短期的には投資者は人材訓練費用などの人的資本をコスト要素とみなし、人的資本の高い評価は期間費用を減少させると判断されるからであろう。

(a) 短期的意思決定

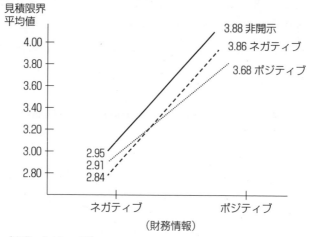

【図表3-2】　投資決定有用性―『短期的意思決定』対『長期的意思決定』

（出典：Ibid., p.18）

　第3に、長期的な意思決定に関して、ポジティブな財務情報の場合、投資者は概してより積極的に投資決定を行う傾向をもつ。追加的な人的資本情報の場合、それがポジティブであれば、長期的投資決定に対してややポジティブに影響するのに対して、ネガティブな人的資本情報は、長期的投資決定に対してより強くネ

ガティブに影響する（【図表3-2】(b) 参照）。このように、人的資本情報は企業業績のリーディング・インディケーター（先行指標）として長期的時間軸で有効な投資情報をなすものとみられている。

(b) 長期的意思決定

【図表3-2】 投資決定有用性—『短期的意思決定』対『長期的意思決定』

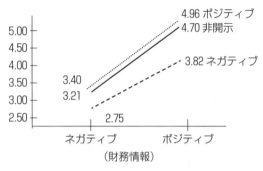

（出典：Ibid., p.19）

　以上、実験研究の結果、企業評価並びに投資決定目的に対して、財務情報が情報利用者の主たる情報なし、人的資本情報など非財務情報は従的役割をもつに過ぎないことが実証された。人材訓練に関する情報など人的資本情報は、企業の長期的価値創造や企業成長力の潜在的可能性を示す指標（リーディング・インディケーター）として、とくに企業価値の評価や長期的スパンでの投資決定に対して、財務情報と一体となって一定の役立ちをもつことが指摘される。このような開示情報の「複雑性」に対応しつつ、投資決定目的に対して一定の情報の有用性を促進するのに資する点に、財務と非財務との統合報告の大きな意義が期待されるのである。

2 財務情報・非財務情報の一体的開示と利益予測の信頼性—PWCの実験から

　「投資者は財務数値にのみ関心をもつ。彼等は直近の四半期報告に基づくモデルをもった短期主義者（short-termist）である。本当にそうであろうか。」この

ような問題意識のもとで、財務情報・非財務情報の一体的開示と利益予測の信頼性を明らかにしたのが、プライスウォーターハウス・クーパーズ（PWC）英国事務所であった（Thomas,A. 2003/2004）。PWCとシュロダーズ（Schroders）投資会社が英国で行った実験研究の結果、このような投資プロセスに関する伝統的な記述は、実際とはほど遠いことを示唆している。実際、投資者は企業の将来的利益ポテンシャルズの予測に焦点づけられているが、株式価値の予測に対する信頼性は、財務的情報単独よりも非財務情報を含むデータ群に基礎づけられることが明らかになった。

　PWCの実験では、デンマークを拠点とするヘルスケアのグローバル企業、コロプラスト社（Coloplast Corp.）の企業報告・財務情報を用いて、当初作成されたオリジナルの完全版と、財務情報のみを集めて編集した財務データ群の一方に基づき、次の2年間の同社の収益・利益予測、株式購入・売却の判断、並びに同種の株式リターンのリスク状況の評価を求めた。

【実験結果】

　実験の結果、次の3点が明らかになった。
(1)　収益・利益の平均的予測値は、「完全版」提供者の方が「財務情報単独版」提供者よりも相対的に低い。
(2)　それにもかかわらず、完全版提供者の方が財務情報単独版の提供者よりも

【図表3-3】　投資者による利益予測の分散度（信頼度）

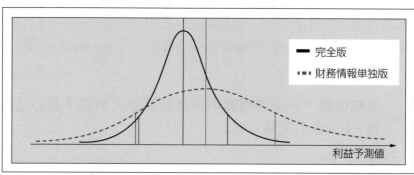

（出典：A.Thomas, Ibid,.., 2003/2004）

同社の株式購入支持者の割合が相対的に高い。財務情報単独版の提供者の約80％は売却支持者であった。

(3) 非財務情報を含む完全版提供者による予測値の合意度は、財務情報単独版の場合よりも著しく高い（【図表3-3】参照）。

　この実験では、とくに非財務情報を加えた企業報告の方が財務情報単独の場合よりも予測値の判断・分散度が小さくなり、判断の信頼性が促進される点が興味深い。これは、非財務情報と財務情報とを一体化することによって企業報告全体の信頼性が高まることを示唆するものであり、情報の信頼性の観点から、統合報告を支持する1つの重要なエビデンスを提供するものである。

第4章

統合報告時代の意味するもの

1 いかにして持続的成長に向けての企業の新たな「説明責任」を果たすか──「対外的意義」

　統合報告は、「コンティンジェンシー」（異常事態：不確実性／リスク）とグローバリゼーション（価値観の多様化／個性化：CSR）に基礎づけられた最新のコミュニケーション・ツールである。このような複雑な経済環境のもとで、企業レポーティングのあり方も旧来の財務報告指向的開示モデルから財務・非財務指向的開示モデルへ大きく変容せざるを得なくなりつつある。その目指すところは、長期持続的活力をもったダイバーシティ企業であり、そのためのトータル・バリューの透明性ある「説明責任」を果たすことが求められつつある。

　このような企業の説明責任は、従来のアカウンタビリティ概念では適切に対応できない、新たなアカウンタビリティないし「インテリジェント・アカウンタビリティ」概念とでも称されるものである。オ・ネイル（O'Neill）によって提唱されたアカウンタビリティ概念は、測定値（株価指数など）によるコントロールの幻想から解放され、良きガバナンスへとシフトすることを指摘するものであり、持続的・対話型のしなやかな相互コミュニケーションを示唆している（古賀 2014）。統合報告の目指す「企業経営者─情報ユーザー」との相互作用的ダイナミズムをもったレポーティングが、このオ・ネイル等の提唱する新たなアカウンタビリティ概念とイコールであるかどうかは定かではない。しかし、不確実性の高い21世紀経済社会において統合報告に求められる開示コンセプトは、従来の「意思決定有用性」や「アカウンタビリティ」概念では捉えきれない新たな視点が要求されていることは確かであろう。

2 統合報告、統合思考と統合経営―「対内的意義」

　統合報告時代は、企業経営に対して統合的マインドと統合経営を求める時代でもある。統合報告においてマテリアリティ（重要性）をもった財務情報と非財務情報を把握し、両者を関連づけて開示するためには、企業の「インプット―価値創造プロセス―アウトプット」の事業モデルと、短期的・経済的視点のみならず、中・長期的サステナビリティの基底をなす「サステナビリティ戦略―事業モデル―財務・非財務情報」の相互的リンケージを前提とするものである。そこでは、旧来の部門間のサイロ化を排除し、内部プロセスの改善を図るとともに、上級経営者がより広い視点から自社の事業戦略と事業モデルを構築することが必要になる。

　実際、統合報告に関する実態調査（Black Sun 社など）では、概ね80％またはそれ以上の回答者が統合報告を作成することによって企業内でのデータ収集の質を高め、ビジネスでの意思決定の改善をもたらすことに賛同している。とくに「部門間の結合化」による部門間の垣根の削除と統合思考の推進、「内部プロセスの改善とビジネスの理解の促進」による経営マインドの変革、また、「戦略と事業モデルのより明確な関連づけ」による統合的思考の認識など、統合報告が企業経営の改善にもたらす効果は決して小さくない。まさに統合報告革命は、21世紀の新たな企業像の創造に向けての大きな社会的チャレンジと言える。

《第１章〜第４章　主要参考文献》

Eccles R. & Saltzman,D. (2011), "Achieving Sustainability Through Integrated Reporting", *Stanford Social Innovation Review,* Summer.

European Commission (2013), *Green paper*：*Long-term Financing of the European Economy.*

Fischer, T. & Sterzel, J. (2010), "Does human capital affect judgement and decisions of individual investors ?", *Paper presented at 33rd Congress of the EAA,* Istanbul.

International Integrated Reporting Committee (IIRC) (2011), *Towards Integrated Reporting.*

KPMG (2011), *Capital markets in the dark*：*an unsustainable state of play.*

OECD (2012), *Intangible Assets, Resource Allocation and Growth*：*A Framework for*

Analysis.

Potter, B., Singh P., & York, J. (2013), "Corporate Social Investment Through Integrated Reporting : Critical Issues", *Paper presented at 7th Asia Pacific Interdisciplinary Research in Accounting Conference*, Kobe.

Thomas, A. (2003/2004), "A tale of two reports", *EBF issue 16*, Winter.

古賀智敏（2011）、「企業情報開示の新たな展開—財務情報と非財務情報の統合化の可能性と課題」『税経通信』、2011年12月。

古賀智敏・姚俊・島田佳憲（2011）、「企業の持続的発展と非財務情報の開示のあり方—知的資産情報を中心として」『産業経理』第71巻1号、平成23年4月。

古賀智敏（2012a）、『知的資産の会計［改訂増補版］』千倉書房。

古賀智敏（2012b）、「財務情報と非財務情報の統合レポーティング」『税経通信』、2012年4月。

古賀智敏（2012c）、「統合レポーティング時代における会計研究の認識基点」『企業会計』、第64巻10号。

古賀智敏（2014）、「新たな時代認識と会計研究の多様化・学際化」『経理研究』第57巻、中央大学経理研究所、2014年3月、35-44頁。

國部克彦（2011）、「社会・環境情報開示の展開—欧米の動向と日本への示唆」『IFRS時代の最適開示制度』（古賀智敏編著、第6章所収）、千倉書房。

内閣府（2013）、「目指すべき市場経済システムに関する報告」、同専門調査会。

武田隆二（1993）、「会計環境の変化と財務会計理論の現代的課題—会計責任と社会報告責任」『会計』第143巻1号。

第2部

統合報告の制度的枠組み
―IIRCの国際<IR>フレームワーク―

第5章
統合報告の全体像

　不確実性の高い現代社会において、企業は、社会や環境の持続可能性を維持しながら、自社の利益をいかにして持続的に上げていくかという、大きな経営課題に直面している。投資者や他のステークホルダー（利害関係者）は、企業がこうした経営課題をいかに解決しながら、長期の価値創造を図っているかに関心を有している。ほとんどの上場企業が環境報告書やサステイナビリティ報告書を公表している中で、ステークホルダーが膨大な資料を読み解いていくには限界にきている。

　近年、投資者（及び他の利害関係者）に対し、組織がどのように長期にわたり価値を創造するかを簡潔に説明するための新しい企業報告のあり方として、統合報告（Integrated Reporting＜IR＞）が注目を集めている。たとえば、南アフリカでは、統合報告制度が義務化されており、日本でも2013年度に、統合報告の優秀企業として、「伊藤忠商事」、「オムロン」、及び「ローソン」が表彰されている。

　国際統合報告評議会（IIRC）は、2013年12月に、国際統合報告＜IR＞フレームワーク（The International＜IR＞Framework）を公表している。IIRCは、規制当局、投資者、企業、基準設定団体、会計専門家、及びNGOによって構成された国際組織である（IIRC 2013, p.1）。

　この＜IR＞フレームワークは、大きく2つのパートに分かれている。すなわち、「パート1　イントロダクション」と「パート2　統合報告書」である。パート1は、1.フレームワークの利用と2.基礎概念から構成されており、パート2は、3.指導原則と4.内容要素から構成されている。これ以外に、要旨、用語一覧、附属資料が添付されている。＜IR＞フレームワークは、全体で35頁（英語版）とか

なり簡潔なフレームワークである。これは、IIRC のフレームワークが後述する原則主義アプローチ（a principles-based approach）を採用しているためである。

IIRC は、長期的には統合報告が企業報告の規範となることを指向している（IIRC 2013, p.2）。それは、統合思考（integrated thinking）と統合報告＜IR＞の循環によって、効率的かつ生産的な資本の配分をもたらされ、それによって金融安定化と持続可能性に寄与すると期待されているためである。

本フレームワークでは、統合報告のねらいとして、次の4点が掲げられている（IIRC 2013, p.2）。

・「より効率的で生産的な資本の配分を可能とするために、財務資本の提供者が利用可能な情報の質を改善する」（IIRC 2013, p.2）
・「複数の異なる報告を基礎に、組織の長期にわたる価値創造能力に強く影響するあらゆる要因を伝達する企業報告に関して、よりまとまりのある効率的なアプローチを促す」（*Ibid*）
・「広範な資本（財務、製造、知的、人的、社会・関係及び自然資本）に関する説明責任及びスチュワードシップを向上させるとともに、資本間の相互関係について理解を深める」（*Ibid*）
・「短、中、長期の価値創造に焦点を当てた統合思考、意思決定及び行動に資する」（*Ibid*）

具体的には、統合報告書の主たる目的は、財務資本の提供者に対し、組織がどのように長期にわたり価値を創造するかを説明することであると規定している（IIRC 2013, p.4）。加えて、簡潔性、戦略的焦点と将来志向、情報の結合性、資本及び資本間の相互関係に焦点を当てるとともに、組織における統合思考の重要性が強調されている（IIRC 2013, p.2）。

統合思考について、本フレームワークでは、次の示すような組織の長期にわたる価値創造能力に影響を与える要素間の結合性と相互関係を考慮にするものと規定されている（IIRC 2013, p.2）。

> - 「組織が利用し、影響を与える資本やトレード・オフを含む資本間の相互関係」(IIRC 2013, p.2)
> - 「組織の主要なステークホルダーの正当なニーズと関心に対応する能力」(Ibid)
> - 「組織の外部環境、組織が直面するリスクと機会に対応するために、組織がどのようにビジネスモデル及び戦略を立てるか」(Ibid)
> - 「過去、現在、将来における、資本に関する組織の活動、実績（財務及びその他）並びにアウトカム」(Ibid)

　IIRCは、組織が統合思考を行う際に、統合報告は重要な役割を果たすとの認識に立って、フレームワークを公表していることがわかる。

　本フレームワークは、原則主義アプローチを採用している（IIRC 2013, par.1.9）。事細かにルールを定めていく細則主義アプローチではなく、大きな原則を規定していく原則主義アプローチを採用することによって、組織の特異性を損なうことなく、関連する情報ニーズを満たす上で十分な比較可能性を確保するよう、柔軟性と規範性との間で適切なバランスをとることが可能となる。それを裏付けるように、本フレームワークでは、特定の主要業績指標（KPIs）や測定方法、個々の課題の開示を規定することを指向していないと述べられている（IIRC 2013, par.1.10）。

　統合報告書は、情報の結合性を重視しており、他のコミュニケーション（例えば、財務諸表、サステイナビリティ報告書、ウェブサイトなど）の要約を企図するものではないとされる（IIRC 2013, par.1.13）。本書のケース分析では、企業ごとに異なる統合報告書が例示されており、情報の結合性のあり方もそれぞれ異なっている点に留意されたい。

　最後に、本フレームワークでは、統合報告書に対する責任について言及している（IIRC 2013, par.1.20）。すなわち、統合報告書では、次の内容を含む、ガバナンスの責任者からの表明を含むように求めている。

> - 「統合報告書の誠実性を確保する責任に関する同意」(IIRC 2013, par.1.20)

- 「ガバナンス責任者の集団的思考に基づき、統合報告書が作成、表示されたことに関する同意」（*Ibid*）
- 「報告書がフレームワークに準拠して表示されたものかどうかについての意見又は結論」（*Ibid*）

　概して、従来型の企業報告では、財務報告であれば、財務・経理部門やインベスターリレーションズ（IR）部門、環境・サステイナビリティ報告であれば、環境・サステイナビリティ部門等、縦割りの報告が行われてきた。統合報告では、経営トップであるガバナンス責任者を積極的に関与させることで、組織の外部環境を背景として、組織の戦略、ガバナンス、実績、及び見通しが、どのように短、中、長期の価値創造を導くかを簡潔に情報伝達していくことを質的に担保しようとしていることがわかる（IIRC 2013, par.1.1）。

　以下の節では、本フレームワークの内容を具体的に規定する①基礎概念、②指導原則、及び③内容要素について、順次見ていくことにしたい。

《主要参考文献》
International Integrated Reporting Council (IIRC), 2013, *The International<IR> Framework*, IIRC.（IIRC, 2013,『国際統合報告フレームワーク日本語訳』IIRC。）

第6章

基礎概念

　統合報告書の目的は、組織が利用し、影響を及ぼす資源及び関係（フレームワークの中では資本とよばれる）にかかる洞察を利用者に提供することである。その中で、短期、中期及び長期的に価値を創造するために、組織が外部環境やステークホルダーとの関係性とどのように相互作用するかについて説明が試みられる。こうした統合報告書の目的を達成するために、国際統合報告フレームワークでは、つぎの3つの基礎概念を提示している。

1　組織に対する価値創造と他者に対する価値創造
2　資　　　本
3　価値創造プロセス

以下では、これらの3つの基礎概念について解説を行う。

1　組織に対する価値創造と他者に対する価値創造

　組織が創造する価値は、組織の活動とアウトプットを通じた資本の増減として現れる。そうした価値には、(1) 組織に対して創造される価値と (2) 他者に対して創造される価値の2つがある。

　組織に対して創造される価値は、財務資本提供者への財務リターンにつながるものである。他方、他者に対して創造される価値は、ステークホルダー及び社会全体に対する価値である。これら2つの価値は、【図表6-1】のように相互に関連し合っている。このような関連性は、広範な活動、相互関係や関係性を通じて

もたらされ、必ずしも財務資本の変化に直接的に関連しない場合も含まれる。

組織に対して創造される価値にとって、他者に対して創造される価値との相互作用や関係性が重要である場合に、発生コストやその他の影響等の外部化の程度を含めて、統合報告書に記載される。ここで重要なのは、外部性にはポジティブな外部性のみならずネガティブな外部性も含まれており、重要な外部性に関する情報の提供が求められている点である。これは、外部性は組織に対して創造される価値を増減させる可能性があり、財務資本提供者は外部性の影響を総合的に評価して、それに応じて資源配分を行うためである。

【図表6-1】 組織に対して創造される価値と他者に対して創造される価値

（出所）国際統合報告フレームワーク日本語訳［2014］, p.12

2 資　　本

国際統合報告フレームワークにおける資本とは、組織が利用し、影響を及ぼす資源ならびに関係の総称である。これら資本の分類として、財務資本、製造資本、知的資本、人的資本、社会・関係資本及び自然資本があげられている。なお、ここで留意すべきは、統合報告書を作成する際に、フレームワークはこれら資本の分類を強要しているわけではない点である。フレームワークにおいて、資本を基礎にしたモデルが提示されているのは、次の2つの役割を担うことを意図したと

ころによるものである。まず1つには、価値創造の概念の理論的な裏付けとしての役割である。もう1つには、組織が見落としなく考慮すべきすべての資本形態を検討しているかを確認するためのガイドラインとしての役割である。

3 価値創造プロセス

価値創造プロセスは【図表6-2】で示されているとおりである。

【図表6-2】 価値創造プロセス

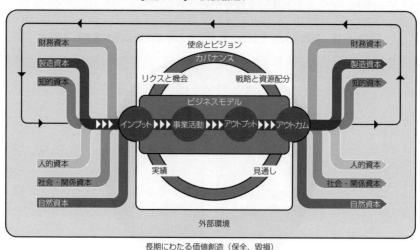

（出所）国際統合報告フレームワーク日本語訳［2014］, p.15

価値創造プロセスにおいて中核になるのはビジネス・モデルである。このビジネス・モデルに、多種多様な資本がインプットとして投入され、事業活動を通じてアウトプットに変換される。そして、組織の活動とアウトプットは、資本に対する影響としてアウトカム（ここで、アウトカムは、ポジティブ及びネガティブ両側面の内部・外部的影響を指す）をもたらす。そして、こうしたアウトカムから変換された資本が、再びインプットとしてビジネス・モデルに投入され、組織は長期にわたる価値創造（保全、毀損）を行う。

ビジネス・モデルには、組織の使命とビジョンという組織全体を包括する明瞭

かつ簡潔な目的・意図が反映される。そして、ガバナンス責任者は、組織の価値創造能力を支えるための適切なモニタリング・システム（ガバナンス構造）を構築する。そのうえで、ビジネス・モデルに関連するリスクと機会、そして戦略が特定化され、資源配分計画に活かされる。また、組織は適正なモニタリング・システムのもとで測定された実績ならびに見通しにかかる情報を提供して、利用者の意思決定を促す。

　こうした一連の組織の使命とビジョンを前提としたビジネス・モデルの実践においては、経済状況、技術の変化、社会的課題、環境課題といった外部環境が重要なコンテキストとなる。なお、長期的な持続性のために、ビジネス・モデルは内部環境や外部環境の変化に適応できることが求められる。

第7章

指導原則

1 はじめに

本章では、2013年12月に国際統合報告評議会（IIRC）から公表された『国際統合報告＜IR＞フレームワーク』にしたがって、同フレームワークの「第Ⅱ部 統合報告 3. 指導原則」の概要を説明する。本著は、事例研究を主たる内容としているため、ここでの説明は、第3部の事例研究を理解するのに必要とされる用語の定義等、最小限にとどめている。

2 指導原則の概要

国際統合報告＜IR＞フレームワークでは、「指導原則は、統合報告書の内容及び情報の開示方法に関する情報を提供する」（IIRC, 2013, p.5）ものとして、位置づけられている。基本原則は、「A　戦略的焦点と将来志向」、「B　情報の結合性」、「C　ステークホルダーとの関係性」、「D　重要性」、「E　簡潔性」、「F　信頼性と完全性」、及び「G　首尾一貫性と比較可能性」の7項目からなる。

指導原則の各項目の定義は、次のとおりである。

- A　戦略的焦点と将来志向：「統合報告書は組織の戦略、及びその戦略がどのように組織の短、中、長期の価値創造能力や資本の利用及び資本への影響に関連するかについての洞察を提供。」（IIRC, 2013, par.3.3）
- B　情報の結合性：「統合報告書は、組織の長期にわたる価値創造能力に影響を与える要因の組合せ、相互関連性、及び相互依存関係の全体像を示す。」（IIRC, 2013, par.3.6）

> C　ステークホルダーとの関係性：「統合報告書は、組織と主要なステークホルダーとの関係性について、その性質や質に関する洞察を提供すると同時に、組織がステークホルダーの正当なニーズと関心をどのように、どの程度理解し、考慮し、対応しているかについての洞察を提供する。」(IIRC, 2013, par.3.10)
> D　重要性：「統合報告書は、組織の短、中、長期の価値創造能力に実質的な影響を与える事象に関する情報を開示する。」(IIRC, 2013, par.3.17)
> E　簡潔性：「統合報告書は、簡潔なものとする。」(IIRC, 2013, par.3.36)
> F　信頼性と完全性：「統合報告書は、重要性のある全ての事象について、正と負の両方につきバランスのとれた方法によって、かつ重要な誤りがない形で含む。」(IIRC, 2013, par.3.39)
> G　首尾一貫性と比較可能性：「統合報告書の情報は、・期間を超えて首尾一貫し、・長期にわたる価値創造能力にとって重要性のある範囲において、他の組織との比較を可能にする方法によって表示する。」(IIRC, 2013, par.3.54)

　統合報告を作成する事業体においては、内容要素とともに、これらの指導原則に準拠することが求められる。より詳細は国際統合報告＜IR＞フレームワークの日本語版を参照されたい。

　また、D　重要性では、さらに重要性の決定プロセス、関連性をのある事象の特定、重要性の評価、重要度を有する事象の優先付け、開示する情報の決定、報告境界、財務報告事業体、及びリスク、機会及びアウトカムに分けて、それぞれより詳細に説明されている。さらに、F　信頼性と完全性では、信頼性については、さらにバランスと重要な誤りを含まないこと、完全性については、さらにコスト／便益、競争優位、将来志向情報に分けて、それぞれより詳細に説明されている。

　【図表7-1】は、報告境界を決定する際に検討される事業体とステークホルダーを示したものである。図表から明らかなように、財務報告主体が報告境界の中心をなす（IIRC, 2013, par.3.31）。

　国際統合報告＜IR＞フレームワークでは、「フレームワークの目的は、統合報

告書の全般的な内容を統括する指導原則及び内容要素を規定し、それらを基礎となる概念を説明すること」(IIRC, 2013, par.1.3) と述べられている。そのため、この指導原則とともに、次章の内容要素も合わせて参照されたい。

【図表7-1】 報告境界を決定する際に検討される事業体とステークホルダー

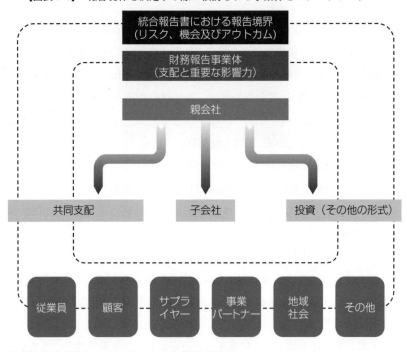

(出典) IIRC, 2013、p.20、Figure.3 を筆者が引用。

3 本章のまとめ

本章では、国際統合報告<IR>フレームワークの指導原則を概説した。指導原則は、7つの原則から構成されており、統合報告書の内容及び情報の表示方法に関する指針を提供するものであった。【図表7-1】から、財務報告主体が報告境界の中心であることを示した。

本フレームワークの内容をより深く理解するために、本章の指導原則に加えて、次章の内容要素を合わせて確認することをおすすめする。

《主要参考文献》

International Integrated Reporting Council (IIRC), 2013, *The International<IR> Framework,* IIRC.(IIRC, 2013,『国際統合報告フレームワーク日本語訳』IIRC。))

第8章

内容要素

1 統合報告書における構成要素の考え方

　IIRCの『国際統合報告フレームワーク』(2013年12月5日公表) では、統合報告書 (Integrated Report) とは、「組織の戦略、ガバナンス、業績、及び見通しが、組織の外部環境との関わりで、短期、中期、及び長期にわたる価値創造にどのように結びついて行くのかについて説明する簡潔な情報伝達手段 (concise communication) であり」(par. 1.1)、かつ、「統合報告フレームワークに準拠して作成されるべきである」(par. 1.2)、と定義付けられている。この定義は、IIRCが草案で提起した定義 (IIRC [2011], p.6：本書第1部第1章を参照されたい) を本質的に変更することなく文言を整理した上で、フレームワークの遵守を加えたものである。統合報告フレームワークの本質は、組織の価値創造能力の評価に役立つ情報を明らかにすること (原因情報の顕在化) であって、組織の戦略の質や業績のレベルなどの評価基準 (benchmarks) を定めるものでない (par. 1.5)。

　統合報告書における構成要素の考え方として、統合報告書の (1) 表現形態、(2) 表現技術、(3) 記述構成要素 (責任表明書と内容要素) の3つの次元から捉えると、【図表8-1】にまとめることができる。

　まず、統合報告書の表現形態については、「独立した単独の報告書」(standalone report) であっても、区分可能な形で顕著な形で辿り着くことが容易にできる形 (distinguishable, prominent and accessible) であれば「他の報告書や情報伝達手段の中の一部」であっても、どちらでもかまわない (par. 1.15)。

　一方、統合報告書の表現技術については、それが報告内容そのものを意味する

第8章　内容要素

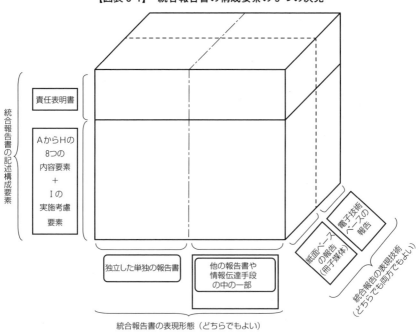

【図表8-1】　統合報告書の構成要素の3つの次元

(出所：筆者作成)

ものではなく、統合報告書の作成・開示を支援するプロセスに対して関係するものであるので、従来の「紙面ベースの報告」（冊子媒体）であっても「電子技術ベースの報告」（PDF形式の他に、ハイパーリンク、XBRL、ソーシャルメディア、モバイルアプリケーションなど）であってもかまわない（IIRC [2013c], p.45）。

次に、統合報告書の記述構成要素については、「責任表明書」（statement）と「内容要素」（Content Elements）からなる。組織のガバナンスに役割を担う者は、①統合報告の誠実性（integrity）を担保する責任に関する同意、②総合的思考（collective mind）を適用したことに関する同意、③フレームワークへの準拠性に関する見解または結論について、「責任表明書」を作成して統合報告書に必ず含めるべきである（par. 1.20）。この責任表明書は、統合報告書に対する責任と範囲を明示する役割の他に、情報利用者にとって統合報告書の作成と存在の事実を明示する効果が期待される。この責任表明書を統合報告書の中に含めない場合

には、①組織のガバナンスに役割を担う者は、統合報告書の作成と開示についてどのような役割を果たしたのか、②責任表明書を含めるために現在どの段階にあるのか、この2つについて説明し、かつ③少なくとも3回目の統合報告書の作成までに責任表明書を含めるべきである、とされる (par. 1.20)。

一方、「内容要素」については、A 組織概要と外部環境 (Organizational overview and external environment)、B ガバナンス (Governance)、C ビジネスモデル (Business model)、D リスクと機会 (Risks and opportunities)、E 戦略と資源配分 (Strategy and resource allocation)、F 業績 (Performance)、G 見通し (Outlook)、H 作成と開示の基礎 (Basis of preparation and presentation) の8つの内容要素と、さらにこれらの内容要素を説明するための実施考慮要素として、I 全般的な報告の手引き (General reporting guidance) が統合報告フレームワークの準拠要件として提示されている (par. 4.1 and Appendix-Summary of Requirements)。上記のAからHの8つの内容要素は、組織活動の動的で体系的な相互作用を反映する全体像を示すように、基本的に複数の内容要素が結び付けられた形で作成される。内容要素は、相互排他的な独立した構成区分を意味するものではなく、かつ絶対的な説明順序を示す標準配列構造を意味しているわけではない。組織固有の短期、中期、長期にわたる価値創造プロセスを十分に説明するために、内容要素間の相互関連性（結びつき）を明らかにする方法で情報開示することが要請されている (par. 4.2)。例えば、①現行の資源配分の分析、及び業績目標を達成するために組織は各種資源をどのように組み合わせるのか、又はどのように更なる投資を実行するのかについての分析、②新たなリスクや機会が特定される場合や、過去の業績が期待通りでない場合などに、組織の戦略はどのように対応されるのかについての情報、③技術的変化の速度の増加や減少、社会的期待の発展、地球の極限に向かっている資源不足など、組織の外部環境の変化と組織の戦略やビジネスモデルとの関係性、これらを説明するために8つの内容要素を結び付ける形で情報の結合性を実現する統合報告を作成する (par. 3.8)。

組織の統合報告書の記述内容は、組織独自の個別の事業環境に依存するものである。それ故に、AからHの8つの内容要素は、個々の情報開示に関する単な

るチェックリスト項目ではなく、質問に答える形の問い合せ形式で記述することが要請されている（par. 4.3）。

実施考慮要素である「Ⅰ 全般的な報告の手引き」は、①重要事象の開示（pars. 4.50-4.53）、②各種資本についての開示（pars. 4.54-4.56）、③短期、中期、長期の時間軸（pars. 4.57-4.59）、④集計と分割（pars. 4.60-4.62）、これら4つの全般的な報告事項が、8つの内容要素と様々な結び付きを持つことを喚起している（pars. 4.49）。

【図表8-2】は、AからHの8つの内容要素が組織の価値創造プロセスとどのように結び付くのか、その関係性の概要をまとめたものである。

【図表8-3】は、各内容要素について、その定義（統合報告書で答えるべき質問内容）と説明内容の具体例（質問に答える形で統合報告書で説明されるべき回答内容の例）をまとめたものである。

【図表8-2】 価値創造プロセスを説明するための8つの内容要素の構成

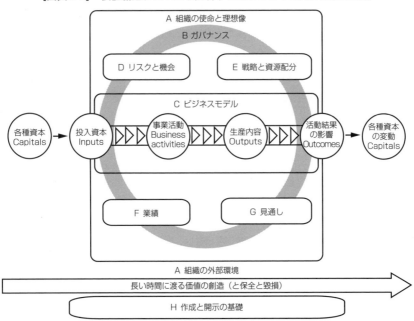

（出所：IIRC［2013d］、p.13 を基に筆者作成）

図表 8-3　構成要素の定義と具体例

A 組織概要と外部環境 (Organizational overview and External environment)	
定義	説明内容の具体例
①（組織概要）組織は何を行うのか。 ②（外部環境）どのような環境において組織は事業を営むのか。 (par. 4.4)	①組織の使命（mission）と理想像（vision）を明らかにすること。 ②基本的な背景を提供するために、組織の事柄、主要な定量的情報、外部環境及び組織の対応に影響を与える重大な要因を明らかにすること。 　組織の事柄は、(1) 文化、倫理及び価値、(2) 所有構造及び経営体制、(3) 主要な活動及び市場、(4) 競争環境及び市場での位置付け、(5) 価値連鎖の中での位置付けを想定している。 　主要な定量的情報は、前期からの重大な変化を強調し、(1) 従業員数、(2) 収益、(3) 組織が事業を営む国の数を想定している。(par. 4.5) 　外部環境に影響を与える重大な要因は、組織の価値創造能力に直接的または間接的に影響を与える法的・商業的・社会的・環境的・政治的背景を意味し、(1) 主要なステークホルダーの正当なニーズ、(2) 経済的安定性、グローバル化、及び業界動向などの経済状況、(3) 競合他社や顧客ニーズに関する相対的な強みと弱みなどの市場影響力、(4) 技術的変化の速度と影響、(5) 人口と購買層の変化、人権、健康、貧困、共有される価値、教育システムなどの社会活動上の課題点、(6) 気候変動、生態系の消失、地球資源の極限に迫りつつある資源不足などの自然環境上の難題点、(7) 組織が事業を営む上での法令規制環境、(8) 事業を営む国の政治的環境を想定している。(par. 4.7)

B ガバナンス (Governance)	
定義	説明内容の具体例
組織のガバナンス構造は、組織の短期、中期、長期の価値創造能力をどのように担保するのか。(par. 4.8)	組織の中の機関に関する権利義務を含む単なる法的手続き構造の説明ではなく、以下に想定するような事柄が組織の価値創造能力にどのように関連するのか、その洞察性を提供すること。 ①組織のリーダシップ構造（ガバナンスに責任を負う者の技量と多様性（例えば、前職歴、性別、適性、経験などを含む）と法令要件事項がガバナンス構造の設計に影響を及ぼすのかどうかを含む）。 ②戦略的意思決定を行ない、組織的文化を形成して監視するために用いた具体的なプロセス（リスクへの組織の対応と誠実性や倫理的課題を取り扱うメカニズムを含む）。 ③組織の戦略的方向性及びリスク管理アプローチに影響を与え監視するために、ガバナンスに責任を負う者が執った具体的な行為。

第8章 内容要素

	④組織の文化、倫理、価値が各種資本の利用と各種資本への影響にどのように反映されるのか（主要なステークホルダーとの関係性も含む）。 ⑤組織が法的要件を上回るガバナンス実務を実施しているかどうか。 ⑥ガバナンスに責任を負う者がイノベーションを促進し実現可能にすることに関してとるべき責任 ⑦取締役の報酬と動機付けが、組織の短期、中期、長期の価値創造（組織による各種資本に関する利用と影響を含む）とどのように関連付けられているのか。(par. 4.9)
C ビジネスモデル (Business model)	
定義	説明内容の具体例
組織のビジネスモデルはどのようなものか。 (par. 4.10)	組織の戦略目的を遂行して短期、中期、長期にわたる価値を創造することを目的とする事業のシステムについて、投入資本 (Inputs) から、事業活動 (Business activities) を通した、生産内容 (Outputs) と活動結果の影響 (Outcomes) までの価値を変換するシステムを示すこと。(par. 4.11) ①主要な投入資源 (Input) は、ビジネスモデルの力強さと弾力性を理解する上で重要であるという意味において、組織が依存する各種資本、又は組織の差別化を生む各種資本にどのように関連付けられるのか。(par. 4.14) 投入した全ての資本に関する網羅的なリストを提供する必要はない。(par. 4.15、4.56) ②主要な事業活動 (Business activities) は、(1) 市場における組織自身の差別化を図る方法、(2) 当初売上計上後の関連する収益創造への依存度、(3) 組織のイノベーションの必要性へのアプローチ方法、(4) 変化への対応にビジネスモデルがどのように設計されているのかを説明する。(par. 4.16) ③生産内容 (Output) は、(1) 組織の主要な製品やサービスのほかに、(2) 副産物 (by-products) と（排出量を含む）廃棄物 (waste) もあり、議論する必要がある。(par. 4.18) ④活動結果の影響 (Outcomes) には、(1)（従業員の倫理感、組織の評判、収益、キャッシュ・インフローなどの）組織内部へのアウトカムと（消費者満足度、納税、ブランド信仰、社会的自然環境的影響などの）組織外部へのアウトカム、さらに(2)（各種資本の純増加である価値創造をもたらす）ポジティブなアウトカムと（各種資本の純減少である価値毀損をもたらす）ネガティブなアウトカムが想定される。(par. 4.19) 複数のビジネスモデルを有する組織（異なる市場セグメントの中で事業を営んでいる組織など）は、組織がどのように事業を営んでいるのかを効率的に説明する上で、ビジネスモデルの分割は重要である。(par. 4.21)

D リスクと機会 (Risk and Opportunities)	
定義	説明内容の具体例
①組織の短期、中期、長期の価値創造能力に影響を及ぼす具体的なリスクと機会とは何か。 ②組織はそれらに対しどのような取り組みを行っているのか。 (par. 4.23)	①短期、中期、長期的視点から、多元的な測定資本（relevant capitals）に関する (1) 組織が与える影響と (2) 継続的な利用可能性・質・経済性について、組織固有の主要なリスクと機会を明らかにすること。(par. 4.24) ②以下に掲げる項目を明らかにすること。(par. 4.25) 　(1)（内的、外的、又は通常はその両方であり得る）具体的なリスクと機会の要因 　(2) リスク又は機会が現実のものとなる可能性の評価とその場合の影響の大きさの評価 　(3) 主要なリスクを低減・管理する、又は主要な機会から価値を創造する、このためにとられている具体的な手順 ③組織の価値創造の継続的能力の基本に関わり、かつリスクの発生可能性が非常に小さいと考えられる場合でも重大な結果をもたらす可能性があるため、基本原則「重要性」を考慮する上で、現実のリスクに対する組織のアプローチを通常明らかにしておく。(par. 4.26)

E 戦略と資源配分 (Strategy and Resource allocation)	
定義	説明内容の具体例
①組織はどこへ向かおうとしたいのか。 ②組織がどのようにそこに辿り着くつもりなのか。 (par. 4.27)	①次の内容を通常明らかにすること。(par. 4.28) 　(1) 組織の短期、中期、長期的な戦略目標。 　(2) 上記の戦略目標を達成するために、組織が現在持っている又は今後実現しようとする戦略。 　(3) 組織の戦略を実現するための、組織が持っている資源配分の計画。 　(4) 短期、中期、長期の到達度（achievement）と活動結果の影響の目標値（target outcome）を組織が測定する方法。 ②次の説明を含めることができる。(par. 4.29) 　(1) 組織の戦略と資源配分計画の関係性、その他の内容要素で扱われる情報との関係性を説明すること。 　(2) 組織に競争優位性を与え、価値創造を可能にするための差別化とは何か（例えば、イノベーションの役割、組織がどのように知的資本を開発して有効に使うのか、組織の戦略に組み込まれた環境的社会的配慮の範囲）を説明すること。 　(3) 戦略と資源配分を計画する際に用いられた、ステークホルダーとの契約から発生する重要な特性と発見事項を説明すること。

第8章 内容要素

F 業績（Performance）	
定義	説明内容の具体例
①組織は戦略目標を当該期間にどの程度達成したか。 ②資本への影響に関する活動結果の影響（outcomes）とは何か。 (par. 4.30)	①次の事柄を含める業績についての質的情報と量的情報を明らかにすること。(par. 4.31) (1) 目標及びリスクと機会に関する定量的指標 (2) 価値連鎖の上流・下流に対する資本に関する組織の（正負の両面の）影響 (3) 主要なステークホルダーとの関係性、及び理に合った要求と利益に対処した方法 (4) 過去と現在の業績との関係性、及び現在の業績と組織の見通しとの関係性 ②（売上高に対する地球温暖効果ガス排出量の比率など）財務指標とその他の要素とを結合させるKPI（主要業績指標）、または（人的資本を強化する努力から生じる期待収益成長など）非財務的資本に重要な影響を及ぼす財務的関わりを説明するナラティブ情報が、財務業績と非財務的資本に関する業績との結合性を説明するために用いられてもかまわない。(par. 4.32) ③規制が業績に重要な影響を与える場合や組織の法令遵守違反が事業に重要な影響を与えるかもしれない場合に、KPIやナラティブ情報は業績に関する議論に関連性をもつこともある。(par. 4.33)

G 見通し（Outlook）	
定義	説明内容の具体例
①組織がその戦略を推進する際に、遭遇する可能性の高い難題と不確実性とは何か。 ②結果として生じるビジネスモデルと将来の業績への潜在的影響とはどのようなものか。 (par. 4.34)	①想定できる長期的変化を示し、次の情報を、妥当で明快な分析をしながら、提供すること。(par. 4.35) (1) 組織が短期、中期、長期に直面しそうな外部環境に関する組織の予想 (2) 組織への影響の程度 (3) 発生の可能性のある危険な変化や不確実性に対応するために、組織が現在備えられるべき方法 ②将来の財務業績への影響など、次の潜在的影響に関する議論を通常含む。(par. 4.37) (1) 外部環境、及びリスクと機会（戦略目的の達成に与える影響の分析を含む） (2) （例えば、熟練労働者や自然資源の継続的利用可能性など）組織が利用して影響を与える各種資本の利用可能性、質、経済性（主要な関係の管理方法及び主要な関係が組織の長期価値創造能力にとって重要となる理由などを含む） ③先行指標、KPI（目標）、認識できる外部資源からの関連情報、感度分析などを提供することもできる。(par. 4.38)

第2部 統合報告の制度的枠組み—IIRCの国際＜IR＞フレームワーク—

H 作成と開示の基礎（Basis of preparation and presentation）	
定義	実施考慮の具体例
①統合報告書の中にどのような事柄を含めるべきかを組織はどのように決定したのか。 ②対象となる事柄はどのように定量化され、又は評価されたのか。(par. 4.40)	①作成と開示の基礎として、次のことを明らかにする。(par. 4.41) 　(1) 組織の重要な意思決定プロセスの概要 　(2) 報告対象の範囲とそれがどのように決定されたのかについての記載 　(3) 主要な事柄を定量化し評価するために用いられた重要なフレームワークと方法論の概要 ②組織の重要性の決定プロセスと主要な判断を明らかにする。(par. 4.42) ③組織の報告の境界（reporting boundary）を明らかにし、それが決定された理由を説明する。(par. 4.43) ④統合報告書に含める重大な事柄を定量化し評価するために用いた重要なフレームワークと方法論に関する要約を提供する。(par. 4.47)

（出所：IIRC［2013d］, pp.24-32を基に著者作成）

《主要参考文献》

International Integrated Reporting Council（IIRC）［2011］, *Towards Integrated Reporting : Communicating Value in the 21st Century,* IIRC, September.

—［2013a］, *Business and Investors explore the sustainability perspective of Integrated Reporting,*（IIRC Pilot Programme Yearbook 2013）, IIRC, November.

—［2013b］, *Basis for Conclusions,* IIRC, December 5.

—［2013c］, *Summary of Significant Issues,* IIRC, December 5.

—［2013d］, *The International Integrated Reporting Framework,* IIRC, December 5.

第3部

ベスト・プラクティス企業の事例
—分析と解説—

第9章

調査対象会社の概要と事例分析の視点

1　調査対象会社の概要

　本書では、国際統合報告評議会（International Integrated Reporting Council；IIRC）のパイロットプログラム参加企業の中から、ベストプラクティス企業20社を取り上げ、詳細な事例研究を実施している。20社のプロフィール等の詳細については【図表9-1】調査対象会社一覧を参照されたい。

　【図表9-1】では、統合報告書の作成方法に基づいて、20社を配列している。統合報告書の作成方法については、監査法人のPricewaterhouseCoopers（PwC）が2012年5月に公表した報告書「統合報告：企業レポーティングの将来」（Integrated Reporting：The Future of Corporate Reporting）において四つの類型が示されている（PwC 2012, p.13）。すなわち、統合報告書は、限定的統合（limited integration）、結合（combination）、統合（integration）、および包括的なコミュニケーションモデルにおけるプライマリーレポートとしての統合報告書（integrated report as primary report in a holistic communication model）の四つに分類されている。

　本書では、【図表9-1】の「＜IR＞の類型」の列に示したように、この分類法を更に精緻化し、20社をⅠA型（アニュアルレポート活用型）、ⅠB型（サステナビリティレポート活用型）、Ⅱ型（結合型）、ⅢA型（独立型・統合報告書の名称を使用）、ⅢB型（独立型・アニュアルレビューの名称を使用）、及びⅣ型（Web・動画活用型）の6つの類型に分類している。なお、【図表9-1】で用いている＜IR＞という表記は、IIRCが次世代のコーポレートレポーティングである統合報告（Integrated Reporting）を伝統的なインベスターリレーションズ

(Investor Relations）と区別するために考案したものである。

　ⅠA型（アニュアルレポート活用型）は、報告企業がアニュアルレポートとサステナビリティレポートの両者を作成しており、アニュアルレポートの中に＜IR＞の情報を記載する方法である。20社の約半数に当たる9社でⅠA型が用いられていることから、ⅠA型は報告企業にとって取り組みやすい作成方法と考えられる。本書では、ⅠA型を用いている9社のグループを「第1群」と称している。

　ⅠB型（サステナビリティレポート活用型）は、報告企業がアニュアルレポートとサステナビリティレポートの両者を作成しており、サステナビリティレポートの中に＜IR＞の情報を記載する方法である。この作成方法もⅠA型と同様、既存の報告書の体系を大きく変更する必要がないので、報告企業にとって取り組みやすいと考えられる。本書では、ⅠB型を用いている4社のグループを「第2群」と称している。

　Ⅱ型、ⅢA/B型、及びⅣ型は、上記のⅠA/B型と比較すると特殊な作成方法になる。本書では、これらの特殊な作成方法を用いている7社のグループを「第3群」として分類している。

　Ⅱ型（結合型）は、報告企業がアニュアルレポートとサステナビリティレポートを1つの報告書に結合して＜IR＞の情報を記載する方法である。

　ⅢA型（独立型・統合報告書の名称を使用）は、報告企業がアニュアルレポートとサステナビリティレポートの両者を作成しているが、それらとは独立して統合報告書（Integrated Report）を作成し＜IR＞の情報を記載する方法である。

　ⅢB型（独立型・アニュアルレビューの名称を使用）は、報告企業がアニュアルレポートとサステナビリティレポートの両者を作成しているが、それらとは独立してアニュアルレビュー（Annual Review）を作成し＜IR＞の情報を記載する方法である。

　Ⅳ型（Web・動画活用型）は、報告企業が印刷物のイメージに近いPDFファイルを補助的な報告媒体として位置づけ、Web上の動画を主要な報告媒体として用いることによって＜IR＞の情報を伝達する方法である。

　以上に述べたⅠA/B型～Ⅳ型の6つの作成方法は、＜IR＞の発展のプロセス

第3部 ベスト・プラクティス企業の事例―分析と解説―

【図表 9-1】 調査対象会社一覧

＜ＩＲ＞の類型	第3部の構成		会社名	国　名	業　種
ⅠＡ型 （AR活用型）	第1群	第10章	Unilever（ユニリーバ）	イギリス	化学
		第11章	Novo Nordisk（ノボ・ノルディスク）	デンマーク	製薬
		第12章	Natura（ナチュラ）	ブラジル	化粧品
		第13章	ARM Holdings plc（アーム）	イギリス	半導体
		第14章	CLP Holdings Limited（シー・エル・ピー）	中国	電力
		第15章	BNDES（ブンデス）	ブラジル	銀行
		第16章	Vancity（ヴァンシティ）	カナダ	銀行
		第17章	Crown Estate（クラウン・エステート）	イギリス	不動産
		第18章	Association of Chartered Certified Accountants（ACCA）（勅許公認会計士協会）	イギリス	職業会計士団体
ⅠＢ型 （SR活用型）	第2群	第19章	Hyundai Engineering & Construction (HDEC)（現代建設）	韓国	建設
		第20章	Danone（ダノン）	フランス	食品
		第21章	Petrobras S.A.（ペトロブラス）	ブラジル	石油・ガス
		第22章	HSBC Holdings plc（エイチ・エス・ビー・シー）	イギリス	銀行
Ⅱ型（結合型）		第23章	AkzoNobel N.V.（アクゾノーベル）	オランダ	化学
ⅢＡ型 （独立型）	第3群	第24章	MASISA S.A.（マシサ）	チリ	林業
		第25章	SASOL（サソール）	南アフリカ	エネルギー・化学
ⅢＢ型 （独立型）		第26章	AEGON N.V.（アエゴン）	オランダ	金融・保険
		第27章	National Australia Bank Limited（ナショナル・オーストラリア・バンク）	オーストラリア	銀行
		第28章	Stockland（ストックランド）	オーストラリア	不動産
Ⅳ型 （Web・動画活用型）		第29章	Eskom Holdings SOC Limited（エスコム）	南アフリカ	電力

【記号の説明】
(1) アニュアルレポート（Annual Report）をARと略記している。
(2) サステナビリティレポート（Sustainability Report）をSRと略記している。
(3) 4大監査法人（Big 4）のDeloitte Touche, Ernst & Young, KPMG, PricewaterhouseCoopers（ABC順で配列）を、それぞれDT、EY、KPMG、PwCと略記している。なお、監査法人の欄に記載されているNet Balance社は、オーストラリアにおいて"B Corporation"の認証を受けている新しいタイプの企業であり、ビジネスにおける「成功の定義」を見直し、サステナビリティや社会責任に関するアドバイザリー・サービスと保証業務を専門に行っている。

【企業名の配列の説明】
「＜ＩＲ＞の類型」における企業名の配列は、総務省統計局の業種分類法を参考にしている。

第 9 章　調査対象会社の概要と事例分析の視点

日本法人	報告書の名称	頁数	保証形態	保証基準	監査法人
有（東京）	Annual Report and Accounts 2012	157	無保証	―	―
有（東京）	Annual Report 2013	116	限定的保証・中位の保証	ISAE3000 および AA1000AS（2008）	PwC
無	Natura Report 2012 Full GRI Version	188	限定的保証	NBC TO 3000(ブラジル基準、ISAE3000 と同等)	EY
有（横浜）	Annual Report and Accounts 2012	156	無保証	―	―
無	Annual Report 2012	236	無保証	―	―
無	Annual Report 2012	100	無保証	―	―
無	Annual Report 2012	37	合理的保証・限定的保証	ISAE3000	EY
無	Integrated Annual Report and Accounts 2013	124	限定的保証	ISAE3000	PwC
無	Annual Report 2012-13	50	無保証	―	―
無	Sustainability Report 2013	53	限定的保証	ISAE3000	DT
有（東京）	Sustainability Report 2013	170	限定的保証	ISAE3000	KPMG
有（沖縄）	Sustainability Report 2012	190	限定的保証	NBC TO 3000(ブラジル基準、ISAE3000 と同等)	PwC
有（東京）	Sustainability Report 2012	40	限定的保証	ISAE3000	PwC
有（東京）	Report 2013	218	無保証	―	―
無	Integrated Financial Social and Environmental Report 2012	133	無保証	―	―
無	Annual Integrated Report 2013	123	無保証	―	―
有（東京）	Annual Review 2012（本体 72 頁）＋ Supplement（付録 87 頁）	159	限定的保証	Dutch Standards 3410N（オランダ基準）	EY
有（東京支店・大阪出張所）	Annual Review 2013	42	限定的保証	ISAE3000	EY
無	Annual Review 2013	60	中位の保証	AA1000AS（2008）	Net Balance
無	Integrated Report 2014	190	限定的保証	ISAE3000	KPMG

【保証基準の説明】
(1) ISAE3000 とは、国際会計士連盟（International Federation of Accountants；IFAC）の国際監査・保証基準審議会（International Auditing and Assurance Standards Board；IAASB）が発行した「国際保証業務基準 3000：歴史的財務情報の監査またはレビュー以外の保証業務」（International Standard on Assurance Engagements 3000：Assurance Engagements other than Audits or Reviews of Historical Financial Information）であり、非財務情報の保証業務に用いられている。保証水準には、「合理的保証」（reasonable assurance）と「限定的保証」（limited assurance）の 2 つのレベルがある。
(2) AA1000AS（2008）とは、イギリスの非営利団体である AccountAbility（Institute of Social and Ethical Accountability）が 2008 年に発行したサステナビリティ報告書の保証基準である。保証水準には「高位の保証」（high assurance）と「中位の保証」（moderate assurance）の 2 つのレベルがある。この 2 つの保証水準は、それぞれ ISAE3000 の合理的保証と限定的保証に相当する。

と考えることができる。

2 事例研究の視点

　現在、欧州企業を中心として＜IR＞への取り組みが普及しつつあるが、IIRCのフレームワークに準拠しても、報告企業（経営者）の裁量によって報告書の作成方法や記載事項に大きなバラツキが生じている。このため、「何を何処まで記載すれば統合報告書と呼べるのか」が曖昧になっており、改善に向けた取り組みが必要になっている。また、＜IR＞の信頼性保証に対する考え方が企業間で異なっていることも問題である。

　こうしたことから、本書の第3部における事例研究は、【図表9-1】に示した＜IR＞の作成方法（ⅠA型、ⅠB型、Ⅱ型、ⅢA型、ⅢB型、及びⅣ型）ごとに、＜IR＞の記載事項と情報量、及び＜IR＞の信頼性保証に見られるバラツキの程度を把握することを通して、＜IR＞の現状と課題を明らかにすることが目的である。

(1) ＜IR＞の記載事項と情報量

　【図表9-1】の「報告書の名称・頁数」の列では、上記のⅠA型〜Ⅳ型の6つのカテゴリーごとに、＜IR＞の媒体として用いられている報告書の名称と頁数を表示している。各企業の＜IR＞における具体的な記載事項は、【図表9-1】に示している第10章〜第29章をご参照頂きたい。ここでは、報告書の名称と頁数に関する問題を指摘しておきたい。

　最も一般的な作成方法であるⅠA型（アニュアルレポート活用型）には9社の企業が含まれている。9社の国別の構成は、イギリス（4社）、デンマーク（1社）、カナダ（1社）、ブラジル（2社）、及び中国（1社）になっている。国が異なると制度的な環境が異なることを考慮しなければならないので、ここでは、最も会社数の多いイギリス企業を取り上げて＜IR＞の名称に関する問題点を説明しておきたい。たとえば、【図表9-1】におけるUnilever社（第10章）とCrown Estate社（第17章）は何れもイギリス企業であり、同じ制度的な環境の中で＜IR＞に取り組んでいる。しかしながら、この2社の報告書の名称を見ると、前

者は Annual Report and Accounts であり、後者は Integrated Annual Report and Accounts となっている。

この2社の比較から理解されるように、ＩＡ型（アニュアルレポート活用型）においては、報告書の名称を見ただけでは、当該報告書が＜IR＞の意図で作成されているのか否かが分からないという問題がある。ＩＢ型にも、これと同じ問題が起こりうる可能性がある。

【図表9-1】では、調査対象会社の20社について、＜IR＞の情報量をPDFファイルの頁数で示している。ＩＡ型（アニュアルレポート活用型）では、CLP Holdings Limited 社（第14章）の236頁が最も多く、Vancity 社（第16章）の37頁が最も少ない。このように、同じＩＡ型の企業であっても、＜IR＞の情報量には大きな隔たりがある。ＩＢ型（サステナビリティレポート活用型）でも、Danone 社（第20章）の170頁からHSBC 社（第22章）の40頁まで＜IR＞の情報量に大きな隔たりがある。

近年、企業の情報開示において、人間の情報処理能力の「限定合理性」が指摘されるようになっている。すなわち、報告企業がPDFファイルで200頁のアニュアルレポートと200頁のサステナビリティレポートを開示しても、平均的な投資家はそのような膨大な情報を処理しきれないという問題が生じている。この問題は、簡潔なプライマリーレポートとしての＜IR＞が求められるようになった要因の1つになっている。

(2) ＜IR＞の信頼性保証

Unilever 社（第10章）と Crown Estate 社（第17章）はＩＡ型に属するイギリス企業であるが、この2社を比較すると、上で述べた報告書の名称のみでなく＜IR＞の信頼性保証に対する考え方にも違いがある。すなわち、Unilever 社（第10章）の＜IR＞が無保証であるのに対して、Crown Estate 社（第17章）は保証業務（保証水準は限定的保証）を受けている。

企業の情報開示のあり方としては、単に＜IR＞の情報を開示するのみでなく、情報の信頼性について保証を受けることが望ましい。【図表9-1】の「保証形態・保証水準・監査法人」の列をみると、20社中の12社（すなわち、過半数）が自

主的に保証業務を導入している。これは、事例研究から得られた重要な発見事項の１つであり、当初の予想を大きく上回る結果となった。＜IR＞の著名な研究者である Robert Eccles 教授（Harvard Business School）は、Harvard Business Review に「統合保証」（integrated assurance）の必要性を説いた論文を公表している（Eccles and Saltzman 2012）。

更に重要なことは、【図表 9-1】の保証基準に着目すると、ISAE3000 という保証基準のみでなく、AA1000AS（2008）という保証基準も多くの企業で用いられていることである。ここに、ISAE3000 とは、国際会計士連盟（International Federation of Accountants；IFAC）の国際監査・保証基準審議会（International Auditing and Assurance Standards Board；IAASB）が発行した「国際保証業務基準 3000：歴史的財務情報の監査またはレビュー以外の保証業務」（International Standard on Assurance Engagements 3000：Assurance Engagements other than Audits or Reviews of Historical Financial Information）であり、非財務情報の保証業務に用いられている。保証水準には、「合理的保証」（reasonable assurance）と「限定的保証」（limited assurance）の２つのレベルがある。

他方、AA1000AS（2008）とは、イギリスの非営利団体である AccountAbility（Institute of Social and Ethical Accountability）が 2008 年に発行したサステナビリティ報告書の保証基準である。保証水準には「高位の保証」（high assurance）と「中位の保証」（moderate assurance）の２つのレベルがある。この２つの保証水準は、それぞれ ISAE3000 の合理的保証と限定的保証に相当する。

保証基準のみでなく、保証業務のプロバイダーにも興味深い変化が現れている。すなわち、【図表 9-1】の Stockland 社（第 28 章）の＜IR＞の保証は、監査法人ではなく Net Balance 社が実施している。Net Balance 社は、オーストラリアにおいて "B Corporation" の認証を受けている新しいタイプの企業であり、ビジネスにおける「成功の定義」を見直し、サステナビリティや社会責任に関するアドバイザイリーサービスと保証業務を専門に行っている。＜IR＞では非財務情報の重要性が高まっていることから、保証業務のあり方も多様化していることが背景にあると考えられる。

第9章　調査対象会社の概要と事例分析の視点

《主要参考文献》

Eccles, Robert and Daniela Saltzman (2012), Integrated Assurance at Philips Electronics N.V., Harvard Business Review (N9-412-054, January 22, 2012), pp.1-23.

PricewaterhouseCoopers (2001), Integrated Reporting: The Future of Corporate Reporting. (Downloaded from www.pwc.de/integrated-reporting)

第1群

ⅠA型（アニュアル・レポート活用型）の事例

第10章

ユニリーバ（Unilever）

> 本事例の特徴

1　Unilever 社は、2012年12月末日の決算データに基づく Annual Report and Accounts 2012（全157頁）を統合報告書に相当するものとして作成している。さらに、中期的戦略「ユニリーバ持続可能な暮らしプラン」の実績を概説する Progress Report 2012 と関連情報をウェブページ上で提供する The online Unilever Sustainable Living Report for 2012 を、年次報告書を補完する役割で作成しており、ⅠA型の作成パターンの形態をとっている。

2　統合報告フレームワークの特記すべき特徴である価値概念（基礎概念Bの2つの次元の価値創造）を Unilever のビジョン図を通して見事に提示している【図表10-3】。自社組織の価値創造として「ビジネスの規模を2倍に」すること、一方、組織以外の価値創造として「社会に対する良い影響」を与えることと「環境負荷の削減」を図ることが明示されており、ビジョン（価値概念）の記載事例のベストプラクティスとして大いに参考になるであろう。

3　原材料調達から家庭での製品使用に至るまでの製品ライフサイクル全体を視野に入れて、7つの戦略内容（①健康と衛生、②食、③地球温室効果ガス、④水資源、⑤廃棄物、⑥持続可能な調達、⑦生活水準の向上）の進捗状況が説明されており【図表10-4】、中期的長期的戦略の記載事例として参考になるであろう。

4　経営目標「持続可能な暮らし」から株主への配当に至るまでの取締役の関わりと、報酬体系の主要要素（固定要素と業績依存要素）を取締役報酬方針として示しており、ガバナンスの記載事例として参考になるであろう。

第 10 章　ユニリーバ（Unilever）

1　Unilever のプロフィール

　Unilever は、オランダのマーガリン製造業のマーガリン・ユニ社（Margarine Unie）と英国の石鹸製造業のリーバ・ブラザーズ社（Lever Brothers）が合併合意したことにより、1930 年に消費財メーカーとして創立した均等化契約に基づく「仮想的な合併会社」（virtual merger）であり、どこの地域にも法人登記されていない。Unilever は、Unilever N.V.（本社：オランダ・ロッテルダム）と Unilever plc（本社：英国 London）の公開株式会社 2 法人が同じ取締役で構成される二元上場会社（我が国の企業では採用した前提が全くない法的に特異な形態）[注1]である、と同時に 2 法人を親会社とするグループ会社のコーポレート・ブランドでもある。

　日本での事業拠点として、東京・目黒にユニリーバ・ジャパン・カスタマーマーケティング株式会社、その他に 4 社を設立登記しており、食料品（紅茶 Lipton、アイスクリーム Ben & Jerry's）、家庭洗剤（洗剤ジフ、除菌ドメスト）、個人ケア（石鹸ダヴ／LUX、スキンケア POND'S／ヴァセリン、ヘアケア mods hair／ティモテ、制汗剤レセナ、男性化粧品アックス）などのプロダクト・ブランドを日本国向けに製造販売している。世界中では 400 以上のプロダクト・ブランドが製造販売されている。

　2012 年度には、売上高 513 億 2,400 万ユーロ（5 兆 8,873 億 7,604 万円[注2]）、税引前純利益 66 億 8,300 万ユーロ、税引後純利益 49 億 4,800 万ユーロ、同年度末（12 月末）現在では、資本金 157 億 1,600 万ユーロ、資産合計額 461 億 6,600 万ユーロ、従業員数 17 万 3,000 人、販売国 190 か国以上、1 日当たり製品利用者数 20 億人と報告されている。

　Unilever の Annual Report and Accounts 2012 は、Unilever の取締役が Unilever Group 連結計算書類（連結財務諸表）及び Unilever N.V. と Unilever plc の各個別計算書類（各個別財務諸表）を説明する年次報告書である。具体的には、Unilever の取締役は、オランダ民法第 2 編第 9 章及び英国 2006 年会社法の両方に基づいて Unilever Group の連結計算書類を作成し、かつオランダ民法第 2 編第 9 章に基づいて Unilever N.V. の個別計算書類と、英国 2006 年会社法

に基づいて Unilever plc の個別計算書類を作成している。

　Unilever は2法人を親会社とする二元上場会社に基づくグループ会社であるので、1つの年次報告書の中に独立会計監査人報告書が通常の2倍の合計4通作成されている点が特徴的である。具体的には、Unilever Group の連結計算書類は1つであるが、これに対応する監査報告書が1通ではなく2通作成されている。1通目は、監査法人 PwC オランダのアムスレルダム事務所の会計士がオランダ監査基準に準拠して作成した Unilever N.V. の株主総会宛の監査報告書であり、2通目は、監査法人 PwC 英国のロンドン事務所の会計士が国際監査基準（英国及びアイルランド）に準拠して作成した Unilever plc の株主宛の監査報告書である。したがって、個別財務諸表に対する監査報告書も、通常は親会社の1社分であるが Unilever N.V. と Unilever plc の2法人あるので各々1通、合計2通の監査報告書が作成されている。

2　Unilever の統合報告に関する企業の作成目的・意図・狙いどころ

　Unilever の取締役は、2012年12月31日を決算日とする営業データに基づいて、計算書類（財務諸表：Accounts）を作成した上で、3月に Annual Report and Accounts 2012（年次報告書）を作成している。年次報告書は、① The Unilever Sustainable Living Plan: Progress Report 2012（2012年12月31日までの1年間の「ユニリーバ持続可能な暮らしプラン」(USLP) の実績を概説する印刷媒体の報告書、2013年4月公表）と ② The online Unilever Sustainable Living Report for 2012（USLP の目標、Unilever 社の保証プログラムの範囲、持続可能な事業経営に対する当社のアプローチに関する豊富な情報量を取り扱うウェブページ上の電子媒体の報告形態）によって完成される（年次報告書，p.1）。

　Unilever 社の2012年度（12月末日決算）に関する各種報告書の体系は、次のとおりである。

・統合報告書に相当する名称：
　Annual Report and Accounts 2012（全157頁・オランダ民法（EU 版

第 10 章　ユニリーバ（Unilever）

IFRS 及び完全版 IFRS）と英国会社法（EU 版 IFRS）に準拠）
・その他の報告書：
Progress Report 2012（全 56 頁）（日本語版『2012 年の進捗』（全 56 頁））
Annual Report on Form 20-F 2012（全 37 頁）

3　Unilever の報告書の記載目次・項目のリスト

【図表 10-1】　年次報告書及び計算書類 2012 年版（全 153 頁）の目次構成

目次構成		掲載頁	頁数
ユニリーバについて		2-41	40
1	ユニリーバの目標		1/4
2	会長の挨拶		2
3	社長の挨拶		1
4	業績ハイライト		2
5	ユニリーバのコンパス戦略		1
6	ユニリーバのビジネスモデル		1
7	ユニリーバ持続可能な暮らしプラン		2
8	ブランドとイノベーションによる成功例		4
9	市場における成功例		4
10	継続的な改善を通した成功例		4
11	従業員による成功例		4
12	財務レビュー 2012 年		6
13	リスク		6
ガバナンス		42-81	39
1	略歴		2
2	コーポレートガバナンス		12
3	監査委員会報告書		2
4	企業責任委員会報告書		2
5	特命企業統治委員会報告書		2
6	取締役報酬報告書		20

目次構成		掲載頁	頁数
財務諸表		82-143	41
1	取締役責任の説明書		1
2	会計監査人報告書（Unilever N.V. の株主総会宛）	84	1
3	会計監査人報告書（Unilever PLC の株主宛）	85	1
4	連結損益計算書		1
5	連結包括利益計算書		1/2
6	連結持分変動計算書		1/2
7	連結貸借対照表		1
8	連結キャッシュフロー計算書		1
9	連結財務諸表の注記		40
10	個別会計計算書類		14
	会計監査人報告書（Unilever N.V. の株主総会宛）	132	1
	Unilever N.V. の個別会社計算書類	133-137	5
	会計監査人報告書（Unilever PLC の株主宛）	138	1
	Unilever PLC の個別会社計算書類	139-143	5
株主情報		144-148	4
1	株主スケジュール		1/2
2	株主担当窓口		1/2
3	Web サイト		1/4
4	株主名簿管理人		1/4
5	各種公表物		1/4
6	索引		1/4

（出所：*Annual Report and Accounts* 2012, p.1 を基に筆者作成）

【図表 10-2】　Progress Report 2012（全 56 頁）の目次構成

目次構成		掲載頁	頁数	内容要素の適用
戦略		1-11	11	
1	変化する世界		1	組織概要と外部環境
2	最高経営責任者の挨拶		2	
3	ユニリーバのコンパス戦略		1	
4	ユニリーバのビジネスモデル		1	ビジネスモデル
5	サスティナビリティを根付かせるために		2	
6	業績ハイライト		2	
7	2012 年のユニリーバ持続可能な暮らしプラン		2	

59

第1群　ⅠA型（アニュアル・レポート活用型）の事例

プランの進捗状況		12–49	38	
1	健康・衛生 　より衛生的で健やかな暮らしへ		6	
2	食 　健康的な食生活をサポート		6	
3	地球温室効果ガス 　ともに気候変動とたかかう		6	
4	水資源 　水不足が最も深刻な地域での水使用量の削減		4	業績
5	廃棄物 　削減、再利用、リサイクル		6	
6	持続可能な調達 　将来に向けた成長		6	戦略と資源配分
7	生活の向上 　経済発展を支える		4	
ガバナンス		50–53	4	
1	ガバナンスと外部からの評価		2	
2	検証と測定基準		2	

（出所：*Progress Report* 2012, 表紙と日本語版を基に筆者作成）

4　Unileverの統合報告の主要構成要素の抽出・特徴点の解説

(1) Unileverについて

＜経営理念（使命）＞

> ユニリーバの目標（OUR PURPOSE）
>
> 持続可能な暮らしをあたりまえにすること（To make Sustainable Living commonplace）
>
> 　ユニリーバは、人々が快適に感じ、善良に思われ、寿命をさらに延ばすことに役立つ様々なブランド商品やサービスを提供することで、より良い将来を毎日作り出すことを仕事にしている。
>
> 　ユニリーバの最優先事項は、ユニリーバの一般消費者（同時に、顧客、従

> 業員、供給業者、地域社会）に対応することである。ユニリーバが一般消費者達に自社の責任を果たすことで、ユニリーバのステークホルダーは報われることになると信じている。（年次報告書，表紙）

　Unilever社は、「持続可能な暮らしをあたりまえ（commonplace）にすること」を年次報告書2012年版のタイトルに掲げ、同社の目標として宣言している。この宣言内容は、会社の経営理念（ミッション・使命）と理解することができ、自社の存在理由を明らかにしている（内容要素「A　組織概要と外部環境」の実践）。
　上記の経営理念を具体化したもの（到達点）、すなわち会社のビジョンについては、下記のとおり説明されている（内容要素「A　組織概要と外部環境」の実践）。

＜ビジョン（理想像）＞

> ユニリーバのビジョン（OUR VISION）
> 　ユニリーバの企業ビジョンは、環境負荷を削減して社会に良い影響を与えながら、事業規模を2倍にすることである。
> 　当社は、皆様とともに小さな行動を毎日積み重ねて、世界を変える大きな力に繋げることによって、責任ある成長を実現するつもりである。
> 　当社は、市場占有率を獲得してあらゆる地域で市場を確立することによって、成長して行くつもりである。（年次報告書，p.8）

　Unilever社は、会社のビジョンを説明する際に、視覚的にもすぐに理解可能なビジョン図を作成し、活用している【図表10-3】。このビジョン図はシンプルであるが、2つの次元の価値の創造（基礎概念「B　自社組織の価値創造と組織以外の価値創造」）を見事に表している。Unilever自身の価値創造（事業規模の拡大）だけではなく、社会の価値創造（環境負荷の削減と社会に対する良い影響）という2つの次元の価値観をUnileverはビジョン及びその前提の経営理念の段階から認めている。したがって、2つの次元の価値創造を事業組織に意識させ、事業行動に結び付けることが、IIRCの統合報告の意義・狙いでもあるので、

第1群　ⅠA型（アニュアル・レポート活用型）の事例

Unileverの経営理念（使命）とビジョン（理想像）を説明している点で、年次報告書（Annual Report and Accounts 2012）はベストプラクティスと言える。

【図表10-3】　Unileverのビジョン図の記載事例

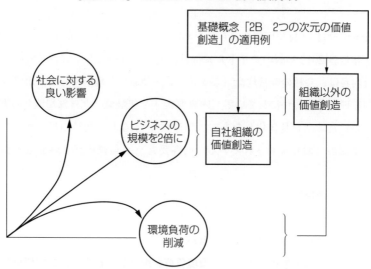

（出所：*Annual Report and Accounts 2012*, p.8を基に筆者作成）

上記のビジョンを具現化するための手段が戦略である。統合フレームワークは、特に、短期、中期、長期の各時間軸の視点から戦略を説明することを要求している（par. 4.28）。Unileverは2020年までの中期的戦略「ユニリーバ持続可能な暮らしプラン」を策定している（内容要素「E 戦略と資源配分」の実践）。

＜戦略＞

> **ユニリーバ持続可能な暮らしプラン（Unilever Sustainable Living Plan：USLP）**
> 　当社のユニリーバ持続可能な暮らしプラン（USLP）は、当社の成長と当社の環境的影響を切り離すと同時に当社のポジティブな社会的影響を増加させることを設定する。当社のUSLPには、2020年までに当社が実現可能にしようとする次の3つの主な到達点がある。
> ●10億人以上の人達が、より健康的で幸福な生活に改善できるように、ユ

第10章　ユニリーバ（Unilever）

　　ニリーバは支援する。
●ユニリーバの製品から生じる環境負荷を半減させる。
●ユニリーバの原材料農産物を100％供給し、かつユニリーバの価値連鎖の向こう側の人達の生計を向上させる。（年次報告書，p.11）

　Unileverの中期的戦略「ユニリーバ持続可能な暮らしプラン」（USLP）は、年次報告書を補完する役割のProgress Report 2012（全56頁）にまとめられている。
　【図表10-4】は、戦略USLPの3つの主な到達点（①健康的で幸福な生活改善、②環境負荷の削減、③生計水準の向上）を達成するために、2020年までにUnileverが実現しようとする7つの柱の戦略内容（①健康と衛生、②食、③地球温室効果ガス、④水資源、⑤廃棄物、⑥持続可能な調達、⑦生活水準の向上）の進捗状況を、原材料調達から家庭での製品使用に至るまでの製品ライフサイクル全体を視野に入れて、利害関係者（ステークホルダー）に提示している。
　【図表10-4】の左下の凡例では、上から順に「達成済み（Achieved）、計画通り（On-plan）、計画に遅れ（Off-plan）、目標達成率％（% of target achieved）」が表示され、7つの戦略内容はこれらの指標に基づいて評価されている。
　【図表10-4】は、内容要素「E 戦略と資源配分」のみならず「A 組織概要と外部環境」、「D リスクと機会」も同時に実践しており、基礎概念「B 組織の価値創造と組織以外の価値創造」、「C 多元的資本」、「D 価値創造プロセス」を用い、基本原則「A 戦略的焦点と将来指向」、「B 情報の結合」が適用された報告内容に関するベストプラクティスと評価できる。

　【図表10-4】では、3つの主な到達点（①健康的で幸福な生活改善、②環境負荷の削減、③生計の向上）とそれを2020年までに実現しようとする7つの柱の戦略内容（①健康と衛生、②食、③地球温室効果ガス、④水資源、⑤廃棄物、⑥持続可能な調達、⑦生活水準の向上）が左から右に説明されている。

第1群　ⅠA型（アニュアル・レポート活用型）の事例

【図表10-4】　Unileverの中期的戦略の記載事例

UNILEVER SUSTAINABLE LIVING PLAN IN 2012

IMPROVING HEALTH AND WELL-BEING

By 2020 we will help more than a billion people take action to improve their health and well-being.

We estimate that we helped 224 million people take action to improve their health and well-being.

The Unilever Sustainable Living Plan (USLP) sets out to decouple our growth from our environmental impact, while at the same time increasing our positive social impact.

It has three big goals to achieve by 2020 – to improve health and well-being, reduce environmental impact and source 100% of our agricultural raw materials sustainably and enhance the livelihoods of people across our value chain.

Supporting these goals are seven commitments underpinned by targets spanning our social, environmental and economic performance across the value chain – from the sourcing of raw materials all the way through to the use of our products in the home.†

In the second year of our Plan, we made steady progress towards our goals. Our USLP is ambitious and we have much more to do. We continue to strive to deliver our stretching goals.

Key
✓ Achieved
● On-plan
● Off-plan
(%) % of target achieved
Note: Our most material targets are shaded

1 HEALTH AND HYGIENE

By 2020 we will help more than a billion people to improve their hygiene habits and we will bring safe drinking water to 500 million people. This will help reduce the incidence of life-threatening diseases like diarrhoea.

● 224 MILLION PEOPLE REACHED BY END 2012

● Reduce diarrhoeal and respiratory disease through handwashing
● Provide safe drinking water
● Improve oral health
● Improve self-esteem
● Reduce workplace injuries and accidents

For more see page 12 >

2 NUTRITION

We will continually work to improve the taste and nutritional quality of all our products. By 2020 we will double the proportion of our portfolio that meets the highest nutritional standards, based on globally recognised dietary guidelines. This will help hundreds of millions of people to achieve a healthier diet.

● 18% OF OUR PORTFOLIO BY VOLUME MET THE CRITERIA FOR HIGHEST NUTRITIONAL STANDARDS IN 2012

● Reduce salt levels

Saturated fat:
● Reduce saturated fat
● Increase essential fatty acids

● Remove trans fat
● Reduce sugar
● Reduce calories
● Improve heart health
● Provide healthy eating information
● Improve employee health and nutrition

For more see page 18 >

3 GREENHOUSE GASES

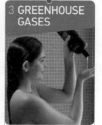

Halve the greenhouse gas impact of our products across the lifecycle by 2020.*

● OUR GREENHOUSE GAS IMPACT PER CONSUMER USE HAS REDUCED BY AROUND 6% SINCE 2010*

● Reduce GHG from skin cleansing and hair washing

Reduce GHG from washing clothes:
● Concentration
● Reformulation
● Consumer behaviour

Reduce GHG from manufacturing:
● CO_2 from energy
● Renewable energy
● New factories

● Reduce GHG from transport
● Reduce GHG from refrigeration
● Reduce energy consumption in our offices
● Reduce employee travel

For more see page 24 >

† In our 2011 Progress Report we presented our people and workplace targets as a standalone set of targets. In 2012 we incorporated these targets into the main body of the Plan.

* Throughout this document our environmental targets are expressed on a 'per consumer use' basis. This means a single use, portion or serving of a product (see page 53). We have taken a lifecycle approach with a baseline of 2008.

‡ In seven water-scarce countries representing around half the world's population (see page 53).

第10章 ユニリーバ (Unilever)

REDUCING ENVIRONMENTAL IMPACT

By 2020 our goal is to halve the environmental footprint of the making and use of our products as we grow our business.*

Our greenhouse gas and waste impacts per consumer use have reduced and our water impact per consumer use has remained broadly unchanged.*

ENHANCING LIVELIHOODS

By 2020 we will enhance the livelihoods of hundreds of thousands of people as we grow our business.

We have trained around 450,000 smallholder farmers.

4 WATER

Halve the water associated with the consumer use of our products by 2020.*†

- OUR WATER IMPACT PER CONSUMER USE HAS REMAINED BROADLY UNCHANGED SINCE 2010*

Reduce water use in the laundry process:
- Easy rinse products
- Products that use less water

Reduce water use in skin cleansing and hair washing

- Reduce water use in agriculture

Reduce water use in manufacturing process:
- Reduce abstraction
- New factories

For more see page 30 >

5 WASTE

Halve the waste associated with the disposal of our products by 2020.*

- OUR WASTE IMPACT PER CONSUMER USE HAS REDUCED BY AROUND 7% SINCE 2010*

- Reduce packaging

Recycle packaging:
- Increase recycling and recovery rates
- Increase recycled content

- Reuse packaging
- Tackle sachet waste

Reduce waste from manufacturing:
- Reduce total waste
- Zero non-hazardous waste to landfill
- New factories
- Eliminate PVC

Reduce office waste:
- Recycle, reuse, recover
- Reduce paper consumption
- Eliminate paper in processes

For more see page 34 >

6 SUSTAINABLE SOURCING

By 2020 we will source 100% of our agricultural raw materials sustainably.

- 36% OF AGRICULTURAL RAW MATERIALS SUSTAINABLY SOURCED BY END 2012

Palm oil:
- Sustainable
- Traceable

- Paper and board
- Soy beans and soy oil
- Tea
- Fruit
- Vegetables
- Cocoa
- Sugar
- Sunflower oil
- Rapeseed oil
- Dairy
- Fairtrade Ben & Jerry's
- Cage-free eggs
- Increase sustainable sourcing of office materials

For more see page 40 >

7 BETTER LIVELIHOODS

By 2020 we will engage with at least 500,000 smallholder farmers and 75,000 small-scale distributors in our supply network.

- 450,000 SMALLHOLDER FARMERS TRAINED; SMALLHOLDERS' METRIC IN DEVELOPMENT; 48,000 SMALL-SCALE SHAKTI DISTRIBUTORS BY END 2012

- Smallholder farmers
- Small-scale distributors

For more see page 46 >

(出所：*Progress Report 2012*, pp.10-11 の一部を抜粋、日本語版も参照されたい)

65

第1群　ⅠA型（アニュアル・レポート活用型）の事例

　Unileverの経営理念（使命・ミッション）、それを具体化したビジョン（理想像・到達点）、それを具現化させる手段としての戦略がこれまで体系的に提示されてきた。そこで、組織の戦略目的を遂行して短期、中期、長期に渡る価値を創造する事業のシステムについて、投入資本（Inputs）から事業活動を通じた、生産内容（Output）、活動結果の影響（Outcome）までの変換システムを意味するビジネスモデルの説明が必要である。Unileverは次のとおり提示し説明している。
<ビジネスモデル>

ユニリーバのビジネスモデル（Our Business Model）
　ユニリーバのビジネスモデルは、持続可能な成長を実現するために策定された。持続可能性は、ユニリーバが事業を行う上で不可欠である。世界では今、気温が上昇し、水資源が不足し、エネルギー価格が高騰している。不衛生な地域が多く、食料価格が高く供給も不安定である。こうした課題に対して事業を通じて取り組むことは、ユニリーバの義務でもあり機会でもある。
　ユニリーバのビジネスモデルに対する投入資本（inputs）は、日用品・食品のあらゆる大手製造業者と同じく、ブランド、従業員、事業活動の3つの要素がある。

（中略）

　ユニリーバのビジネスモデルは、USLPと持続可能な暮らし（sustainable living）の目標を掲げている点で、他社とは異なるものである。
　当社のビジネスモデルの生産内容（output）には、継続的な成長、環境負荷削減、社会への良い影響の3要素がある。これらはユニリーバのビジョン宣言とぴったりと符合するものである。
　ページ下図（【図表10-5】）は、当社の成長の好循環（virtuous circle of growth）を表す。ユニリーバのビジネスモデルを適用することで利益を得る方法について分りやすく概説するものである。(Progress Report, p.5)

【図表10-5】の各要素の関係性については、年次報告書の取締役報告書の中で取締役報酬方針の基礎要因として説明されている。つまり、ビジネスモデルと取

第 10 章　ユニリーバ（Unilever）

【図表 10-5】 Unilever のビジネスモデル図（成長の好循環）の記載事例

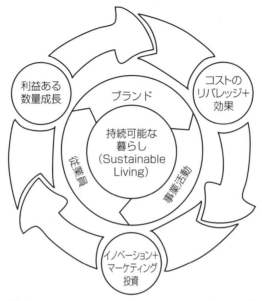

（出所：*Progress Report 2012*, p.5 を基に筆者作成）

締役報酬との繋がりを説明したものである（基本原則「B 情報の結合性」を適用した内容要素「C ビジネスモデル」と「B ガバナンス」の実践）。具体的には、持続可能な暮らし→従業員→事業活動→ブランド→成長の好循環というボトムアップ型の関係性が図示されており、Unilever の取締役報酬制度が、事業ビジョンと戦略の実現を支援するために策定されている。

(2) Unilever のガバナンス
＜ガバナンス＞

ガバナンス（Governance）
　取締役報酬方針（Remuneration Policy）
　　報酬制度に則った Unilever の戦略の遂行の支援方法
　　ユニリーバの事業ビジョンは、当社のブランド、事業、従業員に焦点を当

第1群　ⅠA型（アニュアル・レポート活用型）の事例

てることを通じて、環境負荷を削減して社会に良い影響を与えながら、事業規模を2倍にすることである。取締役報酬は、当社の到達地点に行き着くように当社の人財を動機付けることを支援するための権利（business）としてユニリーバが持っている主要な道具の1つである。

ユニリーバの取締役報酬制度は、事業ビジョンと戦略の執行を支援する目的で策定される。

執行取締役への報酬体系の主要要素は、以下のようにまとめられる。

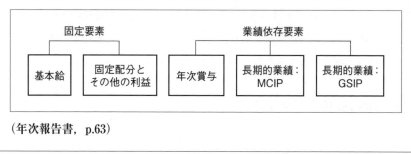

（年次報告書，p.63）

統合報告フレームワークの内容要素「B ガバナンス」では、権利義務や機関に関する単なる法的手続き構造の説明ではなく、組織のガバナンス構造が、組織の短期、中期、長期の価値創造能力をどのように担保するのか、を説明するものである。

第 10 章　ユニリーバ（Unilever）

Unilever は、年次報告書の取締役報酬報告書の中で、取締役報酬方針を示し、「Unilever の経営理念とビジョンと戦略」（持続可能な暮らし）と「戦略とビジネスモデル」（従業員、事業内容、ブランド）を通じた成長の好循環を達成する関係性を説明している（基本原則「E 簡潔性」と「B 情報の結合性」を適用した内容要素「B ガバナンス」と「C ビジネスモデル」と「F 業績」の適用）。

5　Unilever の統合報告の特徴点と問題点など

IIRC による統合報告のフレームワークは、2013 年 12 月 5 日に公表されたものである。したがって、早くても 2013 年 12 月末日を決算日とする企業が作成する報告書を待たなければ、フレームワークに準拠した統合報告が、世に出ることはない。本稿執筆時点の過渡期を前提として、特徴点と問題点について指摘しておきたい。

まず特徴点として、フレームワークの 8 つの内容要素（A から H）と 1 つの実施考慮要素（I）に関しては、「A 組織概要と外部環境」、「E 戦略と資源配分」、「C ビジネスモデル」の実践が関連づけられて作成されている。特に、2020 年までを目途とする中期的戦略を「ユニリーバ持続可能な暮らしプラン」（USLP）として Progress Report 2012 において集中的に説明している。

また IIRC の統合報告フレームワークの特徴ともいえる 2 つの次元の価値創造（基礎原則「B 組織の価値創造と組織以外の価値創造」）の意識付けを Unilever は経営理念のみならずビジョンや戦略に一貫して主張している点は、評価に値する。経営理念（使命）は、自社組織の存在理由・意義であるが、Unilever は自社組織の価値創造（事業規模を 2 倍にして、持続可能な成長を遂げる）のみならず自社以外の価値創造（①環境負荷を削減する【自然環境の価値創造】と②人々が快適に感じ、善良に思われ、寿命をされに延ばす役割をする【社会人類の価値創造】）をも含めて「ユニリーバ持続可能な暮らしプラン」（USLP）を宣言し実践している。

次に問題点として、投資家が Unilever に投資をしようと思っても、「Unilever」の株式や債券や投資先組織は実在しないため、Unilever は二元上場会社という法的に特異な組織である旨の「法的実体の説明」をガバナンスにおいて説明する

69

第1群　ⅠA型（アニュアル・レポート活用型）の事例

必要がある。確かに、統合フレームワークの内容要素「B ガバナンス」では、権利義務や機関に関する法的手続き構造の説明は重視されていない。しかしその理由は、「通常の」設立形態の組織を前提としているため、あるいは年次報告書の中で詳細に法的手続き構造を説明することを想定しているためである。

　Unilever の Annual Report and Accounts 2012 及び Progress Report 2012 においては、二元上場会社の説明がなされていない。公式ウェブページ（Unilever ［2013d］）において、下記のとおり説明がなされているが、均等化契約に基づく「仮想的な合併会社」（virtual merger）である形態をとる二元上場会社の特徴を容易に理解できる内容ではない。

> 構造の概要（Overview of structure）
> 　Unilever N.V. 社と Unilever PLC 社は、独立した法人格（legal identity）を有しているが単一事業体（single entity）として営業している。（為替相場の変動を無視すると）0.16 ユーロの Unilever N.V. 社の普通株1単位は、3ポンド1/9ペンスの Unilever PLC 社の普通株1単位として Unilever Group における同一の基礎経済的利益を表す。
> （出所：Unilever ［2013d］「Understanding NV & PLC Shares」より引用）

■　Unilever の法的実体の説明

　Unilever は、Unilever N.V.（本社：オランダ・ロッテルダム）と Unilever plc（本社：英国 London）の2法人が同じ取締役で構成される二元上場会社という法的に特異な形態をとる「仮想的な合併会社」（virtual merger）である。二元上場会社とは、「二つの上場会社が、その法人格、上場ステータス及び税務上の居住者性を維持しながら、両者間の契約により株主への分配や議決権などを均等化し、両者をあたかも一つの法人であるかのように運営するという仕組み（仮想的な合併：virtual merger の一つともいわれる）である」（太田＝清水 ［2013a］、p.5）。太田＝清水 ［2013a］ によると、二元上場会社は、①共同保有型、②独立保有型、③二重株式型グループ会社に分類されることが多く、Unilever は、両上場会社が二元上場会社化以前に有していた事業をそのまま保有する仕組みであ

る独立保有型二元上場会社のタイプである。

　したがって、Unileverは、均等化契約に基づく仮想的な合併会社であるので、法律に基づく設立登記が行われていない会社である。Unileverに投資するには、Unilever N.V.（本社：ロッテルダム）の株式をアムステルダム証券取引所（UNA株）又はニューヨーク証券取引所（UN株）で購入するか、Unilever plc（本社：ロンドン）の株式をロンドン証券取引所（ULVR株）又はニューヨーク証券取引所（UL株）で購入することになる。なお、為替レートの影響を除けば、3つの市場の4銘柄の1単位当たり株式は、均等化契約に基づき、同等の価値が保証されている。

　以上のUnileverの法的実体の説明を下記の【図表10-6】を交えて、統合報告書の中に内容要素「Bガバナンス」の実践例の1つとして記載されることを提案する。

【図表10-6】　Unileverの二元上場会社に関する法的統治構造図の記載事例の提案

```
┌─────────────────────────────────────────────────────┐
│  Unileverの株主（Unilever NVの株主　又は　Unilever PLCの株主）  │
└─────────────────────────────────────────────────────┘
┌─────────────────────────────────────────────────────┐
│       Unilever（独立保有型二元上場会社）（仮想的な合併会社）        │
└─────────────────────────────────────────────────────┘
┌─────────────────────────────────────────────────────┐
│                Unileverの取締役（Directors）                │
└─────────────────────────────────────────────────────┘
  ┌──────────┐      ┌──────────┐      ┌──────────┐
  │Unilever NV│──────│ 均等化契約 │──────│Unilever PLC│
  │          │      │その他の合意事項│      │          │
  └──────────┘      └──────────┘      └──────────┘
  ┌──────────┐      ┌──────────┐      ┌──────────┐
  │NVが支配している│      │ 共同支配による │      │PLCが支配している│
  │  事業子会社  │      │  事業子会社  │      │  事業子会社  │
  └──────────┘      └──────────┘      └──────────┘
  ┌──────────┐   1 UNA株 = 1 ULVR株   ┌──────────┐
  │銘柄：UNA  │──────────────────────│銘柄：ULVR │
  │取引所：Amsterdam│                   │取引所：London│
  └──────────┘                        └──────────┘
  1 UN株 = 1 UNA株                     1 UL株 = 1 ULVR株
  ┌──────────┐    1 UN株 = 1 UL株    ┌──────────┐
  │銘柄：UN   │──────────────────────│銘柄：UL   │
  │取引所：NYSE│                       │取引所：NYSE│
  └──────────┘                        └──────────┘
```

（出所：Unilever［2013d］の「UNILEVER LEGAL SRRUCTURE」の概要図を基に一部修正して著者作成）

第1群　ⅠA型（アニュアル・レポート活用型）の事例

（注）
1　二元上場会社（Dual Listed Company）の仕組みと実務上の論点に関する日本語による最新の研究成果は、太田＝清水［2013a,2013b］であるので参照されたい。
2　2012年12月末の決算日レート（1ユーロ＝114.71円）による円換算額。

《主要参考文献》
Unilever［2013a］, *Annual Report and Accounts 2012*, Unilever.
—［2013b］, *Progress Report 2012*, Unilever.
—［2013c］,『2012年の進捗』、ユニリーバ・ジャパン。
—［2013d］, "*Understanding NV & PLC shatters,*" available online from http://www.unilever.com/investorrelations/shareholder_info/understanding_nvplc_shares/?WT.LHNAV=Understanding_NV_&_PLC_shares/,（Last accessed date: 2014-Jan-5）
太田洋＝清水誠［2013a］、「二元上場会社（デュアル・リステッド・カンパニー）の仕組みと実務上の論点〔上〕」『旬刊商事法務』No.2003（7月5日号）。
—［2013b］、「二元上場会社（デュアル・リステッド・カンパニー）の仕組みと実務上の論点〔下〕」『旬刊商事法務』No.2004（7月15日号）。

第11章
ノボ・ノルディスク
(Novo Nordisk)

> **本事例の特徴**
>
> 1 本事例はⅠA型に分類される。同社は、2013年に年次報告書（Annual Report）という名称で、116頁からなる統合報告書を作成している。統合報告書においては、ステークホルダー・エンゲージメントが重要視されている。
>
> 2 すべての事業活動はノボ・ノルディスク ウェイという経営理念を前提に実施され、従業員はこのノボ・ノルディスク ウェイに即して企業活動を行う。ノボ・ノルディスク ウェイは持続的発展可能性を基礎にトリプル・ボトム・ライン（TBL）アプローチが採用され、財務のみならず社会及び環境を配慮した経営理念が設定されている。
>
> 3 社会と環境の観点についても、独自にKPIを設定し、社会パフォーマンス報告書と環境パフォーマンス報告書を開示している。また、それらKPIは具体的な測定方法が明示されており、第三者にとって検証可能性なものとなっている。さらに、これらの社会及び環境にかかる報告書について、PricewaterhouseCoopersから限定的保証を受け、監査報告書と併せて報告している。
>
> 4 2012年の年次報告書までは、GRIのガイドライン（G1～G3）に準拠している。2013年以降の年次報告書については、IIRCのIIRFを基礎にしている。
>
> 5 デンマークは国策として社会的責任や環境的責任を重要視しており、それらに伴う情報の開示が法定要請されている。これらの法定要請に応え、統合報告書を補完するために、コーポレート・ガバナンス報告書、国連グローバル・コンパクト報告書及び多様性報告書が開示されている。

第1群　ⅠA型（アニュアル・レポート活用型）の事例

1　本事例を取り上げる理由

　ノボ・ノルディスク株式会社（Novo Nordisk A/S）は、ステークホルダー・エンゲージメントを重要視した経営のパイオニア企業であり、1990年代からトリプル・ボトム・ライン・アプローチ（Triple Bottom Line（TBL）Approach）を利用して、幅広いステークホルダーを意識した情報開示を行ってきた[注1]。そのような取り組みは、1994年に作成された環境報告書（Environmental Report）に端を発し、その後、環境・生命倫理報告書（Environment and Bioethics Report）、サステナビリティ報告書（Sustainability Report）を経て、2004年に年次報告書（Annual Report）として統合報告書を開示した。それ以後、継続してノボ・ノルディスクは年次報告書として統合報告書を作成・開示しており、2013年の年次報告書は第10番目の統合報告書であると同社ホームページにおいて謳われている（Novo Nordisk, "Online reports"）。このようにノボ・ノルディスクは、他社よりも極めて早期の段階から開示情報の統合化に取り組んできているため、同社の統合報告書を取り上げる。

　また、同社の統合報告書は世界的にも研究対象として数多く取り上げており、学術的にみても、その内容を検討するに非常に価値の高いものであるという評価を得ている。たとえば、Eccles and Krzus［2010］は、次のように分析を行っている。同社の2008年の年次報告書は「1つの包括的な報告書」（"one, inclusive document"）であり、"事業について財務的及び非財務的視点の統合を図り、レポーティングのアプローチにこのような方法を反映"させようとしたものである。こうした統合報告書は、企業の財務及び非財務の資産の結び付きを説明するのに有用であり、また、ステークホルダーの企業評価を高める目的も併せ持つ。他には、Dey and Burn［2010］においてもノボ・ノルディスクの統合報告書に対する検討が行われている。彼らは、同社の統合報告書を、1つの包括的な書類の中で社会、環境及び財務パフォーマンスを測定しようとする統合化された報告書であると述べている。また Morsing and Oswald［2009］は、ノボ・ノルディスクの統合報告書をマネジメント・コントロール・システムの観点から分析を行っている[注2]。

加えて、同社の情報開示に対する取り組みは実務界からも高く評価されている。たとえば、統合報告書の前身であるサステナビリティ報告書（2003年）は、公認会計士協会が後援するヨーロッパ・サステナビリティ・アワードで1等賞をとっているとともに、デンマーク国内でもデンマーク会計士協会等によって最良の社会報告書であると幾度も表彰されている（Morsing and Oswald ［2009］）。
　そこで、本章においては、学術界と実務界の双方からサステナビリティのマインドをもった企業であるみなされているノボ・ノルディスクについて検討を行う。以下では、同社における統合報告書の変遷と位置づけ、統合報告書の記載目次・項目ならびに統合報告書の主要構成要素の特徴点を紹介する。その後、具体的な統合報告書の作成指針と統合化のアプローチについて解説を行う。

2　ノボ・ノルディスクにおける統合報告書の変遷

(1) 統合報告書の変遷及び位置づけ

　ノボ・ノルディスクは1923年に創立したデンマークの医療会社であり、糖尿病治療のグローバル・リーダーとして世界規模で事業を展開している[注3]。ノボ・ノルディスクにおいては、極めて早期の段階から財務情報と非財務情報を統合し、1つのレポート（One Report）を作成・開示しようという試みが見受けられる。たとえば、2004年から事業への取り組みについて1つの統合化された様式で報告を行い続けている。この背景には、財務的、環境的そして社会的に責任ある方法で事業活動を行うように努めるという企業目標を反映させるという進取の精神に富む理念がある[注4]。
　ノボ・ノルディスクの統合報告書の変遷については、同社自らが【図表11-1】のように4つのフェーズに分けて進化プロセスを説明している（Novo Nordisk, "Reporting evolution"）。ノボ・ノルディスクの統合報告書の原型は、1994年に公表された環境報告書にある。この環境報告書は、デンマークで最初に作成されたものであり、また世界的にも最も早い時期に作成されたものの1つであるという。その後、1999年に最初の社会報告書（social reporting）を発表している。これは、従業員に対する社会的責任に応えるための企業努力を仔細に伝達しよう

とするものであった。

その後、2001年にTBL報告書（Reporting on the Triple Bottom Line）を発刊し、環境情報に加えて社会・経済全般を含む情報開示を始めた。TBLアプローチは、企業の持続的な発展を導くものであり、それゆえ、ノボ・ノルディスクはTBLを主体的に持続的発展の手段であると解し、企業内外でブランディングを行ってきた。2002年と2003年には、その延長としてサステナビリティ報告書を作成し、自発的に環境、社会及び経済パフォーマンスに関する開示を行っている。また、2003年には、年次報告書と同時にサステナビリティ報告書を発刊し、利害関係者へ配布した。このような行動は、利害関係者が同時に2つの報告書を入手することで、より包括的・総合的な視点をもって企業のパフォーマンス、将来の展望や戦略に関する情報を得ることを可能にし、利害関係者から高く評価された（Novo Nordisk, "Reporting evolution"）。

その後、2004年3月の年次株主総会において、企業の通常定款の修正案が承認され、「財務的、環境的及び社会的責任をもって事業活動を行うように努める」という企業の目的が明記された。こうして、ノボ・ノルディスクにおいてはすでに経営方法に組み込まれてはいたTBLが、事業原則としてさらに根を下ろすこととなった。そして、財務報告書とサステナビリティ報告書を統合して、1つの報告書が2004年の年次報告書として作成された。

【図表11-1】　ノボ・ノルディスクにおける統合報告書の変遷

フェーズ	内容	作成開始時期
フェーズ1	環境報告書の作成・開示	1994年～
フェーズ2	社会報告書の追加	1999年～
フェーズ3	トリプル・ボトム・ライン報告書の作成・開示	2001年～
フェーズ4	統合報告書の作成・開示	2006年～

（出所）Novo Nordisk, "Reporting evolution" を参考に筆者が作成。

(2) 統合報告書の位置づけ

ノボ・ノルディスクは2013年の報告書の体系として、年次報告書とともに、Form 20-F、コーポレート・ガバナンス報告書、国連グローバル・コンパクト報告書、そして多様性報告書（Diversity Report）を作成・開示している（**【図表**

11-2】を参照)。ここでは、「ノボ・ノルディスクの年次報告書 (2013年) は、1つの統合報告書として企業の財務、社会及び環境にかかるパフォーマンスを説明するものである」と明示され、年次報告書が統合報告書に該当する (Novo Nordisk, "Annual Report 2013")。

【図表11-2】　ノボ・ノルディスクの報告書の体系 (2013年)

報告書の種類	開示根拠	開示内容	総頁数*
年次報告書		財務, 社会, 環境パフォーマンス	116
Form 20-F	US SEC	財務パフォーマンス	53
コーポレート・ガバナンス報告書	FSA 第107b条	コーポレート・ガバナンスの遵守	9
国連グローバル・コンパクト報告書	FSA セクション99a	社会的責任情報	24
多様性報告書	FSA セクション99b	ジェンダー多様性情報	5

(出所) ノボ・ノルディスクの報告書を参考に筆者が作成。
＊ 国連グローバル・コンパクト報告書を除き、いずれの報告書もデンマーク語と英語の両方によって作成されているため、ここでは英語版の総頁数を示している。

　Form 20-Fについては、同社は1981年にニューヨーク証券取引書に上場し、現在も引き続き上場し続けているため、米国証券取引委員会 (US Securities and Exchange Commission; SEC) の要請に従い、投資者向けの財務情報開示を行っている。また、コーポレート・ガバナンス報告書は、デンマーク財務諸表法 (Danish Financial Statements Act; FSA) 第107b条が開示を要請するものである。また、前述のとおり同社はニューヨーク証券取引所に上場しているため、2005年よりSarbanes Oxley法の規定に従い、内部統制の有効性に関する報告書の作成が求められている。これら要請に基づき、コーポレート・ガバナンス報告書が作成されている。

　さらに、国連グローバル・コンパクト報告書及び多様性報告書は、FSAの大規模事業における社会的責任の報告 (Report on Social Responsibility for Large Businesses) セクション99a及びセクション99bに準拠したものである。FSAセクション99aによれば、2009年1月以降に開始する事業年度から、企業は、

第1群　ⅠA型（アニュアル・レポート活用型）の事例

マネジメント・レビューの中で社会的責任に関連する事業活動を開示しなければならない。具体的には事業戦略、人権に関する活動、労働基準、環境、不正行為防止及び気候に関する開示が求められている。こうした社会的責任に関する情報の開示を国策レベルの法律で規定していることは、世界的にみても稀であるといえよう。セクション99aは、かかる社会的責任情報を、年次報告書におけるマネジメント・レビューの一環として記載すること、または国連グローバル・コンパクトないし国連責任投資原則（United Nations Principles for Responsible Investment；UN PRI）へ参加し、進捗報告を行うことでも開示要件を満足していると規定している（Denmark Council on Corporate Social Responsibility, [2009]）。ノボ・ノルディスクでは、国連グルーバル・コンパクト（United Nation Global Compact）に署名宣誓し、また毎年Communication on Progress（COP）を提出しており、これを通じてFSAセクションaに遵守している（Novo Nordisk [2013], p.96)(注5)。

他方、FSAセクション99bは、これからのジェンダーの多様性を確保するための目標や方針を開示することで、取締役会レベルにおけるジェンダーの多様性の説明を求めている。ノボ・ノルディスクはこうしたFSAセクション99bの要請に応えるために、別途、多様性報告書を作成・開示している。

ノボ・ノルディスクにおいては、他の報告書と比べて統合報告書（年次報告書）の分量が突出して多く、統合報告書が、ステークホルダー・エンゲージメントの一環とした情報開示のための主たる媒体手段である位置づけられよう。併せて、デンマーク国内のFSAに準拠するとともに、年次報告書の不足を補完する形で、コーポレート・ガバナンス報告書や国連グローバル・コンパクト報告書、多様性報告書が作成されている。

3　統合報告書の記載目次・項目

ここでは、ノボ・ノルディスクの年次報告書（2013年）の目次ならびにその詳細項目について紹介する。当報告書は全体で116頁からなり、同社ホームページより入手可能である。年次報告書は、主として5つのパートから構成されている；Ⅰ．2013年の実績、Ⅱ．事業内容、Ⅲ．ガバナンス、リーダーシップ及び

第11章 ノボ・ノルディスク（Novo Nordisk）

株式の状況、Ⅳ．財務・社会・環境報告書、そしてⅤ．他の情報。各パートの細目項目は、【図表11-3】のとおりである。

【図表11－3】 ノボ・ノルディスクの年次報告書の記載目次及び詳細項目

パート名	詳細項目	記載頁数	パート名	詳細項目	記載頁数
表紙		1	Ⅱ．事業内容	9. インスリン製品の複雑性	2
目次		1		10. 信頼性の問題	4
Ⅰ．2013年実績	1. 会長メッセージ	1		11. 認知されているリスク	2
	2. CEOメッセージ	2	Ⅲ．ガバナンス・リーダーシップ・株式の状況	1. 株式と資本構成	2
	3. 一目でわかるノボ・ノルディスク	2		2. コーポレート・ガバナンス	3
	4. 2013年業績・2014年展望	8		3. 役員報酬	3
	5. 業績ハイライト	2		4. 取締役会	2
Ⅱ．事業内容	1. 事業戦略	4		5. 経営幹部	1
	2. パイプライン概要	2	Ⅳ．財務・社会・環境報告書	1. 連結財務・社会・環境報告書	48
	3. 破るべきルール	2		2. 個別財務諸表	5
	4. 1つの規格ではなじまない	2		3. 経営者報告書及び監査報告	2
	5. 糖尿病を変える	2	Ⅴ．他の情報	1. 追加情報	3
	6. 肥満は疾病か？	2		2. 製品概要	1
	7. 生活上の重要な要素	1	裏表紙		1
	8. 5つの事業領域	5	総記載頁数		116

（出所）Novo Nordisk [2013]，p.2 を参考に筆者が作成。

【図表11-3】より、ノボ・ノルディスクの年次報告書には、次の3つの特徴が垣間みられることが指摘できよう。まず、同社の年次報告書が情報利用者（読み手）を意識して作成されていることが挙げられる。全体としては116頁と相当なボリュームで情報開示が行われているが、そのなかで「一目でわかるノボ・ノルディスク（Novo Nordisk at a glance）」という詳細項目を設けて、情報利用者は同社がとくに情報伝達したい内容の概略を入手することができる。ここでは、TBLアプローチに基づく数値指標も開示されており、投資者のみならず、広くマルチ・ステークホルダーを意識した内容を一目で知ることができるようになっている。

次に、(2) 事業内容の箇所において、事業戦略や事業領域等の一般的な事業内

容の説明に加えて、事業領域（糖尿病治療にかかる医薬品製造）において同社がもつ経営理念や哲学の記載が厚い点があげられる。そこでは、主要な治療領域の背景の説明がなされ、社会全体に健康とは何かを指し示す報告内容となっている。たとえば「破るべきルール」から「生活上の重要な要素」までにおいて、糖尿病を煩っている患者のみならず健康な人も含め、ステークホルダーに対して健康な生活のあり方について啓蒙している。さらに、「糖尿病を変える」と題した国際的なコミットメントについて、それを実施するための具体的な内容が開示されている。

最後に、業績にかかる財務諸表の内容は財務報告のみならず「財務・社会・環境報告書」として、よりTBLを意識した開示が行われている。ノボ・ノルディスクにおいては、過去を遡れば2004年の年次報告書より「財務・非財務業績の情報」として、財務パフォーマンスのみならず、環境パフォーマンスと社会パフォーマンスの指標ならびにその指標作成方針が開示されている。

4 統合報告書の主要構成要素の特徴点

(1) 主要な記載内容に関する特徴点

ここでは、ノボ・ノルディスクの年次報告書の記載内容の特徴点として、次の4点を指摘しておきたい。

まず第1の特筆すべきは、ノボ・ノルディスク ウェイ（Novo Nordisk Way）という企業経営の根幹となる経営理念・価値観が掲げられており、経営戦略との関連性に焦点をあてながらノボ・ノルディスクのあるべき企業像や進むべき方向性を明記していることである。そこでは、【図表11-4】のような8つの経営理念が示されている。このノボ・ノルディスク ウェイは、社会パフォーマンスのうちの従業員に関連する指標を測定する1つの尺度としても利用されており、その実行度を測定することで従業員の声を反映するフィードバックとしても機能している。

第2の特徴点は、ノボ・ノルディスクは、財務報告書ではなく「財務・社会・環境報告書」を開示しており、いわゆるトリプル・ボトム・ライン（TBL）に基づくパフォーマンスを測定し、開示していることである。報告書の冒頭にある

第11章　ノボ・ノルディスク（Novo Nordisk）

【図表11-4】　ノボ・ノルディスク ウェイの項目

1) 弊社の目標は、糖尿病におけるリーダーシップをより強固なものにすることである。
2) 弊社は、弊社が強みを発揮できる領域である血友病、その他の重篤な慢性疾病において可能性を変えることを目指す。
3) 弊社は、革新的なバイオ医薬品を創出し、世界中の患者に届けることに貢献する。
4) 弊社は、事業を成長させ、競合他社より優れた業績をあげることで、患者がよりよい生活を営むことを助け、株主に魅力的な収益で報い、コミュニティに貢献することができる。
5) 弊社は、クオリティと企業理念について決して妥協しない。
6) 弊社の経営理念は、財務、社会、環境への配慮のバランスをとるというものであり、これを「トリプル・ボトム・ライン」とよぶ。
7) 弊社はオープンかつ正直であり、意欲的に責任ある行動をとり、すべての人々を尊重する。
8) 弊社は、従業員に事故の潜在能力を発揮させる機会を提供する。

（出所）Novo Nordisk [2013], p.4。

「一目でわかるノボ・ノルディスク」においては、長期的な事業の成功は、健全な経済、社会及び環境に依るところが大きいという認識に立脚して、【図表11-5】のような患者を中心として TBL に基づく指標が示されている。また、年次報告書の後半部分を占める「財務・社会・環境報告書」においては、財務パフォーマンス報告書の記載後、続けて社会報告書ならびに環境報告書が記載されている。こうした TBL を重要視した報告書が作成されていることは、【図表11-1】で確認されたように、同社のレポーティングが環境報告書に端を発し、その後に環境・社会報告書を経て 2001 年に TBL 報告が行われたことと符合する。これは、同社が事業活動の展開において、社会ならびに環境への配慮にかかる経営理念を実践している現れでもあろう。

【図表11-5】　ノボ・ノルディスクのトリプル・ボトム・ライン・マネジメントの概念図

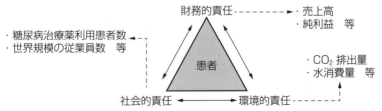

（出所）Novo Nordisk [2013], p.4 を参考に筆者が作成。

第1群　ⅠA型（アニュアル・レポート活用型）の事例

　第3に、財務パフォーマンス報告書のみならず社会パフォーマンス報告書及び環境パフォーマンス報告書においても作成指針や各種指数の測定方法が仔細に記述されている点である（Novo Nordisk［2013］, p.96-100, 102-103）。【図表11-6】及び【図表11-7】はそれぞれ2013年の年次報告書の社会パフォーマンス報告書と環境パフォーマンス報告書の一部である。社会パフォーマンス報告書では、患者、従業員と保証に関する指標が、また環境パフォーマンス報告書では、資源、そして排出・廃棄物に関する指標が開示されている。これらの報告書では、【図表11-6】及び【図表11-7】で示されているように、指標ごとに付されている注（Note）を確認すれば、情報利用者はその指標の算定方法を知ることができるようになっている。

【図表11-6】　社会パフォーマンス報告書

	注	2013	2012	2011
患者				
ノボ・ノルディスクの糖尿病製品を利用した推定患者数（百万人）	2.1	24.3	22.8	20.9
ノボ・ノルディスクが低販売価格方針をもってインスリン製品を販売した後発発展途上国数	2.2	35	35	36
寄付金額（デンマーク・クローネ）	2.3	83	84	81
研究のために購入した動物	2.4	72,662	73,601	66,401
新しい対応特許	2.5	77	65	80
従業員				
従業員数（総数）	3.1	38,436	34,731	32,632
従業員回転率	3.1	8.1%	9.1%	9.8%
ノボ・ノルディスクウェイの勤務（1点〜5点のスケーリング）		4.4	4.3	4.3
上級管理職が多様性あるチームの割合	3.1	70%	66%	62%
年間の従業員一人あたり教育訓練費（デンマーク・クローネ）		9,352	9,951	10,479
職務中の事故の頻度	3.2	3.5	3.6	3.6
（直接及び間接的に創出している）従業員雇用数	3.3	139,700	125,600	118,700
保証				
ビジネス倫理関連の教育訓練を受けた従業員の割合		97%	99%	99%
ビジネス倫理監査		45	48	46

第11章　ノボ・ノルディスク（Novo Nordisk）

		96%	94%	93%
ノボ・ノルディスク ウェイの行動項目の達成度				
サプライヤー監査	4.1	221	219	177
製品リコール	4.2	6	6	5
警告状及び再検査の件数	4.3	1	1	0
重要な外部ステークホルダーによる企業評判（1点～7点のスケーリング）		5.8	5.7	5.6

（出所）ノボ・ノルディスク［2013］, p.95。

【図表11-7】　環境パフォーマンス報告書

	注	2013	2012	2011
資源				
エネルギー消費量（1,000GJ）	2.1	24.3	22.8	20.9
水消費量（1,000m^3）	2.2	35	35	36
排出及び廃棄物				
エネルギー消費による CO_2 排出量（1,000t）	3.1	38,436	34,731	32,632
冷媒による CO_2 排出量（1,000t）	3.1	8.1%	9.1%	9.8%
輸送による CO_2 排出量（1,000t）	3.1	4.4	4.3	4.3
廃水量（1,000m^3）	3.2	70%	66%	62%
廃水中の化学的酸素要求量（COD）（t）	3.2	9,352	9,951	10,479
廃棄物（t）	3.3			
（総廃棄物中の）無害廃棄物	3.3	3.5	3.6	3.6
規制制限値の違反	3.4	139,700	125,600	118,700

（出所）NovoNordisk［2013］, p.101。

　第4に、事業活動に関連する啓蒙活動を行い、社会的責任を果たしている。FSAセクション99aによる法定要請に則り、ノボ・ノルディスクは国連グローバル・コンパクト報告書を開示しているが、年次報告書（2013年）のマネジメント・レビュー（pp.1-54及びp.94）においても、その社会的責任に関する情報開示を行っている。たとえば「ノボ・ノルディスクの糖尿病患者ならびに社会全体に対する責任のコアは、イノベーティブで高品質の製品を届けることである」と高く謳い、9頁（年次報告書全体の約8％）の紙幅を割いて、糖尿病の基礎的知識の普及や現状の問題について説明を行っている。そのうえで、同社は「大規模な長期的目標」として、2020年までに世界の4,000万人に糖尿病の治療を行い、2025年までに糖尿病のような非伝染病による致死率を25％減少させるという世

第1群　ⅠA型（アニュアル・レポート活用型）の事例

界保健機関の目標に貢献することを記載している。

(2) 開示情報の保証に関する特徴点

　ノボ・ノルディスクにおいては、財務情報がPricewaterhouseCoopers（PwC）による監査（合理的保証）を受けているように、非財務情報についても企業外部のPwCによる保証（限定的保証）を受けている点に特徴がある（Novo Nordisk [2013], pp.110-111）。このように、年次報告書に連続して財務情報にかかる監査報告書と非財務情報にかかる保証報告書を掲載することで、これらが一体となって年次報告書（統合報告書）に信頼性を付与している。

　同社は、社会的・環境的情報については、その信頼性基準としてAccountAbilityのAA1000保証基準（AA1000 Assurance Standard：AA1000AS）を利用している（Novo Nordisk [2013], p.96）。このAA1000保証基準によって、グループの社会及び環境情報の公開情報の信頼性が評価されている。そして、この保証においては包括性、重要性及び反応性という3原則が基礎をなしている[注6]。この3原則を満たすために、ノボ・ノルディスクにおける保証プロセスは、社会的側面及び環境的側面を示す定性・定量情報のみならず、データ及びパフォーマンスの根拠となるシステムも同様に保証するようにデザインされている。

　Eccles and Krzus [2010] によれば、財務情報と非財務情報の両者に関して、どのような情報を報告するかを決定する際の重要な問題の1つは、重要性である。財務情報については、その開示内容は概念フレームワークやさまざまな規制により定められているが、何が"重要な"情報であるかの明確なコンセンサスは存在しない。同様に、非財務情報についても、そうしたコンセンサスはない。このように非財務情報の重要性について、学界のみならず実務界で共通の一致した見解がない中、ノボ・ノルディスクの外部保証提供においては、非財務情報パフォーマンスが重要であるとみなされるかどうかも含めて保証が行われている点に特徴が見受けられる（Eccles and Krzus [2010]）。

(3) その他の特徴点

　年次報告書におけるその他の記載事項の特徴点として、次の2点を指摘してお

きたい。まず第 1 に、同社は重要な情報のみを簡潔にまとめて開示している。どの情報を開示するかについては、情報の重要性を判断することが必要となるが、ノボ・ノルディスクでは AccountAbility の 5 つのパートからなる重要性テストを利用することで、重要性を判断している（Novo Nordisk, "Materiality"）。このように情報開示にとって重要な情報に限定することで、情報利用者の事業に対する理解が促進される。また、統合報告書に記載されない情報については、関連ウェブサイトの URL を記載することで対応している。

次に、ネガティブな情報も隠さずに開示しているところに特徴がある。たとえば、アメリカの食品医薬品局から警告・検査を受けた回数や職務中の事故件数、製品リコールに関する情報が、社会パフォーマンスの指標として開示されるとともに、それらの概要が明示されている。

5 統合報告書の作成指針

Eccles and Krzus［2010］によれば、情報を統合化してステークホルダーへ提供するに際して、ノボ・ノルディスクは TBL と財務パフォーマンスを結合するのみならず、厳密さをもったアプローチ（stringency of approach）をもって財務情報と非財務情報の結合を行っている。これは、財務情報が IFRS のような厳密な会計基準に従って作成されるように、ノボ・ノルディスクにおいては Global Reporting Initiative（GRI）の G3 Sustainability Reporting Guideline という厳格な作成指針に基づき年次報告書が作成されてきたことを意味する（Novo Nordisk［2013］, p.97；Eccles and Krzus［2010］, p.13）[注7]。【図表 11-8】は、GRI のホームページ "Sustainability Disclosure Database" をもとに、1995 年から 2013 年までのノボ・ノルディスクの報告書のタイトル、順守した GRI ガイドライン及びその順守レベル、保証提供監査法人を纏めたものである。ノボ・ノルディスクは 1999 年の環境・社会報告書からデータベースに登録されており、2002 年にはその名称がサステナビリティ報告書に変更され、2004 年以降は年次報告書が登録されていることが確認できる。また、2008 年以降は、GRI より年次報告書が統合されていると認定されている。そして、1999 年～2001 年は GRI G1、2002 年～2006 年は GRI G2、2007 年～2012 年は GRI G3 に基づき年次報告書が作成さ

第1群　ⅠA型（アニュアル・レポート活用型）の事例

れている。

【図表 11-8】　適用 GRI ガイドラインと保証提供会社

年	報告書タイトル	GRI 順守レベル	保証提供
1995	環境報告書	—	SustainAbility
1996	環境報告書	—	SustainAbility
1997	環境・生命倫理報告書	—	SustainAbility
1998	環境・生命倫理報告書	—	Deloitte & Touche
1999	環境・社会報告書	G1	Deloitte & Touche
2000	環境・社会報告書	G1	Deloitte & Touche
2001	TBL 報告書	G1	Deloitte & Touche
2002	サステナビリティ報告書	G2（GRI 評価）	Deloitte & Touche
2003	サステナビリティ報告書	G2（GRI 評価）	Deloitte
2004	年次報告書	G2（GRI 評価）	PwC
2005	年次報告書	G2（自己評価）	PwC
2006	年次報告書	G2（GRI 評価）	PwC
2007	年次報告書	G3：A+（自己評価）	PwC
2008	年次報告書	G3：A+（自己評価）	PwC
2009	年次報告書	G3：A+（第三者評価）	PwC
2010	年次報告書	G3：A+（第三者評価）	PwC
2011	年次報告書	G3：A+（自己評価）	PwC
2012	年次報告書	G3：A+（自己評価）	PwC
2013	年次報告書	—	PwC

（出所）GRI, "Sustainability Disclosure Database" を参考に筆者が作成。

　しかしながら、2013年の年次報告書については、GRIのガイドラインG3ではなく国際統合報告評議会（International Integrated Reporting Council：IIRC）による国際統合報告フレームワーク（International Integrated Reporting Framework；IIRF）に準拠して作成されている。そして、統合報告書を継続して発展させるために、2013年以降、GRIのガイドラインを順守した個別の報告書を発刊することを中止すると述べられている（Novo Nordisk [2013], p.97）[注8]。

　このようにノボ・ノルディスクが統合報告書の作成方針をGRIからIIRCに変更した要因としては、次の2点が考えうる。1つには、ノボ・ノルディスクが2011年の年次報告書作成よりIIRCのパイロット・プログラムに参加している企業であることである。そして、もう1つは、2013年2月1日にIIRCとGRIの間で、覚え書（MoU）が交わされたことが指摘できよう。この覚え書の締結も

第11章　ノボ・ノルディスク（Novo Nordisk）

目的は、両機関が継続的な協力、協調そして調整を図る基礎と一般的な原則を定めることで、相互に利害実現について促進、支援ならびに貢献を果たすことである（IIRC, "Memorandum of Understanding," article. 1）。つまり、ステークホルダーに有用な情報を提供するという両機関の取り組みについて一貫性を保ちながら品質を向上させることが合意された。換言すれば、国際的に認められた統合報告書のフレームワークを作成しようとする IIRC と、企業がより持続的・長期的に国際経済に貢献することができる報告書の作成を推進する GRI の利害の調整が行われた。ノボ・ノルディスクは GRI が MoU に批准したことで GRI と IIRC の目指すべき方向性が一致したこと、そして同社が IIRC のパイロット・プログラムに参画していることを背景に、2013 年には IIRF を基礎にした年次報告書の開示が行われている。

　また、IIRC のパイロット・プログラムに参画することで、2011 年の年次報告書においてノボ・ノルディスクは IIRF が提案する資源のインプット・アウトプットの関係性をより意識した報告を行うこととなった[注9]。さらに、同社は、IIRF では結合性と企業戦略の目標に関連する情報に高い優先順位が置かれていると考えている。そのうえで、これまでの TBL アプローチを利用してきた経験則から、真に統合化された報告書を作成する障害は、統合化された重要性の概念への移行であるという見解を示している（Novo Nordisk, "novo nordisk reporting 2011"）。

6　統合化のアプローチ

　ノボ・ノルディスクは、開示情報を統合化するアプローチとして、ノボ・ノルディスク ウェイによる経営を絶対的な経営理念とし、その経営理念に即して事業戦略の統合化を図ることで持続可能性を統合することを目指している。つまり、同社は、コーポレート・ガバナンス、社内文化、特定のマネジメント・ツールや各種パフォーマンスの数値指標を網羅した「ノボ・ノルディスク ウェイによる経営」を実践している。かかる経営方法によって、統合報告書は、組織内に持続可能性というマインドを取り入れ、幅広い取り組みの一環としてみなされるようになる（Dey and Burns [2010]）[注10]。

　どのようにノボ・ノルディスクが「ノボ・ノルディスク ウェイによる経営」

第1群　ⅠA型（アニュアル・レポート活用型）の事例

により事業戦略の統合化を行っているかの手掛かりは、同社が2004年に初めて作成した統合報告書（年次報告書）に示されたフレームワークから窺える（Novo Nordisk [2004], p.9）。そして、これは、事業活動を持続可能な形で統合化するコントロール・メカニズムとして活用されている。具体的には【図表11-9】のように、企業のビジョンが最も上位の概念として存在し、そのビジョンを達成するために矛盾のない首尾一貫した価値観が設定される。そして、それら価値観に基づくコミットメントとして、財務、環境及び社会的観点からの責任を果たすことで、企業のファンダメンタルズ（基礎的前提）が形成される。その形成プロセスは、ファシリテーター、バランスト・スコア・カード（Balanced Scorecard；BSC）及びTBLアプローチという3つの支柱（方法論）によって支えられている（Morsing and Oswald, [2009]）。

ここでは、事業戦略の統合化のための礎となっている3本柱（ファシリテーター、BSC及びTBLアプローチ）について、簡単にそれらの概要を説明する。

(1) ファシリテーター

ファシリテーターとは、ノボ・ノルディスクの持株会社であるノボ株式会社の中に設置されており、およそ16名の重要な専門職から構成されるチームである。ファシリテーターの業務は、各ビジネス・ユニットやプロジェクトがよりよいパフォーマンスを残せるように評価、支援及び円滑化（facilitation）に従事することである。円滑化のプロセスは、3つからなる。まず、支援が必要とされる重要な円滑化の対象範囲を決定する。その後、ファシリテーターは実際に個々のビジネス・ユニットやプロジェクト・メンバーを訪れ、改善のための合意がなされる。そして、最後にファシリテーターはフォローアップと経営者への成果の報告を行う。ここで、重要なことは、ファシリテーターは、ノボ・ノルディスク ウェイで規定されている全社的な最低限の標準要件や基本原則が現場で満たされているかどうかを評価することにある。

第11章　ノボ・ノルディスク（Novo Nordisk）

【図表11-9】ノボ・ノルディスク ウェイによる事業戦略の統合化

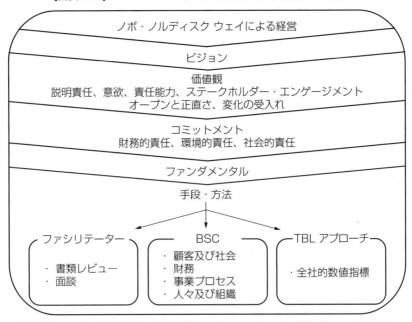

（出所）Novo Nordisk[2004], p.9 及びMorsing and Owsald[2009], p.89 Figure 2
　　　を参考に、筆者が一部加筆修正して作成。

(2) バランスト・スコア・カード

　ノボ・ノルディスクでは、長期的な視点に加えて、中期的及び短期的な視点で重要性やパフォーマンス目標が設定される。そして、全社的目標を上位の目標から順に直線的に繋ぎ合わせ、全ビジネス・プロセスに持続可能性アプローチの統合化を取り入れるためのマネジメント・ツールとして、バランスト・スコア・カード（BSC）が活用されている。こうしたBSCは、事業単位で利用され、最終的に個人単位での利用に転ずる。とくに、まずBSCは組織全体で準備され、それが副社長や常務、専務レベルに繋ぎ降ろされる。そして、このレベルで、①顧客及び社会、②財務、③事業プロセス、そして④人々及び組織の4つの項目の下に計24の目標が設定される。こうして、事業戦略の統合化は、経営陣レベルで策定された全社的目標を直線的に繋ぎ降しながらBSCを活用することを通じて達成される。

89

第1群　ⅠA型（アニュアル・レポート活用型）の事例

(3) TBL アプローチ

　ノボ・ノルディスクは、持続可能性の思想が日常のビジネス手法の一部となるようにサステナビリティ報告書を活用している。ここでは、持続可能性に向けた進展状況を測定するために、TBL アプローチが採用され、持続可能性の目的を達成するための主要な目標との関連づけが行われている。こうした TBL アプローチは、持続可能な企業としての経営と一致した行動をとることができるよう、全社的なツールとして利用されている。TBL で利用されるすべての数値指標は、企業の全体像を描写するために事業単位を超えて総合パフォーマンスを示す。つまり、ノボ・ノルディスクは TBL にかかるパフォーマンスを個別事業レベルで報告せず、全社的に一元管理することで事業全体の統合化を図っている。

　このようにしてノボ・ノルディスク ウェイによる経営を前提に、3つの方法・手段を援用することで、経営者がすべての経営意思決定において持続可能性を考慮し、事業戦略を統合化する支援を行っている。

7　総　　評

　ノボ・ノルディスクにおいては、ノボ・ノルディスク ウェイという経営哲学を大前提として事業経営が行われている。そのノボ・ノルディスク ウェイによる経営は財務情報のみならず非財務情報も重要視したものであり、この経営哲学から逸脱しないように経営戦略等を作成することで、事業経営の統合化を促進して全社的に統合化された数値指標を基礎にして統合報告書が作成されている。そして、ノボ・ノルディスク ウェイによる経営は TBL アプローチを反映するとともに、BSC の活用や同社独自のファシリテーター制度を導入することによって実施されている。

　さらに、ノボ・ノルディスクにおける統合報告書の特徴としては、社会パフォーマンス報告書と環境パフォーマンス報告書が作成されており、それぞれにおいて主要なパフォーマンス指標として数値指標が設定されている。そして、それらの数値指標については、財務パフォーマンスと同様に、その測定根拠が明示されており、外部者が客観的に数値のもつ意義を知ることができるように工夫さ

第11章　ノボ・ノルディスク（Novo Nordisk）

れている。加えて、数値指標のみならず、事業領域に関連する社会的責任、ノボ・ノルディスクの場合には糖尿病の現状の説明や糖尿病治療への取り組み、よりよい日常生活のあり方といった内容について積極的に啓蒙活動を行っている。これら取り組みはデンマークにおけるFSAセクション99aに基づくものであるが、こうした説明を行うことによって社会的責任をディスチャージしている。

　最後に、ノボ・ノルディスクはIIRCのパイロット・プログラムへ参加していることやGRIがMoUを締結したことを契機に、統合報告書の作成指針をG3からIIRFへ変更している。かかる変更により、同社では資源のインプット・アウトプットをより意識して統合報告書の作成が期待されるであろう。

（注）
1　Global Triple Bottom Line Managementの副代表であるSusanne Stormer氏は「ノボ・ノルディスクは、レポーティングの統合化において、絶え間ない改善を図ってきた」と評している（Eccles and Krzus［2010］, p.14）。
2　他にはPinto and Bandeira［2013］もサステナビリティ報告書としてノボ・ノルディスクの統合報告書の検討を行っている。
3　2013年の糖尿病治療のためのインスリンの世界シェアは数量ベースで56％であり、2013年の売上高は83,572百万デンマーク・クローネ（約350,000百万円（1デンマーク・クローネ＝18.85円で換算））であった。従業員総数は81か国で38,000人以上である。また、主として、北米、欧州及び東アジア（中国、日本及び韓国）において事業活動を行っており、デンマーク、フランス、アメリカ、日本、中国及びブラジルに生産拠点を設置している（Novo Nordisk,［2013］）。
4　ノボ・ノルディスクがこうした社会的・環境的に積極的に取り組み始めたのは、1970年代以降の数十年間にわたる出来事が発端である。たとえば、1970年代、アメリカ工場での製品の製造過程で、同社の新しい洗剤酵素が従業員に悪影響を及ぼし、その悪評によりアメリカにおける売上高が半減した。また、1990年、遺伝子組み換えに対してメディアで悪い注目を浴びた。こうした出来事から、ノボ・ノルディスクは、より世論や広範なステークホルダーを重要視するようになり、積極的にステークホルダー・エンゲージメントの取り組みを始めた（Dey and Bruns,［2010］）。
5　ノボ・ノルディスクは2002年に国連グローバル・コンパクトに署名宣誓している。なお、国連グローバル・コンパクトへの署名企業は、事業戦略と日々の事業についてグローバル・コンパクト10原則（(1) 人権用語の支持と尊重、(2) 人権侵害への非加担、(3) 組合結成と団体交渉権の実行化、(4) 強制労働の排除、(5) 児童労働の実効的な排除、(6) 雇用と職業の差別廃止、(7) 環境問題の予防的アプローチ、(8) 環境に対する責任のイニ

第1群　IA型（アニュアル・レポート活用型）の事例

シアティブ、(9) 環境にやさしい技術の開発と普及、(10) 強要・賄賂等の腐敗防止の取り組み) の進捗状況を Communication on Progress（COP）として取りまとめ、投資者、顧客、市民社会や政府をはじめとするステークホルダーに対して開示しなければならない。こうした開示は、透明性とアカウンタビリティの向上、持続的なパフォーマンスの改善、対話や学修を促進する企業実務の保存といった目的のために行われている。

6　包括性の観点においては、ノボ・ノルディスクは関連するすべてのステークホルダーを特定し、各ステークホルダーの関心事と期待を包括する保証プロセスをとっている。重要性の観点では、年次報告書で開示する点は、グループの将来のパフォーマンスに重要な影響を及ぼすと考えられるものに限定し、ステークホルダーの意思決定に有用であるかを重視している。最後に、対応性については、年次報告書において、どのようにしてステークホルダーの関心事や利害に対応して経営を行っているかが反映されるよう工夫されている（Novo Nordisk, [2013], p.96)。

7　G3 Sustainability Reporting Guideline は、GRI が作成しているサステナビリティ・レポーティングのガイドラインであり、報告原則と標準開示項目、そして実施マニュアルからなる。2014年2月24日には、新たに GRI ガイドライン第4版として G4 が発表されている。

8　GRI ガイドラインを順守した報告書の開示は、同社のウェブサイト上で引き続き行われる。そこでは、GRI ガイドラインを順守した年次報告書、国連グローバル・コンパクト報告書、そして経営の方針や概況に関する追加的な状況情報が開示される予定である（Novo Nordisk [2013], p.97)。

9　2011年以前の統合報告書では、IIRF が提示するようなインプット・アウトプットに焦点をあてたモデルに基づいていなかった。

10　出資比率の観点では、非営利のノボ・ノルディスク基金がノボ・ノルディスクを支配している。そのため、ノボ・ノルディスクは他の医薬品企業と比べて比較的に営業上の自由度が高く、また敵対的買収の脅威がない。ノボ・ノルディスク基金は、持株会社としてノボ株式会社（Novo A/S）を設立し、その傘下にノボ・ノルディスクを置ている。このような構造のために、ノボ ノルディスクは、事業戦略を含む持続可能性の統合化という点で、戦略の方向性について自由な決定を行うことができる（Dey and Burns [2010])。

《主要参考文献》

Danske Revisorer (FSR) [2008], *Danish Financial Statement Act (FSA)*.

Denmark Council on Corporate Social Responsibility [2009], *Reporting on Corporate Social Responsibility-An Introduction for Supervisory and Executive Boards*.

Dey, C. and J. Burns [2010], "Integrated Reporting at Novo Nordisk," in *Accounting for Sustainability: Practical Insights*, edited by Hopwood, A., J. Unerman and J. Fries, Routledge.

第11章　ノボ・ノルディスク（Novo Nordisk）

Eccles, R.G. and M.P. Krzus [2010], *One Report: Integrated Reporting for a Sustainable Strategy*, Wiley.
Global Reporting Initiatives (GRI), "Sustainability Disclosure Database," http://database.globalreporting.org/（2014年5月8日アクセス）．
International Integrated Reporting Council (IIRC), "Memorandum of Understanding," http://www.theiirc.org/wp-content/uploads/2013/02/MoU-IIRC-GRI-20130201-1.pdf（2014年5月8日アクセス）．
Morsing, M. and D. Oswald [2009], "Sustainable Leadership: Management Control Systems and Organizational Culture in Novo Nordisk A/S," *Corporate Governance*, Vol.9, pp.83-99.
Novo Nordisk [2004], *Annual Report 2004*.
Novo Nordisk [2013], *Annual Report 2013*.
Novo Nordisk, "Annual Report 2013," http://www.novonordisk.com/investors/annual-report-2013/default.asp（2014年5月6日アクセス）．
Novo Nordisk, "Materiality," http://annualreport2008.novonordisk.com/how-we-are-accountable/materiality.asp（2014年5月6日アクセス）．
Novo Nordisk, "novo nordisk reporting 2011," http://annualreport2011.novonordisk.com/additional-reports/international-integrated-reporting-framework.aspx（2014年5月6日アクセス）．
Novo Nordisk, "Online reports," http://www.novonordisk.com/sustainability/online-reports/online-reports.asp（2014年5月6日アクセス）．
Novo Nordisk, "Reporting evolution," https://www.novonordisk.com/sustainability/Online-reports/Reporting-evolution.asp（2014年5月6日アクセス）．
Pinto, T.C. and A.M. Bandeira [2013], "Sustainability Reporting and Financial Reporting: The Relevance of an Integrated Reporting Approach," in *Cases on the Diffusion and Adoption of Sustainable Development Practices*, edited by Muga, H.E. and Thomas, K.D., Information Science Reference.

第12章

ナチュラ (NATURA)

> 本事例の特徴

1 本事例は、IA 型に分類される。2012年度アニュアルレポートを NATURA report 2012 Full GRI Version という名前で報告書を作成している。本報告書の頁数は 188 頁であり、簡潔性の観点からはやや分量が多い。

2 アニュアルレポート（完全版）の 143～146 頁「本報告書について」では、本報告書の作成目的や開示戦略などが説明されるとともに、本報告書以外に、コミュニケーション戦略の一環として、NATURA マネジメントレポート、NATURA アニュアルレポート（印刷版；要約版）、ウェブサイト及び四半期情報を公表していることが記載されている。内容要素の「H　作成と表示の基礎」の好事例をなす。

3 本報告書の 20～29 頁「ガバナンス」では、取締役会の構成や、取締役会をサポートする 4 つの委員会の役割や構成及び会議の開催頻度、経営委員会の構成や役割、顧客や倫理、製品に関する 3 つの支援委員会の設置などが説明されている。内容要素の「B　ガバナンス」のベストプラクティスであるといえる。

4 ステークホルダーを中心とした報告書作りがなされており、(1)消費者、(2)リレーションシップの質、(3)従業員、(4)コンサルタントと NATURA コンサルタント・アドバイザー、(5)サプライヤー、(6)サプライヤー・コミュニティ、(7)近隣コミュニティ、(8)株主、及び (9)政府のセクションを設けて、KPIs を用いた説明がなされている。指導原則の「ステークホルダーとの関係性」の好事例をなす。

5 第 5 章「当社の足跡」では、KPIs や財務数値を用いて、環境価値、社

会的価値及び経済価値について説明されており、さらに財務諸表も添付されている。内容要素「F　実績」に関係する開示例をなす。

6　監査法人 ERNST & YOUNG TERCO による独立監査人の限定保証報告書がアニュアルレポートに添付されており、国際基準 ISAE3000 と同等とされるブラジルの州会計審議会全国連合会（CFC）から公表された NBC TO 3000「監査またはレビュー以外の保証業務」に基づいて、限定的保証業務が実施されている。指導原則の「F　信頼性と完全性」を有する報告書といえる。

1　NATURA（NATURA Cosméticos S/A）のプロフィール

NATURA（NATURA Cosméticos S/A）は、1969 年に設立されたブラジル連邦共和国サンパウロ州カジャマルに本社を置くブラジルを代表する化粧品会社である（NATURA, 2012, p.9）。1974 年から直接販売（直販モデル）をセールスモデルとして採用し、約 150 万人の NATURA コンサルタント（NCs）を配置している（NATURA, 2012, p.9；NATURA 2013, p.7）。同社は、パーソナルケア製品、フレグランス及び化粧品分野でブラジルトップの企業である（NATURA, 2013, p.7）。

同社は、売上高約 2,700 億円、当期純利益約 367 億円、総資産約 2,300 億円の上場企業（2012 年 12 月期、1R＄＝約 42.6 円で換算）、従業員数 6,683 名の大企業である（NATURA, 2013, p.52, 160 and 162）。2004 年からサンパウロ証券取引所に上場している（NATURA, 2013, p.7）。

2　統合報告に関する企業の作成目的・意図・狙いどころ

NATURA は、2011 年度のアニュアルレポートから、IIRC のパイロット・プログラムに参加しており、一部で活用しているとの記述がある（NATURA, 2012, p.126；NATURA, 2013, p.144）。2011 年から 2 年間にわたって、サステイナビリティレポートとアニュアルレポートを統合して 1 つの NATURA REPORT という名称で公表している（NATURA, 2013, p.143）。同社のアニュア

ルレポートは、Global Reporting Initiative（GRI）の G3.1 を採用している（NATURA, 2013, p.144）。

2012年度（2012年12月期）の報告書の体系は、以下のとおりである。

・アニュアルレポート：NATURA Report 2012 Full GRI Version（総頁数188頁）

同社は、上記のアニュアルレポートとともに、コミュニケーション戦略の一環として、次のようなコミュニケーション・ツールを提供している（NATURA, 2013, p.143）。

・NATURA マネジメントレポート：主な業績を新聞で公表
・NATURA アニュアルレポート（印刷版）：要約版
・ウェブサイト
・NATURA アニュアルレポート（完全版）：詳細かつ包括的な情報に関するすべてのコンテンツを提供する報告書
・四半期情報

本章の4（1）でも触れているように、「本レポートの一貫性を保つために、定期的に監視している100以上の指標に関する詳細な情報を含んだ完全版を公表し続けている。」（NATURA, 2013, p.143）とされる。そこで、本章では、NATURA アニュアルレポート（完全版）を考察対象とする。このように、NATURA の報告書は、財務と非財務情報がアニュアルレポート単独で記述される構成となっている。

3　記載目次・項目のリスト

NATURA のアニュアルレポートは、PDF 版で総ページ数188頁（表紙・裏表紙含む）である。本報告書は、6章構成をとっている。その目次は、【図表12-1】に示している。

第1章では、当社の本質というタイトルで、存在理由やビジョン、信念などが記載されている。第2章では、当社についてというタイトルで、取締役会議長か

第 12 章　ナチュラ（NATURA）

【図表 12-1】　アニュアルレポートの目次

目次			
当社の本質		**当社とともに**	
存在理由	3	消費者	81
ビジョン	3	リレーションシップの質	45
信念	3	オンブズマン委員会	49
カルチャードライバー	4	従業員	52
		コンサルタントと NATURA コンサルタント・	
当社について		アドバイザー	69
取締役会議長からのメッセージ	5	サプライヤー	81
執行委員会からのメッセージ	6	サプライヤー・コミュニティ	87
NATURA	7	近隣コミュニティ	91
1 年のハイライト	8	株主	103
賞と表彰	9	政府	107
市場	9		
当社のコミットメントの向上	18	**当社の足跡**	
ガバナンス	20	NATURA バリューチェーン	116
取締役会	21	社会的価値の創造	118
執行役のガバナンス	23	Instituto Natura	118
リスクマネジメント	25	サポートとスポンサー	127
内部監査	26	環境価値の創造	129
上級経営陣の報酬	26	カーボンニュートラル	133
NATURA マネジメントシステム	30	水と排水	135
		廃棄物マネジメント	135
当社が目指すもの		経済価値の創造	139
戦略と見通し	31		
サステイナビリティマネジメント	32	本報告書について	143
優先順位の高いサステイナビリティトピック	33	グローバルコンパクト	147
リレーションシップの質	33	指標	148
気候変動	33	財務諸表	159
社会的生物多様性	34	保証宣言	185
固形廃棄物	38	GRI 宣言	186
水	38	編集委員会	187
持続可能な企業家精神	39		
教育	40		
イノベーション	41		

（出典）NATURA, 2013, p.2 をもとに筆者が作成。

らのメッセージや NATURA の 1 年のハイライト、ガバナンス、NATURA のマネジメントシステムなどが記載されている。第 3 章では、当社が目指すものというタイトルで、戦略と見通し、サステイナビリティマネジメント、優先順位の高いサステイナビリティトピック、イノベーションが記載されている。第 4 章では、当社とともにというタイトルで、消費者や従業員などのステークホルダーについて記載されている。第 5 章では、当社の足跡というタイトルで、NATURA バリューチェーンや社会的価値の創造、環境価値の創造、経済価値の創造について

第1群　ⅠA型（アニュアル・レポート活用型）の事例

説明されている。また、第6章では、本報告書についての説明や、指標、財務諸表、保証宣言（独立監査人の限定的保証報告書）などが記載されている。

本報告書の特徴点は、図やイラスト、写真等がほとんど用いられておらず、主に文章と表による説明で構成されている点である。したがって、以下の主要構成要素の説明では、文章や表を用いた説明が中心となる。

4　統合報告の主要構成要素の抽出・特徴点の解説

(1) 作成と表示の基礎

アニュアルレポート143～146頁「本報告書について」では、本報告書の作成目的や開示戦略などが記載されている。

「NATURAの目的は、当社のパフォーマンスに関する完全な情報をリレーションシップ・ネットワークに提供することであり、そのために、当社の進展に関する最高の評状況を各ステークホルダーに提供する。

このような理由から、13年間にわたって、NATURAは、年次サステイナビリティをGlobal Reporting Initiative (GRI) ガイドラインに従って作成しており、直近2年間は、サステイナビリティとアニュアル（財務）レポートを1つの書類にまとめて公表している。

業績の開示戦略は、経済、社会、環境側面を含む、パフォーマンスへの同一言語で包括的なアプローチを追求した、その他のコミュニケーション・ツールも含まれる（下の表を参照されたい）[※]。

このようなコミュニケーションをさらに重要なものにするための改善に加えて、印刷版のレポートに若干の改善を図り、よりインタラクティブ・コンテンツを備えたウェブサイトを開始した。両方の形式のコンテンツ構造は、関連のあるトピックを優先している。コンテンツの表示は、NATURAステークホルダーに読んでもらえるように簡潔なものにしている。

本レポートの一貫性を保つために、定期的に監視している100以上の指標につてい詳細な情報を含んだ完全版を公表している。本レポートは、NATURAのウェブサイトでPDF版を入手できる（さらなる技術的な情報は下の表を参照すること）[※]。」(NATURA, 2013, p.143)（筆者注[※]：表は省略）

この引用文から、NATURA社は13年間サステイナビリティレポートを作成しており、直近2年間は1つの報告書でアニュアルレポートとサステイナビリティレポートの内容を報告していることがわかる。また、省略した「表」では、広範なコミュニケーション・ツールの説明がなされており、先に取り上げたNATURAマネジメントレポートやNATURAアニュアルレポート（印刷版）、ウェブサイト、NATURAアニュアルレポート（完全版）、及び四半期情報に関する簡単な説明がなされている。このような広範なコミュニケーション・ツールを用いて、ステークホルダーに対する情報提供機能を高めようとしている。これらは、内容要素の「H　作成と表示の基礎」に関わる部分である。

(2) ガバナンス

　NATURAは、20～29頁にわたって、同社のコーポレートガバナンスを説明している。まず、9人の取締役の指名と職位を示した取締役会の構成が記載されている（NATURA, 2013, p.21）。その上で、取締役会をサポートする4つの委員会（監査・リスクマネジメント・財務委員会、人材・組織開発委員会、戦略委員会、及びコーポレートガバナンス委員会）の役割と構成、会議の開催頻度が記載されている（NATURA, 2013, pp.21-22）。

　次に、経営ガバナンスについて説明されている。経営委員会は、「主たる経営組織体であり、当社の戦略立案や重要プロジェクトの展開を監視することを担当する。」（NATURA, 2013, p.23）とされる。経営委員会の構成員は、CEOと6人の上席副社長であり、事業のマネジメントや、業績評価、経済・社会・環境面に基づいた意思決定を行う責任を担っている（NATURA, 2013, p.23）。

　また、支援委員会として、顧客や倫理、製品に関する3つの委員会が設けられているのも同社の特徴である（NATURA, 2013, p.25）。たとえば、顧客委員会は、2011年1月に創設され、NATURAが最終消費者やコンサルタントに提供しているサービスの質を監視することを主な任務としている（NATURA, 2013, p.25）。この委員会は、業務・物流担当上席副社長とデジタル技術担当上席副社長が取り仕切っており、執行副社長も参加している。なお、倫理委員会は、NATURAリレーションシップ原則の適用を確保し、逸脱行為を解決することを任務としてお

り、製品委員会は、NATURA製品の各段階のイノベーション・プロセスを承認する責任を担っている（NATURA, 2013, p.25）。こうした3つの支援委員会を別に設けていることに、コーポレートガバナンスの質の高さを指摘することができる。これらは、内容要素の「C　ガバナンス」に関わる部分である。

(3) ステークホルダーとの関係性

NATURAは、サステイナビリティマネジメントを重視している（NATURA, 2013, p.31）。このうち、優先順位の高いサステイナビリティトピックとして、①リレーションシップの質、②気候変動、③社会的生物多様性、④固形廃棄物、⑤水、⑥持続可能な起業家精神、⑦教育、及び⑧イノベーションの8項目をあげている（【図表12-1】を参照されたい）。

NATURAの特徴として、【図表12-1】の目次からも明らかなように、ステークホルダーを中心とした報告書作りがなされている。すなわち、第4章当社とともにでは、(1)消費者、(2)リレーションシップの質、(3)従業員、(4)コンサルタントとNATURAコンサルタント・アドバイザー、(5)サプライヤー、(6)サプライヤー・コミュニティ、(7)近隣コミュニティ、(8)株主、及び(9)政府を説明している。そこで、優先順位の高いトピックのうち、①リレーションシップの質を取り上げることにしたい。

優先度の高いサステイナビリティトピックのトップ項目として、①リレーションシップの質について、次のように記載されている。

「すべてが相互依存的であることを確信するものであり、NATURAは、すべてのリレーションシップに関心を払うことが真に重要であると考えるに至った。

こうした目標を達成するため、NATURAは、リレーションシップに対する関心の高まりや結びつきの強化、信頼性の向上、及びますます重要となっている共通の目的に基づいたつながりの強化に挑戦する。イノベーションの創出や、個人開発及び実際のリレーションシップの発展を可能とする環境の構築にあたって、リスニングや対話、集団的創造が当社の文化の一部となったときにのみ、上述の変化が可能であると考える。

そのため、2012年、当社は、当社との結びつきを強化したいステークホルダー

第12章　ナチュラ（NATURA）

へ焦点を向けるために優先順位づけを行い、ステークホルダーのマトリクスを修正した。その結果、NATURAにおける今日の課題は、主にコンサルタント（NCS）、NATURAコンサルタント・アドバイザー（NCAs）、消費者、従業員、サプライヤーとの相互作用に焦点を当てる。

　しかしながら、NATURAは、この問題で望む卓越性の水準に到達するためには、なされるべき課題がいまだ山積していることを認識している。2012年、NCsやNCAsとのリレーションシップの質（詳細は69頁を参照）及び従業員（詳細は53頁を参照）において重要な進展を記録しし、製品とサービスに対して消費者の高い満足度を維持した（詳細は82頁を参照）。一方で、ロイヤリティ率が0.4％低下したサプライヤーや、同じく0.5％低下したサプライヤー・コミュニティとのリレーションシップ（2012年にロイヤルティ率が双方とも23％に落ち込んでいる）は、改善の余地がある（詳細は88及び92頁を参照）。

　NATURAは、ステークホルダーとの交流範囲と深さを高めるために実務慣行を強化し、当社の戦略目標は、2014年までに、これらのステークホルダーとのリレーションシップの質に関する指標を高めることである（詳細は45頁「リレーションシップの質」を参照）。」（NATURA, 2013, p.33）

　この引用文から、NATURAは、ステークホルダーとのリレーションシップの質を重要視しており、とくに、コンサルタント（NCS）、NATURAコンサルタント・アドバイザー（NCAs）、消費者、従業員、サプライヤーとの相互作用に焦点を当てていることがわかる。そのため、これらのステークホルダーに関する詳細な説明が、本報告書の後の頁で行われていることがわかる。

　ここでは、紙幅の都合もあり、①リレーションシップの質のみに言及したが、②気候変動や③社会的生物多様性、④固形廃棄物、⑤水、⑥持続可能な起業家精神、⑦教育、及び⑧イノベーションについても、同様の説明が付されている。

　次に、NATURAは、化粧品の直販モデルを採用しており、消費者とは主にNATURAコンサルタントを介してつながりを持っている（NATURA, 2013, p.69）。そこで、ステークホルダーとの関係性を説明するに当たって、優先順位の高いステークホルダーのうち、150万人以上を擁するコンサルタント（NCS）と、NATURAコンサルタント・アドバイザー（NCAs）に焦点を当てることにしたい。

第1群　ⅠA型（アニュアル・レポート活用型）の事例

【図表 12-2】　NCs・NCAs とのリレーションシップの質に関する KPIs の記載例

PR5.NCs とのリレーションシップの質―ブラジル国内の業務	単位	2010	2011	2012
満足度[1]	%	90	87	90
ロイヤリティ[2]		21	19	24

1. 「満足している」及び「完全に満足している」と回答した NCs の割合―トップ2比率
2. 満足度、NATURA とのリレーションシップを維持する意図、及び推薦の3つの側面について、最も高いスコア（トップ1）を回答した NCs の割合

PR5.NCs とのリレーションシップの質―国際業務―ロイヤリティ率(%)[1]	単位	2010	2011	2012
アルゼンチン		35	38	45.4
チリ		35	36	39.0
コロンビア	%	44	37	42.8
メキシコ		51	40	38.4
ペルー		30	23	25.9
国際業務の合計		N.A.	N.A.	38

PR5.NCs とのリレーションシップの質―国際業務―満足度（%）[23]	単位	2010	2011	2012
アルゼンチン		93.3	94.0	96.5
チリ		91.3	95.5	94.0
コロンビア	%	93.8	95.5	95.3
メキシコ		93.8	91.5	90.0
ペルー		92.7	92.5	91.0

1. 満足度、NATURA とのリレーションシップを維持する意図、及び推薦の3つの側面について、最も高いスコア（トップ1）を回答した NCs の割合
2. この指標は、2012年に監視を開始した。このデータは、各国のネットワークの規模に応じて変動する可能性があるため、国ごとに示している。
3. 「満足している」及び「完全に満足している」と回答した NCs の割合―トップ2比率

PR5.NCs とのリレーションシップの質―ブラジル国内の業務[2]	単位	2010	2011	2012
満足度[1]	%	94	87	96
ロイヤリティ[2]		33	24	40

1. 「満足している」及び「完全に満足している」と回答した NCAs の割合―トップ2比率
2. 満足度、NATURA とのリレーションシップを維持する意図、及び推薦の3つの側面について、最も高いスコア（トップ1）を回答した NCAs の割合

PR5.NCs とのリレーションシップの質―国際業務―ロイヤリティ率(%)[12]	単位	2012
アルゼンチン		N.A.
チリ		46
コロンビア	%	58
メキシコ		52
ペルー		50

PR5.NCs とのリレーションシップの質―国際業務―満足度（%）[23]	単位	2012
アルゼンチン		N.A.
チリ		95.8
コロンビア	%	99.0
メキシコ		93.1
ペルー		97.0

1. 満足度、NATURA とのリレーションシップを維持する意図、及び推薦の3つの側面について、最も高いスコア（トップ1）を回答した NCAs の割合
2. この指標は、2012年に監視を開始した。このデータは、新しいモデルであるため、各国の規模や比重に応じて変動する可能性があるため、国ごとに示している。アルゼンチンは、まだ NCA モデルを有していない。
3. 「満足している」及び「完全に満足している」と回答した NCAs の割合―トップ2比率

（出典）NATURA, 2013, pp.70-71 をもとに筆者が作成。

第12章 ナチュラ（NATURA）

　NATURAでは、NCAsとリレーションシップ・マネジャーを有しており、NCAsはコンサルタント業務を行う傍ら、ネットワークの拡大や他のコンサルタントとのリレーションシップの拡大を図ることを業務としている（NATURA, 2013, p.69）。他方、リレーションシップ・マネジャーは、NCsやNCAsのニーズを理解し、起業活動の価値を広めるために、彼らと緊密に連携をとる従業員である（NATURA, 2013, p.69）。

　【図表12-2】で示したKPIsは、NCs・NCAsとのリレーションシップの質に関する記載例を示している。このKPIsから、ブラジル国内及び国際業務におけるロイヤリティ率や満足度の年度間比較が可能となっている。

　この他にも、NATURAのネットワークの規模、NCsの生産性や所得、NCsの訓練の状況、完璧なサービス、NCsやNCAsとのリレーションシップ、コミュニケーションチャネル、認知度、メキシコにおける起業モデル、及びNATURAムーブメントについて、報告書の71〜80頁にわたって、KPIsを用いた説明がなされている。

　このように、ステークホルダーとの関係性を重視しているNATURAでは、さまざまな角度からKPIsを用いたサステイナビリティマネジメントが行われていることが分かる。これは、指導原則の「C　ステークホルダーとの関係性」と関係する部分である。

(4) 実績

　NATURAは、第5章当社の足跡では、116〜142頁にわたって、NATURAの実績を説明している。そこでは、KPIsや財務数値を用いて、環境価値、社会的価値及び経済価値について説明されている。159頁からは財務諸表が添付されているが、その概要が経済価値として報告されている。したがって、財務情報と非財務情報が第5章で要約的に掲載されている。

　たとえば、社会的価値の創造の一環として、サポートとスポンサーに関する説明が135〜137頁にわたり説明されている。次の引用文を参照されたい。

　「NATURAは、ブラジルの文化や社会環境に関した起業家精神について認知度を高め、持続可能な発展を実現するという信念に関連したイニシアティブを支

第1群　ⅠA型（アニュアル・レポート活用型）の事例

援することにより、「BemEstarBem」（幸福を十分に）を促進している。2012年度に、Naturaは、次のセグメント、すなわち、音楽に焦点を置いたブラジル文化の認知度、持続可能な発展、市民社会組織の強化、行動や態度・スポーツに投資を振り向けるため、サポートとスポンサーのマネジメントを再構築した。スポーツに関しては、Naturaは、はじめてスポーツ活動に対するサポート・スポンサーの柱を構築した。

　昨年、当社のサポートとスポンサーは合計3,350万レアルに達しており、その中にはインセンティブからの資金が含まれおり、対前年度比38％も金額が増加した。」（NATURA, 2013, p.135）

　この引用文から、NATURAは、音楽に焦点を置いたブラジル文化の認知度、持続可能な発展、市民社会組織の強化、行動や態度・スポーツに投資を振り向けるため、サポートとスポンサーのマネジメントを再構築したことや、サポートとスポンサーに関する資金は、合計3,350万レアルに達していることが理解できる。
【図表12-3】は、サポートとスポンサーに関するKPIsの記載例を示したものである。たとえば、持続可能な発展に対するファンドに対しては、2010年は1,702千レアル、2011年は1,900千レアルで推移していたが、2012年には、12,282千

【図表12-3】　サポートとスポンサーに関するNATURAとインセンティブの基金

NATURAからのファンド	単位	2010	2011	2012
持続可能な発展		1,702	1,900	12,282
音楽に焦点を当てたブラジル文化の認知度	千レアル	10,721	13,365	11,982
行動や態度		N.A.	750	900
市民社会組織の強化		6,280	2,790	2,311
スポーツ		N.A.	N.A.	603
NATURAからのファンド合計		18,703	18,806	28,078
インセンティブからのファンド	単位	2010	2011	2012
持続可能な発展		350	80	N.A.
音楽に焦点を当てたブラジル文化の認知度	千レアル	4,722	4,853	4,617
行動や態度		530	610	400
市民社会組織の強化		N.A.	N.A.	455
スポーツ		5,602	5,543	5,472
NATURA及びインセンティブからのファンド合計		24,305	24,349	33,550

（出典）NATURA, 2013, p.135をもとに筆者が作成。

第 12 章　ナチュラ（NATURA）

【図表 12-4】　持続可能な発展を支援した主たるプロジェクトの開示例

持続可能な発展
　プロセスにおける持続可能な実務慣行の展開や社会環境的理由でのコンサルタントとエンゲージメントに加えて、NATURA は持続可能性を促進するその他の活動に投資した。
　2012 年には、Cao Hamburger 監督による映画「シングー」（Xingu）が公開されたが、これは NATURA の自社ファンドによる資金援助で制作されたものである。本映画は、40 年代にシングー川へ探検旅行に行ったヴィラス・ボアス（Villas Bôas）兄弟の物語であり、環境保全と先住民族の文化の保護に対する主な支持者となった。
　さらに、当社は、国連の持続可能な開発に関する会議（RIO＋20）への参加のため、重要な投資を行った。NATURA は、公式イベントのサポーターの 1 社であり、多数の討論に役員を派遣できるとともに、会議と同時に開催されたイベントに従業員やコンサルタントが参加する活動を推進した（詳細は、79 及び 107 頁の政府とコンサルタント及び NCAs を参照）。

（出典）NATURA, 2013, p.136 をもとに筆者が作成。

レアルまでファンドが拡大していることがわかる。【図表 12-4】は、持続可能な発展を支援した主たるプロジェクトの開示例である。これらは、内容要素の「F　実績」に関する部分である。

(5) 独立監査人の限定保証報告書

　NATURA は、【図表 12-5】のようなサステイナビリティレポートに関する独立監査人の限定保証報告書を添付しており、ERNST & YOUNG TERCO による限定保証を受けている。この限定保証報告書は、国際基準 ISAE3000 と同等とされるブラジルの州会計審議会全国連合会（CFC）から公表された NBC TO 3000「監査またはレビュー以外の保証業務」に基づいて、限定保証業務が実施されている。

　これにより、サステイナビリティ情報に関する報告書の質を高めようとする NATURA の姿勢をうかがい知ることができる。これは、指導原則の「F　信頼性と完全性」に関する部分である。

第1群　ⅠA型（アニュアル・レポート活用型）の事例

【図表12-5】　独立監査人の限定保証報告書

保証宣言（assurance declaration）
2012年度サスティナビリティレポートに関する
独立監査人の限定保証報告書

はじめに
当法人は、2012年12月31日に終了する12か月間のサスティナビリティレポートに含まれる情報について、GRI レベルAバージョン3.1. ガイドラインに従って限定保証報告書を提出することを、Natura Cosméticos S/A から請け負った。

企業経営者の責任
Natura Cosméticos S/A の経営者は、2012年12月31日に終了する12か月間のサスティナビリティレポート情報を、自社で定めた基準（決定される仮定やメソドロジー、内部統制は、不正または誤謬のいずれに起因するかにかかわらず、重大な虚偽記載がないように情報を作成できるようにする上で不可欠である）に従って、より適切に作成し、開示する責任を負う。

独立監査人の責任
当法人の責任は、Natura Cosméticos S/A の2012年12月31日に終了する12か月間のサスティナビリティレポート情報に対して、テクニカルリリース第07/2012号（非財務情報に適用される国際会計士連盟（IAFC）から公表された国際基準ISAE3000と同等とされるブラジルの州会計審議会全国連合会（CFC）から公表されたNBC TO 3000「監査またはレビュー以外の保証業務」に照らしてCFCからの承認済）に準拠して実施される限定保証業務に基づいて、結論を表明することである。これらの基準は、倫理規定（独立性や2012年12月31日に終了する12か月間のNatura Cosméticos S/A のサスティナビリティレポートに重大な虚偽記載がないという限定保証を得るための作業が含まれる）の遵守を必要とする。

<u>NBC TO 3000（ISAE 3000）に準拠して実施された限定保証業務は、主にサスティナビリティレポートの作成に関わった経営者やそれ以外の社内の専門家への照会と、サスティナビリティレポートの限定保証を結論づけるための証拠を得るのに必要な追加的手続きの適用とから構成される。独立監査人がサスティナビリティレポートに重大な虚偽記載を含んでいる可能性があると信じさせる事項を把握した場合、限定保証業務は、追加的手続きも求める。</u>

選定される手続きは、サスティナビリティレポート情報の編集と表示に関する側面についての理解や、その他の業務環境、及び重大な虚偽記載が発生すると思われる領域についての考察に依存する。この手続きは、以下のものを含む：

(a) 重要性、定量的及び定性的情報の分量、及びNaturaCosméticos S/A のサスティナビリティレポート情報の作成を支援する業務・内部統制システムを考慮した業務の企画；

(b) 計算、メソドロジー、及び情報作成を担当した経営者へのインタビューを通じた指標の作成や編集の手続き

に対する理解；

(c) 定量的情報に関する分析的手続きの適用、定性的情報やサスティナビリティレポートで開示された指標との関係性に関する照会；

(d) 財務指標と決算書及び（または）会計記録との対比

限定保証業務は、サスティナビリティレポート情報の作成に適用された GRI 3.1 レベルA レポーティング・フレームワーク・ガイドラインと規準の遵守から成り立っている。

当法人は、本業務で得られた証拠が、限定的な結論の基礎を提供するのに十分かつ適切であると考える。

範囲と限界
限定保証業務に適用された手続きは、サスティナビリティレポート情報に関する意見表明のために実施された保証業務に適用される手続きの範囲よりも、実質的に狭いものである。その結果、当法人は、意見表明するための保証業務において確認されるあらゆる事項について把握しているという立場にない。意見表明のために業務が行われたのであれば、当法人はサスティナビリティレポート情報においてその他の事項または虚偽記載を確認することができたかもしれない。したがって、当法人は、この情報に関して意見表明を行っていない。

非財務データは、データを決定、算出または推定する際に用いられる方法の性質や多様性によって、財務データよりもはるかに固有の限界に依存している。データの重要性や大きさ、正確性に関する定性的な解釈は、個々の仮定と判断に依存する。また、当法人は、過去の期間で報告されたデータにおいても、または将来の予測や目標との関連性においてもいかなる業務を実行していない。

結論
実施された手続きや本報告書で記述された事項に基づき、あらゆる重要事項において、GRI 3.1 レベルA ガイドライン及び Natura Cosméticos S/A の自社基準、仮定及びメソドロジーに準拠して、Natura Cosméticos S/A のサスティナビリティレポート情報が編集されていないと当法人を信じさせるような注意を引く事項は何もなかった。

2013年4月1日サンパウロ

ERNST & YOUNG TERCO
Auditores Independentes S.S.
CRC 2SP015199/O-6

Fernando A. S. Magalhaes
Contador CRC-1SP 133169/O-0

（出典）NATURA, 2013, pp.70-71 をもとに筆者が作成。

第12章　ナチュラ（NATURA）

5　当該企業の統合報告の特徴点など

　NATURA の報告体系は、サステイナビリティ情報をアニュアルレポートに統合する IA 型（AR 活用型）に分類されるものであった。GRI の G3.1 版に準拠して報告書が作成されていた。アニュアルレポート（完全版）の他にも、コミュニケーション戦略の一環として、NATURA マネジメントレポート、NATURA アニュアルレポート（印刷版；要約版）、ウェブサイト、及び四半期情報を公表している点に特徴が見られた。アニュアルレポートの 143～146 頁「本報告書について」では、本報告書の作成目的や開示戦略などが記載されていた。したがって、内容要素の「H　作成と表示の基礎」の好事例であるといえる。

　また、ガバナンスについては、報告書の 20～29 頁にわたって、同社のコーポレートガバナンスを説明していた。取締役会の構成や、取締役会をサポートする 4 つの委員会の役割や構成及び会議の開催頻度、経営委員会の構成や役割、顧客や倫理、製品に関する 3 つの支援委員会の設置などに特徴が見られた。とくに、支援委員会の設置も行っている点に、コーポレートガバナンスの質の高さを指摘することができる。内容要素の「B　ガバナンス」のベストプラクティスであるといえる。

　さらに、ステークホルダー関係性については、NATURA は、ステークホルダーを中心とした報告書作りがなされていた。すなわち、(1)消費者、(2)リレーションシップの質、(3)従業員、(4)コンサルタントと NATURA コンサルタント・アドバイザー、(5)サプライヤー、(6)サプライヤー・コミュニティ、(7)近隣コミュニティ、(8)株主、及び(9)政府のセクションを設けて、具体的に説明を行っていた。ステークホルダーとの関係を重視している NATURA では、さまざまな角度から KPIs を用いたサステイナビリティマネジメントが行われていた。指導原則の「C　ステークホルダーとの関係性」の好事例であるといえる。

　実績については、NATURA は、第 5 章当社の足跡（116～142 頁）において、実績を説明していた。そこでは、KPIs や財務数値を用いて、環境価値、社会的価値及び経済価値について説明されていた。また、159 頁からは財務諸表が添付されていた。内容要素の「F　実績」に関係する開示例をなす。

第1群　ⅠA型（アニュアル・レポート活用型）の事例

　最後に、サステイナビリティ情報の信頼性に関わるものとして、【図表12-5】で示したような独立監査人の限定的保証報告書が、アニュアルレポートに添付されており、ERNST & YOUNG TERCO による限定的保証を受けていた。限定的保証を受けることで、サステイナビリティ情報に関する報告書の質を高めようとする NATURA の姿勢をうかがい知ることができた。このことは、指導原則の「F　信頼性と完全性」に関係する部分であるといえる。

《主要参考文献》
NATURA 2012, *NATURA Report #11 Full GRI Version*, NATURA.
NATURA 2013, *NATURA Report 2012 Full GRI Version*, NATURA.

第13章

アーム（ARM Holdings）

本事例の特徴

1 ARM Holdings 社は、2012年12月末日の決算データに基づく Annual Report and Accounts 2012（全156頁）とは別に、統合報告のような将来の次世代報告の動向を理解するための先駆けとしての報告書と捉えた Corporate Responsibility Report 2012（全32頁）を作成しており、ⅠA型の作成パターンの形態をとっている。

2 【図表13-3】で示すとおり、成長促進要因を①市場浸透率の向上、②高機能電子部品に対する ARM の技術価値の向上、③補足的技術からの追加的特許使用料の獲得の3つに区分し、3つの要因の結合効果である活動結果の影響（Outcomes）として、④再投資及び株主への還元を提示している。さらに、それらに対応する KPI（主要業績評価指標）について具体的利用方法が提示されており、KPI の記載事例として参考になるであろう。

3 【図表13-5】で示すとおり、Corporate Responsibility Report 2012 と外部の情報伝達媒体（スマートフォン）との情報の結合がなされている（基本原則B「情報の結合」の適用）。インターネット技術の1つである短文投稿サイト Twitter へ導くレファレンス参照表記が記載されており、スマートフォンを使った双方向コミュニケーションに導く仕掛けが組み込まれ、インターネット技術を融合する新しい報告形態として参考になるであろう。

4 【図表13-6】で示すとおり、企業責任との関わりと道筋、市場、職場、環境、コミュニティーの5分野について、今年度の当初目標、進捗状況、次年度の新目標が提示されており、目標の設定と進捗状況の記載事例として参考になるであろう。

第1群　ⅠA型（アニュアル・レポート活用型）の事例

1　ARM Holdings のプロフィール

　ARM Holdings plc（本部：英国 Cambridgeshire 州 Cambridge）は、1990年10月に設立登記し、1998年4月に英国 LSE 及び米国 NASDAQ に上場して資金調達を始めた有限責任公開会社であり、米国の IntelCorporation 社と競合しながら、半導体の知的所有権（IP）を供給する世界的リーディング会社である。ARM 社は、英国、フランス、ドイツ、イスラエル、ノルウェー、スウェーデン、米国、インド、台湾、中国、韓国、日本の各国に法人を設立して事業展開を行っており、日本での事業拠点として、新横浜駅前に、アーム株式会社（ARM KK）（100％出資の完全子会社）を設立登記している。

　ARM グループの技術（ARM 演算処理装置）は、今日の多くのデジタル電子製品の心臓部に使われており、スマートフォン（市場占有率 95％以上）、デジタルテレビ（同 45％）、WiFi ルータ（同 35％）、車のブレーキ制御、さらに産業用モータまで幅広く利用されている。2012年度には、売上高 5 億 7,690 万ポンド（794 億 2,182 万 3,000 円(注1)）、営業利益率 36.1％、税引後純利益 1 億 6,070 万ポンド、顧客への ARM 出荷チップ数量は 87 億チップ（2011 年比 9％の増加）であり、同年度末（12 月末）現在では、資本金 6 億 9,000 万ポンド、資産合計額 14 億 6,680 万ポンド、従業員数 1,392 人と報告されている。

2　ARM Holdings の統合報告に関する企業の作成目的・意図・狙いどころ

　ARM Holdings 社は、英国会社法に基づく年次報告書（Annual Report）とは別に、任意開示として企業責任報告書（Corporate Responsibility Report）を少なくとも 2010 年度から現在まで作成している。企業責任報告書 2010 年版及び同 2011 年版は、「Global Reporting Initiative（GRI）の G.3 報告ガイドライン」及び「国連グローバル・コンパクト（UNGC）の Blueprint」の基準に準拠しており、将来の次世代報告に照準を合わせた報告書である。また、ARM 社は、IIRC のパイロット・プログラムに参加している企業であり、IIRC が活動を開始した翌年の同社の企業責任報告書 2011 年版及び同 2012 年版は、IIRC の統合報告フレー

ムワークの開発の役割を担うものとして位置付けられる報告書へと展開されている。

年次報告書である Annual Report and Accounts 2012（全 156 頁）は、英国 2006 年会社法に準拠して、2012 年 12 月 31 日を決算日とする営業データに基づいて 2013 年 2 月に作成され、5 月 2 日に本部で開催の定時株主総会に合わせて、3 月 18 日に株主に提出されたものである。一方、Corporate Responsibility Report 2012（全 32 頁）は、2013 年 3 月に作成され、統合報告のような将来の次世代報告の動向を理解するための先駆けとしての報告書と捉えており、監査報告書や保証報告書などの外部チェックを受けていない任意開示情報の位置付けにある。

本稿では、統合報告の事例分析の対象として、【図表 13-1】企業責任報告書（Corporate Responsibility 2012）を中心に分析し、【図表 13-2】年次報告書及び計算書類（Annual Report and Accounts 2012）に記載されている開示方法も取り扱うこととする。

ARM Holdings 社の 2012 年度（12 月末日決算）に関する各種報告書の体系は、次のとおりである。

・統合報告書として同社が位置付けている報告書の名称：
Corporate Responsibility 2012（全 32 頁、GRI G3 準拠）
・その他の報告書：
Annual Report and Accounts 2012（全 156 頁、英国会社法（EU 版 IFRS）準拠）
Form 20-F（全 165 頁、米国証券取引法（SEC 基準）準拠）

3 ARM Holdings の報告書の記載目次・項目のリスト

Corporate Responsibility 2012（企業責任報告書 2012 年版）の目次構成は、11 の章から成り、【図表 13-1】に示す通りである。なお、頁数は記載事項の比率を概略として把握するため、また内容要素の適用は IIRC の国際統合報告フレーム

第1群　ⅠA型（アニュアル・レポート活用型）の事例

ワークに対応させるために筆者が作成したものである。また、**【図表13-2】**は、企業責任報告書2012年版との比較参考として、Annual Report and Accounts 2012（年次報告書及び計算書類2012年版）の目次構成をまとめたものである。

【図表13-1】　企業責任報告書2012年版（全32頁）の目次構成

	目次構成	掲載頁	頁数	内容要素の適用
1	この報告書について	1	1	
2	社長からの挨拶	2	1	組織概要と外部環境、戦略と資源配分、業績
3	ARM社について	3-5	3	組織概要と外部環境、ビジネスモデル
4	重要な課題	6	1	
5	ARM社のガバナンス	7-9	3	ガバナンス
6	ARM社と市場 　より良い将来の設計 　顧客満足度の観察 　市場との意思疎通の責任 　公共政策の議論	10-13	4 1 1/6 1/6 1/6	組織概要と外部環境
7	ARM社の職場 　従業員の声 　意思疎通 　従業員の結びつき 　育成と発展の奨励	14-17	4 1/3 1/3 1/3 1/3	
8	ARM社の環境プロジェクト 　我が社の2012年の達成 　我が社の2020年の目標 　環境への影響の管理方法	18-21	4 1 1 1	
9	ARM社のコミュニティの場 　次世代技術者の士気高揚 　発展途上国のICT 　エネルギー効率の協力 　事業所地域の責務 　チームARMの公益的寄付	22-26	5 1 1/3 1/3 1/3 1/3	戦略と資源配分
10	目的の進捗状況	27-28	2	リスクと機会、業績
11	GRIの指標との内容照合	29	1	

（出所：*Corporate Responsibility Report* 2012を基に著者作成）

第 13 章　アーム（ARM Holdings）

【図表 13-2】　年次報告書及び計算書類 2012 年版（全 156 頁）の目次構成

	目次構成	掲載頁	頁数
1	概要	1-7	
	会長 による概要		2
	営業上のハイライト		1
	財務上のハイライト		1
	我が社のビジネスモデル		2
2	我が社の市場	8-10	
	今の市場の場所		1
	最先端にある市場の場所		1
3	戦略と業績	11-20	
	長期的成長戦略		9
4	パートナーシップ・アプローチ	21-39	
	社長　エコシステム戦略		2
	携帯コンピューティング		4
	端末と端末のつながり		4
	ネットワーク基盤		4
	対外的な見込み		4
5	関わり方	40-44	
	企業責任と持続可能性		2
	ARM 社の広義の役割		2
6	財務とリスク	45-54	
	財務レビュー		6
	リスク管理		3
7	ガバナンス	55-91	
	会長の挨拶		3
	取締役会		3
	コーポレート・ガバナンス		11
	取締役報告書		5
	取締役報酬報告書		14
	独立会計監査人報告書		1
8	財務諸表	92-152	
	計算書類		55
	独立会計監査人報告書		1
	用語解説		1
	グループ会社一覧		1
	主要株主の情報		1

（出所：*Annual Report and Accounts* 2012 を基に著者作成）

4　ARM Holdings の統合報告の主要構成要素の抽出・特徴点の解説

(1) ARM Holdings の社長（CEO：最高経営責任者）からの挨拶
＜経営理念（使命）＞

> 持続可能で繋がりのある将来像を求めて
> （Looking towards a SUSTAINABLE and CONNECTED FUTURE）
> 　世界は変貌しつつある。生活様式の世界標準化が迫ってきている。平均寿命が増加しつつある。子供の死亡率は低下している。このようなことが成就されてきた理由は、科学技術の推進の恩恵を蒙っているところが多い。世界的な生活の質（QOL）の維持は、不断の努力目標である。もし地球上の自然資源に与え続けている負荷を我々が解放することができるならば、それに

113

> は技術の推進が必要とされる。ARM社及び当社のエコシステムは、この点に関する必要不可欠な役割を担うつもりである。(企業責任報告書, p.2)

　上記の「社長からの挨拶」では、「持続可能で繋がりのある将来像を求めて」と見出しを付けて、社会的背景とともに組織の求めるべき方向性とその社会的必然性を問いかけている。これは、ARM社の経営理念（ミッション・使命）と理解することができ、自社組織の存在理由を明らかにしている。この解説方法は、内容要素「A 組織概要と外部環境」、「E 戦略と資源配分」を実践した内容であり、組織の外部環境と長期的戦略目標について説明したものと言える。また、基本原則「A 戦略的焦点と将来指向」、「E 簡潔性」を適用している。
　長期的視点にたった成長戦略については、年次報告書の中で説明がなされているが企業責任報告書の説明箇所に残念ながら誘導されていない。企業責任報告書と年次報告書とのの異なった報告媒体間のレファレンス相互参照の表示記載（報告書間の次元の基本原則「B 情報の結合性」の適用）がなされていると、情報利用者にとってさらに使い勝手が良い報告書となるであろう。

＜長期成長戦略＞

> **ARMの長期成長戦略**（OUR STRATEGY for LONG-TERM GROWTH）
> 　ARMグループの戦略は、ARMの技術が携帯電話、タブレット、一般消費者向け電化製品（consumer electronics）、組込型電子機器などの長期的成長市場における市場占有率を獲得し続けること、さらに特許権使用料による追加的な収益を獲得できる新たな技術開発を含む、ARMグループが各々の電子機器から受け取る価値を増加させることにある。(年次報告書, p.12)

　年次報告書では、上記の説明の後で、長期的成長戦略に関する3つの成長推進要因（growth driver）とそれに対応する主要業績評価指標（KPI）を具体的に表形式で提示している【図表13-3】。

第 13 章　アーム（ARM Holdings）

< KPI（主要業績評価指標）>

【図表 13-3】　長期的成長戦略とそれに対応する KPI の記載事例

ARM 社の 3 つの成長推進要因		KPI（主要業績評価指標）	
1	市場浸透率の向上 14 頁を参照	ARM 社は移動型情報端末の 95％以上の市場浸透率を達成できている。 　別の最終市場がより高機能な演算処理装置を要請するにつれて、我々は ARM 技術に対し別の応用分野にさらに浸透してゆくことを期待する。	・将来の特許権使用料を推進するライセンス使用料の基準を構築すること。 ・ARM 演算処理装置を用いるチップの数量を伸ばすこと。	・対象とする最終市場における市場浸透率を向上させること。
2	高機能電子部品に対する ARM の技術価値の向上 17 頁を参照	顧客製品がより高機能な演算処理装置になるにつれて、製品には ARM 演算処理装置を用いる多様なチップが組み込まれることになり、結果的に我々の特許権使用料の獲得機会が向上する。より高機能な電話やテレビになると、基本のモデルよりも 5-10 倍の特許使用料を生み出すことができる。	・販売される各々の高機能部品について ARM 社が受け取る価額を増加させること。	
3	補足的技術からの追加的特許使用料の獲得 18 頁を参照	ARM 社は R & D の外部委託に適していると考え、さらに前払いライセンス使用料と継続的な特許使用料を要求できる、補足的技術を導入してきた。	・追加的特許使用料の流れを生み出すために、新たな技術について開発しそのライセンス使用料を獲得すること。	
4	再投資及び株主への還元 19 頁を参照	ARM 社の財務規律は継続的な投資が必要な状態を保ち、長期的将来成長を生み出している一方で、現在の利益と株主への還元を向上させている。	・ARM 社の製品開発と開発能力に投資すること。	・正常営業利益、EPS、現金創出能力、配当

(出所：Annual Report and Accounts 2012, pp.13-14 を基に著者作成)

【図表 13-3】で示すとおり、成長促進要因を①市場浸透率の向上、②高機能電子部品に対する ARM の技術価値の向上、③補足的技術からの追加的特許使用料の獲得の 3 つに区分し、3 つの要因の結合効果である活動結果の影響（Outcomes）として、④再投資及び株主への還元を提示している。さらに、それらに対応する KPI（主要業績評価指標）について具体的利用方法が提示されており、KPI の記載事例として参考になるであろう。

【図表 13-3】は、異なった報告媒体間の次元での情報の統合性がなされていないが、年次報告書の中の同一報告書内の次元での基本原則「B 情報の結合性」が適用され、内容要素「E　戦略と資源配分」と「F　業績」が実践されたベストプラクティスに値する事例である。

第1群　ⅠA型（アニュアル・レポート活用型）の事例

(2) ARM Holdings について
＜ビジネスモデル＞

> **ARM について（About ARM）**
>
> 　ARM Holdings 社は、半導体の知的財産（IP）に関して世界を牽引する供給会社である。我々グループ会社が設計した技術は、今日の多数のデジタル電子製品の心臓部に用いられている。これらの技術は、スマートフォン（95％以上は、当社 ARM 技術を使用）やテレビから車のブレーキ制御や産業用モータまで多岐にわたる。2012年には、当社の顧客は、87億チップの出荷（2011年比9％の増加）を報告した。
> （企業責任報告書, p.3）
>
> **当社のビジネスモデル（Our business model）**
>
> 　当社のビジネスモデルは、創業以来一切変更していない。当社は、マイクロプロセッサを設計している。その他は一切何も製造していない。当社は、半導体会社に我々の製品のライセンス使用権を販売している。自社技術を完成したチップに組み込むには、3年の準備を要する。Sumsung, Bosch, BMW など誰もが知っている名前の会社に OEM（供給相手先ブランド）として提供される。（中略）自社製品開発への投資よりも ARM 技術の使用権の方が、コスト効率が良い。投資の場合、年間1,000億以上必要となると、ARM は試算している。
> （企業責任報告書, p.4）

　上記の「ARM 社について」は、内容要素「A　組織概要と外部環境」と「F　業績」をまず実践した上で、内容要素「C　ビジネスモデル」を実践する内容である（基本原則「B　情報の結合性」と「E　簡潔性」の適用）。

　ARM のビジネスモデルは、「マイクロプロセッサの設計のみで」「創業以来一切変更していない」と説明し、米国 IntelCorpoation 社と競合しながら、現在も世界のトップ企業であり続けるのは「OEM として提供」していることに重要性

116

第13章　アーム（ARM Holdings）

が見出せるかもしれない。

　ARM社のビジネスモデルについては、上記の記述的説明の他に、価値創造プロセスを簡潔かつ的確に理解できるようにインフォグラフィックスの効果を用いた【図表13-4】を作成している（基本概念「D　価値創造プロセス」、基本原則「C　簡潔性」の適用）。【図表13-4】を見ると、一目で①ライセンス使用料と②1チップ当たりの特許使用料の2つが主な収入源（キャッシュ・インフロー）とするビジネスモデルであることが理解できる。

【図表13-4】　ARM Holding 社のビジネスモデル図の記載事例

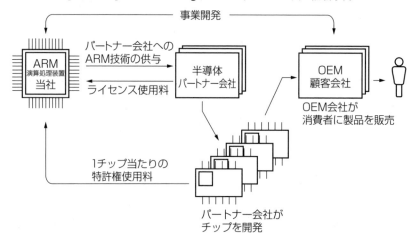

（出所：*Corporate Responsibility Report 2012*, p.4 の図を基に筆者作成）

　年次報告書の「概要」では、上記【図表13-4】と同じビジネスモデル図を用いながら、HOW and WHERE we make money と見出しを付けて、現金を創出する方法のみならず、その場所まで含めた説明を行うことを組み込んだビジネスモデルを質問形式で提示した、さらに特徴的な解説方法が実践されている。この説明では、内容要素「C　ビジネスモデル」がより具体的に記載され、基本原則の「A　戦略的焦点と将来指向」、「B　情報の結合性」、「D　重要性」と「E　簡潔性」を適用した内容となっている。

第1群　ⅠA型（アニュアル・レポート活用型）の事例

> ARMは何処でどのようにお金を創出するのでしょう
> (HOW and WHERE we make money)
> 　ARM社は、半導体の知的財産（IP）に関して世界を牽引する供給会社である。我々が設計した技術は、2012年に販売された多数のデジタル電子製品の心臓部に用いられている。
> 　ARM社は、革新的なビジネスモデルを備えている。当社は、パートナー会社のネットワーク、特に半導体メーカーに自社の技術をライセンス供与している。我々のパートナー会社は、自社技術にARM社の設計構想を組み込み、最新の電子部品に適合する高機能でエネルギー効率の高いチップを制作している。
> （年次報告書，p.6）

　Corporate Responsibility Report 2012から外部の別の情報伝達媒体へのレファレンス参照表示が記載された記述では、スマートフォンによる伝達情報との情報の結合がなされている（基本原則B「情報の結合」の適用の事例）。具体的には、インターネット技術の1つである短文投稿サイトTwitterへ導くレファレンス参照表記が記載されており、スマートフォンを使った双方向コミュニケーションに導く仕掛けが組み込まれている。

　情報利用者のスマートフォン用いてCorporate Responsibility Report 2012に記載されている【図表13-5】の5つのアカウントに接続すると、情報利用者とARMの取締役、経営陣、従業員との双方向の情報伝達が実現できる。このように情報利用者との情報伝達手段を双方向で構築して公開していることは、画期的であり、統合報告書のモデルとして高く評価できる。【図表13-5】は、利用者とARMを両端に記載した利用イメージを筆者が作成したものである。実線で囲まれた部分のみがCorporate Responsibility Report 2012に記載されている。これは、他の企業の報告書では実践されていない、インターネット技術を融合する新しい報告形態として大いに参考になるベスト・プラクティスである。

第 13 章　アーム（ARM Holdings）

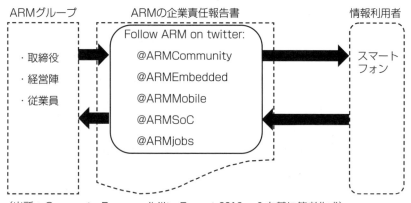

【図表 13-5】　短文投稿サイト Twitter との情報の結合の記載事例

（出所：*Corporate Responsibility Report 2012*, p.6 を基に筆者作成）

(3) ARM Holdings 社のガバナンス

> ARM 社のガバナンス（Governance at ARM）
> 　良好なガバナンスは、責任と誠実性を伴った効率的な事業を管理するために、幾つかの役割に関する明確な理解を求める。その結果、我々取締役は、説明責任を表明して当社の全てのステークホルダーとの信頼を維持できる。
> （会長　Jon Buchanan 卿）（企業責任報告書, p.7）

　上記の「ARM のガバナンス」では、ガバナンスの意義を簡潔に説明している（内容要素「B　ガバナンス」の実践と基本原則「E　簡潔性」の適用）。内容要素「B　ガバナンス」は、「組織のガバナンス構造は、組織の短期、中期、長期の価値創造能力をどのように担保するのか」（par.4.8）についての内容を簡潔に説明するものであり、権限と責任の側面から、組織の中の機関の統治機構構造を説明するものではない。年次報告書には、ガバナンスの節があるが、統合報告書に要請される価値創造能力との直接的関係性について記述されていない。

119

第1群　ＩＡ型（アニュアル・レポート活用型）の事例

(4) ARM Holdings 社と市場

> **より良い未来への設計**（We design for A BETTER FUTURE）
> 　世界中の富の成長と機会の増加が意味していることは、より多くの人達がインターネット関連技術を利用することをますます要求していることである。当社は、効率的にエネルギーを活用する方法により、これらの要求に確実に応えることができる役割を担いたい。2012年に当社は、この事を中心として達成して行く新たな技術をいくつか売り出した。（企業責任報告, p.11）

　上記の「より良い未来への設計」では、会社の外部環境として、富の成長と機会の増加の要因がインターネット関連技術にあると認識し、その環境での会社の使命を簡潔に説明している（内容要素「A　組織概要と外部環境」の実践）。
　ARM社の半導体業界の動向について、年次報告書の中で、現在の市場の場所と市場の方向性という2つの視点（現在と将来）を説明している。

> **市場は現在どこにあるのか**（Where the market is NOW）
> 　半導体産業は、世界の全ての電子部品を制御するコンピュータのチップを開発する。PC、携帯電話、最新の洗濯機でさえ、コンピュータのチップから成る一定の形態を備えており、製品の知性を提供している。各々の世代のチップは、その前の世代のチップよりも更に高機能であり、その結果、より能力が高くかつより効率的な消費財や組み込まれた製品となり得る。（年次報告書, p.9）
>
> **市場はどこに向かっているのか**（Where the market is HEADING）
> 　半導体産業とその市場の動向は、新たな機会と新たな競争的舞台を引き起こす方向に向かっている。（年次報告書, p.10）

　上記の2つの視点は、内容要素「G　見通し」の実践事例であり、原則「A　戦略的焦点と将来指向」、「B　情報の結合」、「E　簡潔性」にも合致している。

第13章　アーム（ARM Holdings）

(5) 目的の進捗状況

【図表13-6】 ARM社の目標の進捗状況の記載事例

目標の進捗状況

2012年の目標	状態	2012年の進捗状況	2013年の目標
1. CR（企業責任）の関わりと道筋			
ステークホルダーや外部専門家との協力をより一層進めることを通じて、私たちのCRの戦略、イニシアチブ、報告を高めること。	◎	CDSC（慈善的寄付と持続可能性の委員会）の任務は適用範囲を広げつつあり、CR委員会になりつつある。一方EUCCC（エネルギー利用と気候変動の委員会）は、我が社の目標を果たすべく能力を強化してきた。学術機関、産業界、及び外部専門家が、2012年の期間中これにかかわってきた。	1. CR委員会とその任務に関する発展を完成すること。 2. CRについて最新の展開の知識を我が社が持ち続けていることを例証すること。
我が社のステークホルダーにとっての主要な関心領域を見極め続けること、そして重要な課題基盤を展開させるために、我が社の経営活動に関するステークホルダーへの影響を理解すること。	△	外部専門家及びステークホルダーが、これにかかわって、重要な課題に関する理解を我が社が深める手助けをした。	1. 我が社のステークホルダーにとっての3つの主要な関心領域を明らかにすること。
2. 市場			
パートナー会社と協力するCRプロジェクトを少なくとも2つ展開させる。	△	我が社は、協力プロジェクトを1つ展開させたが、パートナー会社とのプロジェクトのさらに2つについては、現在計画進行中にある。	1. 現行の協力プロジェクトを前進させること。 2. 新規の好機を少なくとも1つ明らかにすること。
貧困を軽減させることができ得る技術プロジェクトを支援するために、部門横断的なパートナー協約を展開させる。	◎	我が社は、Inveneo社及びLiteracy Bridge社と共同してプログラムをいくつか展開させた。	1. Inveneo社及びLiteracy Bridge社への支援を継続すること。 2. 我が社の支援から利益が得られる新たな領域を明らかにすること。
ARM社の技術の潜在的な利益を独立した立場から立証するために、部門横断的なパートナー協約を展開させる。	◎	我が社は、ACEEE（米国エネルギー効率経済協議会）及びCarbon Trust社と共同して研究プロジェクトをいくつか展開させた。	1. 我々の産業に適合する研究を果たすために、ACEEE及びCarbon Trust社と共同して仕事に取り組むこと。 2. 現行の研究の質を高めるために、その他のパートナー会社や部門をかかわらせること。
3. 職場			
社内のコミュニケーションを改善し、さらに社内の従業員の会議の質を改善することによって、従業員が社会的資本を構築できる方法を増加させる。	◎	従業員の会議は、出席率の増加や建設的なフィードバックを通して評価されるにつれ、改善されてきた。	1. 社内のコミュニケーションを観察することと改善すること。
2011年グローバル的見解調査から学び取った教訓に基づく継続探求活動に関するグローバル的プログラムを計画することと実現させること。	◎	2011年調査からの主要な課題がすべて処理されつつある。	この目的は、すでに完結している。
4. 環境			
新規のすべての事業所、所在地、移転プロジェクトに対して、ARM建設基準を利用すること。	◎	すべての事業所の改装は、空間の有効活用や原材料の環境的影響に焦点を合わせた。	1. 我が社の新規の複数の建設プロジェクト、特にデータ・センター、におけるエネルギー効率化を優先化すること。
出張旅程の削減計画を再考すること。	△	EUCCC（エネルギー利用と気候変動の委員会）は、我々の出張旅程データと出張方針に関して初めての評価を実施する。削減に関する著しい余地は存在しない見込みであることが強調された。	1. 我々の出張旅程計画を監視し、外部専門家からの助言を考慮すること。 2. ビデオ会議装置の利用を促進すること。
我が社のエネルギー・データ収集プロセスを更に改良すること、水の活用と浪費に関するデータをグローバル規模で収集するための実現可能性を精査すること。	◎	我々はエネルギー・データを改良した。水の活用と浪費の分野への我々の影響は最小にとどまっている。	この目的は、すでに完結している。
5. コミュニティ			
チームARMを成長させ続けること。その発展は、チームARMグループと共にいくつかのARM事業所を通して、さらに従業員の参加率によって、測定される。	◎	我々は20％以上の持続的参加率を達成させた。	1. 従業員の20％又はそれ以上の参加率を維持すること。 2. 少なくとも2箇所以上の事業地域でチームARMを立ち上げること。
現在の従業員のボランティア体系を網羅して、我々が獲得できる機会をより多くより多様に広げられるようにするために、チームARMを発展させること、さらに従業員がこのプロセスを取り巻く様々な方策に気づくことを保証すること。	△	HR及び従業員との議論に従って、チームARMはHRボランティア計画から独立させることになった。	1. 現在の活動を更に連携させ、ARMが新規機会を提供できるようにするため、グローバル規模のボランティア計画を発展させること。
公益団体とARM社双方にとっての長期的価値を創造するために、特定の公益団体との戦略的関係を発展させること。	◎	我々は、Literacy Bridge社、財団Raspberry Pi、Code Club社との関係を発展させてきた。	1. 我々の潜在的な新たな関係づくりを最大化すること。 2. 個々の計画の目標を進捗させること。
発展途上国に対するICTに関連する社会的投資機会を在ること。	◎	1つの社会的投資が成され、2013年に予測される判断により、さらに高く評価された。	1. 現行の取引会社と共に業務を継続する。 2. 新規機会について発生する度に査定する。

状態の欄の記号の◎は原書では緑色の丸印、△は橙色の丸印で表現されている。

（出所：*Corporate Responsibility Report 2012*, pp.27-28 を基に著者作成）

第1群　ⅠA型（アニュアル・レポート活用型）の事例

【図表13-6】では、①企業責任との関わりと道筋、②市場、③現場、④環境、⑤コミュニティ（地域社会）の5分野について、①今年度（2012年度）の当初目標、②今年度の進捗状況、③次年度（2013年度）の新目標が表形式で記載されおり、目標の設定と進捗状況の記載事例として参考になるベスト・プラクティスである。この説明は、内容要素「D　リスクと機会」、「E　戦略と資源配分」の実践事例である。

5　当該企業の統合報告の特徴点と問題点など

IIRCによる統合報告のフレームワークは、2013年12月5日に公表されたものである。したがって、早くても2013年12月末日を決算日とする企業が作成する報告書を待たなければ、フレームワークに準拠した統合報告が、世に出ることはない。本稿執筆時点の過渡期を前提として、特徴点と問題点について指摘しておきたい。

膨大な頁のAnnual Report and Accounts 2012（156頁）とは別の独立した簡素な報告書（32頁）を作成する試みは、IIRCの趣旨に合致する点で大変評価できる。

「本報告書について」（企業責任報告書, p.1）の中で、現段階における報告書の内容と範囲、準拠基準、IIRC統合報告への関係性を表明している。このことは、統合報告フレームワークにおけるフレームワークの利用「G　統合報告書に対する責任」による責任表明書の作成及び内容要素「H　作成と開示の基礎」の実践と同じ視点、指向であると評価できる。

また、ビジネスモデルは、【図表13-4】を交えて視覚的直感的に理解でき、市場戦略も単純明解であることが利用者に理解できる内容となっている。戦略の意義については、企業責任報告書で説明されているが、その内容と詳細は年次報告の中で説明がなされている。企業責任報告書から年次報告書の該当箇所へのリンク提示、すなわち別の報告媒体への内容要素の相互関連性を示す意味の基本原則「情報の結合性」があればなおフレームワークの準拠性の高い報告書となる。このレファレンス参照表示は、情報利用者にとって、概要からより詳細な情報の場所へ効率よく導かれることが期待できる。

第 13 章　アーム（ARM Holdings）

6　インタビュー調査による成果

　2014 年 3 月 11 日（現地時間）に、英国ロンドンにおいて ARM Holdings 社の経営陣 3 名（Annual Report 作成担当の Investor Relations 担当責任者（副社長）、CSR 報告書作成担当の Sustainability 担当責任者、Investor Relations 課長）と統合報告の作成実務者側の見解に関するインタビュー調査（学術調査）の機会を得ることができた。

　ARM Holdings 社の統合報告の作成スタッフは、財務部、マーケティング部、事業部など異なった部門の 15～20 人で構成され、互いに別の部署の仕事内容を検討して関連性の機会を探している。統合報告の作成に関する最終的な責任は、監査委員会（上級非執行役員が議長）が担い、インタビュー調査に応じた Annual Report 作成担当の Investor Relations 担当責任者（副社長）と Investor Relations 課長は、監査委員会の委員でもある。

　2013 年 10 月 1 日より上場企業の年次報告書（Annual Report）の中に戦略報告書（Strategic Report）を作成する規定が、英国 2006 年会社法に新設された。(注2) ARM Holdings 社は、この戦略報告書と IIRC の統合報告書は実質的に同じものと考え、年次報告書 2013 年版を作成するにあたり、独立型の戦略報告書を作成することを計画し、現在実施中であると答えている。その返答のとおり、インタビュー調査の 5 日後の 3 月 18 日に、分冊された独立型戦略報告書（2 月作成）「Annual Report 2013：Strategic Report」（全 61 頁）が株主に提出された。

　統合報告の 2014 年版の作成計画については、2014 年 4 月中旬に作成始動会議があり、作業の山場は 10 月で、12 月には枠組みを終了させる。さらに 2005 年 1 月に数値を確認し、2 月に報告書の検討をし、2 月末日に署名をして、3 月第 1 週にウェブサイトに掲載する予定と答えている。

■　統合報告書の中の KPI について

　【図表 13-3】にも記載されている KPI は、統合報告の導入にあたって初めて創出された情報ではなく、これまで ARM が長年に渡って使ってきた業績指標で、複数年度に渡って同じ KPI の一覧を使い続けることが非常に重要であると考えている。ARM の戦略は長年に渡って一貫しており、それ故に KPI は変わるべき

第1群　ⅠA型（アニュアル・レポート活用型）の事例

ではないと考えており、情報利用者も当社の進捗状況（progress）を追うことができる。ARM Holdings 社は、少なくとも5年分の価値情報を各 KPI に与え、数年間に渡った進むべき方向性を情報利用者は確認することが出来るように考えている。統合報告に用いられる KPI は、ARM Holdings 社の内部利用の KPI 一覧と一致させて外部利用にも用いる。

　上記を含めたその他のインタビュー調査による成果は、別稿にて後日公表する予定である。

（注）
1　2012年12月末の決算日レート（1ポンド＝137.67円）による円換算額。
2　戦略報告書の作成を規定した英国2006年会社法の改正法（SI 2013/1970）の全文邦訳は、沖野［2013］がある。

《主要参考文献》
ARM Holdings plc [2013a], *Annual Report & Accounts 2012*, ARM Holdings plc.
——[2011], *Corporate Responsibility Report 2010*, ARM Holdings plc.
——[2012], *Corporate Responsibility Report 2011*, ARM Holdings plc.
——[2013b], *Corporate Responsibility Report 2012*, ARM Holdings plc.
沖野光二［2013］、「英国2006年会社法（戦略報告書および取締役報告書）2013年規則（SI 2013/1970）」『国際商事法務』Vol.41、No.12、1769-1778頁。

《謝辞（Acknowledgements）》
英国ロンドンにおいて ARM Holdings plc のインタビュー調査（学術研究）に協力下さいましたことに対し、同社の Ian Thornton 氏（VP, Head of Investor Relations）、Dominic Vergine 氏（Head of Sustainability）、Philip Sparks 氏（Investor Relations Manager）に、また日本法人アーム株式会社の大山葉奈氏をはじめ ARM グループの方々にこの場において感謝申し上げます。

第14章
シー・エル・ピー
(CLP Holdings Limited)

本事例の特徴

1　本事例はIA型(AR活用型)に分類される。今までのアニュアルレポートを発展させた形で、「アニュアルレポート」の名前のままで統合報告書を作成している。アニュアルレポートは企業が創出した経済的な価値を中心に社会・環境に関する情報の要点を取り入れると同時に、サステナビリティ報告書は企業が創出した社会・環境価値を伝えることをメインとしている。また、アニュアルレポートとサステナビリティ報告書及びホームページの情報の間にクロス・リファレンスを付し、情報を有機的に結合している。

2　アニュアルレポートは合計236頁のボリュームのある報告書となっている。ただし、2-5頁には「5分間アニュアルレポート」を設け、また、最初の33頁においては企業の全貌は分かるような重点項目を要約しており、情報の「重要性と簡潔性」を配慮している。

3　IIRCの提唱する複数の「資本」概念を明確に導入している。企業資本を「製造資本」、「財務資本」、「知的資本」、「関係資本」、「人的資本」、及び「環境資本」に分け、それぞれの状況について詳細に記述している。

4　「ステークホルダーへの対応性」を図っている。株主、債権者、従業員、顧客及び地域社会などのステークホルダーとの関係の重要性を「関係資本」の部分において示している。

5　社内の委員会のレビューに加え、財務情報とサステナビリティ情報については香港PwCの独立監査を受け、また、サステナビリティ報告書はGRIのA＋基準を達成していることも認証を受け、情報の「信頼性」を高めている。

第1群　ⅠA型（アニュアル・レポート活用型）の事例

1　CLP Holdings Limited のプロフィール

　CLP Holdings Limited（以下「CLP」と略す）は1901年香港に設立され（当時の名称は「中華電力有限公司」）、第2次世界大戦以前から香港にて上場していたが、1998年に企業再編を機に持株会社CLPホールディングスとして成立した。

　同グループ会社は2012年に売上高104,861百万香港ドル、純利益8,312百万香港ドルを達成し、総資産228,756百万香港ドル、純資産91,201百万香港ドル（2012年12月期）である。同社は香港をはじめ、中国本土、オーストラリア、インド、東南アジア及び台湾等アジア太平洋地区において発電・送電業務、エネルギー（オーストラリア業務の一部）を中心に業務活動を展開している。2012年期末現在同社は発電量が131,147百万kWh、従業員が6,500人以上、顧客が5.2百万（香港とオーストラリア）である。

　CLPは2010年度のアニュアルレポートではすでに「統合報告（integrated reporting）」を意識し「企業サイクル」の概念を適用して報告書を作成していた（CLP［2011］*2010 Annual Report,* p.1）。同社はIIRCのパイロットプログラムに参加し、2011年度からIIRCに提唱される統合報告のコンセプトを導入したアニュアルレポートを作成し始め、2012年度にIIRCのPrototype Framework（2012年11月に公表）の指導の下でアニュアルレポートを作成している。また、同社の2011年度のアニュアルレポートはIIRCのデータベースにおいて優秀事例として推奨され、同社の取り組みはIIRCの2012年度イヤーブックにおいても紹介されている。

　このように、CLPは以前から情報利用者に対して統合的な情報を提供する意識が高く、IIRCのフレームワークに準拠して統合報告書を作成するのに比較的豊富な経験を有し、さらに、高い評価を受けている企業である。

　そこで、以下では、同社の統合報告の経緯と報告体系、統合報告書の構造上の特徴、及び統合報告書の記載内容の特徴について解説する。

2　CLP の統合報告の経緯と報告体系

　近年CLPは特に環境問題に関心を示し、一連の環境保護目標を発表し、達成

第14章　シー・エル・ピー（CLP Holdings Limited）

しつつある。2004年、同社は「空気を改善し、エネルギーを活用する」（「改善空気、善用能源」）という環境保護宣言を発表し、全体発電の5％を再生可能な資源によるものにするという目標を公表し、2007年に達成した。同年、さらに「気候願景」の中で2050年末までにグループ会社二酸化炭素排出量は75％減少するという目標を公表し、2010年にその中期目標を達成した。この一連の取り組みが評価され、2009年ダウ・ジョーンズ平均株価指数及び、ダウ・ジョーンズ・サステナビリティ・ワールド・インデックス（DJSI World）に採用され、2010年に「恒生可持続発展企業指数（Hang Seng Corporate Sustainability Indexes」に採用された。これらの環境取り組み活動と相まって、CLPは1997年においてすでに自社の香港業務の環境、健康、安全の側面について報告しており、香港企業では初めての試みだった。また、同社は2003年に初めて『2002年度社会環境報告書』を公表した。以来、報告の範囲は従業員、社会、環境に対する責任、及び業績と持続可能な発展を均衡させることまで広げ、2008年に『2007年度サステナビリティ報告書』を公表した。

　このような環境取組活動及びサステナビリティ報告書の開示は、CLPが統合報告書を取り組むための基礎となった。CLPは、実際にIIRCのパイロットプログラムに参加して統合報告書を正式に作成したのは2011年からであるが、2010年度のアニュアルレポートを作成した際すでに「業務に関する総合的な記述（integrated picture of our business）」を提供するための「統合報告」という姿勢で報告書を作成していた（CLP [2010] *2010 Annual Report,* p.1)。同社は2011年からアニュアルレポートにIIRCの提唱した統合報告の概念を明確に導入し、2年連続に統合報告書としてのアニュアルレポートを作成してきた（ただし、名前は「アニュアルレポート」のままである）。また同社は統合報告について、統合の報告体系としても理解しており、アニュアルレポートの情報を、サステナビリティ報告書及びウェブサイト（www.clpgroup.com）に提供している他の情報とリンクさせ、企業の経済、社会、環境等領域における業績などの情報を一貫して利害関係者に提供することを意識している。そのため、アニュアルレポートの関連箇所に参照用マークをつけ、その関連性を示している（CLP [2012] *2012 Annual Report,* Connectivity of information p.1)。

第1群　ⅠA型（アニュアル・レポート活用型）の事例

2012年CLPの報告書体系は以下のとおりである。

(1) 統合報告書：『2012年度年次報告』(2012 Annual Report(236頁))

このアニュアルレポートの148〜220頁にある連結財務諸表等情報は香港公認会計士協会の『香港財務報告基準（Hong Kong Financial Reporting Standards)』及び『香港会社条例（Hong Kong Companies Ordinance)』に従って作成され、『香港監査基準（Hong Kong Standards on Auditing)』に準拠して、香港PricewaterhouseCoopersにより監査されている。

(2) その他の報告書：『2012年度サステナビリティ報告書（2012 Sustainability Report（225頁))』（ESG Reporting Guide、GRI に準拠）

CLPの総合報告体系は上記のように『2012年度アニュアルレポート』を中心に、『サステナビリティ報告書』や、ホームページ上の資料、及びその他の資料を有機的に結合する報告体系となる（CLP［2012］*2012 Annual Report,* p.1)。同社の『2012年度アニュアルレポート』は統合報告書として位置づけられ、企業が創出した経済的な価値を中心に報告する一方、『2012年度サステナビリティ報告書』は企業の持続可能な発展フレームワーク（2011）に密接に関連し、企業が創出した社会・環境価値を関係者に伝えることを中心にしている（CLP［2012］ *2012 Sustainability Report,* p.8)。また、アニュアルレポートとオンラインの『サステナビリティ報告書』及びその他の資料の間には必要に応じてクロス・リファレンスが付されている（CLP［2012］*2012 Annual Report,* p.1)。

アニュアルレポートとサステナビリティ報告書を作成すると同時に、CLPは下記の報告書と資料を発行し、必要に応じてホームページでの開示も行わっている。具体的には、①半期報告書、②四半期報告書、③株価変動要因、④『上場規則』に規定された開示すべき財務情報、⑤規制機関への報告書、⑥その他法例に従って開示すべき情報である。

3　CLPの統合報告書の構造上の特徴

　CLPは2007年〜2012年までのアニュアルレポートについて調べた結果、【図表14-1】に示す2007〜2009年度の伝統的なアニュアルレポートと2010〜2012年度の統合報告書の頁数は平均的に多少の増量が見えるが、大きな変化があるとは言えない。従来のアニュアルレポートと統合報告書としてのアニュアルレポートの間に大きな情報量の差がないことが言える。

【図表14-1】　2007〜2012年度CLPのアニュアルレポートの頁数

報告年度	2007	2008	2009	2010	2011	2012
頁数	214	220	216	220	226	236

出所：CLP2007年〜2012年のアニュアルレポートに基づき作成。

　【図表14-2】に示される2009〜2012年度CLPのアニュアルレポートの内容構成について検討すると、2010年同社は初めに「企業サイクル」の概念を導入し、統合報告の概念を用いてアニュアルレポートを作成し始めたことが分かる。また、目次に記載された項目は、「関係」(2009年度)、「資産」(2009、2010、2011年度)、「資源」(2011年度)、「パートナーシップ」(2011年度)、「資本」(2012年度)、「エンゲージメント」(2012年度)というように変化している。さらにこれらの項目の中身を確認すれば、消えた項目は中身が消えたではなく、新しい項目に継承されているか別の既存項目に吸収されているかということが分かる。当初目次に記入されていなかった「業務概要」(2009、2010年度)が「5分間アニュアルレポート」(2011、2012年度)というように修正され、正式に目次に記入されるようになった。また、実際に統合報告書の中身を覗くと、全体的に報告書にカバーされている情報の要点には大きな変更がなかったことが分かった。

　次には、CLPのアニュアルレポート(2012年度版)を中心に、同社の統合報告書の構造的な特徴を分析してみたい(【図表14-3】参照)。

　CLPの統合報告書(2012年度版)は【図表14-3】に示すとおり、「全体概要」、「業績と展望」、「資本」、「プロセス」、及び「財務資料(その他情報を含む)」というように大きく5つの部分に分けられ、合計236頁となるボリュームのある報

第1群　IA型（アニュアル・レポート活用型）の事例

【図表14-2】　2009〜2012年 CLPのアニュアルレポートの構成

年度	2009	2010	2011	2012
内容構成	(目次) (業務概要) (1 財務概要) 2 価値観と能力（会長挨拶） 6 戦略（CEOのレビュー） 10 関係 30 資産 35 業績 57 経済価値 80 展望 87 プロセス（ガバナンス、リスクマネジメント等） 132 財務諸表（監査報告書、財務諸表、過去五年摘要） 208 問合せ窓口 社会貢献 フィードバック用質問票	(目次) (1 統合報告について─企業サークル) (2 業績ハイライト) (3 2011年の見通し) (4 財務ハイライト) 7 会長挨拶 11 価値観と能力 32 戦略 36 資産 41 業績と展望 67 経済価値 87 株主価値 95 プロセス 138 財務諸表 214 問合せ窓口 社会貢献 フィードバック用質問票	(目次と統合報告に関する説明) (1 報告内容の関連図) 2 5分間アニュアルレポート 6 会長挨拶 10 CEOレビュー 15 資産・パートナーシップ 19 経済価値─財務レビューと株主価値 35 業績と展望 65 資源 81 プロセス 132 財務資料 220 問合せ窓口 社会貢献 フィードバック用質問票	(目次) (1 統合報告に関する説明) 2 5分間アニュアルレポート 6 会長挨拶 10 CEOの戦略レビュー 17 株主価値とエンゲージメント 26 財務レビュー 37 業績と展望 64 資本 89 プロセス 140 財務資料 230 問合せ窓口 社会貢献 フィードバック用質問票

出所：CLP 2009〜2012年アニュアルレポート目次に基づき作成、括弧内文字と下線は筆者追加。

第14章 シー・エル・ピー（CLP Holdings Limited）

告書である。そこで、まず、2～5頁の「5分間アニュアルレポート」では、企業の主要な業務活動と2012年のイベントを紹介し、企業業績に関する主要な数字データ（財務データのみならず）も示している。この部分をまず読めば、企業の大まかな印象をつかむことができる。また、このミニ版アニュアルレポートに加え、6～36頁の「会長挨拶」、「CEOの戦略レビュー」、「株主価値とエンゲージメント」及び「財務レビュー」を追加すれば、同社の全体像を描くことができる。つまり、最初の36頁の全体概要部分のみでも、1つの統合報告書として完結できるような内容となっている。さらに、報告書の残りの部分には、「業績と展望」、「資本」、「プロセス」及び「財務資料」の詳細が記載されている。また、メインの財務諸表以外にも「会計用語説明」、「独立監査報告書」及び「過去5年摘要」などの補足資料を追加することで、財務情報の「信頼性」を高めると同時に、情報の理解にも役立つ。このような開示の仕方では、さまざまな情報利用者が自らの情報ニーズに応じて異なる詳細度の情報を選択することができ、CLPはでき

【図表14-3】 CLP2012年アニュアルレポートの目次[注1]

（全体概要） （36頁数）	業績と展望 （27頁数）	資本（25頁数）	プロセス （51頁数）	財務資料（その他情報を含む）（90頁数）
目次 1 統合報告と6つの基本原則	38 香港	65 製造資本：資産と投資	90 取締役会とトップマネジメント	142 CLPの財務諸表をどう理解するのか
2 5分間アニュアルレポート	45 オーストラリア	69 財務資本：資金源と資金調達能力	93 企業統制報告書	144 会計用語説明
6 会長挨拶	51 中国本土	78 知的資本：専門知識	111 リスクマネジメント報告書	147 独立監査報告書
10 CEOの戦略レビュー	57 インド	80 関係資本：価値観、評判、地域活動	119 監査委員会報告書	148 財務報告
17 株主価値とエンゲージメント	62 東南アジアと台湾	83 人的資本：人材	122 サステナビリティ委員会報告書	224 過去5年摘要
26 財務レビュー		86 環境資本：環境貢献	124 人的資源と報酬委員会報告書	230 問合せ窓口
			134 取締役会報告書	230 ＋社会活動（フィードバック用質問票）

出所：CLP (2013)、2012 Annual Report 目次をもとに作成、また、括弧内文字は筆者追加。

第 1 群　ⅠA 型（アニュアル・レポート活用型）の事例

るだけ多量な情報を統合して 1 つの報告書に収めると同時に、「重要性と簡潔性」への配慮もできている。

このように、従来のアニュアルレポートに比べ、全体的に量の変化も、包括内容要点の変化も少ないのは CLP の統合報告書の 1 つの大きな特徴である。従来のアニュアルレポートはすでに統合報告書の質を有しており、同社の統合報告への認識が早かったことにも原因があろう。そのため、統合報告の「首尾一貫性」を有すると言えよう。

CLP の統合報告の構造上のもう 1 つの大きな特徴はリファレンスを多くつけることである（【図表 14-4】参照）。

【図表 14-4】　CLP の統合報告書（2012 年版）のリファレンス表示例

> in a comprehensive, honest and accessible way. It also includes an independent assurance report from PwC. We welcome feedback on both the Annual and Sustainability Reports.
>
> A detailed account of CLP's different channels of communication with our Shareholders is set out in the "Shareholder Value and Engagement" section at page 17 of our Annual Report. The Board has delegated to the Audit Committee the responsibility to review the Shareholders' Communication Policy on a regular basis to ensure its effectiveness.
>
> **Reporting via Internet**
> The CLP website is a major channel for providing our shareholders and other stakeholders with information on the Company's corporate governance structure, policies and systems. The "Corporate Governance" section of our website includes

出所：CLP［2013］*2012Annual Report*, p.109.

【図表 14-4】に示すように CLP の統合報告書（2012 年度版）は、アニュアルレポートの内部の関連箇所を参照するようにリファレンスを付けると同時に、 と のマークを用いてオンラインのサステナビリティ報告書とホームページの他の関連資料に参照できるようにしている。もちろん、CLP の統合報告書はサステナビリティ報告書とホームページに記載されている資料に詳細を参照しながらも、基本的な重要事項の詳細まで多く包括しているようになっているため、本体をできるだけ数十頁に抑え、詳細はすべて補遺に譲るような統合報告体系を構築しようとする会社の統合報告書に比べ、内部箇所を対象にするリファレンスの割合が大きいのも理解しやすい。このようにリファレンスを多量に使用することは、不必要な重複を避け、統合報告書の「重要性と簡潔性」を保ちつつ、情報の開示

第 14 章　シー・エル・ピー（CLP Holdings Limited）

内容の間に有機的に連携することで「情報の結合性」も実現している。ただし、【図表14-4】に示されているように、アニュアルレポート内部のリファレンスについては具体的な頁数が示されている一方、サステナビリティ報告書とホームページへの参照はマークのみを使っており、サステナビリティ報告書への参照頁数を示すと情報利用者にとってはより参照しやすいではないかと考えられる。

また、CLP の統合報告書（2012年度）には、大量の数字データ（財務・非財務）と図表を使用していること。【図表14-5】、【図表14-6】は財務・非財務データの記載例や、図表の記載例を示している。

【図表14-5】と【図表14-6】は報告書の初めにある「5分間アニュアルレポート」の一部となる。【図表14-5】では2012年度 CLP の主要な財務・非財務データの一部、「発電量」、「総利益」、「資本増加」、「従業員数」を示している。また、【図表14-6】では「財務ハイライト」を開示する際に、財務諸表の一部に加え過去何年間の利益データを棒グラフで示している。このような多様なデータや、図表を多量に使用することで、記載情報の「重要性と簡潔性」を保ち、報告書をより読みやすくするだけではなく、報告書の「信頼性と完全性」も高めている。

【図表14-5】　財務・非財務データの記載例

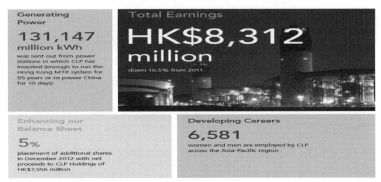

出所：CLP［2013］*2012 Annual Report*, p.3.

第1群　ⅠA型（アニュアル・レポート活用型）の事例

【図表14-6】　図表の記載例

出所：CLP［2013］*2012 Annual Report*, p.5.

4　CLPの統合報告書の記載内容の特徴

(1)　「業績と展望」

　CLPの統合報告書（2012年度版）は「業績と展望」の部分について、2011年度版の記載方法を継承している。つまり、「業績」については地域ごとに分け、それぞれの地域の業績について必要に応じて「財務業績」、「経営業績」、「環境業績」等の項目に分類し、それぞれの業績項目の中にさらに細目を設け、財務データのみならず、非財務的なデータを用いて企業業績を評価するようにしている。また、それぞれの地域について「見通し」を必ず記載している。【図表14-7】はその一例を示す。

　【図表14-7】に示すとおり、CLPは香港地域の2012年度の業績について、「財務的業績」と「営業業績」に分けて報告している。まず、「財務業績」について図表に説明を加えて、2012年度の利益が2011年度の利益より5％増加することを示し、さらにその原因は比較的に高いレベルの平均純固定資産による許容リターン（permitted return from a higher level of average net fixed assets）と、固定資産のための融資増加によるより高い利息費用（higher interest costs on

第14章 シー・エル・ピー（CLP Holdings Limited）

【図表14-7】 2012年度CLPの香港地域の業績一部

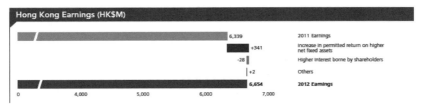

出所：CLP[2013] *2012 Annual Report*, p.38.

increased borrowings for the financing of fixed assets）との総合効果にあることを示している。

　また、【図表14-7】では「営業業績」の1つの細目である「需要に応ずること」について2012年にCLPの地元の販売実績データを示している。ここも図表と文字を組み合わせ、2012年度に香港で販売された電力量は31,995GWhであることや、2011年に比べ増加した販売量、また、住宅、商業、インフラと公共サービス、製造のそれぞれにおける増加量、増加率、及びそれぞれの分野における販売量が販売量全体に占める比率を示している。さらに、ここで図表を省略しているが、他にもCLPの香港地域における2012年度の営業業績について、投資、ガス供給、

第1群　ⅠA型（アニュアル・レポート活用型）の事例

信頼性、顧客サービス、及びステークホルダーのエンゲージメント等の細目を用いて評価している。

【図表14-8】は2012年度CLP香港地域の業績展望の一部を示している。ここで2013年における展望のみならず、長期的な展望（この先の10年間）についても記載されていることを特に注目してみたい。

【図表14-8】　CLP香港地域の業績展望

【図表14-8-1】

Outlook

Hong Kong is a small and open economy whose economic performance is closely tied to its major trading partners. The uncertain external environment may adversely impact local economic activity, and therefore restrain growth in electricity demand. The increasingly stringent environmental regulations imposed on CLP will also impact our business, both operationally and financially. These factors, together with the continuous pressures of fuel costs, operating costs and new capital investments, mean that we must work more efficiently and innovatively than ever before. In 2013 this will involve:

- Continuing to monitor and manage the gas supply from the existing Yacheng gas field and evaluate the gas supply options outlined in the MOU;
- Ensuring the safe and reliable operation of the Hong Kong Branch Line Project, and completing all gas receiving infrastructure and plant modification works on schedule to accept deliveries of new gas supplies;

【図表14-8-2】

Over the longer term, perhaps through to the turn of the decade, our priorities will include:

- Strengthening infrastructure integration with Guangdong, notably through gas pipelines and potential arrangements to import additional nuclear power;
- Finalising a cleaner fuel mix. This will involve using more gas, carefully considering the potential import of more nuclear energy and reducing our reliance on coal, as well as promoting the use of local renewable energy sources to the limited extent that this is practical;

出所：CLP[2013] *2012 Annual Report*, p.38.

香港地区以外に、「オーストラリア」「中国本土」、「インド」、「東南アジアと台湾」の地域の「業績と展望」についても同様、「財務業績」のみならず、「営業業績」や「環境業績」、さらに将来の「展望」について短期・長期の両方を配慮して記載している。このような「業績と展望」についての開示の仕方は、IIRCが提唱している統合報告書の「戦略的焦点と将来指向」の基本原則に準拠するものであり、また、財務・非財務データの大量使用は報告書の「信頼性と完全性」を保っている。

(2)　「資本」

CLPの2012年度アニュアルレポートは、2012年11月にIIRCが発表したフレー

第 14 章　シー・エル・ピー（CLP Holdings Limited）

ムワークのプロトタイプに示された 6 つの資本概念を明確に導入している。CLP は自社の事業基礎となる「製造資本」、「財務資本」、「知的資本」、「関係資本」、「人的資本」、及び「環境資本」とは何か、それぞれの資本をいかに運用して企業活動を展開しているのかを説明している。次に【図表 14-9】の示す「製造資本」を例として説明したい。

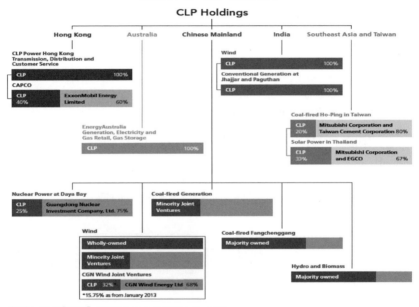

【図表 14-9】　CLP の製造資本

出所：CLP[2013] 2012 Annual Report, p.65.

　CLP の統合報告書（2012 年度版）は「製造資本」を説明する際に、まず、地域ごとの発電所と送電網資産を含んだグループ全体の構造図【図表 14-9】を開示している。そこで、どのような資産なのか（風力・火力・太陽光・原子力発電等）、CLP がその資産を 100％所有しているのかそれとも一部所有しているのか（ジョイントベンチャーの場合）を開示しており、必要に応じて数字も示している。

　続いて、CLP の統合報告書（2012 年度版）は CLP の「製造資産」の詳細リストを地域別に示している。【図表 14-10】は「中国本土」の「製造資産」データの一部を示している。そこで、各事業所の名前や株式の持ち分、業務量等比較的

137

第1群　ⅠA型（アニュアル・レポート活用型）の事例

に詳細なデータが開示されている。ここですべては示していないが、ほかの地域の詳細データについても同様に開示している。

【図表14-10】　CLPの業務データ

出所：CLP[2013] *2012 Annual Report*, p.66.

また、【図表14-11】のように地図上にすべての営業所を標示することも行われている。

【図表14-11】　CLPの発電所・発電方法の分布図

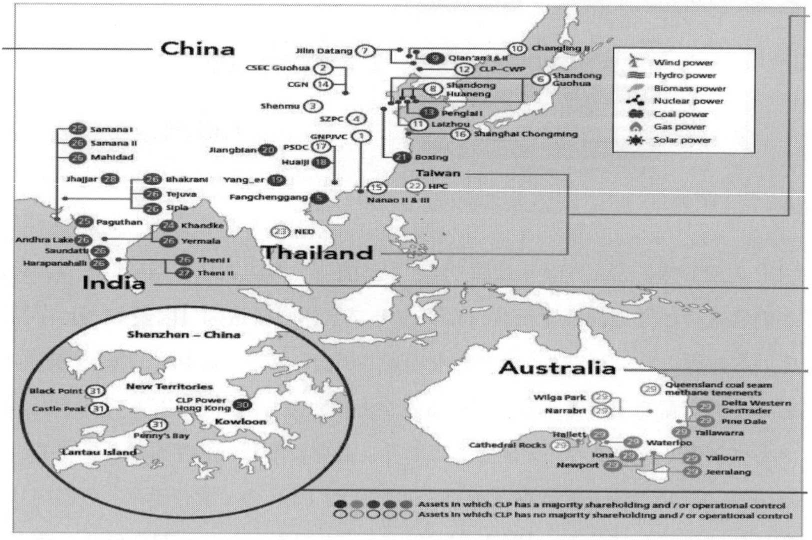

出所：CLP[2013] *2012 Annual Report*, p.67.

第14章　シー・エル・ピー（CLP Holdings Limited）

　さらに、CLPの統合報告書（2012年度版）はCLPの「財務資産」を説明する際に、【図表14-12】のような資金調達モデルを示している。

【図表14-12】　CLPの資金調達モデル

Our Funding Model

- Diversified debt maturities and instruments
- Diversified Debt Profile
- Longstanding, good relationships with a balanced mix of lenders that have strong funding capability and local market knowledge
- Diversified funding sources and investors base
- Intangible Assets
- Ability to obtain funding in a timely and cost-effective manner
- Good investment grade credit ratings and good track record in financial markets
- Disciplined investment, financing and risk management strategies
- Non-recourse project loans at subsidiary and affiliate companies
- Strong Financial Matrix

出所：CLP［2013］*2012 Annual Report*, p.70.

　【図表14-12】に示すとおり、CLPはタイムリーかつ効率的な方法で資金を調達する能力を有し、それは「無形的な資産」（①債権者との長期的、良好的な関係、②よい信用格付けとよい信用記録）、「多様な債務プロフィール」（①多様な債務満期日（maturities）と手段、②多様な資金源と投資家ベース）、「強い融資マトリックス」（①投融資、リスクマネジメント戦略、②子会社及び関連会社における非遡及型（Non-recourse）プロジェクト・ローンという3つの柱により支えられていることを示している。

　また、同レポートは「関係資本」に関する記載において、自社のミッションが「変化している世界に、最少の環境インパクトでエネルギーを生産・提供し、株主、従業員、及びより広範な地域社会に価値を創出すること」と説明し、株主、債権者、従業員、顧客及び地域社会などのステークホルダーとの関係の重要性を示している（CLP（2013）2012 Annual Report, p.80）。

第1群　ⅠA型（アニュアル・レポート活用型）の事例

　このように、CLPの統合報告書（2012年度版）は、多量な図表、データ（財務・非財務）を使用して、事業に必要な「資本」を簡潔に、わかりやすく紹介しており、IIRCの「重要性と簡潔性」、「信頼性」、さらに「ステークホルダーへの対応性」の基本原則に準拠していると言えよう。

(3)「ガバナンス」（「プロセス」に所収）

　CLPの統合報告書（2012年度版）は、「プロセス」という項目において、同社の取締役会の構成や、上級管理者名簿を開示すると同時に、「企業ガバナンス報告書」、「リスクマネジメント報告書」、「監査委員会報告書」、「サステナビリティ委員会報告書」、「人的資源と報酬委員会報告書」、「取締役報告書」を網羅している。ここで、特に「ガバナンス」についての説明を見てみたい（【図表14-13】参照）。

【図表14-13】　CLPのガバナンス・フレームワーク

出所：CLP［2013］*2012 Annual Report*, p.93.

　【図表14-13】は、CLPのガバナンス・フレームワークについて、取締役会と取締役会委員会を中心に、株主や他のステークホルダー、経営管理者とスタッフ、内部監査人、外部監査人の参加と協力により、効率的なガバナンスを実現してい

第14章　シー・エル・ピー（CLP Holdings Limited）

ると示している。

　CLPの統合報告書（2012年度版）はまたこのガバナンス・フレームワークの基礎となる2つの重要な約束を示した。それは、まず、企業ガバナンスの原則と実践を完全に公開すること、また、自らの経験や規制、国際開発、投資家の期待などに応じて、原則と実践を採用と改善する必要があることである（CLP [2013] *2012 Annual Report,* p.93.）。

　続いて、CLPの統合報告書（2012年度版）は自社の「ガバナンスに関するCLP規則」と「2012年におけるCLPのガバナンスに関する取組の進展」を紹介し、さらにガバナンス・フレームワークに示されている各関係者の状況について詳細な紹介を行っている（*Ibid.*）。そこで概念図や、データをまた多量に使用されている。たとえば、【図表14-14】は同社の取締役会と取締役会委員会の仕事量を示している。

【図表14-14】　取締役会と取締役会委員会の仕事量

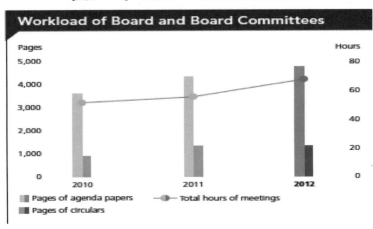

出所：CLP[2013] *2012 Annual Report,* p.103.

　このように、「ガバナンス」に関する情報開示においても、CLPは概念図やデータを多量に使用することで、IIRCの「信頼性と完全性」の基本原則に準拠しようとしている。

第1群　ⅠA型（アニュアル・レポート活用型）の事例

5　CLPの統合報告に関する総評

　CLPは統合報告書（2012年度版）の初めにおいて、統合報告の意味や、IIRCによる提示されている6つの基本原則についての理解を述べ、自社の報告書がこの6つの基本原則に準拠していることを明示し、また、必要に応じて報告書の中に該当原則に準拠している箇所のリファレンスを付けている。さらに、IIRCの原型フレームワーク（Prototype Framework）に提示されている「資本」概念を使用していることを明示している。

　本章の分析により、CLPはその主張とおり、「資本」の概念を用いるようになり、また、「資本」、「業績と展望」、及び「ガバナンス」についての記述において、「戦略的焦点と将来指向」、「情報の結合性」、及び「ステークホルダー対応性」を注意しながら、多量な図表、データを使用し、報告書の「信頼性」、及び「重要性と簡潔性」を実現しようとしている。また、各年度の要点の網羅、記述方法を安定させることで情報の「比較可能性」と「首尾一貫性」という原則に準拠する報告書を作成している。

　CLPは内部ガバナンスの強化を通じてアニュアルレポートとサステナビリティ報告書の情報の「信頼性」を保証しようとしている。また、アニュアルレポートの財務資料については香港PwCの独立監査を受け、サステナビリティ報告書はGRIのA＋基準を達成し、そのデータはPwC及びほかの独立な第3者による異なるレベルのデータの監査と認証を受けている。

　総じて、CLPのアニュアルレポートは統合報告書としての内容要素と原則要素を多く備えており、統合報告書としての完成度は比較的に高いものと理解できよう。

（注）
1　図表中の各項目の左端の数字は頁番号を示している。左側の太線枠内は全体概要にあたる部分、また、右側の太線枠内は財務資料にあたらない部分（目次では財務資料の部分に入っているように見えるが、文字の色が異なった）を示す。

第14章　シー・エル・ピー（CLP Holdings Limited）

《主要参考文献》

International Integrated Reporting Council（2012）*IIRC Pilot Programme Yearbook 2012.*

International Integrated Reporting Council（2013）*IIRC Pilot Programme Yearbook 2013.*

CLP（2008）*2007 Annual Report.*
CLP（2009）*2008 Annual Report.*
CLP（2010）*2009 Annual Report.*
CLP（2011）*2010 Annual Report.*
CLP（2012）*2011 Annual Report.*
CLP（2013）*2012 Annual Report.*
CLP https://www.clpgroup.com/Pages/home.aspx

第15章
ブンデス（BNDES（The Brazilian Development Bank））

本事例の特徴

1 本事例は、ⅠA型に分類される。2012年度アニュアルレポート（Annual Report 2012）という名前で報告書を作成している。本体は100頁であり、簡潔性の観点からは適当な分量であると言える。本レポートは、GRIのうち5つの指標を18項目にわたって使用しているが、社内利用のため、同行の指標に修正されている。

2 政府系金融機関であるため、同行とブラジル連邦との関係性が深く、その組織構造や外部の第三者による点検に関する記述がなされている。内容要素の「A 組織概要と外部環境」及び「B ガバナンス」に関係する。

3 同行のビジネスモデルの中核は融資業務であり、融資業務の概要がフローチャートを用いて説明されている。内容要素の「C ビジネスモデル」のベストプラクティスをなす。

4 同行は、ミッション、ビジョン、及び価値を明確に定義し、これらの達成に当たっての資源として、①長期的な財務資源、②当行の価値に深く関係する高度に熟練したスタッフ、③60年間にわたって培われてきた当行のノウハウと経験、及び④政府、顧客及びパートナーとの関係を挙げている。また、戦略マップを用いて、①競争的かつ持続的発展、②財務的サステイナビリティ、③内部プロセス、及び④学習とコンピテンスについて、具体的な戦略目標を示している。内容要素の「E 戦略と資源配分」と関係する事例をなす。

5 報告書の第3章ではKPIsを用いて、2012年度の業績が記述されている。項目は多岐に渡るが概要の説明にとどめ、より詳細な説明はBNDESのウェブサイトを参照するように随所で指示することで、簡潔性を保とうとしている。内容要素の「F 実績」と関係する事例をなす。

第 15 章　ブンデス（BNDES（The Brazilian Development Bank））

1　BNDES（The Brazilian Development Bank）のプロフィール

　BNDES（The Brazilian Development Bank）は、1952年に設立されたブラジル連邦共和国第2の都市リオ・デ・ジャネイロに本社を置く政府系銀行である（BNDES, 2013, pp.18 and 29）。同行は、ブラジルの開発商工省（the Ministry of Development, Industry and Foreign Trade; MDIC）と結びつきがあることでも知られる（BNDES, 2013, p.18）。

　BNDESは、貸出金約6.7兆円、総資産約31兆円のブラジル連邦所有の非公開会社であり（2012年12月期、1R＄＝約43円で換算）、従業員数2,853名の大企業である（BNDES, 2013, pp.18 and 28）。同行は、「連邦政府の投資政策を実行するための主要な手段であり、その主たる目的は、長期ビジョンに立った国の社会経済開発と関連したプログラム、プロジェクト、土木工事及びサービスに対する支援を提供すること」とされる（BNDES, 2013, p.18）。

2　統合報告に関する企業の作成目的・意図・狙いどころ

　BNDESは、2011年からIIRCのパイロット・プログラムに参加している（BNDES, 2013, p.86）。BNDESでは、統合報告形式に準拠しているとは明記されていないため、最新の2012年度版アニュアルレポートをもとに分析を行うこととする。

　同行のアニュアルレポートは、Global Reporting Initiative（GRI）の5つの指標を18項目にわたって採用しているが、戦略的マネジメントシステムや予算策定に用いるため、BNDESの指標に修正されている（BNDES, 2013, p.15）。2012年度（2012年12月期）の報告書の体系は、以下のとおりである。

・アニュアルレポート：Annual Report 2012（総頁数100頁）

3　記載目次・項目のリスト

　BNDESのアニュアルレポートは、PDF版で総頁数100頁（表紙・裏表紙含む）である。同社のアニュアルレポートは、3章構成をとっている。その目次は、【図

145

第1群　ⅠA型（アニュアル・レポート活用型）の事例

【図表 15-1】　アニュアルレポートの目次

```
担当大臣からのメッセージ  07
社長からのメッセージ  09
本報告書について  15
01. BNDES  16
    金融商品と融資業務  18
    組織、プロセス及びガバナンス  19
        BNDESの戦略マネジメント  20
        財政支援の提供に関するプロセス  20
        ビジネス上の環境・社会リスクマネジメント  23
        プロジェクトの監視と評価  23
        リスクマネジメントと内部統制  24
        倫理マネジメント  25
02. 社会に向けた価値創造と、将来に向けた戦略とビジョン  26
    社会に向けた価値創造  28
        長期の財務資源  28
        当行の価値に深く関与する高度に熟練した従業員  28
        当行のノウハウと経験-60年間の歴史  29
        政府、顧客及びパートナーとの関係  31
    将来に向けた戦略とビジョン  34
03. BNDESの2012年度の業績  36
    03.1. 数字で見るBNDES  39
        持続可能な融資・競争展開  40
            活動あたりのBNDESの融資額  40
            企業規模当たりの融資額  40
            地域あたりの融資額  40
            自動化された事業活動の業績  41
            BNDESカード  42
            社会-環境業績  42
        財務-経済的成果  43
            2012年度  44
            与信・転貸ポートフォリオ  45
            セクターあたりの与信業務ポートフォリオ  45
            与信・転貸に関する質のポートフォリオ  45
            債券・証券ポートフォリオ（企業株式を除く）  46
            金融仲介の成果  47
            企業株式のポートフォリオ  47
            企業株式からの成果  48
            税金費用  48
            資源のソース  48
            資源のフロー  50
            セグメントあたりの情報  50
            付加価値報告書  51
            監督官庁の規則  51
            格付  52
    0.3.2. 事業業績  54
        競争的かつ持続可能な発展  55
            横断的問題：社会-環境、地域及びイノベーション  56
            外国貿易  60
            インフラ  61
            社会・都市基盤  63
            農業と社会的包摂  65
            基本投資  66
            工業、商業及びサービス業  66
            環境  69
            変動所得  72
            零細中小企業と、国の資本財産業-自動化された間接的事業活動  74
        当行の努力  78
            BNDES60周年アニバーサリー  78
            パートナーシップとノウハウの創出  79
            国際的努力  82
            Rio+20とCentro Rio+  82
            サポート、プロジェクト・ストラクチュアリングと新商品  84
            担保市場の透明性  85
            文化に対する支援  86
            スポーツ・スポンサーシップ  87
        金融サステナビリティの保証  87
            資本マネジメント構造  88
            地方市場での金融ヘッジ業務  88
        内部プロセスの不断の改善  88
            AGIRプロジェクト  88
            リスクマネジメントと内部統制の改善  89
            戦略マネジメントの改善  90
            企業評価メソドロジーの改善  90
            BNDESの環境効率  90
        学習とコンピテンス  91
            人材の戦略的管理  91
            組織マネジメント  92
            労働者の健康管理  92
            ダイバーシティの評価  93
GRI指標の一覧表  95
```

（出典）BNDES,2013, pp.4-5 をもとに筆者が作成。

表 15-1】 に示している。

　第1章 BNDES では、同行の金融商品と融資業務や組織、プロセス及びガバナンスの現状が説明されている。第2章社会に向けた価値創造と、将来に向けた戦略とビジョンでは、社会に向けた価値創造や将来に向けた戦略とビジョンが説明されている。第3章 BNDES の 2012 年度の業績では、持続可能な融資・競争展開や財務-経済的成果を図表やグラフによる実際の数値を用いて説明されている。また、第3章事業業績では、競争的かつ持続可能な展開、機関努力、金融サステ

第15章　ブンデス（BNDES（The Brazilian Development Bank））

イナビリティに対する保証、内部プロセスの不断の改善、学習とコンピテンスについて説明されている。

本報告書の15頁「本報告書について」では、次のように述べられている。

「本報告書は、BNDESに関心を有している人々に対して、2012年度中の事業活動で最も重要な側面を描写することである。2012年1月～12月の期間をカバーしており、BNDESとその子会社、すなわちBNDES Participações S.A.（BNDESPAR）とthe Special Agency for Financing（FINAME）の事業活動を含んでいる。また、ウルグアイオフィスとロンドンの子会社（BNDES Limited）も本報告書に含まれる。（中略）

本報告書は、当行の金融機関の実務と戦略との調整を示すことに狙いがある。そこで、本報告書を体系的にするためのベンチマークとして、BNDESの戦略コーポレート・マップを使用する。（中略）

関心ある人々のアクセスを容易にすることを目的に、本報告のために作成されたホットサイトは、BNDESのウェブサイトを通じてアクセスでき、BNDESとその子会社であるFINAMEとBNDESPARの完全な財務諸表を含んでおり、同じく本報告書の『BNDESの2012年度の実績』というタイトルでも述べられた努力や支援を受けているプロジェクトのより詳細な内容を含んでいる。」（BNDES, 2013, p.15）

したがって、本報告書を体系だったものとするために、戦略コーポレート・マップが使用されていること、親会社や子会社の完全な財務諸表や他の詳しい情報については、同社のウェブサイトを参照するように誘導して、報告書の体系性と簡素化を図ろうとしていることがうかがえる。

4　統合報告の主要構成要素の抽出・特徴点の解説

(1) 組織概要と外部環境及びガバナンス

BNDESは、先に述べたように、ブラジルの法律により存在が認められている政府系の金融機関である。したがって、【図表15-2】で示すように、開発商工省の影響を受けながら、連邦政府の投資政策を遂行する主な手段となっている（BNDES, 2013, p.18）。このことは、本報告書の冒頭に開発商工大臣からのメッ

第1群　ⅠA型（アニュアル・レポート活用型）の事例

【図表15-2】　BNDESとブラジル連邦共和国との関係

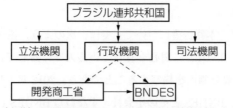

（出典）BNDES, 2013, p.18をもとに筆者が作成。

【図表15-3】　BNDESの組織構造

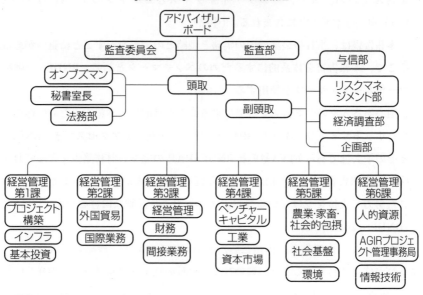

（出典）BNDES, 2013, p.20をもとに筆者が作成。

セージが、頭取よりも先に掲載されていることや、連邦政府所有する銀行であることから、開発商工省がBNDESに対して一定の影響力を有していることは明らかである。

また、BNDESは、政府系金融機関という特徴から、金融事業、貸借対照表、経営方針を政府や第三者機関及びシビル・ソサエティ（市民社会）の代表者から構成される大学グループ（collegiate groups）によって点検を受けている（BNDES, 2013, p.19）。この大学グループには、アドバイザリー・ボードや監査

第 15 章　ブンデス（BNDES（The Brazilian Development Bank））

委員会、財政審議会も含まれている。BNDES の組織構造は、【図表 15-3】で示されている。

ガバナンスに関連するいくつかの追加的情報については、BNDES のウェブサイトを参照するように指示がなされている。これらは、内容要素の「A　組織概要と外部環境」及び「B　ガバナンス」に関する部分である。

(2) ビジネスモデル

BNDES は、財政支援の提供（融資）に関するフローチャートとして、【図表 15-4】のモデルを提示している。財政支援の提供プロセスについて、次のように述べられている。

「財政支援の提供は、BNDES にとって生命線ともいうべきプロセスである。BNDES の主要な財政支援に関する様式により、このプロセスは、大きく次のように再分割される：①直接融資（BNDES が信用リスクを引き受ける場合、1,000 万レアルから開始）や間接的な自動化されていない事業活動（一般に、1,000 万レアル超の事業活動の場合で、金融代理人が全体としてまたは部分的に信用リスクを引き受ける場合）への財政支援の提供と、②自動化された間接融資（2,000 万レアル相当以下のもので、金融代理人が信用リスクを引き受ける場合）への財政支援の提供である。

前者のプロセスの主たる構成要素は、①協議と事業活動の適格性の分析、②事業活動プロジェクトの分析、③事業活動への資金拠出の裁定、④事業活動のフォローアップと資源の譲渡である。後者の主たる構成要素は、①事業活動の協議の分析、②事業活動の受理、分析及び承認、③事業活動への資源の譲渡、④事業活動のフォローアップである。」（BNDES, 2013, pp.20-21）。

この引用文の後にも、財政支援の提供に関する説明がなされている。こうした財政支援に関するフローチャートを用いた説明は珍しく、BNDES の融資の流れを容易に理解することができる。また、【図表 15-5】では、直接融資と間接融資で取り扱っている商品・サービスとその説明を示したものである。【図表 15-4】と【図表 15-5】を合わせて理解することで、どのような商品やサービスが取り扱われているか、どのように融資が審査・実行されるのかを理解しやすくなるよ

第1群　ⅠA型（アニュアル・レポート活用型）の事例

うに工夫されている。これらは内容要素の「C　ビジネスモデル」に関する部分である。

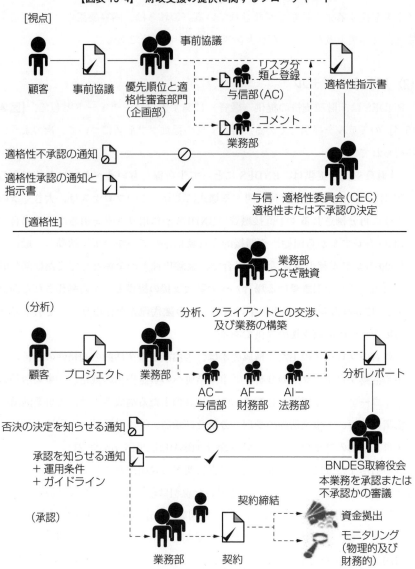

【図表15-4】　財政支援の提供に関するフローチャート

（出典）BNDES, 2013, p.22 をもとに筆者が作成。

第 15 章　ブンデス（BNDES（The Brazilian Development Bank））

【図表 15-5】　制度金融とサービスの一覧

業務の種類	商品	説明
直接融資	BNDES Finem	最低金額 1,000 万レアル超で実施される融資
	BNDES 与信限度額	顧客の債務に応じた当該顧客の与信額
	証券の応募	一時的性質の少数株主または社債の購入、ないしクローズドファンドを通じた投資
	プロジェクトファイナンス	プロジェクトのキャッシュフローを返済原資とした融資
	BNDES 保証	BNDES 保証当該プロジェクトへの関与水準を削減するための返済保証
	BNDES つなぎ融資	長期オペレーションの構築段階で、投資スピードを上げるために特例で与えられるプロジェクトへの融資
	BNDES Exim 船積後ファイナンス	国内財やサービスの海外販売への融資
間接融資	BNDES オートマティック	零細、小規模、中小、中大企業を対象とした 2,000 万レアル以下、または顧客が大企業の場合には 1,000 万以下の融資案件
	BNDES Finame	機械設備の生産・販売のための融資
	BNDES Finame 農業	農業用機械設備の生産・販売のための融資
	BNDES Finame リース	機械設備の商業用リース
	BNDES Exim 船積前ファイナンス	輸出向けの国内財やサービスへの融資
	BNDES Exim	海外に国内財やサービスを輸出または販売する目的で行われる国内生産への融資
	BNDES カード	製品、インプット及びサービスを得るためのリボルビング型の事前承認された信用枠

（出典）BNDES, 2013, p.19 をもとに筆者が作成。

(3) リスクと機会

　一般に、金融機関であれば、リスクマネジメントや内部統制に関する説明が多くなりがちの印象があるが、BNDES では、その説明に 3 頁を割いているにすぎない。本報告書では、「リスクマネジメントの主たる目標の 1 つは、当行の財務的サステイナビリティや、信用リスク、市場リスク、流動性リスク、オペレーショナル・リスク、リスクを引き受けるための資本計算から生じる潜在的な財務

第1群　ⅠA型（アニュアル・レポート活用型）の事例

的損失の監視、及び当行の内部統制の調整の評価に寄与することである。」と述べられている（BNDES, 2013, p.24）。信用リスクマネジメント、市場リスクと流動性リスクの管理、オペレーショナル・リスクの管理、及び内部統制について簡単な補足説明がなされている。これらは、内容要素の「Ｄ　リスクと機会」に関係する部分である。

(4) 戦略と資源配分及びステークホルダーとの関係性

BNDES は、同行のミッション、ビジョン、及び価値を次のように定義している。

　ミッション：「ブラジル経済の持続可能で競争力のある進展を促すために、社会的及び地域的不平等を減らし、雇用を創出すること。」

　ビジョン：「社会で挑戦していくとの立場から、革新的で主体性を持った卓越した金融機関としてブラジル開発銀行の責務を果たすこと。」

　価値：「倫理／開発へのコミットメント公共の原則／卓越性」（BNDES, 2013, p.24）

このようなミッションなど達成するために、BNDES は次のような基本的インプットを有している。すなわち、①長期的な財務資源、②当行の価値に深く関係する高度に熟練したスタッフ、③60 年間にわたって培われてきた当行のノウハウと経験、及び④政府、顧客及びパートナーとの関係である（BNDES, 2013, p.28）。これらの内容について説明がなされており、このうち、上記④については、【図表 15-6】に示すような重層的なモデルを示している。【図表 15-7】は、BNDES の主要な顧客を示したものである。

BNDES は、前述のミッション、ビジョン、価値を受けて、【図表 15-8】に示すような戦略マップを第 2 章の冒頭の 26 頁と末尾の 35 頁の 2 度提示している。この戦略マップは、第 3 章「BNDES の 2012 年度の実績」のガイドラインとして位置づけられている（BNDES, 2013, p.34）。

これらは、内容要素の「Ｅ　戦略と資源配分」及び指導原則「Ｃ　ステークホルダーとの関係性」に関する部分である。

第 15 章　ブンデス（BNDES（The Brazilian Development Bank））

【図表 15-6】　BNDES の顧客とブラジル市民

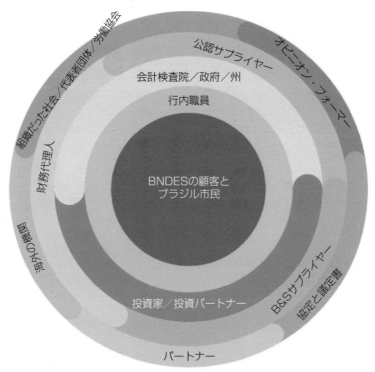

（出典）BNDES, 2013, p.31 をもとに筆者が作成。

【図表 15-7】　BNDES の主要顧客

グループ	顧客	提供されるサービス	要件
企業	≫農業と家畜、工業、貿易 　またはサービス ≫協同組合または組合 ≫NGO、Oscips（市民社会 　公共利益団体）または財団	財政支援	≫資金回収業務での返済能力 ≫BNDES の要件に則った登録 ≫税金の滞納や社会保障で問題がないこと ≫過去に BNDES との間に債務不履行や、清算または破産がないこと ≫リスク業務をカバーする保証 ≫環境規制への遵守
個人	≫農村生産者 ≫自営の貨物輸送業 ≫通学サービス ≫零細起業家		
行政機関	≫地方自治体 ≫州 ≫連邦政府		

（出典）BNDES, 2013, p.32 をもとに筆者が作成。

第1群　ⅠA型（アニュアル・レポート活用型）の事例

【図表15-8】　戦略マップ

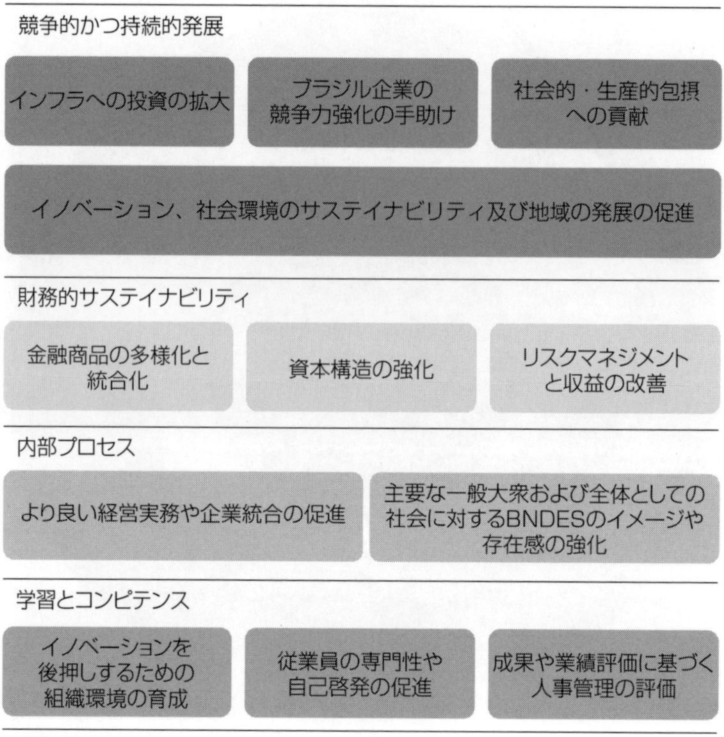

競争的かつ持続的発展
- インフラへの投資の拡大
- ブラジル企業の競争力強化の手助け
- 社会的・生産的包摂への貢献
- イノベーション、社会環境のサステイナビリティ及び地域の発展の促進

財務的サステイナビリティ
- 金融商品の多様化と統合化
- 資本構造の強化
- リスクマネジメントと収益の改善

内部プロセス
- より良い経営実務や企業統合の促進
- 主要な一般大衆および全体としての社会に対するBNDESのイメージや存在感の強化

学習とコンピテンス
- イノベーションを後押しするための組織環境の育成
- 従業員の専門性や自己啓発の促進
- 成果や業績評価に基づく人事管理の評価

（出典）BNDES, 2013, p.35 をもとに筆者が作成。

(5) 実績

　本報告書の第3章「BNDESの2012年度の実績」では、約60頁にわたり実際の数値を用いた説明がなされている（具体的な項目については、【図表15-1】を参照されたい）。こうした説明は、【図表15-8】で示された戦略マップをガイドラインとして作成されている。BNDESのパフォーマンスは、主に①競争的で持続可能な発展、②当行の努力とノウハウの創出、③金融サステイナビリティ、④内部プロセスの不断の改善、及び⑤学習とコンピテンスの計5カ所で記載されている。このうち、例を挙げて示すと、上記①の「変動所得」のセクションでは、次のように説明されている（一部）。

第 15 章　ブンデス（BNDES（The Brazilian Development Bank））

「BNDES は、融資型商品の補完するものとして、当行が 100％所有する子会社 BNDESParticipações S.A.（BNDESPAR）を介して変動所得に関する業務を行っている。BNDESPAR は、株式や転換社債の引き受け、投資ファンドやその他の証券ないし債券に関与することで、資本市場に参入しようとするブラジル国内の上場企業または非上場企業に対する支援を提供する。

　変動所得商品を通じて財政支援を求める企業は、その企業活動のリスクや性質と矛盾しない条件や返済期限で、将来見込みのある投資収益率の見解を提示することになる。これに加えて、一般に、企業活動は、社会環境面に関して幅広い分析を受ける。

　BNDESPAR の支援は、あらゆる成長段階の企業にも存在する。いわゆる『シーズ』企業については、クリアテックシーズ資本ファンドがある。アーリーステージ及びスタートアップ企業については、BNDESPAR は、なるべくベンチャーキャピタルファンドを通じて支援を行っている。新興企業への投資は、プライベートエクイティファンドや直接支援を通じて行われる。2012 年末時点で、BNDESPAR は、137 社への支援に用いられた 40 の投資ファンドへの関与を維持しながら、それ以外に 175 社へ直接支援を行った。下の図表は、企業の成長とそれぞれの支援の種類を示したものである。

　すでに上場している企業は、弾力的な商品であるストラクチャード・プライ

【図表 15-9】　参加、ファンド及び資本化プログラム

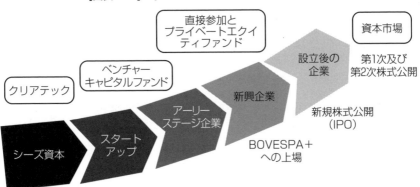

（出典）BNDES, 2013, p.53 をもとに筆者が作成。

第1群　ⅠA型（アニュアル・レポート活用型）の事例

【図表15-10】　IFRSに基づく要約表とホットサイトへの誘導例

IFRSに基づく財務情報の要約表			単位：百万レアル （パーセンテージを除く）
貸借対照表	2010	2011	2012
総資産	553,768	628,186	718,756
与信・転貸ポートフォリオ（引当金控除後）	363,918	427,236	494,464
企業株式[1]	109,633	101,801	96,590
債券ポートフォリオ（引当金控除後）	18,124	17,745	17,349
債券／有価証券	25,639	51,329	61,523
その他の資産	36,454	30,075	48,830
総負債	553,768	628,186	718,756
国庫	253,058	310,774	376,042
FAT/PIS-PASEP	162,698	177,351	193,934
海外資金調達	19,778	22,449	23,275
その他の債務	48,443	53,224	69,883
純資産	69,791	64,388	55,622
損益計算書			
当期純利益	8,857	8,531	5,880
金融仲介からの利益	8,610	5,997	11,830
企業株式からの利益	6,266	7,659	(852)
税金費用	(4,761)	(3,555)	(2,678)
その他の収益（費用）	(1,258)	(1,570)	(2,420)
業績一年単位での計算（％）			
株主資本利益率（ROE）[2]	10.1%	19.0%	12.5%
総資本利益率（ROA）[3]	1.8%	1.4%	0.9%

注1）減損控除後の他の投資と同じく提携外、提携企業への投資を含む。
注2）FGTS、FI-FGTS、FMM、FND及びその他の財務的開発ファンドからの資源を含む。
注3）提携外企業への投資の税引き後の公正価値修正を除く。

［ブラジルGAAPに関する成果と純資産との調整に関しては、IFRSに基づく完全な財務諸表にアクセスすること
www.bndes.gov.br/english＞The BNDES in Numbers＞Financial Information
またはQRコードリーダーを携帯電話またはタブレット型端末でダウンロードするか、以下のQRコードを読み取ること。］

（出典）BNDES, 2013, p.53 をもとに筆者が作成。

第15章　ブンデス（BNDES（The Brazilian Development Bank））

ベート・オペレーション、または株式公開時の BNDESPAR の参加を通じて、支援にアクセスすることができる。」（BNDES, 2013, p.72）

この引用文からも明らかなように、BNDES は、融資型商品の補完するものとして、100％子会社の BNDESPAR を介して変動所得に関する業務を行っている。また、企業の成長段階に応じて、多様な財政支援の方法を用意していることがわかる（【図表15-9】を参照されたい）。

財務情報は、本報告書の 53 頁において、IFRS で作成された数値が要約されて掲載されているにすぎない（【図表15-10】を参照されたい）。第3章においても、報告書では概要の説明にとどめ、より詳細な説明は BNDES のウェブサイトを参照するように随所で指示されている点を特徴として指摘することができる。これらは、「F 実績」に関する部分である。

5　当該企業の統合報告の特徴点など

BNDES の報告体系は、IA 型に分類されるアニュアルレポートで開示される形式であった。本体は 100 頁であり、簡潔性の観点からは適当な分量であると言える。

また、政府系金融機関であるため、同行とブラジル連邦との関係性が深く、その組織構造や外部の第三者による点検に関する記述がなされていた。内容要素の「A 組織概要と外部環境」及び「B ガバナンス」に関係する。

同行のビジネスモデルの中核は融資業務であり、融資業務の概要がフローチャートを用いて説明されていた。内容要素の「C ビジネスモデル」と関係する事例をなす。

同行は、ミッション、ビジョン、及び価値を明確に定義し、これらの達成に当たっての資源として、①長期的な財務資源、②当行の価値に深く関係する高度に熟練したスタッフ、③60 年間にわたって培われてきた当行のノウハウと経験、及び④政府、顧客及びパートナーとの関係を挙げている。また、戦略マップを用いて、①競争的かつ持続的発展、②財務的サステイナビリティ、③内部プロセス、及び④学習とコンピテンスについて、具体的な戦略目標を示している。内容要素の「E 戦略と資源配分」のベストプラクティスをなす。

第1群　ⅠA型（アニュアル・レポート活用型）の事例

　報告書の第3章ではKPIsを用いて、2012年度の業績が記述されている。項目は多岐に渡るが概要の説明にとどめ、より詳細な説明はBNDESのウェブサイトを参照するように指示することで、簡潔性を保とうとしている。内容要素の「F 実績」と関係する事例をなす。

　また、【図表15-6】や【図表15-7】からも明らかなように、ステークホルダーとの関係性を意識した経営がなされていた。指導原則の「C ステークホルダーとの関係性」の参考になる事例をなす。

《主要参考文献》
BNDES, 2013, *Annual Report 2012*, BNDES.

第16章

ヴァンシティ（Vancity）

本事例の特徴

1 本事例はIA型（AR活用型）に分類される。アニュアルレポート報告書の名前で統合報告書を作成し、財務諸表やアカウンタビリティ報告書等を別途補遺として作成する統合報告の体系を確立しており、統合報告書・補遺の内部、各冊子の間、及びウェブとの間に多量なリファレンスが付けられており、情報の「重要性と簡潔性」及び「結合性」を意識しているように見え、また、報告書の結末に索引があることも報告書の使い勝手をよくしている。

2 戦略目標とビジネスモデルに基づき、財務成果と非財務成果を統合的に評価できるようなスコアカードを作成し、また、業績結果（支援目標と約束）、及び将来の計画・目標・約束を明確に示しており、「戦略的焦点と将来指向」の原則に従っている。

3 「過去の目標設定」、「現在の進行状況」、「将来計画」という時間軸に従って事業活動の進展状況を説明している。戦略目標と計画に基づき、「企業業績」項目においては当初の目標と約束を現在の進行状況と比較して活動進展を評価し、「将来計画」項目においては将来の目標と約束を示している。達成状況についての判断（達成・未達成・進行中）を合わせて事業活動の進展状況をわかりやすく示している。

4 多様な基準に準拠して作成し、第3者による独立監査と保証を受けている。GRIの持続可能性報告ガイドライン、AA1000シリーズの包括性・重要性・対応性原則に準拠し、IIRCの統合報告書に関する原型フレームワークに示されている主要な内容要素を組み入れると同時にその基本原則にも準拠している。また、地域貢献についての記載はCPASに準拠し、温室効果ガスについての記載はISO14064に準拠している。Ernst & Young社の持続可能性保証、及びKPMG社の財務監査を受けている。

第1群　ＩＡ型（アニュアル・レポート活用型）の事例

1　Vancity のプロフィール

　バンクーバー・シティ貯金信用組合グループ（Vancouver City Savings Credit Union とその子会社、以下 Vancity と略す）は 1946 年に金融協同組合として設立され、今日ではカナダのもっとも大きな地域信用組合であり、2012 年度において純利息収入 3.6 億カナダドル、包括利益 56 百万カナダドルを達成し、総資産 171 億カナダドル、メンバー資本 8.9 億カナダドルを有している。同組合は Metro Vancouver、the Fraser Valley、Victoria、及び Squamish 地域において合計 57 の支店を有し、492,000 名のメンバーオーナーとそれらの地域社会にサービスを提供している。

　Vancity は IIRC のパイロット・プログラム開始当初から参加しており、すでに 3 年連続して統合報告書（2010 年度版（パイロット・プログラムに参加する前）、2011 年度版、2012 年度版）を公表している。また、同社はカナダにおいて初めてこのプログラムに参加した組織でもある。同組合の 2011 年度版統合報告書は IIRC と Black sun 社が運営する統合報告書のデータベースで、また、2012 年度版統合報告書は IIRC の『パイロット・プログラム・イヤーブック 2013』において好事例として紹介されている。

　このように、同組合は IIRC のフレームワークに準拠した統合報告書の作成において比較的に豊富な経験があり、かつ、報告書における高い評価を得ている企業である。

　そこで以下では、同組合の統合報告の経緯と報告体系、統合報告書の構造上の特徴、及び統合報告書の記載内容の特徴について解説する。

2　Vancity の統合報告の経緯と報告体系

　Vancity は個人業務と企業業務の両方を運営しているが、伝統の銀行モデルと異なる信用組合の性質を有するゆえ、メンバーの生活や彼らの属する地域社会に積極的なインパクトを与えることを意識している。そのため、同組合は最低生活賃金支払企業（Living Wage Employers）プログラムに参加し、持続可能な金融機関ネットワーク GABV（Global Alliance for Banking on Values）のメンバー

にもなっている。2012年、VancityはSouth BurnabyとShaughnessy Station地域の支店を再デザインし、それらの支店にメンバーたちがそこで財務サービスとアドバイスを得られる地域のハブ的な役割を付与した。これらの支店を通じて、同組合の総合的な金融サービスをより意図的にプレゼントすることが可能になる。また、それらの支店は地元のアーティストの芸術品とメンバーが利用可能な硬貨計数機によって特徴づけられており、LEED[注1]の認証を取得することを意図してデザインされた。

　上記のような社会活動と持続可能な事業活動などを背景に、Vancityは1992年に従業員、地域社会、環境責任などに関する社会環境パフォーマンス情報をアニュアルレポートにおいて報告し始めた。また、1995年にこの部分の内容が拡張され、地域経済発展や従業員の健康福利などについて量的な評価を行い、より包括的な社会報告となっている。1995年11月、全面的な企業社会責任戦略の一部として、Vancityはより厳格なステークホルダーが関与する社会監査制度を採用し、New Economics Ltd社と協力してAA1000[注2]に従う監査プロセスを開発すると同時に、同社を外部監査人として雇った。また、コンサルティング会社Solstice ConsultingのSusan Toddも社外監査チームのメンバーとして委任した。

　1997年にVancityは初めて独立した社会報告書『1997年度社会報告書（1997 Social Report）』を作成した。本報告書はステークホルダーのグループによって整理され、その指針がステークホルダーにより定義された重要事項と領域、社会環境指針と約束、及びベストプラクティスに基づいて開発され、Ceres[注3]の原則（1993年に参加）にも準拠している。【図表16-1】は1997年以降のVancityが社会情報、アカウンタビリティ情報、統合情報への追加と統合のプロセスを示している。

第1群　ⅠA型（アニュアル・レポート活用型）の事例

【図表16-1】　Vancityの統合報告のプロセスと歴史

『1997年度社会報告書』（*1997 Social Report*）
『1998-99年度社会報告書』（*1998-99 Social Report*）
『価値と責任に関するステートメント』（*Statement of Values and Commitments*）(2000) 『2000-01年度アカウンタビリティ報告書』（*2000-01 Accountability Statement*） 『2002-03年度アカウンタビリティ報告書』（*2002-03 Accountability Statement*） 『2004-05年度アカウンタビリティ報告書』（*2004-05 Accountability Statement*） 『2006-07年度アカウンタビリティ報告書』（*2006-07 Accountability Statement*） 『2008-09年度アカウンタビリティ報告書』（*2008-09 Accountability Statement*）
『2010年度アニュアルレポート』 (*2010 Annual Report-Our member are building communities by building their wealth with us*) 『2011年度アニュアルレポート』 (*2011 Annual Report-Good Money is changing how we see wealth.*) 『2012年度アニュアルレポート』 (*2012 Annual Report-The Vancity Effect.*)

出所：Vancity（2012）2012 *Annual Report-Reporting process and history* に基づき作成。

【図表16-1】に示すように、1997年以降、Vancityは2年に一度社会報告書を作成することを決め、1998-1999年度は社会報告書、2000-2001年度から2008-2009年度までアカウンタビリティ報告書を作成していた[注4]。1998-1999年度社会報告書にはGRIのガイダンスに準拠して金融機関に関連する指針を実験的に適用し、また、カナダ連邦政府に提案されたCPAS（*Canadian Public Accountability Statement*）の報告要件も自発的に含め、カナダの経済社会への貢献について報告した。

2000年にVancityは主要なステークホルダー——メンバー、従業員、地域社会——との協議に基づき『価値と責任に関するステートメント』（*Statement of Values and Commitments*）を作成し、組合のミッション、コア目的及びコア価値を設定した。2001-2007年度まで、このステートメントはVancityのアカウンタビリティ報告書にフレームワークを提供していた。

この期間において、2007年に同組合の2004-2005年度版アカウンタビリティ報告書はCeres-ACCA北米ベスト・サステナビリティ報告書賞（Best

Sustainability Report for the Ceres-ACCA North American Awards for Sustainability Reporting）を受賞した（Vancity [2013] *2012 Annual ReportGlossary*, p.10）。さらに、2011 年に 2008-2009 年度版アカウンタビリティ報告書は Globe Forum のグローバル・サステナビリティ報告賞（the Globe Sustainability Reporting Award）を受賞したと同時に、ベストサステナビリティ報告書賞の最終候補にもなった（*Ibid*, p.11）。

　2009 年、Vancity は富（Wealth）を再定義した新しいビジョンを採用し、長期的に持続可能な健全的な地域社会に囲まれる限り、真の成功が取得できることを認識し始めた。したがって、自らのビジネス（財務要素に社会、環境、経済要素を追加される）を統合的にマネジメントと報告することでメンバーとステークホルダーのインプットに対応しようとした。そこで、Vancity は 2010 年に通常のアニュアルレポートを発表した 2 か月半後、サステナビリティ戦略に基づき非財務報告と財務報告の概要を含む『2008-09 年度アカウンタビリティ報告書』を作成した。2011 年、Vancity は財務、環境、社会的なインパクトと成果を統合し、メンバーと地域のためにビジネスをいかにマネジメントして長期的な価値を創造するのかを記述する統合報告書『2010 年度アニュアルレポート（*2010 Annual Report*)』）（ただし、報告書の名前には「統合」の文字を入れず、アニュアルレポートのままであった）を初めて公表した。

　Vancity は 2011 年に IIRC のパイロット・プログラムへ参加し、2010 年の統合報告書に引き続き 2011 年度、2012 年度もアニュアルレポートを統合報告書として作成している。ここでは、【図表 16-2】を参照して、2012 年度を例に Vancity の統合報告体系について検討したい。

第1群　ⅠA型（アニュアル・レポート活用型）の事例

【図表 16-2】　Vancity の 2012 年度の統合報告体系

位置づけ	名　　称	頁数
統合報告書	『2012 年度アニュアルレポート-Vancity の成果』 (2012 Annual Report-The Vancity Effect)	68
補遺	『完全版連結財務諸表』 (2012 Annual Report-Complete consolidated financial statements)	79
	『完全版連結アカウンタビリティ報告書』 (2012 Annual Report-Complete consolidated accountability statements)	43
	『報告プロセスと歴史』 (2012 Annual Report-Reporting process and history)	14
	『GRI の詳細内容索引』 (2012 Annual Report-Detailed global reporting initiative (GRI) content index)	46
	『マネジメントアプローチに関する開示』 (2012 Annual Report-Disclosure on management Approach)	20
	『温室効果ガス一覧報告書』 (2012 Annual Report-Greenhouse gas inventory report)	19
	『アニュアルレポート用語集』 (2012 Annual Report Glossary)	14

出所：Vancity のホームページに基づき作成。

【図表 16-2】でわかるように、Vancity の 2012 年度の統合報告体系は、アニュアルレポートに補遺を追加するという形を取っている。つまり、アニュアルレポートにおいて会社全体の業績等重要な情報を報告すると同時に、『完全版連結財務諸表』（財務情報）、『完全版連結アカウンタビリティ報告書』（アカウンタビリティ情報）、『報告プロセスと歴史』（統合報告プロセスと歴史に関する情報）、『GRI の詳細内容索引』（報告基準に関する情報）、『マネジメントアプローチに関する開示』（企業のマネジメントアプローチに関する情報）、『温室効果ガス一覧報告書』（温室効果ガスに関する情報）、『アニュアルレポート用語集』（用語説明）等の書類において詳細な補足情報を追加している。このような開示方法は統合報告書の「重要性と簡潔性」を保つのに有効である。また、上記の統合報告書

第 16 章　ヴァンシティ（Vancity）

とその補遺の内部、及び各冊子の間に、広範なクロス・リファレンスを付けることで、「情報の結合性」を実現している。

3　Vancity の統合報告書の構造上の特徴

　Vancity の 2012 年度（統合）アニュアルレポートは、【図表 16-3】に示すとおり本体部分が大きく 3 つの部分に分けられている。まず、第 1 部においては、Vancity の全体像、ビジネスモデル、成果、戦略概要、営業概要を示している。また、第 2 部においては主要な結果（支援目標と約束）、具体的な業績データ（財務・社会・環境）、ガバナンスとリスクマネジメント、及び将来の計画について述べている。最後に、第 3 部にはアカウンタビリティに関するデータや財務報告書の要約、監査保証書などの情報が含まれる。ビジネスモデルや戦略、業績と将来の計画、財務データ、及びアカウンタビリティ・データなどの企業のビジネスに緊密に関連している項目を報告書の中で示すことは、「重要性」の原則に準拠していると理解できよう。

　第 1 部において、各項目は報告書全体の概要と基礎となり、Vancity を理解するのに必要不可欠なものであるが、それぞれの記述は 1-4 頁までとどまった。第 2 部では業績の概要、レビューと将来計画について、特に財務業績、社会業績の頁がそれぞれ 9 頁であったが、他の項目は 3-4 頁にとどまった。また、第 3 部の各種報告書の要約などの情報において連結財務諸表の要約（5 頁）以外の項目は 1-2 頁の量しかない。「簡潔性」の原則に準拠しているように見える。

　また、PDF ファイルに作成された報告書は、紙ベースの 2 頁を PDF ファイルの 1 頁にし、見開き両面の紙面効果をそのまま残っている。多くの詳細項目についてはできるだけ 1 頁にまとめられるか、開き両面で完結させている。報告書の冒頭と結末には大きな写真と地図（1 枚で 1-2 頁を占める）を数枚使い（2012 年版は過去の報告書に比べ写真の量が減っている）、見た目のインパクトを狙っているようである。報告書の中も内容に応じて小さな写真や、図表を多量に使用しているが、これは文字のみを使用するよりも理解しやすく、また、文字の説明も減らせるので、「簡潔性」原則に準拠していると考えられる。

　次には、【図表 16-3】と【図表 16-4】を比較しながら、パイロット・プログラ

第1群　ⅠA型（アニュアル・レポート活用型）の事例

【図表 16-3】 Vancity の 2012 年度アニュアルレポートの内容構成

	第1部 Vancityとその主要成果	第2部 業績概要、ビジネスレビューと将来計画	第3部 各種報告書の要約とその他の情報
（ホームページリンク）（事例、写真）（4 この報告書について）（5 目次）	8 会長からのメッセージ（1頁数） 9 社長兼CEOからのメッセージ（1頁数） 10 Vancityについて（3頁数） 13 ビジネスモデルと戦略（3頁数） 16 <u>主要成果－組織のスコアカード</u>（2頁数） 18 営業背景（4頁数）	23 <u>結果－支援目標と約束</u>（3頁数） 26 財務業績（9頁数） 35 社会業績（9頁数） 44 環境業績（4頁数） 48 ガバナンスとリスクマネジメント（3頁数） 51 <u>将来計画、目標、約束</u>（3頁数）	55 主要なアカウンタビリティ・データ（2頁数） 57 Ernst & Young LLP 社の独立保証書（2頁数） 59 KPMG LLP 社の監査報告書（1頁数） 60 連結財務諸表要約（5頁数） 65 内容索引（2頁数） 68 Vancity の支店と管理者（1頁数）

出所：Vancity (2012) 2012 Annual Report, p.5 目次に基づき作成。各項目の左側の数字は頁番号を示し、括弧中の文字と下線は筆者追加。

第 16 章　ヴァンシティ（Vancity）

【図表 16-4】　Vancity の 2011 年度アニュアルレポートの内容構成

	Vancity 概観	2011 年度業績概観	ビジネスレビュー	各種報告書の要約
(よい金とは) (写真、事例) (11 目次)	12　この報告書について 16　会長からのメッセージ 17　社長兼 CEO からのメッセージ 18　Vancity について 22　営業背景 25　<u>ビジョンとビジネス戦略</u>	26　2011 年度主要な組織目標 28　2011 年度の追加的な業績ポイント 29　目標と約束の状況報告	34　メンバーの財産を増やす 40　預金取得と資金増加 41　ローンと投資 52　投資製品やアドバイス、その他サービスの提供 55　従業員への投資 59　建物、システム、及び設備の管理と購入 67　メンバーと地域社会への返報 71　統合的なガバナンスとマネジメント 75　主要な財務成果 78　将来の計画と展望	83　報告責任 84　アカウンタビリティ報告書の要約と独立保証書 99　連結財務報告書の要約と独立監査報告書 107　用語説明 111　<u>内容索引</u> (114　支店と管理者)

出所：Vancity (2011) 2011 Annual Review, p.11 目次に基づき作成。各項目の左側の数字は頁番号であり、括弧内の文字と下線は筆者追加。

167

第1群　ⅠA型（アニュアル・レポート活用型）の事例

ムに参加して2年間、Vancityの統合報告書の2011年度版と2012年度版の構造にはどんな変化が発生しているのかを見てみたい。

【図表16-3】と【図表16-4】に示すように、まず、2011年度アニュアルレポートの目次になかった「組織のスコアカード」が2012年度アニュアルレポートの目次に載せられるようになった。次に、「ビジョンとビジネス戦略」（2011年度版）から「ビジネスモデルと戦略」（2012年度版）に変わった。また、2011年度版の第2部分「2011年度業績概観」と第3部分の「ビジネスレビュー」に関する内容は2012年度版の第2部にまとめられるようになったと理解できる。最後に2011年の報告書の結末にあった「用語説明」は2012年度の報告書になく、別冊で補遺として作成されるようになった。そのため、報告書の頁数は2011年の118頁から2012年度版の68頁になり、量的に大きく削減されている。一層「簡潔性」を強調したように見える。

Vancityの2012年度統合報告書・補遺の内部、各冊子の間、及びウェブとの間には必要に応じて大量なクロス・リファレンスが付けられており、また、報告書の結末に索引があることも報告書の使い勝手を良くしている。これはVancityの統合報告書のもう1つの大きな特徴であると言える。【図表16-5-1】、【図表16-5-2】は同組合のリファレンスの例を示している。

【図表16-5-1】　クロス・リファレンス例　その1

4. Build a branch prototype—We redesigned two new branches as living labs and community assets to help define a way of doing business and clearly communicate how Vancity is a different type of financial institution. See page 31.

出所：(Vancity [2013] 2012 Annual report, p.15)

【図表16-5-2】　クロス・リファレンス例　その2

Topic	Pages	Online*
Health and safety	—	AS 25-26, DMA 8
Hiring practices/new hires	34	AS 22-23, 28
Human rights/equal opportunity	—	AS 21-28, DMA 9
Human rights	43, 50	AS 27, 36-37, DMA 14

出所：Vancity [2013] 2012 Annual report, p.15

第16章　ヴァンシティ（Vancity）

特に【図表16-5-2】に示すオンラインのリファレンスについては、*Complete Consolidated Accountability Statement* を「AS」に、*Disclosure on Management Approach* を「DMA」に、*Complete Consolidated Financial Statements* を「FS」に、*Reporting Process and History* を「REP」に略して標記されている。

4　Vancityの統合報告書の記載内容の特徴

(1)「ビジネスモデルと戦略」（第1部に所収）

Vancityは2012年の（統合）アニュアルレポートにおいて、自社のビジネスモデル図を示し、説明を行っている（【図表16-6】を参照）。

【図表16-6】　Vancityのビジネスモデル

出所：Vancity [2013] 2012 Annual Report, p.13.

【図表16-6】に示すように、Vancityはメンバー主導のイノベーション的なビジネスモデルを設定しており、モデルは主に地域社会（上半部）とVancity（下半部）の2つの部分により構成されている。まず、信用組合という属性により、Vancityはメンバーの現在と将来の幸福のために、メンバーのみならず、彼らが属する地域社会もサポートしていくべきである（Vancity [2013] *2012 Annual Report,* p.13）。したがって、その目標である「健康的な地域づくり」はビジネスモデルのトップに位置している。また、メンバーたちがほしいもの（製品、サー

第1群　ＩＡ型（アニュアル・レポート活用型）の事例

ビス、アドバイス、価格）と必要なもの（長期的な社会、環境、経済の持続可能性）を入手できるように Vancity には変化が求められる（Ibid.）。この社内の変化はビジネスモデルの下部において示されている。最後に、イノベーションを通じて統合性、自信、インパクトという目標を実現し、それを用いて地域社会と Vancity を繋げる（Ibid.）。このビジネスモデルに関する図解と記述を通じて、同組合の戦略目標とそのための取り組みを明らかにされた。ここでの記述は「戦略的な焦点と将来指向」と「重要性と簡潔性」原則に準拠していると言えよう。また、メンバーとそれらの属する地域社会のニーズを重視することが明示されている点は、「ステークホルダーの対応性」の基本原則にも準拠していると言える。

　実にこのビジネスモデルは 2011 年の（統合）アニュアルレポートの「ビジネスレビュー」の「将来計画と展望」の部分に示されたものであり（Vancity [2012] *2011 Annual Report*, p.78)、当時はまだビジネスモデルという名前が付けられていなかった。また、Vancity の 2011 年度（統合）アニュアルレポートの中には、「われわれのコアな活動及びそれらがいかに長期的なバリューを創出しているのか」という項目があり、そこで企業のコアな活動とその財務的成果について図表を用いて 1 頁の説明が行われている（*Ibid*, p.39)。この項目は IIRC のデータベースにおいて Vancity のビジネスモデルとして紹介され、「戦略的な焦点と将来指向」と「簡潔性」原則に準拠していると評価されている（IIRC ホームページを参照）。

(2)　「主要成果―統合したスコアカード」（第 1 部に所収）

　Vancity の 2012 年度（統合）アニュアルレポートは同組合が作成した 3 回目の統合報告書となり、その開示実践により 1 つの統合したスコアカードが開発されている。Vancity は自らのビジョンとビジネスモデルに基づき、成功の定義をメンバーと従業員の満足度と伝統的な利益の経済指針の範囲を超えるべきだと判断し、2011 年に企業の 3 つの重要な成果――「インパクト」、「自信」、「統合性」――を評価するために 7 つの組織目標をセットした（Vancity [2013] *2012 Annual Report*, p.16)。「インパクト」とは地域社会へ積極的なインパクトを創出すること、「自信」とは持続可能なビジネスが堅実であるものと信じ、またそれに基づきよ

り多くの人を引き付けること、さらに「整合性」とはビジネスの内容は会社の価値観と共同組合の原則と一貫させることである（*Ibid.*）。自信と整合性を持つことこそ、インパクトを与えることが可能である（*Ibid.*）。これらの要素、特にインパクトを評価する基準はまだ作成中であるが、Vancity がインパクトを促進し、持続可能な成長を実現するためには何が必要なのかを反映している（*Ibid.*）。これらの目標を実現するために企業の取締役リーダーシップチーム（Executive Leadership Team）が責任を持ち、またその結果は従業員の利益配分プログラムにも影響を与える（*Ibid.*）。

この７つの組織目標は具体的に下記のとおりである。

Ⅰ．インパクトについて：
① 2012 年末にインパクト投資された資産の比率を 30％以上増加させる。（達成）
② 2012 年に Vancity がメンバーの幸福にどのようにインパクトを与えるかを理解するための評価方法を確立する。（達成）

Ⅱ．自信について：
① 2012 年末に、アクティブなメンバーの数を 31,000 名以上にする。（未達成）
③ 2012 年にメンバー資本の平均リターンを 6.1％にする。（達成）

Ⅲ．統合性について：
① 2013 年に従業員主導のプロセスを実行し、組織上の言行不一致問題を突き止める。（達成）
② 2012 年にすぐれた透明性基準（IFRS、GRIA＋、AA1000）に達成できるように、アニュアルレポートの内容を準備し、外部保証者に無修正の保証意見を取得する。（達成）
③ 2012 年従業員エンゲージメントのスコアを 75％以上にする。（達成）

Vancity はこの７つの目標とその進行状況（７つのうち６つ達成）を一覧表（必要に応じてデータとグラフを付けている）で示し、また、計算方法を完全版アカウンタビリティ報告書に、達成状況の詳細をアニュアルレポートの第１部の営業

第1群　ⅠA型（アニュアル・レポート活用型）の事例

背景と第2部の業績概要、及び2011年度アニュアルレポートにリファレンスを付けた。このスコアカードはVancityのビジョンに準拠する独自なものである。このような開示方法は「情報の重要性と簡潔性」を配慮すると同時に「情報の結合性」も実現している。インパクトを評価するための目標についての記載例（スコアカードの一部）は【図表16-7】の示すとおりである。

【図表16-7】　インパクトの評価目標の記載例

Impact: we're creating the impact that our vision promises
Impact measures are critical to demonstrating that we're creating positive community impact. Measuring impact is challenging but as a starting point we developed the following to measure our progress in 2012.

Goals	Progress
By the end of 2012, increase the percentage of assets invested in impact by at least 30 per cent*	For details on how this is calculated, see page 12 of the Complete Consolidated Accountability Statements. ✓ MET　See page 38 for details　　41% (2011) 55% (2012)　**34%** Increase

出所: Vancity[2013], 2012 Annual Report, p.16.

（3）「業績概要、ビジネスレビューと将来計画」（第2部に所収）

　この部分において、Vancityの2012年度版統合報告書は2011年度版に同様、戦略目標と計画に基づき支援目標と約束を設定し、活動進展を評価し、将来計画を示している。ただし、2011年度の（統合）アニュアルレポートでは目標ごとに過去の目標設定、現在の進行状況、将来計画を同じ頁に示しているに対し、2012年度の（統合）アニュアルレポートは、当初の目標と約束と現在の進行状況を「業績概要」と「ビジネスレビュー」（「ガバナンスとリスクマネジメント」に関する取組を含む）項目において説明し、将来の目標と約束は「将来計画」という項目において示し、時間軸に従って内容を分けている。また、2012年度の統合報告書では、「業績（目標と約束）」（概要）について、「財務的」、「メンバーと従業員」、「社会的」、及び「環境的」という4つの側面に分類し、それぞれの設定目標と達成状況（達成・未達成・進行中についての判断、根拠となる主要なデータ・状況）、それぞれの詳細を示す頁（リファレンス）を示している。その後、業績の詳細については「財務的業績」、「社会的業績」、及び「環境的業績」という3つの側面に分けて記載しており、「メンバーと従業員」に関する業績の詳細を「財務的業績」に包括している。ここで同じく過去の業績を対象としている概

要と詳細の記載において分類は少しながら差異が存在しており、その原因がわからない利用者は情報を理解するのに多少違和感を覚える可能性があるではないかと懸念される。最後に「将来の目標と約束」について、新しい戦略目標に従ってまず「インパクト」、「自信」、「整合性」に関する6つの目標を設定し、また、「戦略的な新規構想」、「財務及びメンバーサービス目標」、「社会的、環境的目標」という3種類に分類し14の支援目標と約束を設定している。このような開示方法は「戦略の焦点」と「将来指向」の原則を反映していると理解できる。また、図表と箇条書きという形をとることで「簡潔性」原則も配慮している。**【図表16-8】**は、業績（支援目標と約束）の一部具体例を示している。

【図表16-8】　結果—支援目標と約束

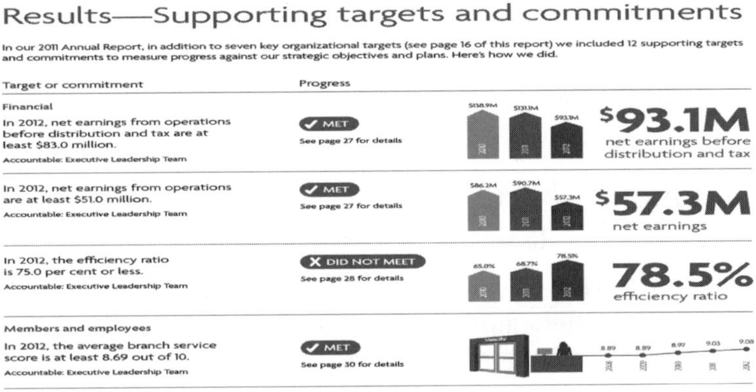
Results—Supporting targets and commitments

In our 2011 Annual Report, in addition to seven key organizational targets (see page 16 of this report) we included 12 supporting targets and commitments to measure progress against our strategic objectives and plans. Here's how we did.

Target or commitment	Progress	
Financial In 2012, net earnings from operations before distribution and tax are at least $83.0 million. Accountable: Executive Leadership Team	✓ MET See page 27 for details	$138.9M / $131.1M / $93.1M $93.1M net earnings before distribution and tax
In 2012, net earnings from operations are at least $51.0 million. Accountable: Executive Leadership Team	✓ MET See page 27 for details	$86.2M / $90.7M / $57.3M $57.3M net earnings
In 2012, the efficiency ratio is 75.0 per cent or less. Accountable: Executive Leadership Team	X DID NOT MEET See page 28 for details	65.0% / 68.7% / 78.5% 78.5% efficiency ratio
Members and employees In 2012, the average branch service score is at least 8.69 out of 10. Accountable: Executive Leadership Team	✓ MET See page 30 for details	8.89 / 8.89 / 8.97 / 9.03 / 9.08

出所：Vancity(2013) 2012 Annual Report, p.23.

【図表16-8】に示す「財務的（目標あるいは約束）」の例を見ると、当初の財務的な目標は3つあり、そのうち2つが達成され、1つは未達成である。それぞれの目標に関する指標の過去3年間、特に2012年中のデータが目立つように示され、さらに、それぞれの業績の詳細を示す頁数（リファレンス）も記載されている。ここで財務データを使っていると同時に、「メンバーと従業員」の目標に関する業績について非財務データも使用している（**【図表16-8】**で省略された「社会的」、「環境的」目標の業績についても）。

(4) 各種報告書の要約とその他の情報（主に第3部所収）

この部分において、Vancityの統合報告書（2012年度版）はまず主要なアカウンタビリティ・データ（財務データと比率、メンバーと従業員に関するデータ、社会・環境データ、ガバナンスとリスクのデータ）を表にまとめ、過去5年間のデータ数値を示している。これらのデータは財務データと非財務データの両方を示し、「情報の結合性」を意識していることと理解される。

その後、Ernst & Young LLP 社の独立保証書、KPMG LLP 社の監査報告書、連結財務諸表要約、内容索引、及び Vancity の支店と管理者等の補足情報が掲示されている。そこで、Ernst & Young の保証は「AA1000」、「ISO 14064」、「経営者に開発された内部基準」に基づいて行われている。KPMG の監査報告書は統合報告書に記載されている「連結財務諸表要約」が監査を受けた同社の連結財務諸表（2012年12月31日付）から抽出されていることを証明している。

Vancity の統合報告書（2012年度版）の「この報告書について」、及び「Ernst & Young の独立保証書」項目に記載されている同社の統合報告書の作成基準の一覧表は【図表16-9】に示すとおりである。

【図表16-9】 統合報告書の作成基準

作成基準	焦点 or 原則
GRI (Global Reporting Initiative's Sustainability Reporting Guidelines)	サステナビリティ報告の比較可能性と一貫性
AA1000	ステークホルダーのエンゲージメントに関する包括性、重要性、対応性原則
ISO 14064	温室効果ガスの評価基準
IIRC の原型フレームワーク	内容要素、基本原則

出所：Vancity [2013] 2012 *Annual Report*,p.4, p.57, *Annual Report* に基づき作成。

【図表16-9】に示すように、2012年度統合報告書の作成基準は財務基準以外に、サステナビリティ報告書の比較可能性や作成原則に焦点を当てる GRI と AA1000 シリーズ、温室効果ガスに焦点を当てる ISO14064、及び統合報告の内容要素と基本原則を提供する IIRC の原型フレームワーク等多くの基準に従って作成されている。上記の基準以外にも地域貢献について CPAS (Canadian Public Accountability Statement) に準拠している（2012 Annual Report-Reporting process and history, p.3 参照）。これらの多くの外部基準を使用することで同統合報告書の情報の「比較可能性」と「信頼性と完全性」を実現している。

5 Vancity の統合報告に関する総評

　Vancity の統合報告書（2012年度版）は可能な限り IIRC の原型フレームワークに提示されている内容要素と基本原則に準拠して作成されていることは報告書の中において明示されている（Vancity (2013) 2012 Annual Report-The Vancity Effect, p4.）。

　Vancity の統合報告書（2012年度版）は、68頁という適切な量で重要な事項を網羅し、索引と用語集等により本体内容を補足し、さらに報告書内、報告書と補遺間にリファレンスを付けることで統合報告書本体の「重要性と簡潔性」を保ち、「情報の結合性」も実現している。また、ビジネスモデルに基づき、戦略を設定し、さらにその戦略を実現するための支援目標と約束を設定することで、「戦略的な焦点と将来指向」と「情報の結合性」を有する。

　また、Vancity の報告書は、IIRC の提示されている内容要素のほとんどを含んでおり、特に「ビジネスモデル」、「戦略」、「業績」、「将来の見通し」についての記述は「重要性と簡潔性」、「情報の結合性」、「戦略的焦点と将来指向」などの基本原則に準拠して作成されているといえる。

　さらに、Vancity の統合報告書（2012年度版）は GRI、AA1000、ISO 14064、IIRC の原型フレームワーク等に準拠して作成され、KPMG による財務監査を受け、Ernst & Young によるサステナビリティ情報に関する保証を受けている。これらの基準と外部保証により、同組合の統合報告書の内容は「信頼性」を高めている。

　最後に銀行という属性によるものか、Vancity のビジネスモデルについては IIRC の提唱する「複数の資本」概念が特に使用されず、したがって、複数の資本の「インプット」、及びそれが及ぼす「アウトプット」、資本間の相互作用などについての明確な記述も見当たらなかったことはふれておきたい。

　総じて、Vancity の統合報告体系は、アニュアルレポートにサステナビリティ情報を取り入れ、本体の簡潔性を保ちつつ、多様な補遺書類によって詳細を補足

第1群　ⅠA型（アニュアル・レポート活用型）の事例

しているように設定され、IIRC の内容要素を多く取り入れ、基本原則に準拠しようとするものである。

（注）
1　Leadership in Energy and Environmental Design（LEED）Green Building Rating System、デザイン、建築、ハイパフォーマンスのグリーンビューディンスの運営について評価する第三者認証プログラム、及び国際的に受け入れられているベンチマークのことである（Vancity［2012］*2012 Annual Report Glossary*, p.7）。米国の非営利組織 NRDC（Natural Resources Defense Council）によって管理される。
2　一連の原則基準：①サステナビリティな挑戦を定義、順位づけ、及び応えるための基準、②保証のための基準、③ステークホルダーのエンゲージメント（Vancity［2012］*2012 Annual Report Glossary*, p.1）。英国の非営利組織 AccountAbility が作成した CSR 報告や持続可能性報告の保証基準である。
3　Coalition for Environmentally Responsible Economies（ceres.org）。
4　同社の子会社カナダ Citizens 銀行も 1997-2003 年においてサステナビリティ報告書を作成していた。

《主要参考文献》

International Integrated Reporting Council（2012）*IIRC Pilot Programme Yearbook 2012.*

International Integrated Reporting Council（2013）*IIRC Pilot Programme Yearbook 2013.*

Vancity（2011）*2010 Annual Report—Complete consolidated accountability statements of Vancity.*

Vancity（2011）*2010 Annual Report—Complete consolidated financial statements of Vancity.*

Vancity（2011）*2010 Annual Report—Disclosure on management approach.*

Vancity（2011）*2010 Annual Report—GRI G3 content index.*

Vancity（2011）*2010 Annual Report—Materiality and stakeholder engagement.*

Vancity（2011）*2010 Annual Report—Our member are building communities by building their wealth with us.*

Vancity（2011）*2010 Annual Report—Reporting process and history.*

Vancity（2013）*2012 Annual Report—Reporting process and history.*

Vancity（2013）*2012 Annual Report—Vancity's greenhouse gas inventory report.*

Vancity（2012）*2011 Annual Report—Complete accountability statements of Vancity.*

Vancity（2012）*2011 Annual Report—Complete consolidated financial statements of Vancity.*

第 16 章　ヴァンシティ（Vancity）

Vancity（2012）*2011 Annual Report—Disclosure on management approach.*
Vancity（2012）*2011 Annual Report—Global Reporting Initiative（GRI）content index（G3.1）.*
Vancity（2012）*2011 Annual Report—Good Money is changing how we see wealth.*
Vancity（2012）*2011 Annual Report—Materiality and stakeholder engagement.*
Vancity（2012）*2011 Annual Report—Reporting process and history.*
Vancity（2013）*2012 Annual Report—The Vancity Effect.*
Vancity（2013）*2012 Annual Report—Complete consolidated accountability statements.*
Vancity（2013）*2012 Annual Report—Complete consolidated financial statements.*
Vancity（2013）*2012 Annual Report—Detailed global reporting initiative（GRI）content index.*
Vancity（2013）*2012 Annual Report—Disclosure on management approach.*
Vancity（2013）*2012 Annual Report—Glossary.*

第17章
クラウン・エステート
(The Crown Estate)

> **本事例の特徴**

1 　The Crown Estate 社は、2013年3月末日の決算データに基づいて財務諸表を作成した上で、この財務諸表を含めた最初の統合年次報告書として同年6月に Integrated Annual Report and Accounts 2013（全124頁）を作成しており、ⅠA型の作成パターンをとっている。

2 　「価値を創造する方法」として、長期的かつ持続可能な総収益の視点を採用し、純利益がその後英国財務省を通じて国庫に納められる顛末を説明した上で、経済的貢献、社会的貢献、環境的貢献の3つを積極的に果たすことを図で説明しており【図表17-3】、ビジネスモデルの記載事項として参考になるであろう。

3 　【図表17-5】に示すとおり、日本の会社では公表されにくい取締役会の着席位置一覧が、①取締役会構成員、②取締役会構成員（非執行取締役）、③取締役会顧問（非執行取締役）、④取締役会執行取締役の区分を性別で、各人の担当業務と共に記載されており、取締役間のパワーバランスを示唆する情報開示となっており、ガバナンス情報の記載事例として参考になるであろう。

4 　監査法人 PwC による限定的保証報告書が作成されており、国際保証業務基準 ISAE3000 及びイングランド・ウェールズ勅許会計士協会（ICAEW）の倫理規程（Code of Ethics）に準拠した保証水準となっている。今後台頭するであろう統合報告の第三者による保証問題の解決の手掛かりとして、参考になるであろう。

5 　保証報告書は、統合年次報告書とは独立した媒体で開示されている。統合年次報告書の中には財務諸表に対する監査報告書が記載されている。このことから、統合報告書の外部保証報告書の開示方法について参考になる事例である。

第17章　クラウン・エステート（The Crown Estate）

1　The Crown Estate のプロフィール

　The Crown Estate（国籍：英国）は、英国国王王室財産の近代的な管理を目的として英国議会で制定された英国1961年国王王領地法（勅許第55号）（Crown Estate Act 1961, Chapter 55）に基づき設立された国王所有地管理委員会（The Crown Estate Commissioners）によって運営される英国の政府系特殊法人（公益法人）であり、London、Edinburgh、Windsor の3箇所の拠点事務所がある、国王王室所有の不動産を管理運用する目的の会社である（同法第1条第1項）。

　英国では沿岸域は、伝統的に国王王室の所有地（王室財産）としての性格を有しており、The Crown Estate 社が管理運用している。2012年度（2013年3月31日決算日）には、売上高3億5,640万ポンド、当期純利益に相当する正味収益余剰金（Net revenue surplus）2億5,260万ポンド（361億6,221万6,000円[注1]）であり、同年度末（3月末）現在では、資産合計額96億5,090万ポンド（1兆3,816億2,284万4,000円）と報告されている。The Crown Estate 社の経営結果である正味収益剰余金は、財務省を通じて国庫に納められる制度になっている。そのため、財務諸表については、会計検査院長による英国議会（両院）への監査報告書が作成されることが要請されている。

2　The Crown Estate の統合報告に関する企業の作成目的・意図・狙いどころ

　The Crown Estate 社は、2013年3月31日を決算日とする営業データに基づいて計算書類（財務諸表：Accounts）を作成した上で、これを含めた最初の統合年次報告書として6月に Integrated Annual Report and Accounts 2013（全124頁）を作成している。この年次報告書とは別に6月7日付けの独立保証報告書が監査法人 PwC より作成されている。また、活動結果の影響（Outcomes）を詳述するトータル貢献報告書（Our Contribution 2011/12）が開示されている。

・統合報告書として同社が位置付けている報告書の名称：
　Integrated Annual Report and Accounts 2013（全124頁）

179

第1群　ⅠA型（アニュアル・レポート活用型）の事例

> Independent Assurance Report to the Directors of The Crown Estate（全1頁）
> (http://www.theThe Crown Estate.co.uk/media/356173/PwC-statement.pdf)
> ・その他の報告書：
> Our Contribution 2011/12: A report The Crown Estate's Total Contribution to the UK（全28頁）

3　The Crown Estate の記載目次・項目のリスト

【図表17-1】　統合年次報告書類及び計算書類2013年版（全124頁）の目次構成

目次構成	掲載頁	頁数
概要	2–21	20
統合報告		1
当年度の要約		1
会長の説明		2
どの様に経営しているのか		2
どの様に価値を創造しているのか		2
社長へのインタビュー		4
当社の投資戦略		2
当社が影響を受ける重要な課題		3
当社の業績		2
業績	22–65	43
当社の資産管理状況の概要		34
財務担当取締役による概要		8
将来予測		1

目次構成	掲載頁	頁数
ガバナンス	66–93	27
ガバナンスの紹介		1
取締役会構成員		7
取締役会		9
ガバナンス報告書		14
会社の主要なリスクと機会		2
取締役報酬報告書		11
財務情報	94–121	27
会計検査院長の英国議会への証明書と報告書		1
連結損益計算書		1/2
連結包括利益計算書		1/2
連結貸借対照表		1
連結キャッシュフロー計算書		1
連結資本・剰余金変動計算書		1
財務諸表注記		19
10年の比較（非監査）		1
用語集		1

（出所：*Integrated Annual Report and Accounts* 2013, p.1 を基に筆者作成）

4　The Crown Estate の統合報告の主要構成要素の抽出・特徴点の解説

(1)　会社の概要

> どのように事業を行っているのか（How we operate）
> 　The Crown Estate 社は、議会制定法の適用を受ける特殊な事業会社である。当社は長期的な管理の視点を特別に持ち合わせながら、当社の不動産の

第17章　クラウン・エステート（The Crown Estate）

> 価値を維持することと高めることに責任を負う。当社の4つの資産運用を横断し、当社の核となる価値と調和させながら、当社は、誠実性を備えた営利収益を還付し、当社が管理を受託してきた資産に関する細心のスチュワードシップを締結する。
>
> エネルギーとインフラ基盤の資産運用（35頁参照）
> 田園部と海岸の資産運用（47頁参照）
> 都市部の資産運用（24頁参照）
> ウィンザー領地（54頁参照）　　　　　　　　　　（年次報告書、pp.6-7）

　内容要素「A 組織概要と外部環境」の実践事例として、【図表17-2】のグレートブリテン島の図と共に、The Crown Estate 社の事業内容の概要が説明されており、4つの主要な事業内容（資産運用：portfolio）については、24頁から56頁にかけて詳述されている「当社の資産管理状況の概要」（Review of our portfolio）に誘導する相互参照機能による情報の結合（基本原則「B 情報の結合性」の適用）がなされている点がベストプラクティスである。

　【図表17-2】の左下の凡例では、7つの事業内容（Operations）が目的に則して記載されている。上から順に、都市部資産運用（Urban portfolio）、エネルギーとインフラ基盤の資産運用（Energy and Infrastructure portfolio）、田園部と海岸の資産運用（Rural and Coastal portfolio）、ウィンザー領地（Windsor estate）、The Crown Estate 社事務所（The The Crown Estate offices）、領海（Territorial waters）、風力発電地帯（Wind farm zone）の7つが表示されている。

(2) ビジネスモデル

　【図表17-3】は、見開き2頁を使って、「価値を創造する方法」（How we create value）について図を用いて簡潔に説明している。この説明方法は、基本原則「E 簡潔性」を適用した内容要素「C ビジネスモデル」を実践している点でベストプラクティスである。

　【図表17-3】の左上の「価値を創造する方法」（How we create value）では、

第1群　ⅠA型（アニュアル・レポート活用型）の事例

【図表17-2】　組織概要と外部環境の記載事例

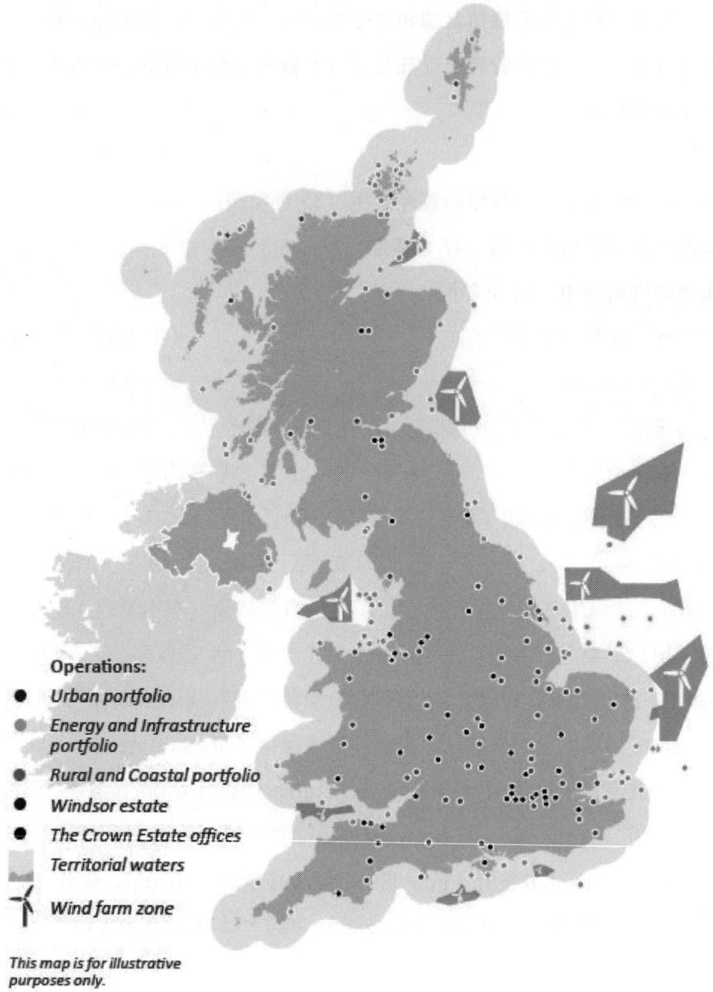

Operations:
- Urban portfolio
- Energy and Infrastructure portfolio
- Rural and Coastal portfolio
- Windsor estate
- The Crown Estate offices
- Territorial waters
- Wind farm zone

This map is for illustrative purposes only.

（出所：*Integrated Annual Report and Accounts 2013*, p.6 を抜粋）

第17章　クラウン・エステート（The Crown Estate）

「当社は、営利目的で事業を行っているが、長期的かつ持続可能な総収益の視点を採用している。当社の正味剰余金（純利益）はすべて英国財務省を通じて国庫に納められることになり、当社は、自社の事業範囲において、経済的貢献、社会的貢献、環境的貢献を積極的に果たすものである。」と解説し、会社の存在理由としての価値概念（経営理念：使命、ミッション）を提示している。

　基礎概念「B　2つの次元の価値創造」の適用事例については、活動結果の影響（Outcomes）として、正味剰余金（純利益）については英国財務省を通じて英国国庫に納められる顛末が説明されており、自社組織の価値創造が自社以外の価値創造と一致するという政府系特殊法人の独特の価値概念を説明している。

　基礎概念「D　価値創造プロセス」については、①当社の資産（Our assets）、②革新的な経営（Proactive management）、③長期的資産運用の最適化（Long-term portfolio optimisation）、④資産の取引（Asset transactions）を経て再投資された結果が①当社の資産に結び付く循環プロセスを説明している。

(3) 業績

　【図表17-4】は、会社の重要課題と業績との関係性を①測定尺度（Measure）、②業績数値（Our performance）、③根拠データ（Data）、④目標（Our targets）を視点として表形式でまとめている。20頁と21頁の見開き2頁の中に6つの重要課題（持続的で収穫のある成長、健康と安全、長期的総収益を目指す資産運用の最適化、効果的なスチュワードシップの維持、顧客視点、気候変動の影響）について解説している。特徴的なことは、1つの重要課題（長期的総収益を目指す資産運用の最適化）に対して複数（2つ）の測定尺度を用いた説明がなされている。したがって、内容要素「F　業績」の実践と基本原則「A　戦略的焦点と将来指向」、「B　情報の結合性」、「D　重要性」、「E　簡潔性」の適用例とするベストプラクティスとして指摘できる。

第1群　ⅠA型（アニュアル・レポート活用型）の事例

【図表17-3】　ビジネスモデルの記載事例

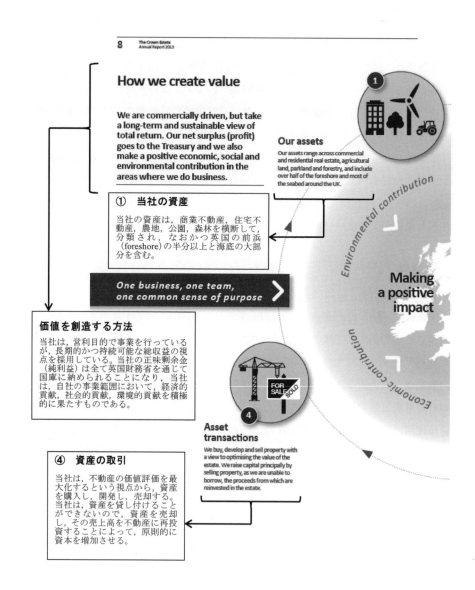

第17章　クラウン・エステート（The Crown Estate）

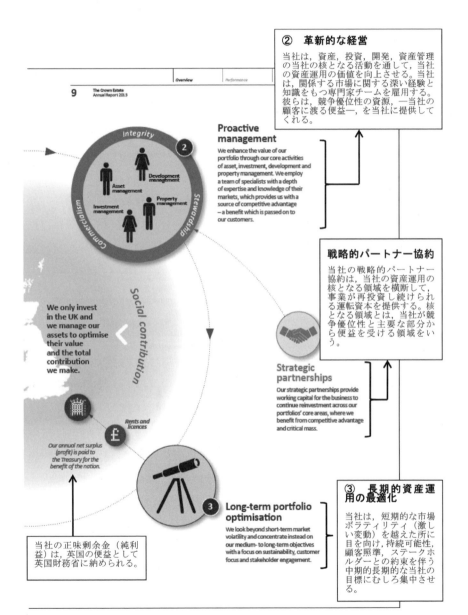

（出所：*Integrated Annual Report and Accounts 2013*, pp.8-9 を抜粋）

第1群　ⅠA型（アニュアル・レポート活用型）の事例

【図表17-4】　業績の記載事例

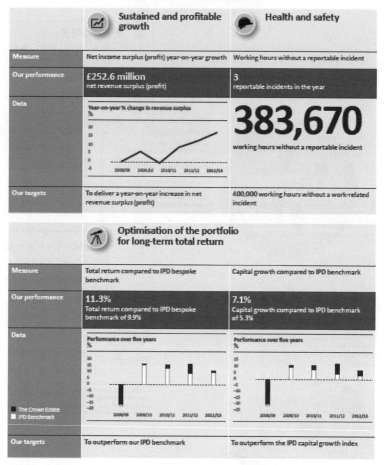

（出所：*Integrated Annual Report and Accounts 2013*, pp.20 を一部抜粋）

第17章　クラウン・エステート（The Crown Estate）

(4) ガバナンス

【図表17-5】　取締役会の着席位置一覧の記載事例

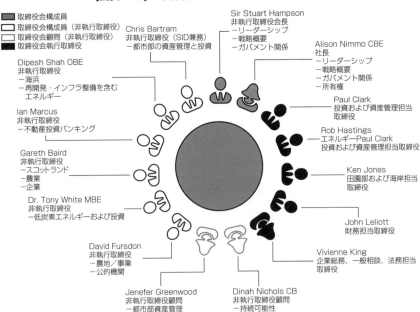

（出所：*Integrated Annual Report and Accounts 2013*, p.72 を基に著者作成）

【図表17-5】は、日本の会社では公表されにくいThe Crown Estate社の取締役会の着席位置一覧（The Boardroom table）の記載事例である。15名について①取締役会構成員、②取締役会構成員（非執行取締役）、③取締役会顧問（非執行取締役）、④取締役会執行取締役の区分を、性別で、各人の担当業務と共にカラー色とキャラクタを用いて記載されており、視覚によって簡潔に伝達内容を理解させるインフォグラフィックス（info-graphics）の手法を見事に活用した事例である。と同時に、着席位置に含意する取締役間のパワーバランスを示唆する情報開示となっており、ガバナンス情報の記載事例として参考になるであろう。（基本原則「E 簡潔性」の適用と内容要素「B ガバナンス」の実践）。

なお、【図表17-5】は、年次報告書の原書では、表示を前提としたものであるが、白黒表示を前提として著者が書き直したものである。

187

第1群　ⅠA型（アニュアル・レポート活用型）の事例

(5) 独立保証報告書

> The Crown Estate 社の取締役宛の独立保証報告書
> （Independent Assurance Report to the Directors of The Crown Estate）
> 　The Crown Estate 社の取締役は、以下に記述した情報及び、2013年3月31日を末日とする営業年度の The Crown Estate 社の年次報告書2013年版（Annual Report 2013）の中で準備した情報、に関する限定的保証（limited assurance）を提供することを私共と契約した。（Independent Assurance Report より）

　The Crown Estate 社の取締役は、年次報告書2013年版について監査法人 PwC より、国際保証業務基準 ISAE3000 及びイングランド・ウェールズ勅許会計士協会の倫理規程（ICAEW Code of Ethics）に準拠した保証水準の限定的保証を受けている。この年次報告書2013年版は、Integrated Annual Report and Accounts 2013 を指す。独立保証保報告書（全1頁）は、Integrated Annual Report and Accounts 2013 の中に組み込まれておらずに、独立した形態で The Crown Estate 社のウェブページ上で PDF 形式で提供されている。
　同じ監査法人 PwC が行った限定的保証業務による保証報告書は、HSBC Holding plc 社の事例とほぼ同じであるので、本書の HSBC 社の事例の箇所を参照されたい。

(6) 監査報告書

　The Crown Estate 社は政府系特殊法人（公益法人）であるため、Integrated Annual Report and Accounts 2013 の中に組み込まれている監査報告書は、英国1961年国王王領地法に基づくものであり、財務諸表及び取締役報酬報告書の外部監査であり、英国議会（両院）へ提出するために会計検査院長が職権で監査を行ったものである。統合報告書そのものについての監査ではないが、公益法人の監査報告の事例として抜粋し紹介しておきたい。

第 17 章　クラウン・エステート（The Crown Estate）

【図表 17-6】　会計検査院長による英国議会（両院）への監査報告書

The Certificate and Report of the Comptroller and Auditor General to the Houses of Parliament

I certify that I have audited the financial statements of The Crown Estate for the year ended 31 March 2013 under the Crown Estate Act 1961. The financial statements comprise the Consolidated Statement of Income and Expenditure, the Consolidated Statement of Comprehensive Income, the Consolidated Balance Sheet, the Consolidated Cash Flow Statement, the Consolidated Statement of Changes in Capital and Reserves and the related notes. These financial statements have been prepared under the accounting policies set out within them. I have also audited the information in the Remuneration Report that is described in that report as having been audited.

Respective responsibilities of the Crown Estate Commissioners, the Accounting Officer and auditor

As explained more fully in the Statement of the Crown Estate Commissioners' and Accounting Officer's Responsibilities, the Board and Chief executive as Accounting Officer are responsible for the preparation of the financial statements and for being satisfied that they give a true and fair view. My responsibility is to audit, certify and report on the financial statements in accordance with the Crown Estate Act 1961. I conducted my audit in accordance with International Standards on Auditing (UK and Ireland). Those standards require me and my staff to comply with the Auditing Practices Board's Ethical Standards for Auditors.

Scope of the Audit of the Financial Statements

An audit involves obtaining evidence about the amounts and disclosures in the financial statements sufficient to give reasonable assurance that the financial statements are free from material misstatement, whether caused by fraud or error. This includes an assessment of: whether the accounting policies are appropriate to The Crown Estate's circumstances and have been consistently applied and adequately disclosed; the reasonableness of significant accounting estimates made by The Crown Estate; and the overall presentation of the financial statements. In addition I read all the financial and non-financial information in the Annual Report to identify material inconsistencies with the audited financial statements. If I become aware of any apparent material misstatements or inconsistencies I consider the implications for my certificate.

In addition, I am required to obtain evidence sufficient to give reasonable assurance that the expenditure and income reported in the financial statements have been applied to the purposes intended by Parliament and the financial transactions conform to the authorities which govern them.

Opinion on Regularity

In my opinion, in all material respects the expenditure and income have been applied to the purposes intended by Parliament and the financial transactions conform to the authorities which govern them.

Opinion on financial statements

In my opinion:
- the financial statements give a true and fair view, in accordance with the Crown Estate Act 1961 and directions issued thereunder by HM Treasury, of the state of The Crown Estate's affairs as at 31 March 2013 and of its surplus; and
- the financial statements have been properly prepared in accordance with the Crown Estate Act 1961 and HM Treasury directions issued thereunder.

Opinion on other matters

In my opinion:
- the part of the Remuneration Report to be audited has been properly prepared in accordance with HM Treasury directions issued under the Crown Estate Act 1961; and
- the information given in the Annual Report for the financial year for which the financial statements are prepared is consistent with the financial statements.

Matters on which I report by exception

I have nothing to report in respect of the following matters which I report to you if, in my opinion:
- adequate accounting records have not been kept; or
- the financial statements are not in agreement with the accounting records or returns; or
- I have not received all of the information and explanations I require for my audit; or
- the Governance Statement does not reflect compliance with HM Treasury's guidance.

Report

I have no observations to make on these financial statements.

Amyas C E Morse
Comptroller and Auditor General
National Audit Office
157-197 Buckingham Palace Road
Victoria
London
SW1W 9SP
12 June 2013

（出所：*Integrated Annual Report and Accounts 2013*, p.94 を基に著者作成）

第1群　ⅠA型（アニュアル・レポート活用型）の事例

5　当該企業の統合報告の特徴点と問題点など

　IIRCによる統合報告のフレームワークは、2013年12月5日に公表されたものである。したがって、早くても2013年12月末日を決算日とする企業が作成する報告書を待たなければ、フレームワークに準拠した統合報告が、世に出ることはない。本稿執筆時点の過渡期を前提として、特徴点と問題点について指摘しておきたい。

　まず特徴点として、The Crown Estate社の統合年次報告書（Integrated Annual Report and Accounts 2013）は、インフォグラフィックスの特徴を十分に活用し効果的な説明が随所でなされている。この意味では、基本原則「E　簡潔性」を適用した情報を作成していると言える。

　内容要素「A　組織概要と外部環境」、「C　ビジネスモデル」などは、良く理解できるが、基本原則「C　ステークホルダーとの関係性」として、どのようなものを認識しているのか今後の統合報告の公表に期待したい。

　保証報告書は、統合年次報告書とは独立した媒体で開示されている。統合年次報告書の中には財務諸表に対する監査報告書が記載されている。このことから、財務諸表監査業務と統合報告書保証業務の各報告書を1つに統合するのかThe Crown Estate社のように別々に作成するのか、今後の研究指向を示唆する上で大いに参考になる事例である。

　The Crown Estate社は、上場企業ではないが、資産規模も大きく、IIRCのパイロット・プログラムに参加している企業である。英国の政府系特殊法人（公益法人）の統合報告のあり方を分析することで、日本の非上場会社（中小会社を含む）や非営利会社、さらに政府官公庁、特殊法人などの組織にとっての統合報告書の作成の意義と示唆が得られることが期待できる。

（注）
1　2013年3月末の決算日レート（1ポンド＝143.16円）による円換算額。

第 17 章　クラウン・エステート（The Crown Estate）

《主要参考文献》

The Crown Estate [2013], *Integrated Annual Report and Accounts 2013*, The The Crown Estate.

The Crown [1961], *The Crown Estate Act 1961, 1961 Chapter 55 9 and 10 Eliz 2.*

第18章

英国勅許公認会計士協会（ACCA）

本事例の特徴

1　英国勅許公認会計士協会（Association of Chartered Certified Accounts：ACCA）は、2013年3月末日の決算データに基づくFinancial Statement（全56頁）とは別に、統合報告フレームワーク草案のガイドラインに則ってAnnual Report 2012-13（全48頁）を作成しており、ⅠA型の作成パターンの形態をとっている。

2　2013年4月に公表された統合報告フレームワーク草案のガイドラインに則って作成されており、統合報告書に対する責任表明書が作成されている。財務諸表の中に経営者による説明（Management Commentary：MC）を作成しないことを選択し、読み手にとって利益となる特定の情報を読み手が突き止めやすくするために、MCの内容項目と統合報告書のガイドライン項目の比較表を財務諸表の中で提示している点がガバナンスの役割を担う者による責任表明書の記載事例として参考になるであろう。

3　【図表18-5】で示すとおり、4つの経営理念と5つの価値観を図の上と下に記載し、投入資源から社会的公共価値までの一連の関連性をもたせた価値創造プロセスと価値創造要因が左側から右側にインフォグラフィックスの効果を用いて簡潔に解説されており、価値創造プロセスの記載事例として参考になるであろう。

4　「将来の見通し」【図表18-6】では、中期的長期的に組織が対応する必然性を伴ういくつかの主要な傾向を予測しており、参考になるであろう。

第18章 英国勅許公認会計士協会（ACCA）

1 ACCAのプロフィール

　英国勅許公認会計士協会（Association of Chartered Certified Accounts：ACCA）（本部：英国ロンドン）は、1904年に8名の会計士によって創設されたロンドン会計士協会を起源として、現在、世界173か国の約16万2,000名の職業会計士と42万8,000名の学生を有する会計職専門機関であり、世界89か所の活動拠点で約1,100人の職員を雇用して、資格試験や監査業務等の専門的サービスを提供している。日本には活動拠点を設けていない【図表18-1】。ただし、British Council東京センターが勅許公認会計士試験（6月と12月の各8日間）の受験会場の指定を受けている。

　ACCAは、世界中の会計士団体に先駆けて、資格能力の1つとして統合報告の知識を2014年12月より組み込むことを2014年1月13日に公表した[注1]。今後、資格試験に関わる教育教材及び教育カリキュラムの開発も急展開されるであろう。

　ACCAは、取締役ではなく16か国37名（男24名と女13名）で構成される

【図表18-1】　ACCAの活動拠点の記載事例

原書橙色の■はACCAの職員事務所，原書黒色の▲ACCAの活動拠点、原書橙色の○はACCAとの会計士のグローバル協約

（出所：Annual Report 2012-13, p.44から一部抜粋）

評議会（Council）によって統治されており、会社の定款に相当する英国国王からの勅許状（Royal Charter）に略述されたACCAの目的を確実に実施する任務を負う勅許組織である。評議会には、組織の戦略と日々経営を執行する理事長及び理事会（Chief Executive and Executive Team）（英国で採用される男性6名と女性4名で構成される）が設置されている。ACCAは、戦略方針目的に基づいて意思決定し、ACCAに関連する業績を監視し、年次予算案を取り扱う。

2012年度には、総売上高（Total income）1億5,167万2,000ポンド（約217億1,336円(注2)）、営業総利益（Gross operation surplus）2,241万5,000ポンド（約32億893万円）、税引前純利益1,127万1,000ポンドであり、同年度末（3月末）現在では、資本金相当額（Accumulated fund and other reserves）4,081万4,000ポンド、資産合計額1億5,105万ポンドと報告されている。

2 ACCAの統合報告に関する企業の作成目的・意図・狙いどころ

ACCAの理事（Executive）は、2013年3月31日を決算日とする営業データに基づいて、EU採用版IFRSに準拠した財務諸表Financial Statement（全56頁）と年次報告書Annual Report 2012-13（全48頁）を作成し、ロンドンの本部で9月19日に開催される社員年次総会に合わせて、総会開催通知書（Annual General Meeting booklet）と共に社員に送付している。

ACCAのAnnual Report 2012-13は、2013年4月に公表されたIIRCの統合報告フレームワーク草案のガイドラインに則って作成されている（p.2）。また、Financial Statementの中には、経営者による説明（Management Commentary：MC）の内容項目と統合報告書のガイドライン項目を比較するための比較一覧表が掲載されている（p.2）。これらのことから、本稿では、年次報告書と財務諸表の双方が統合報告書に相当するものとして、その内容を分析することとする。ACCAは、IIRCのパイロット・プログラムに参加している事業組織である。

ACCAの2012年度（3月末日決算）に関する各種報告書の体系は、次のとおりである。

第 18 章　英国勅許公認会計士協会（ACCA）

・統合報告書に相当する名称：
　Annual Report 2012-13（全 48 頁）
　Financial Statement（2012-13）（全 56 頁）
・その他の報告書：
　Annual General Meeting booklet（2013）（全 56 頁）

3　ACCA の記載目次・項目のリスト

【図表 18-2】　年次報告書 2012-13 年版（全 48 頁）の目次構成

	目次構成	掲載頁	頁数
1	ACCA について	2	1
2	保証報告書	3	1
3	2012-13 年度事業内容ハイライト	4	2
4	2012-13 年度業績数値ハイライト	6	2
5	会長の概要	8	2
6	理事長による説明	10	2
7	ACCA の価値創造プロセス	12	4
8	ACCA の戦略進捗状況	16	18
9	ACCA の財務業績	34	2
10	ACCA のガバナンス	38	2
11	ACCA のリスク	40	3
12	結語	43	1

（出所：Annual Report 2012-13, p.0 を基に著者作成）

【図表 18-3】　財務諸表 2012-13 年版（全 56 頁）の目次構成

	目次構成	掲載頁	頁数
1	過去 5 年間の要約	1	1
2	はしがき	2	1
3	ACCA の連結財務諸表	3-33	
	連結総括包括損益計算書		1
	連結貸借対照表		1
	連結社員基金変動計算書		1
	連結キャッシュフロー計算書		1
	財務諸表の注記		28
4	コーポレートガバナンス説明書	34-40	7
5	独立会計監査人報告書	41	1
6	ACCA の社会貢献・慈善活動基金	42-53	12

（出所：Financial Statement, p.0 を基に著者作成）

4　ACCA の統合報告の主要構成要素の抽出・特徴点の解説

(1)　統合報告書に対する責任表明書

　フレームワークの利用「G 統合報告書の責任」すなわちガバナンスに責任を負う者による責任表明書を ACCA の年次報告書（下記「この報告書について」

第1群　ⅠA型（アニュアル・レポート活用型）の事例

を参照）と財務諸表【図表18-4】の2か所で作成されている。この責任表明書は、統合報告書の中に必ず作成しなければならない要請事項であり、統合報告書に対する責任と範囲と明示する役割の他に、情報利用者にとって統合報告書の作成と存在の事実を明示する効果が期待される。

この報告書について（About this report）

　この報告書は、2013年3月31日を決算日とする営業年度のACCAの業績を詳述するものであり、(2013年4月に公表された)国際統合報告評議会（IIRC）の統合報告フレームワーク草案のガイドラインに則って作成されている。この報告書は、過年度から取り組んできた戦略の遂行を通してACCAが価値をどのように創造してきたのか、さらに将来に渡って価値を創造し続けるためにACCAはどのように市場での立ち位置が定まるのか、これらに関する簡潔かつ包括的な描写を読者に提供するためのものである。

　今年は、統合報告の原則を適用して業績を報告してから、2年目の年である。内部検討やステークホルダーからのフィードバックに従って、ACCAは、ビジネスモデルやリスク、さらに職業会計士とACCAに対する将来の見通しの見解について特に焦点を当てて、ACCAが開示する情報の質を特に改善しながら、2012-13年版報告書をさらに簡潔にすることを目的としてきた。（年次報告書、p.2）

英国勅許公認会計士協会（Association of Chartered Certified Accountants）
はしがき（Foreword）

　この連結財務諸表は、2013年3月31日を末日とする会計年度のACCA及びACCAの子事業体の成果（results）を表すものである。

　ACCAが各種ステークホルダーに対する価値をどのように創造するのかを提示するために、ACCAの戦略、ガバナンス、業績、及び見通しについての広範囲の情報を提供し、かつACCAが社会で従事する（occupy）場所を説明する役割として統合報告書をACCAは公表する。

第 18 章　英国勅許公認会計士協会（ACCA）

　ACCA の統合報告書は、ACCA の業績を理解する上で重要な情報を広範囲に提示するものであるため、ACCA は、経営者による説明（Management Commentary：MC）を作成しないことを選択した。以下の比較一覧表は、読み手にとって利益となる特定の情報を読み手が突き止めやすくするために、MC の内容項目と統合報告書（のガイドライン項目）の比較を提示するものである。

【図表 18-4】　ACCA の責任表明書の記載事例

ASSOCIATION OF CHARTERED CERTIFIED ACCOUNTANTS
FOREWORD

These consolidated financial statements present the results for ACCA and its subsidiaries for the year ended 31 March 2013.

ACCA publishes an Integrated Report which provides a wide range of information about ACCA's strategy, governance, performance and prospects to show how we create value for our stakeholders and explains the place we occupy in society.

As our Integrated Report is a wider representation of information which is important to understanding ACCA's performance, we have elected not to produce a Management Commentary. The table below provides a comparison of the content of the Management Commentary with the Integrated Report to enable readers to locate specific information that may be of interest to them.

Management commentary – key headings	Content	Integrated Report reference
Introduction	Context and basis of preparation	About this report
Nature of ACCA's business	Mission and values Competitive environment Economic environment Regulatory environment Products and services	What matters to us Recognition Leading and shaping the agenda of the global profession Best-in-class products and services
Strategy and strategic outcomes	Strategic priorities Mapping priorities to outcomes	Our strategy
Resources and relationships	Resources: financial, human and network; brand development Relationships: global partnerships, key employers, strategic partners, regulator	Partnerships and alliances Our people
Governance, risk and corporate assurance	Outline of our approach to governance Approach to risk management and major risk types	Our governance Our risks
Strategic outcomes – review of performance	KPI results v target	Our strategic progress
Financial review	Supplementary financial information	Our financial performance*
Social and environmental impact	Our approach to CSR and significant developments	Separate CSR report will be published on website
Outlook for next year	2013/14 strategic priorities	Future outlook

*Financial performance in the financial statements is provided in accordance with IFRS. ACCA measures its financial performance on a gross operating surplus basis, prior to charging strategic investment expenditure. For the year to 31 March 2013, performance on that basis amounted to £22.4m compared to a target of £13.6m.

Readers of these financial statements are encouraged to access our Integrated Report, which can be found at: www.accaglobal.com/

（出所：*Financial Statement*, p.2 を抜粋）

(2) 価値創造プロセス

【図表 18-5】は、インフォグラフィックスの手法を用いて ACCA の価値創造プロセスを解説したものである。4つの経営理念（Our Mission）と5つの価値観（Our Values）を図の上と下に記載し、左側から右側に価値創造プロセスと価値創造要因が記載されている。具体的には、「社会的投入資源と考慮事項」→「主要な事業資源」→「主要な価値創造活動」→「主要な生産内容」→「活動結果による主要な社会的影響」→「社会的利益」→「社会的公共的価値」の関連性と各々の要因を図示している。【図表 18-5】は、基本原則「B 情報の結合」、「C ステークホルダーとの関係性」、「D 重要性」、「E 簡潔性」を適用し、内容要素「A 組織概要と外部環境」、「C ビジネスモデル」、「E 戦略と資源配分」を実践した内容となっている。

(3) 将来の見通し

【図表 18-6】は、中期的長期的に ACCA が対応する必然性を伴ういくつかの主要な傾向を予測したものである。まず、①グローバル化、②規制事項、③専門的優位性、④専門機関の次世代の見方、⑤雇用情勢の変化、⑥金融専門職のネガティブな見識（脱金融危機）、⑦事業価値創造者としての会計士、の7項目の主要な傾向に対し、機会と難題と対応すべき計画案の3つを見通しとして掲げている。したがって、基本原則「B 情報の結合」、「D 重要性」、「E 簡潔性」を適用し、内容要素「G 見通し」と「D リスクと機会」を実践した内容となっている。

(4) 保証報告書

Annual Report 2012-13 において、「保証報告書」（Assurance Statement）の記載があるが、ACCA の統合報告書に関する外部保証を意味する説明書ではない。統合報告書に関する外部保証は、各種ガイドラインの開発と共に、今後展開するように探究していく旨を表明している。

保証報告書（Assurance Statement）
　この年次報告書の各要素は、以下に述べる方法で保証されている。長期的

時間軸でのACCAの目的は、この報告書の全てに渡る保証を得ることである。

　この年次報告書の全体は、ACCAの理事会（Executive Team）、監査役会（Audit Committee）、評議会（Council）によって承諾されている。この報告書の情報の多くは、外部保証を既に受けている別の報告書類から引用されている。次の報告書類から引用される情報を含んでいる。
■　ACCAの財務諸表　（説明省略）
■　ACCAのCSR報告書　（説明省略）
　加えて、ACCAの2012/13 performance overview及びfinancial performanceの説明箇所（section）には、主要業績評価指標と連結財務諸表に関する監査の意味の外部会計監査人による保証を受けた情報が含まれる。
（中略）
　我々ACCAは、各種ガイドラインが活用できるようになると、ACCAの統合報告書に関する外部保証をさらに展開することを探究する予定である。
（中略）
　ACCAの最初のCSR報告書は、2009年に作成されて、アカウンタビリティを改善するためにACCAの会社報告を開発し続けている。IIRCパイロット・プログラムの一部として、ACCAは統合報告に向けて働きかけるように照準を合わせてきた。しかしながら、我々ACCAはCSR報告書を作成し続ける。CSR報告書は、この統合報告書を完結（complement）し、ACCAのグローバル規模の支持の展開、持続可能な調査、洞察を特に取扱い、関連するグローバル規模の資料を提供する報告書であり、ACCAはCSR報告書を測定する立場にあり、CSR報告書はACCAの戦略と事業にとって重要であると思われる。（年次報告書、p.3）

5　ACCAの統合報告の特徴点と問題点など

　IIRCによる統合報告のフレームワークは、2013年12月5日に公表されたものである。したがって、早くても2013年12月末日を決算日とする企業が作成す

第1群　ⅠA型（アニュアル・レポート活用型）の事例

【図表 18-5】　ACCA の価値創造プロセスの記載事例

Providing opportunity and access to people of ability around the world

Supporting our members throughout their careers

OUR MIS

SOCIETAL INPUTS AND CONSIDERATIONS

KEY RESOURCES

KEY VALUE-ADDING ACTIVITIES

A FRAMEWORK OF GLOBAL AND NATIONAL REGULATIONS FOR ACCOUNTANCY TRAINING, QUALIFICATIONS AND SUPERVISION

A DIVERSE POPULATION OF POTENTIAL STUDENTS ACROSS THE GLOBE

- Market offices, supported by global headquarters
- People
  - Employees
  - Member volunteers
- Partners
  - Employers
  - Learning providers
  - Accountancy bodies
- Intellectual property and brand
- Suppliers
- IT infrastructure
- Financial capital

- Creating global networks through an unrivalled, customer-focused, market presence
- Qualifying and regulating professional accountants to the same high standards globally through a flexible and accessible process
- Maintaining and developing a global brand that attracts students around the world (ACCA)
- Generating globally-relevant technical insights with public interest at its heart
- Digitally-enabled developments for an online, self-service world

Fees and subscriptions

Innovat

Opportunity　　　　Diversity

OUR VA

200

第18章　英国勅許公認会計士協会（ACCA）

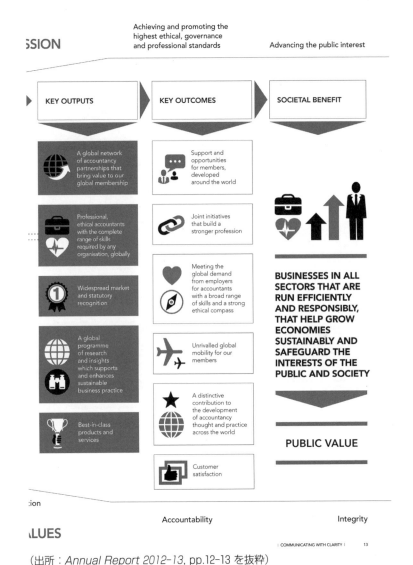

（出所：Annual Report 2012-13, pp.12-13 を抜粋）

第1群　ⅠA型（アニュアル・レポート活用型）の事例

【図表18-6】　ACCAの将来の見通しの記載事例

FUTURE OUTLOOK

Looking beyond our current strategy, and the conditions currently affecting the professional sector, we see a number of key trends to which we will need to respond in the medium and long term.

Key trend	Opportunities	Challenges	How we plan to respond
Globalisation	Growth in emerging markets and associated greater need for accountancy and finance professionals.	Protectionist moves in certain markets and regions. Growing competition from other professions and bodies.	Leverage our global network, investing in both new and existing markets in line with economic growth projections. Capitalise on our history and experience of supporting the development of emerging economies.
Regulation	Finance leadership in getting compliance right. ACCA's influence on standards which work for business and enhance investor confidence.	Increased regulation which makes it hard for some work, eg audit, to be value-adding. A more rules-based approach to business, which may erode the need for professional judgment.	Policy and technical insight and influential relationships with policy makers and regulators.
Technological advances	Digital communications extending networks and creating wider, more diverse communities. Ability to offer high-quality exams through e-delivery.	Speed of change and the difficulties of keeping pace. Social media enabling professionals to create own networks without need of professional bodies. Free online education (Massive Open Online Courses etc).	Through a 'think digital first' approach, we are investing in e-business, e-assessment, mobile delivery and social media, so we continue to appeal to future talent.
Next generation's view of professional bodies	Reinventing the concept and career paths of the finance professional. Enhancing the employability of members by working more closely with employers.	Potential perception among the digital native generation of the traditional professions as inflexible and irrelevant. Younger generation not aspiring to careers for life.	Research into the global preferences of the next generation of potential recruits as part of post-2015 strategy work. Leverage ACCA's global, diverse network as a unique connected business community of like-minded professionals.
Changing employment landscape	Opportunity to refresh and reinvent the role of the professional accountant.	Larger employers creating their own certifications/universities. New roles emerging which compete with those that finance professionals perform.	Research into changing global employment patterns as part of our work on strategy beyond 2015.
Negative perceptions of the finance profession, post financial crisis	Opportunity to elevate the ethical standing of finance professionals.	Next generation is not attracted to the profession, as they consider it culpable. Removal of the profession's powers to regulate itself leading to loss of status and influence.	Continue to reassert and lead on the importance of public value.
Accountancy as a value-driver in business	Transformation of the finance function. Integrated reporting. Innovation in accounting services. Accountants as professional advisers of choice especially to SMEs.	Automation of finance work. Perceptions of finance professionals as not adding sufficient public value. Finance professionals not always seen as natural strategic leaders.	Provide the complete skills for professional accountants in all sectors. Continued research and insights on wide range of topics relevant to the work of our members and the wider global profession. Leverage our Global Forums to provide nationally and internationally applicable insight, grounded in practical knowledge.

（出所：*Annual Report 2012-13*, pp.15 を抜粋）

る報告書を待たなければ、フレームワークに準拠した統合報告が、世に出ることはない。本稿執筆時点の過渡期を前提として、特徴点と問題点について指摘しておきたい。

　まず特徴点として、第一に統合報告書に対する責任表明書の作成が挙げられる。2013年4月に公表された統合報告フレームワーク草案のガイドラインに則って作成されており、統合報告書に対する責任表明書が作成されている。財務諸表の

中に経営者による説明（Management Commentary：MC）を作成しないことを選択し、読み手にとって利益となる特定の情報を読み手が突き止めやすくするために、MCの内容項目と統合報告書のガイドライン項目の比較表を財務諸表の中で提示している点がガバナンスの役割を担う者による責任表明書の記載事例として参考になるであろう。

特徴点の第二として、【図表18-5】に示すとおり、4つの経営理念と5つの価値観を図の上と下に記載し、投入資源から社会的公共価値までの一連の関連性をもたせた価値創造プロセスと価値創造要因が左側から右側にインフォグラフィックスの効果を用いて簡潔に解説されており、価値創造プロセスの記載事例として参考になるであろう。

問題点としては、株式会社の取締役報酬報告書の取締役報酬と戦略と利益との関係を示す内容要素「E 戦略と資源配分」に相当する情報記載が必要と思われる。内容要素「B ガバナンス」の記載はなされているが、評議会（Council）を中心とした機関構造の説明に終始している点が残念である。

（注）
1　ACCAの公式Webページの2014年1月8日付けニュース記事「Integrated Reporting to create value in ACCA Qualification」を参照されたい。Available online from http://www.accaglobal.com/gb/en/discover/news/2014/integrated-qualification.html?from=XX（Last accessed date：2014-Jan-8）
2　2013年3月末の決算日レート（1ポンド＝143.16円）による円換算額。

《主要参考文献》
ACCA[2013], *Annual General Meeting booklet*, Association of Chartered Certified Accounts.
―――[2013], *Annual Report 2012-13*, Association of Chartered Certified Accounts.
―――[2013], *Financial Report*, Association of Chartered Certified Accounts.

第2群

IB型（サステナビリティ・レポート活用型）の事例

第19章
現代建設（Hyundai Engineering & Construction）

> **本事例の特徴**
>
> 1 本事例は、IB型に分類される。2012年度サステイナビリティレポート（Sustainability Report 2012）という名前で統合報告書を作成しており、本体は53頁しかない簡潔なものになっている。サステイナビリティレポートとアニュアルレポートによって統合報告体系を構成しようとしている。
>
> 2 IIRCの〈IR〉フレームワークを参考に、独自の統合報告フレームワークとサステイナビリティ・マネジメント戦略フレームワークを構築している。両者のフレームワークが、本報告書の作成・表示の基礎構造を形作っている。内容要素の「E　戦略と資源配分」及び「H　作成と表示の基礎」のベストプラクティスをなす。
>
> 3 20種類のリスクを同社の主たるリスクとして定義し、リスク水準に応じて、低い水準のリスクはCRO（最高リスク責任者）で対応し、中程度の水準のリスクはCEO（最高経営責任者）で対応するが、高い水準のリスクになると取締役会が責任主体となる。リスク報告構造にこのような特徴がみられるため、内容要素の「D　リスクと機会」のベストプラクティスをなす。
>
> 4 監査法人Deloitte Anjin LLCによる第三者保証報告書が作成されており、国際保証業務基準ISAE3000及びAA1000保証基準に準拠した「限定レベル」補償水準となっている。指導原則の「F　信頼性と完全性」を有する報告書と言える。

第 19 章　現代建設（Hyundai Engineering & Construction）

1　Hyundai Engineering & Construction（現代建設）のプロフィール

　現代建設（Hyundai Engineering & Construction Co. Ltd.）は、1947年創業の大韓民国の首都ソウル市に本社を置く総合建設業である（Hyundai Engineering & Construction, 2013a, p.14）。同社は、韓国の第17代大統領李明博（イ・ミョンバク）氏が、政界入り前の1992年まで社長や会長を歴任し、韓国を代表する企業に育て上げたことでも知られる（知恵蔵 2014）。2011年に現代自動車グループ入りし、土木工事、環境事業、建築工事、プラント工事、及び電力・エネルギー工事を含むあらゆる建設分野を幅広く手掛けている。

　ENR.com 社（Engineering News-Record）の調査によれば、2013年度の国際建設企業トップ225社（The Top 250 International Contractors 2013）の売上高ランキングにおいて、現代建設はサムスン・エンジニアリング（Samsung Engineering Co. Ltd.）の13位（同国首位）に次ぐ、15位（同国2位）にランキングしている（ENR.com, 2013）。

　現代建設は、売上高約1.2兆円、当期純利益約530億円、総資産約1.2兆円、純資産約4,400億円の上場企業であり（2012年12月期連結ベース、1ウォン＝0.093円で換算）、12社の連結子会社と約5,300名（2013年3月現在）のグループ従業員を世界26か国に展開・配置している（Hyundai Engineering & Construction, 2013a, p.75）。また同社は、1984年12月から韓国取引所に上場している。

2　統合報告に関する企業の作成目的・意図・狙いどころ

　現代建設は、2009年から「サステイナビリティレポート」を Global Reporting Initiative（GRI）の G3 に準拠して作成している（Hyundai Engineering & Construction, 2010, p.0）。2010～2012年からは、G3.1 に準拠している（Hyundai Engineering & Construction, 2013a, p.0）。同社は、IIRC のパイロット・プログラムに参画しており、2010年度から同報告書を統合報告形式で公表している（Hyundai Engineering & Construction, 2013a, p.0）。なお、2012年4月に公表された CorporateResister.com 主催による The CR Reporting Awards 2012 の Best integrated report の部門において、同社公表の「Sustainability Report 2011. We Build Tomorrow」は、第2位の表彰を受けている。

　韓国の上場企業は、2011年1月1日以降に始まる事業年度から、韓国採択国際会計基準（K-IFRS）に準拠して財務諸表を作成することが求められている。これにより、現代建設は、2011年1月1日以降に始まる事業年度から、K-IFRSに準拠して財務諸表を作成している（Hyundai Engineering & Construction, 2013b, p.65）。したがって、現代建設の2012年度（2012年12月期）の報告書の体系は、以下のとおりとなる。

> ・サステイナビリティレポート：2013 HYUNDAI ENGINEERING & CONSTRUCTION SUSTAINABILITY REPORT WE BUILD TOMORROW（総頁数53頁（86頁）・GRI G3.1準拠）
> ・アニュアルレポート：Hyundai Engineering & Construction 2012 Annual Report Moving to the next stage of growth（80頁（157頁）・K-IFRS準拠）

※　アニュアルレポートとサステイナビリティレポートで年度表記が異なる点に留意されたい。

　このように、現代建設の報告書は、サステイナビリティレポートとアニュアルレポートの2本立ての構成となっている。なお、サステイナビリティレポートは2013年度と表記され、アニュアルレポートでは2012年度と表記されているが、いずれも同じ2012年1月1日～同年12月31日を会計期間としている。したがって、以下では、各報告書の年度表記にしたがうこととする。

3　記載目次・項目のリスト

　現代建設のサステイナビリティレポート（2013年度版）は、PDF版で総頁数53頁（表紙・裏表紙含む）である。ただし、実際に記載されている頁数は88頁である。また、財務諸表が開示されているアニュアルレポート（2012年度版）は、PDF版で総頁数80頁（表紙・裏表紙含む）である。ただし、実際に記載されている頁数は157頁である。このように、両報告書とも、変則的な頁数の振り方と

第 19 章　現代建設（Hyundai Engineering & Construction）

なっている。本稿では、とくに断りのない限り、実際の報告書の頁数を使用している。なお、両報告書の合計頁数は、PDF 版で 168 頁である。

統合報告形式で作成されているサステイナビリティレポート（2013 年度版）は、6 部構成をとっている。その目次は、**【図表 19-1】**に示している。なお、図表中の各項目の左端の数字は、頁番号を示している。本報告書では、最初に 3 つのス

【図表 19-1】　サステイナビリティレポートの目次

目　次		
	02	CEOからのメッセージ
	06	ストーリー1. 当社は、グローバル規模で未来を創ります。
	08	ストーリー2. 当社は、ビジネス・パートナーとともに未来を創ります。
	10	ストーリー3. 当社は、スタンダードの策定をつうじて未来を創ります。
12 持続可能な価値の構築	14	会社概要と事業ポートフォリオ
	16	経営理念と核となる価値
	19	ステークホルダー・エンゲージメント
	20	コーポレートガバナンス
	22	企業倫理
	24	リスクマネジメント
	26	サステイナビリティ・マネジメント戦略
28 経済価値の構築	30	持続可能な経済価値の創造
	31	事業ポートフォリオの推進
	33	新しい事業領域と市場の開拓
	36	管理体制のグローバル化
38 環境価値の構築	40	環境にやさしい経営の基礎
	44	環境にやさしい現場施工
	48	マテリアル・フロー分析
	50	環境にやさしい技術の推進
	52	主たる環境にやさしいR&Dの達成
54 社会的価値の構築	56	従業員の価値創造
	60	企業文化
	62	安全管理
	64	win-winの協力
	67	社会貢献
	71	顧客満足
74 付録	75	経済価値の構築
	76	環境価値の構築
	78	社会的価値の構築
	80	第三者保証報告書
	81	温室効果ガスに対する検証
	82	GRI報告内容Index
	86	GRIアプリケーション・チェック報告書
	87	主要な賞、栄誉及び会員

（出典）Hyundai Engineering & Construction, 2013a, Contents をもとに筆者が作成。

第2群　ⅠB型（サステナビリティ・レポート活用型）の事例

トーリー（グローバル規模での事業展開、事業パートナーとの協働、及びスタンダードの策定）が示されている。このストーリーは、同社のあるべき姿（将来ビジョン）を提示するものとして解釈できる。さらに、「持続可能な価値の構築」、「経済価値の構築」、「環境価値の構築」、「社会的価値の構築」、及び「付録」の章がこれに続き、それぞれの内容が説明される構成となっている。

他方、アニュアルレポート（2012年度版）は、3部構成となっている【図表19-2】。最初に財務ハイライトや財務概況、次に事業概況や各事業の説明、最後

【図表19-2】　アニュアルレポートの目次

目　次

001	プロフィール
010	CEOからのメッセージ
012	会社年表
014	財務ハイライト
015	財務概況 / 2013年度プラン
016	2012年度ニュース・ハイライト
018	事業概況
020	土木工事と環境事業
024	建築工事
028	プラント工事
032	電力・エネルギー工事
036	調達
037	健康、安全及び環境（HSE）
038	研究開発
040	サステイナビリティ・マネジメント
044	財務諸表
154	取締役会
155	組織図
156	グローバル・ネットワーク

（出典）Hyundai Engineering & Construction, 2013b, Contents をもとに筆者が作成。

第19章　現代建設（Hyundai Engineering & Construction）

に財務諸表や取締役会の構成などが記載されている。両報告書間でクロスリファレンスはなく、互いに独立した報告書となっている。したがって、同社では、サステイナビリティレポートが統合報告書として位置づけられているが、事業概況や財務諸表に関する情報は、アニュアルレポートで開示されている。このことから、同社の統合報告は、本来的な意味での財務と非財務情報の統合報告書形式による報告を行っていない。

4　統合報告の主要構成要素の抽出・特徴点の解説

(1) 組織概要と外部環境

　現代建設は、サステイナビリティレポートの14-15頁の見開きで、会社概要と事業ポートフォリオを説明している。そこでは、①土木工事、②建築工事、③プラント工事、④電力・エネルギー工事に関する説明がなされるとともに、従業員数や支店数、売上高などが簡単に説明されている。これは、内容要素の「A　組織概要と外部環境」に関する部分である。

(2) リスクと機会

　同社は、サステイナビリティレポートの24-25頁の見開きで、同社のリスクマネジメント体制を説明している。同社では、リスクを①カントリー・リスク、②企業・市場リスク、及び③プロジェクト・リスクの3つのカテゴリーに分類している。その上で、独自のリスクマネジメント・インフラストラクチャーを構築している。

　まず、現代建設は、リスク分析の項で次のように述べている。

　「様々なリスクにタイムリーかつ有効な方法で対処するために、20の重要なリスクを選別し、月次ベースで現在の状況を監視し、シナリオ・マッピングを通じたリスク分析を実施している。加えて、重要なリスクごとに重要業績評価指標（KPIs）を決定し、対応マニュアル（4段階のリスキーな状況—注意、警戒、警告、及び危機の評価基準と、監視と危機対応に対応したチーム機能を含む）を開発した。」（Hyundai Engineering & Construction 2013a, p.24）

第 2 群　ⅠB型（サステナビリティ・レポート活用型）の事例

　ここで、20 の重要なリスクとは、①原材料価格の高騰、②通貨のボラティリティ、③競争激化、④ブランド認知度の低下、⑤適切なマネジメント目標の設定の失敗、⑥新規プロジェクトの失敗、⑦グローバル品質管理基準への認証不適合、⑧流動性危機、⑨グローバル経済の変化、⑩国内建設業界の停滞、⑪諸外国の政治の不透明性、⑫パートナー企業との結びつきの低下、⑬建設業の産業政策・規制の変化、⑭企業イメージの毀損、⑮人事管理の脆弱性、⑯法令違反、⑰業務災害、⑱情報及び技術のリーク、⑲自然災害、⑳人工災害、をいう（Hyundai Engineering & Construction 2013a, p.25）。

　このような 20 種類のリスクに対して、そのリスクのレベルに応じて、低レベルのリスクは CRO（最高リスク責任者）で対応するが、中レベルのリスクは CEO（最高経営責任者）が対応し、高レベルのリスクにもなると取締役会がその対応の責任部署となる（**【図表 19-3】**を参照されたい）。

　また、同社では、「リスクの深刻度や発生確率、影響の範囲を分析し、リスクを定量化し、いくつかのステージにカテゴリー化する。弊社のリスク報告構造はステージごとに分類されており、よりタイムリーかつ有効な方法でリスクを報告

【図表 19-3】　リスク報告構造

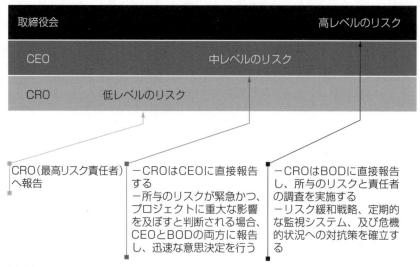

（出典）Hyundai Engineering & Construction 2013a, p.25 をもとに筆者が作成。

第19章 現代建設（Hyundai Engineering & Construction）

し、管理できるような構造をなす。」（Hyundai Engineering & Construction 2013a, p.25）と述べられており、リスクの分析と報告にも注力していることがうかがえる。これらは、内容要素の「P　リスクと機会」に関する部分である。

(3) 作成と表示の基礎

現代建設のサステイナビリティレポートでは、【図表19-4】で示すような「統合報告フレームワーク」を構築している。この図表から、「持続的成長」をフレームワークの中心に配置して、経済、環境、社会を報告の三本の柱として位置づけていることが分かる。

また、報告内容については、①付加価値（国際展開の結果、新規参入した地域

【図表19-4】　現代建設の統合報告フレームワーク

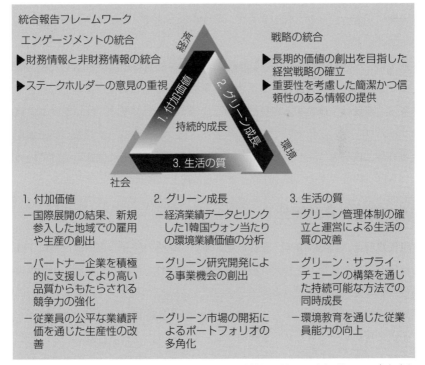

（出典）Hyundai Engineering & Construction 2013a, About this Report をもとに筆者が作成。

第2群　ⅠB型（サステナビリティ・レポート活用型）の事例

での雇用や生産の創出など）、②グリーン成長（グリーン研究開発による事業機会の創出）、及び③生活の質（グリーン・サプライ・チェーンの確立をとおして、持続可能な方法で共に成長することなど）を挙げている。これらの内容を報告することが、企業の統合報告の作成目的と解釈することができる。

　また、「エンゲージメントの統合」を図るために、財務情報と非財務情報の統合を推進し、ステークホルダーからの意見を重視する政策を掲げている。前者の財務情報については、「74　付録」の「経済価値の構築」のセクションで、重要な財務業績が一覧表示されている。一方、非財務情報については、「環境価値の構築」のセクションで、エネルギー消費量や温室効果ガスの削減など重要な項目に関する2010～2012年度の期間比較のデータなどが記載されている。また、2018年度の削減目標などが記載されている「社会的価値」のセクションでは、それほど重要な情報の記述はない。非財務情報については、付録において一覧形式で開示する方法はとられておらず、本文中の該当する箇所でそれぞれ触れられているにすぎない。

　最後に、「戦略の統合」を図るために、長期的価値の創出を目指した経営戦略を確立し、重要性を考慮した簡潔かつ信頼性のある情報の提供を指向しているとされる。前者は、後述する同社独自の「サステイナビリティ・マネジメント戦略フレームワーク」に結実しており、後者は、同フレームワークに基づいて展開される具体的内容について、Deloitte Anjin　LLCから第三者保証を受けている。これらは、内容要素の「H　作成と表示の基礎」に関係する部分である。

5　戦略と資源配分

　現代建設は、【図表19-4】で述べたような「戦略の統合」を図るために、長期的価値の創出を目指した経営戦略の確立や、重要性を考慮した簡潔かつ信頼性のある情報の提供を掲げている。

　同社の統合報告フレームワークに基づいて、【図表19-5】に示すような「サステイナビリティ・マネジメント戦略フレームワーク」が構築されている。そこでは、最上位概念である「ビジョン・ステートメント」において、「未来を創る」というビジョンが掲げられている。

第19章　現代建設（Hyundai Engineering & Construction）

【図表19-5】　現代建設のサステイナビリティ・マネジメント戦略フレームワーク

（出典）Hyundai Engineering & Construction 2013a, p.27 をもとに筆者が作成。

第2群　ⅠB型（サステナビリティ・レポート活用型）の事例

　次に、このビジョンに従って、①最も価値のある企業、②最も環境にやさしい企業、及び③最も信頼できる企業という3つの「戦略目標」（上位概念）を設定し、経済価値、環境価値、及び社会的価値の構築という「戦略的方向性」（中位概念）を打ち出している。そして、経済価値の構築などの中位概念を具現化するために、「詳細な戦略的方向性とタスク」（下位概念）を明示している。

　このように、同社は統合報告フレームワークやサステイナビリティ・マネジメント戦略フレームワークを明示して、同社が持続可能な成長を図っていくために、どのようなビジョンや具体的戦略目標を持っているのかを概観できる仕組みとなっている。すなわち、本報告書は、【図表19–5】の戦略フレームワークを具現化すべく、経済価値の構築、環境価値の構築、及び社会的価値の構築の章で、それぞれ「詳細な戦略的方向性とタスク」を説明する構成となっている（【図表19–1】の目次を参照）。たとえば、【図表19–6】のような同社独自の「カーボン・マネジメント戦略」を打ち出している。そこでは、2020年に世界でグリーンNO.1パイオニア企業を目指すという企業ビジョンに基づいて、温室効果ガスの削減目標とそれを具体的に支えるシステムや研究開発などについて言及されている。

【図表19–6】　カーボン・マネジメント戦略

カーボン・マネジメント戦略

ビジョン	2020年に世界でグリーンNo.1パイオニア企業	
目標	2018年までにGHG（温室効果ガス排出量）をBAU比30％削減する	2020年までに『ゼロ-ハウス』（エネルギー消費ゼロ）技術の開発（2025年までに『ゼロ-ハウス』（LCCO$_2$*排出量ゼロ）技術の開発

グリーンシステム 環境マネジメントのための基盤づくり	グリーンプロジェクトマネジメント 建設プロジェクト現場の環境にやさしい現場づくり	グリーンR&D グリーン技術の拡大
1 環境マネジメントのための基礎づくり	4 GHG排出量の組織的な削減	7 コアとなる環境技術の確保
2 環境にやさしい企業イメージの向上	5 環境にやさしいアウトソーシングの拡大	8 独自の環境技術を取得する最初の企業であること
3 環境マネジメント委員会の運用	6 環境にやさしい方法による現場運営	

*LCCO$_2$（ライフサイクルCO$_2$）

（出典）Hyundai Engineering & Construction 2013a, p.42 をもとに筆者が作成。

第 19 章　現代建設（Hyundai Engineering & Construction）

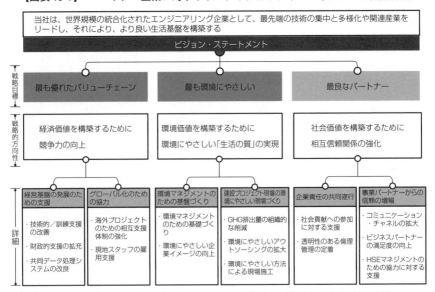

【図表 19-7】　パートナー企業に対するサステイナビリティ・マネジメント支援体制

（出典）Hyundai Engineering & Construction 2013a, p.65をもとに筆者が作成。

　さらに、【図表 19-5】の「企業外部」の「事業パートナーとのウィン・ウィン関係を前提とした成長の促進」については、【図表 19-7】で示すように、同社では「パートナー企業に対するサステイナビリティ・マネジメント支援体制」が敷かれていることが分かる。このような報告書体系を採用することで、読み手の理解可能性を高めようとする意図が読み取れる。これらは、内容要素の「E　戦略と資源配分」に関する部分である。

（1）実績

　現代建設は、すでに述べたような戦略目標や戦略的方向性の下で、実際の事業活動を起こっている。たとえば、【図表 19-5】現代建設のサステイナビリティ・マネジメント戦略フレームワークでは、戦略の1つに「最も環境に優しい企業」を挙げていた。こうした戦略をマテリアルフローの観点から分析したものが、【図表 19-8】である。【図表 19-8】では、環境に優しい技術や環境に優しいデザインなど8項目について、その戦略と2012年度の主な活動や実績が示されている。

第2群　ⅠB型（サステナビリティ・レポート活用型）の事例

【図表19-8】　マテリアルフロー分析

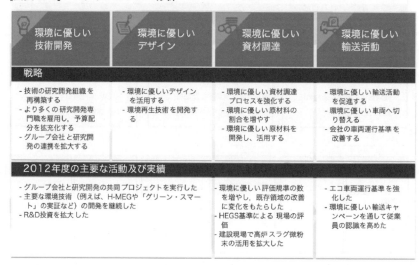

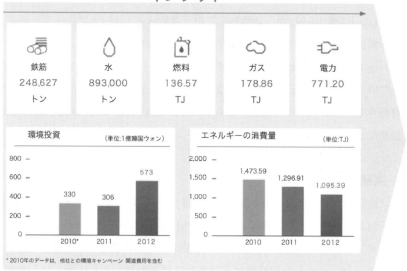

（出典）Hyundai Engineering & Construction 2013a, pp.48-49をもとに筆者が作成。

第19章　現代建設（Hyundai Engineering & Construction）

環境に優しい建設	環境に優しい運転・維持管理(O&M)	環境に優しい解体作業	環境に優しいサプライチェーン
戦略			
- 現場主導の環境およびエネルギー消費管理システムを構築する	- 「ゼロエネルギー」ビルディングを運用する - 環境に優しい住宅というコンセプトをもつ「グリーンホーム」を実現する	- 廃棄物の排出を最小限にする - 法律や規制に基づき危険な化学製品を処理し、除去する	- パートナー企業との環境に優しい技術の技術交流を拡大する - パートナー企業向けの環境管理教育を改善する
2012年度の主な活動及び実績			
- 労働安全衛生、環境を統合したシステムを確立し、運用した - あらゆる段階においてエネルギー消費を監視し、削減した - 海外の現場向けの「環境基準」を公表した	- 環境に優しいアイテムの建物への活用を拡大した	- 廃棄物管理ガイドラインを遵守し、廃棄物の管理システムを運用した - アスベスト除去ガイドラインを遵守した	- パートナー企業の環境管理向けのより高度な教育の提供や財政支援を行った

アウトプット

廃棄物の排出	廃棄物のリサイクル	廃液の処理	直接的、間接的なGHG排出	その他の間接的なGHG排出
254,875 トン	2,655 トン	1,289,531 トン	55,877 tCO₂-e	340,843 tCO₂-e

温室効果ガス(GHG)排出量 （単位:tCO2-e）

	2010	2011	2012
	439,751	438,650	396,720

※ 範囲：国内の現場

Green Building 認証制度

タイプ	建築物名	レベル
グリーンマーク	Khoo Tech Puah Hospital	プラチナ
	One Shenton way	ゴールド
	Overseas Union House	ゴールド
	Pasir Ris Condominium	ゴールドプラス
	Asia Square Tower 1	プラチナ
	Pasir Ris Condominium Parcel 2	ゴールドプラス
	Botannia Condominium	ゴールド
LEED	Asia Square Tower 1	プラチナ

第2群　ⅠB型（サステナビリティ・レポート活用型）の事例

【図表 19-9】　環境に優しいR&Dの主要実績

領域	技術	サマリー	環境側面
グリーンビルディング	商業用燃料電池のビルへの応用	水素またはメタンから生成されるPEM燃料電池をビルに応用する技術。24時間ビル熱と電力に対応できる効率的で再生可能なエネルギーシステム（統合された負荷システム）を実現する	ビルのGHG排出量を削減し、「ゼロ排出」を達成する
	汚染物質吸着壁紙	室内の空気改善のために、ホルムアルデヒド（発がん物質として知られている）を吸着して、分解する	・ホルムアルデヒドの吸着率：77.1% ・ホルムアルデヒド吸着の累積量：7,337㎍/㎡
	脱臭システム	室内環境を改善するために居住者の生活に起因するニオイ物質を脱臭する	・硫化水素の脱臭率：71%以上 ・アンモニアの脱臭率：100%
	グリーンビルディングのための最適デザイン・システム	・ビルのエネルギー性能評価ツールの自動制御を専門でない人でも利用できるシミュレーション・ツール ・デザイン提案の科学的な比較を通して、最も競争的で合理的な結論に達することを可能にする	低エネルギー建築デザイン
	省エネルギーを構築するための制御技術	共同作業によるオンデマンドする省エネと制御技術、これらは快適な生活環境を維持しながら、冷房や暖房用のエネルギー（ビル全体のエネルギー消費量の約50%に相当）を削減する	ビルのGHG排出量を削減し、快適な生活環境を提供する
	「グリーンホーム」のための性能評価ツール	かつてエネルギー専門家しか運用できなかったエネルギー性能評価ツールを『グリーン・ホーム』設計チームでも実施できるよう開発された。所有の「グリーンホーム」デザインの期待スコアやグレードをクリックツーで確認することができる	費用効果も良く、エネルギー効率性もあるデザインの最適化
グリーンエネルギー	波や潮流を発生させるためのマルチレベル潮力発電や消波ブロック構造	消波堤を利用した複雑な海洋エネルギー生成システム	両方とも完全に無公害の供給源である潮流と波力に基づいた統合型エネルギー生成システム。したがって、二酸化炭素のゼロ排出量が達成され、化石燃料の使用量を劇的に削減できる
	洋上風力発電所のための統合化されたデザインと最新サポート構造	・洋上風力発電所の構造デザインだけでなく建物や基礎工事を評価するための技術 ・より優れた経済的実現可能性のための最新のサポート構造とサクションパケット技術	・風力エネルギーのより大規模な利用 ・建設中に汚染物質の生成を最小限にする
	有機性汚泥の熱加水分解や嫌気性消化処理のための統合化された処理技術	熱加水分解を用いて80%以上の有機性汚泥を液化・分解・減少させ、高効率な嫌気性消化処理によって残留資味からバイオガスを生成する経済的で革新的な汚泥処理技術	・有機沈積物を削減し、燃料（バイオガスと固体燃料）を生成する ・既存の汚泥処理技術（乾燥）と比較して、50%以上のエネルギーを節約できる
	燃料としてバイオガスを使用するための技術改良	バイオガスを有機廃棄物処理プロセスから、車両または都市ガスの燃料へと転換するための努力をした。不純物を除去し、メタン純度を改善する技術の改良	・廃棄物からのエネルギー転換 ・化石燃料に代替可能なエネルギーを生成する
グリーンインフラストラクチャー	加圧サポートトンネル工法（PSTM）	既存の構造の下を通る新しい構造インフラの建設期間に使用される技術。通常の大きな鉄筋パイプ（Φ800-2,000mm）の代わりにスリムな加圧サポートシステムを使用することによって、安全でスピーディな経済的実現可能性を保証しつつ、より上部の地盤への影響を最小化する	・鋼管使用量の60%削減 ・二酸化炭素排出量の40%削減 ・より上部の地盤の安定性を高めることで社会的コストを節減し、市民の不満と追加補修を最小化する
	低カーボン、低熱コンクリート	・二酸化炭素の排出量や水加熱を削減するために、一定量のセメント（コンクリート製造の成分の1つ）を高炉スラグで代替する技術	セメント製造からの二酸化炭素排出量を削減する
	ゼロカーボン、常温混合アスファルト舗装技術	・電気炉スラグ骨材や高分子アスファルト乳剤を利用したアスファルト舗装技術。この技術は室温で生産され、作用する。	アスファルトの生産過程における二酸化炭素排出量ゼロおよび化石燃料ベースのエネルギー生成、および維持補修中の廃棄物ゼロ
	高分子コンクリート舗装工法	・高分子コンクリートを利用した舗面舗装技術	通常のアスファルトやコンクリート舗装と比べ、二酸化炭素排出量を削減する
	ビルへの高強度鋼材の応用	・高強度鋼材を高層で変則的なビルに応用し、建設に必要な鋼材の数量を削減しながら安全性を確保する	・必要な鋼材を節減する →二酸化炭素の排出量を削減する
環境再生	汚染土壌向けの洗浄・浄化技術	・高密度汚染土壌と閉回路酸性溶出の選択的分離法を採用したゼロ排出の洗浄・浄化技術	工業用水（洗浄に使用）を完全に再利用する環境にやさしい土壌改良システム
	生態系の河床再生技術	・河床の生態系を再生させ、結びつきを確保するため、洪水現場で起こる砂撒を防ぐ技術	環境にやさしく生態系に多様性のある河床を生み出す
	製鋼所の廃水を再利用するための逆浸透システム	・様々な汚染源から発生し、汚染濃度が高い状態にある製鋼所の廃水を再利用する技術で、製鋼所は膜分離の組合や逆浸透による前処理で水を処理する	・それ以外の方法では排出されるような製鋼所の廃水を再利用することによって、近隣の海洋環境の汚染を最小化する

（出典）Hyundai Engineering & Construction 2013a, pp. 52-53 をもとに筆者が作成。

第19章　現代建設（Hyundai Engineering & Construction）

経済的実現可能性	種別	開発の方法	現状	事例
・建設能力の向上とシステム設置場所の縮小化 ・維持補修コストの節減と効率性の改善	デザイン最適化	単独開発	企画　開発　テスト・評価　商業化	
・室内空気の質を改善することにより，現場での運用コストを節減する	製品イノベーション	共同開発	企画　開発　テスト・評価　商業化	
・「オプション」として適用可能なスペシャルアイテム化で売上を増加する	製品イノベーション	共同開発	企画　開発　テスト・評価　商業化	
・多数のデザイン・シナリオをレビューした後，最適解を選択できる ・エネルギー性能を少なくとも10%改善する	デザイン最適化	単独開発	企画　開発　テスト・評価　商業化	
・維持補修コストの節減とシステム効率の改善	制御アルゴリズム	単独開発	企画　開発　テスト・評価　商業化	グリーンスマートビルディングのパイロット・プロジェクト
・同等のエネルギー性能を所与とした場合の様々な建設費オプションを比較，対比できる	デザイン最適化	単独開発	企画　開発　テスト・評価　商業化	
・効率性の高い潮力発電装置や潮流-波力統合型システムを開発することにより，建設費を節減する	製品イノベーション	共同開発	企画　開発　テスト・評価　商業化	
・全く同じ大規模なタービンと深層水という状況の下，経済的実現可能性の改善	製品イノベーション	共同開発	企画　開発　テスト・評価　商業化	海洋気象観測塔のためのサクションバケット基礎
・既存の汚泥処理技術（乾燥）と比べ，50%以上のエネルギーの節減により，O&Mコストを削減する	新技術開発	共同開発	企画　開発　テスト・評価　商業化	
・構造関連コストは，海外の技術と比べ70%で済む	プロセス開発	共同開発	企画　開発　テスト・評価　商業化	原州市廃水処理工場バイオガス改良実証施設
・建設費3.2%削減 ・工事期間35%短縮	新技術開発	単独開発	企画　開発　テスト・評価　商業化	
・部材調達コストを節減する ・工事期間を短縮する（水和熱の削減による）	デザイン最適化	単独開発	企画　開発　テスト・評価　商業化	UAE原子力発電所 栗村複合サイクル発電所 唐津市火力発電所
・カッティングやオーバレイを含む既存の補修プロセスと比べ，コスト削減10%以上の結果をもたらす	製品イノベーション	共同開発	企画　開発　テスト・評価　商業化	慶州市高速道路の水原インターチェンジ付近 水原42号線の付近
・鏡面の自重を1cmの厚さに削減する	製品イノベーション	共同開発	企画　開発　テスト・評価　商業化	中央地域高速道路の驪州インターチェンジ付近
・コスト削減 ・工事期間の短縮	デザインの改良	共同開発	企画　開発　テスト・評価　商業化	
・精密で粒径の分離技術を用いた浄化処理により，汚染土壌の量を最小化する	プロセス最適化	現場での実証	企画　開発　テスト・評価　商業化	Jang Hang鉄鉱の公共エリアの土壌改良，第2期
・建設費の削減	新技術開発	共同開発	企画　開発　テスト・評価　商業化	漢川第6期 Palmicheonテスト期 Tancheonテスト期
・水の削減	新技術開発	グループ内での共同開発	企画　開発　テスト・評価　商業化	現代製鉄，Dangjin工場 1日あたり100トンの実証施設

第2群　ⅠB型（サステナビリティ・レポート活用型）の事例

【図表19-10】　第三者保証報告書

第三者保証報告書

2013年度版現代建設サスティナビリティレポートの読者の皆様へ

当法人は、現代建設サスティナビリティレポート2013年度版（以下、「本報告書」という）におけるいくつか特定の側面にわたって独立した保証サービスを提供することに努めた。現代建設の経営者は、本報告書の作成において責任を負っている。当法人の責任は、本報告書で提示された情報に対して限定レベルの保証業務を行い、当法人の結論を提供することである。

当法人は、国際監査・保証基準審議会（IAASB）から公表された ISAE3000（「国際保証業務基準3000-過去財務情報の監査又はレビュー以外の保証業務」）、及びAA1000AS（「AA1000保証基準」）に基づき、当法人の保証業務を実施した。保証の「限定レベル」の範囲は、「合理的な」保証業務よりも低く、したがって、より低いレベルの保証が本報告書に提供される。保証業務は、主に会社の人事照会と、現代建設から提供されるデータに適用される手続きをレビューすることに限定される。当法人の業務の範囲は、2012年度のみの業績に限定される。それ以前の期間に関連する情報は、当法人の保証の対象外である。

当法人の保証業務には、以下の活動が含まれる。

-関連データの収集や報告に関する責任者へのインタビュー

-関連データの収集や処理に用いられたシステムや方法の設計、存在及び運用の評価

-照会や分析手順を踏まえた関連データに関するレビュー

-関連データの収集や準備の限定されたテストを実施するための本社及び支社1社への訪問

-関連データが適切で合理的にバランスのとれた情報源によって正しく報告されているかの検証

結論として、現代建設の報告書基準に照らして、すべての重要事項につき、上述の関連データが、公正に記述されていないと信じさせるような注意を引くものは何もなかった。

-現代建設は、サスティナビリティ・マネジメント・パフォーマンスに関連した重要な側面において、ステークホルダーとエンゲージメントするために、GRI（GlobalReportingInitiative）G3.1の報告原則及び建設・不動産業界固有の補定的資料に準拠した報告実務を適用した。

-現代建設は、2012年度に関するデータを識別、収集、編集、立証するために詳細な手続きを適用した。

-2012年度に関するデータは、これらの手続きの結果として蓄積され、本報告書に適切に反映されたデータと首尾一貫している。加えて、当法人は、重要なレビューから得られた結果から、本報告書で提供された情報が現代自動車のサスティナビリティ・マネジメントの業績やさらなる発展への意欲を適切に反映するものであると結論づけた。

2013年6月14日

Deloitte. Deloitte Anjin LLC

李　在　述 (本人のサイン)

（出典）Hyundai Engineering & Construction 2013a, p.80 をもとに筆者が作成。
　　　（下線部は，筆者が強調したものである。波線部は、筆者が加筆したものである。）

第 19 章　現代建設（Hyundai Engineering & Construction）

また、事業活動における主なインプットとアウトプットを示した上で、環境への投資額の増加や、エネルギー消費量の削減、温室効果ガス（GHG）排出量の削減状況などのパフォーマンスが一覧表示されている。

【図表 19-9】では、環境に優しいR&Dの主要実績を示している。グリーンビルディング、グリーンエネルギー、グリーンインフラストラクチャー、及び環境再生の4項目について、R&Dを行っている技術の名称やサマリー、環境に優しい側面、経済的実現可能性、種別、開発の方法、現状、及び事例が一覧で分かるように工夫されている。このように、1つ1つの戦略について、図表を用いながら、具体的かつ簡潔に説明する試みを行っている点に特徴が見られる。

また、74頁からの付録では、実際の数値に基づいて、経済価値、環境価値、及び社会価値の説明がなされている。これらは、内容要素の「F　実績」に関する部分である。

(2) 第三者保証報告書

現代建設は、【図表 19-10】のような第三者保証報告書を添付しており、Deloitte Anjin LLCによる限定保証を受けている（【図表 19-10】の下線部を参照されたい）。この第三者保証報告書は、国際監査・保証基準審議会（IAASB）から公表されたISAE3000（「国際保証業務基準3000−過去財務情報の監査又はレビュー以外の保証業務」）、及びAA1000AS（「AA1000 保証基準」）に基づいて、「限定保証」の水準で保証業務が実施されている。保証の「限定水準」の範囲は、「合理的な」保証業務よりも低く、より低いレベルの保証である。これらは、指導原則の「F　信頼性と完全性」に関する部分である。

6　当該企業の統合報告の特徴点など

現代建設の報告体系は、サステイナビリティレポートとアニュアルレポートの2本立てであった。このうち、サステイナビリティレポートがIIRCの統合報告形式に従った形式で作成されており、IB型（SR活用型）に分類され、GRIのG3に準拠していた。同社の統合報告書は、【図表 19-4】の現代建設の統合報告フレームワークと【図表 19-5】の現代建設のサステイナビリティ・マネジメン

第2群　ⅠB型（サステナビリティ・レポート活用型）の事例

ト戦略フレームワークを中心に、体系づけられて作成されていた。この点でいえば、内容要素の「E　戦略と資源配分」及び「H　作成と表示の基礎」を踏まえたものであると解釈できる。

　20種類のリスクに対して、そのリスクのレベルに応じて、低レベルのリスクはCRO（最高リスク責任者）で対応するが、中レベルのリスクはCEO（最高経営責任者）が対応し、高レベルのリスクにもなると取締役会がその対応の責任部署となる。独自のリスク報告構造に特徴があることから、内容要素の「D　リスクと機会」のベストプラクティスをなす。

　また、【図表19-5】や【図表19-7】で示したように、ステークホルダーを明確に意識した経営方針と報告を行っていることから、指導原則の「C　ステークホルダーとの関係」を意識した報告書作成がなされていることが分かる。

　さらに、【図表19-10】で示したような第三者保証報告書が報告書に添付されており、Deloitte Anjin LLC から限定保証を受けていた。このことは、指導原則の「F　信頼性と完全性」に関係する部分である。現代建設は、監査法人から限定保証を受けることで、報告書の質を高めようとしていることがうかがえる。

《主要参考文献》

ENR.com, 2013, *The Top 250 International Contractors*, ENR.com website, http://enr.construction.com/toplists/Top-International-Contractors/001-100.asp.

Hyundai Engineering & Construction, 2013b, *HYUNDAI ENGINEERING & CONSTRUCTION 2012 ANNUAL REPORT-MOVING TO THE NEXT STAGE OF GROWTH*, Hyundai Engineering & Construction.

Hyundai Engineering & Construction, 2010, *HYUNDAI ENGINEERING & CONSTRUCTION 2010 SUSTAINABILITY REPORT-WE BUILD TOMORROW*, Hyundai Engineering & Construction.

Hyundai Engineering & Construction, 2011, *HYUNDAI ENGINEERING & CONSTRUCTION 2011 SUSTAINABILITY REPORT-WE BUILD TOMORROW*, Hyundai Engineering & Construction.

Hyundai Engineering & Construction, 2012, *HYUNDAI ENGINEERING & CONSTRUCTION 2012 SUSTAINABILITY REPORT-WE BUILD TOMORROW*, Hyundai Engineering & Construction.

Hyundai Engineering & Construction, 2013a, *HYUNDAI ENGINEERING &*

第 19 章　現代建設（Hyundai Engineering & Construction）

CONSTRUCTION 2013 SUSTAINABILITY REPORT-WE BUILD TOMORROW, Hyundai Engineering & Construction.
知恵蔵 2014 ウェブサイト、http://kotobank.jp/dictionary/chiezo/.

第20章

ダノン (Danone)

本事例の特徴

1　本事例は SR 型に分類される。同社は、355頁からなる年次報告書（Annual Report）と併せて、170頁からなるサステナビリティ報告書（Sustainability Report）という名称の報告書を作成している。このサステナビリティ報告書は、統合報告書としての役割を担っており、そこでは CSR を重視した情報の公開がなされている。

2　サステナビリティ報告書での情報開示は、戦略とパフォーマンスの2つを基軸に行われ、いずれにおいても多種多様なステークホルダーが意識されている。そこでは、健康・栄養、社会及び環境の側面に焦点が置かれ、長期的な将来志向に立脚したステークホルダー・エンゲージメントがなされている。

3　国際統合報告フレームワークで推奨されているように、価値創造プロセスに即した資本のインプットとアウトプットを重要視した開示が行われており、具体的に事業活動と関連させながら財務情報と非財務情報にかかる数値指標が公表されている。

4　サステナビリティ報告書内の情報の評価については、内部評価を行うのみならず外部評価も受けている。内部評価は GRI ガイドラインの準拠レベルで実施され、B+の評価を行っている。外部評価については、KPMGによるレビューに加えて、Dow Jones Sustainability Index 等のいくつかの第三者機関による評価結果が示されている。

第20章 ダノン（Danone）

1 本事例を取り上げる理由

　ダノン・グループ（Groupe Danone；以下、ダノン）は、統合報告書と題された報告書は公表していないものの、2006年から継続してサステナビリティ報告書と題された報告書を公表し、ESG情報を重視した報告書の作成を行ってきており、非財務情報開示においてグローバルな貢献を行ってきた。また、2011年に国際統合報告評議会（International Integrated Reporting Council；IIRC）のパイロット・プログラムのメンバーとなり、IIRCの国際統合報告フレームワーク（International Integrated Reporting Framework；IIRF）の改善に注力してきている。さらに、同社のサステナビリティ報告書は、Dow Jones Sustainability Index（DJSI）やVigroといった外部の第三者機関から総合的に高い評価を受けているとともに、世界栄養改善同盟（Global Alliance for Improved Nutrition；GAIN）による栄養指標へのアクセス（Access to Nutrition Index；ANTI）やカーボン開示プロジェクト（Carbon Disclosure Project；CDP）といった指標によって特定の側面においても優れた情報開示がなされていると評価されている。

　このようにダノンは、10年近くサステナビリティ報告書を作成する経験を培っており、その経験をIIRFに活かしている。さらに、そうした経験をもとに作成された報告書は外部から高い評価を得ている。そこで、本章においては、ダノンにおけるサステナビリティ報告書の位置づけ、記載内容と詳細項目、報告書の特徴点と課題、そしてIIRFに対するダノン担当者の見解について解説を行う。

2 ダノンにおけるサステナビリティ報告書の変遷と位置づけ

(1) ダノンのプロフィール

　ダノンは、1919年に腸管疾患を患う子ども達に対する治療の一環としてヨーグルトを製造するために設立された企業であり、現在も「可能な限り多くの人々に食を通じて健康を届けること」をグループのミッションとして、世界各国においてヨーグルトをはじめ飲料水等の食料・飲料の製造・販売を行っている企業である。日本においてもヨーグルトやボトルウォーター（エビアン®等）の販売でよく知られている。現在の事業領域は、(1) 乳製品、(2) 水、(3) 幼少期の栄養

第2群　ⅠB型（サステナビリティ・レポート活用型）の事例

製品、(4) 医学的栄養製品の4領域であり、ヨーロッパ、ロシア、北米、アジア・パシフィック、南米、中東及びアフリカと世界的に事業展開を行っている（Danone, [2013a]）。

ダノンの企業概要は、次のとおりである。2013年12月31日時点において、総従業員数は104,642人（57か国）である。また、2013年決算における財務関連数値は、連結ベースで売上高21,298百万ユーロ（30,892億円）、純利益1,422百万ユーロ（206億円）、総資産30,928百万ユーロ（4兆4,861億円）である[注1]。また、ユーロネクスト・パリとスイス証券取引所に上場している[注2]。資本構成としては、Massachusetts Financial Service（MFS）グループが筆頭株主であり、同グループは2011年には4.7％の保有割合であったのを2013年には10.9％まで保有割合を拡大させている。経営者持株比率は、全体の0.06％である（Danone [2013a]）。

(2) ダノンにおける報告書の体系及びサステナビリティ報告書の位置づけ

初めてダノンがサステナビリティ報告書（Sustainability Report）と題された報告書を作成・開示したのは2006年であり、他の企業と比べれば比較的近年のことに思われる。しかしながら、同社はすでに1998年には非財務的な要素を意識して、それらに関連する情報を開示していた。1998年におけるその報告書は年次報告書（Annual Report）と題されているが、人的資源、環境はコーポレート・ガバナンス等の情報が開示されている（Danone[1998]）。2013年において、1998年に作成・開示した年次報告書は、経済・社会報告書（Economic and Social Report）として、同社ホームページで公開されている（Danone, "Company Reports"）。

【図表20-1】は、2013年にダノンが作成・開示した報告書について、その開示内容及び総頁数を示したものである。【図表20-1】から、ダノンは年次報告書において、財務情報に加えて、環境情報、社会情報、ガバナンス情報やリスク情報といったさまざまな非財務情報を開示していることが指摘できる。財務情報については、欧州委員会規制No. 809/2004 28条（EC Regulation No.809/2004,

Art.28)によって、上場企業は少なくとも年に1度財務諸表及び法定の監査報告書を開示することを義務づけられている。併せて、フランスの公開企業は、フランス金融市場庁一般規則212-13条（Autorité des Marchês Financiers；French Financial Markets Authority；AMF *Règlement Général* Article 212-3）に従って、年次報告書の形式で株主（投資者）に対して報告を行うことが要請されている。ダノンでは、これら財務情報開示にかかる要請に応える登録書類（Register Document）として、年次報告書を利用している。

他方、社会的・環境的情報に関する法規制として、フランスにおいては、2003年からすべての上場企業は、年次報告書でそれらの情報を公開することが義務づけられた（新経済規制法116条；Nouvelles Régulations Économiques（NRE），Art.116 [2001]）。それゆえ、フランスにおいては、他国よりも比較的早い段階から環境・社会情報の法定開示が行われていた[注3]。さらに、現在は、グルネル2法（Loi Grenelle Ⅱ）に準拠して、年次報告書においてグループの社会的・環境的パフォーマンスが公表されている（Danone [2013a], p.14）[注4]。

【図表20-1】 ダノンにおける報告書の体系（2013年）

報告書の種類	開示内容	総頁数
年次報告書	財務、社会、環境、ガバナンス、リスク情報	355
サステナビリティ報告書	財務、社会、環境、ガバナンス情報	170
経済・社会報告書	財務、社会情報	53

（出所）Danone "Company Reports"を参考に筆者が作成。

さらに、【図表20-1】から分かるように、年次報告書に加えて、ダノンは2013年にサステナビリティ報告書と経済・社会報告書を開示している。サステナビリティ報告書は、ダノンの経済、社会及び環境に関連するパフォーマンスをカバーしたものである。このようなサステナビリティ報告書を通じたパフォーマンス開示は、ダノンが参画している国際食品及び関連労働組合連合（International Union of Food and Allied Workers' Associations）のR225-104条及びR225-105条の要請を満たすものでもある（Danone [2013c], p.69）。

さらに、同社は経済・社会報告書を別途作成・開示していることが分かる。当該報告書は2005年まではイヤー・レビュー（Year in the Review）と題して作

第2群　ⅠB型（サステナビリティ・レポート活用型）の事例

成されていたが、2006年以降は経済・社会報告書として作成されるようになった。経済・社会報告書となって以来、報告書における記載内容は何かしらの規定に準拠して特定の内容を開示しているのではなく、事業に関連した経済・社会事項について数値指標や定性情報が適宜開示されている。つまり、経済・社会報告書は、ダノンが自発的に任意で作成し、開示している書類であると位置づけられよう。

なお、ダノンは2011年よりIIRCのパイロット・プログラムに参加している。2011年、IIRCは同社のサステナビリティ報告書を統合報告書とみなし、IIRCの事例データベースに登録している（IIRC, "Emerging Integrated Reporting Database"）。しかしながら、2012年には、ダノンは隠れた統合報告書（shadow integrated reporting）を作成し、一般に公開されてはいないが、内部の利害関係者からフィードバックを受けている（IIRC, "Danone, France-Food Producers"）。この隠れた統合報告書は内部利害関係者のみが利用可能であり入手できないため、本章においては、IIRCが2011年にサステナビリティ報告書を同社の統合報告書とみなしたことと同様に、サステナビリティ報告書を統合報告書として取り扱い、以下ではその内容について検討を行う。

3　サステナビリティ報告書の記載目次・項目

ここでは、サステナビリティ報告書（2013年）の目次ならびにその詳細項目について紹介する。サステナビリティ報告書（2013年）は全体で170頁からなるが、大きく2つのパートに分かれており、前半部分では戦略の視座から、後半部分ではパフォーマンスの視座から記述されている。サステナビリティ報告書の具体的な記載内容の詳細項目は、【図表20-2】に示すとおりである。

【図表20-2】より、ダノンのサステナビリティ報告書の特徴として、同社は非財務情報の中でもリスク情報や知的資産情報ではなく、CSR情報に焦点を置いている点を指摘できよう。たとえば前半部分の「2. 主要な問題に対するグローバルな取り組み」では、栄養・健康問題、社会的問題と環境的問題の3つの問題が取り上げられている。また後半部分の大部分を占める第2節のタイトルが「2. CSRパフォーマンス及び評価」となっている。これら点から、ダノンが指すサステナビリティはCSRを主軸とした概念を基礎としていると考えられる。

第20章　ダノン（Danone）

【図表20-2】　ダノンの年次報告書の記載目次及び詳細項目

大項目	詳細項目	記載頁数	大項目	詳細項目	記載頁数
表紙		1	第2部	目次	2
全体目次		2		1. CSRモニタリング	12
第1部 戦略	1. Franck Riboud（会長）論説	2		重要性の分析	1
	2. 主要な問題に対するグローバルな取り組み	8		ビジネスの影響と責任（端から端まで）	2
	栄養・健康問題	3		ダノンウェイ	5
	社会的問題	2		リスペクト・プログラム	3
	環境的問題	2	第2部 パフォーマンス	2. CSRパフォーマンス及び評価	90
	3. 2013年戦略ハイライト	32		非財務情報格付け機関による外部評価	6
	食料を通じて健康を届けるコミットメント	7		GRIガイドラインによる内部評価	2
	1人でも多くの人々が利用可能に	5		ガバナンス、コミットメント及び対話の側面	6
	従業員とのコミットメント	9		経済的側面	10
	2020年の自然のために	10		環境的問題	28
	4. 過去の取り組みと1972年～2013年の重要な年代	2		社会的側面	16
				人権的側面	6
				社会活動的側面	6
				製造責任の側面	10
				3. 報告の特色と検証	10
				報告の特色	7
				外部第三者による報告書の検証	2
				4. GRIインデックス	8
			連絡先		1

（出所）Danone [2013a], pp.2-3 を参考に筆者が作成。

　より具体的に確認すると、ダノンは、サステナビリティにかかるCSR情報をコーポレート・ガバナンスの側面、経済的側面、環境的側面、社会的側面、人権の側面、社会活動的側面及び製造責任の側面という6つの側面から捉えて、それぞれについてパフォーマンス指標とそれに対する評価を開示している[注5]。そして、それらの6つの側面の中でも、その記載頁数からみても分かるように、とりわけ環境的側面と社会的側面については記載が厚く、他の側面に関する考察・検討よりも多くの具体的な数値や指標を示しながら説明がなされている点に特徴がある。

4　サステナビリティ報告書の特徴点及び課題

(1) 主要な記載内容に関する特徴点

　ダノンのサステナビリティ報告書における主要な記載内容に関する特徴として、ここでは次の3点を指摘する。

　まず第1に、IIRCが作成した作成指針であるIIRFの基礎概念において重要視されている価値創造プロセス、そして資本のインプットとアウトプットの流れが意識されている点である。サステナビリティ報告書の第2部の「1. CSRモニタリング」における「ビジネスの影響と責任（端から端まで）」において、**【図表**

第2群　ⅠB型（サステナビリティ・レポート活用型）の事例

20–3】のように原材料のインプットから製品生産を経て、顧客への製品の物流（流通）、そして顧客による消費と消費後の廃棄物といった一連の活動について、経済的側面のみならず、環境的及び社会的側面の具体的数値指標を踏まえながら、簡潔に説明がなされている。つまり、IIRFでは社会的課題や環境的課題といった企業を取り巻く外部環境の描写が要請されているが、ダノンは、インプット・アプトプットを意識した価値創造プロセス全体像を把握できる形で、食料・飲料という事業領域に関連する環境的側面（水質や二酸化炭素排出等）や社会的側面（雇用の創出やサプライヤー数等）を分かりやすく描き出している。

【図表20-3】　CSRの観点に基づくダノンにおける価値創造プロセス

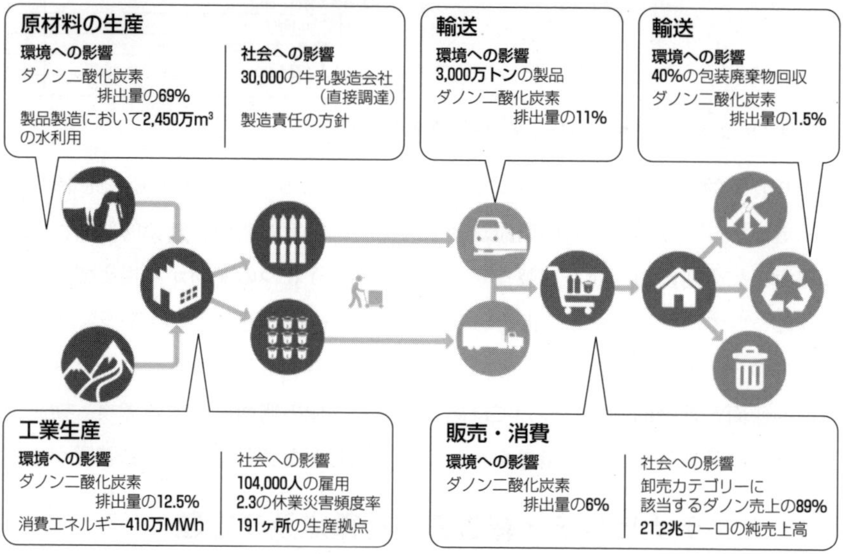

原材料の生産
環境への影響
ダノン二酸化炭素排出量の69%
製品製造において2,450万m³の水利用

社会への影響
30,000の牛乳製造会社（直接調達）
製造責任の方針

輸送
環境への影響
3,000万トンの製品
ダノン二酸化炭素排出量の11%

輸送
環境への影響
40%の包装廃棄物回収
ダノン二酸化炭素排出量の1.5%

工業生産
環境への影響
ダノン二酸化炭素排出量の12.5%
消費エネルギー410万MWh

社会への影響
104,000人の雇用
2.3の休業災害頻度率
191ヶ所の生産拠点

販売・消費
環境への影響
ダノン二酸化炭素排出量の6%

社会への影響
卸売カテゴリーに該当するダノン売上の89%
21.2兆ユーロの純売上高

（出所）Danone [2013c], pp. 52-53をもとに筆者が作成。

　第2の特徴は、IIRFの指導原則のうち、とりわけ「戦略的焦点と将来志向」が重要視されているところに特徴がある。サステナビリティ報告書の前半部分が戦略を基軸にとりまとめられているところからも、同社が相当程度戦略を重視していることは明らかである。なお、ここでいう戦略とは、営業活動に関連する事業戦略ではなく、社会の長期的発展のためにダノンが健康面、社会面、そして環境面で貢献できる事項にかかる戦略を指している。そして、そのような戦略の策

定において、長期的な将来志向が垣間みられる。たとえば、【図表20-4】は第1部戦略の第3節の「2020年の自然のために」を示したものである（Danone[2013c], p.44-45）。ここでは、大気、水、資源及び農業のそれぞれについて、同社が将来に向けて2020年までの長期的視点で、どのような戦略を策定し、どういった数値目標を設定しているかのダッシュボード（必要最低限の指標）が示されている。具体的には、2013年現在のパフォーマンス、2020年に向けた中期的目標、そして2020年の目標値が明記されていることが確認される。

最後に、第3の特徴は、サステナビリティ報告書と年次報告書（登録書類）との有機的な関連づけである。フランス公開会社であるダノンは、先述の法規制に則って、サステナビリティ報告書のみならず年次報告書においても、社会や環境に関連する非財務情報を公表している。コーポレート・ガバナンスやリスク等の情報は、サステナビリティ報告書と比べて、年次報告書においてより詳細に記載されている[注6]。つまり、サステナビリティ報告書は、重要な項目のみを簡潔に記載した内容となっている。サステナビリティ報告書の情報利用者は、より詳細な内容を入手したい場合、サステナビリティ報告書の後半部分の「4. GRIインデックス」を参照すれば、入手したい情報が年次報告書のいずれの箇所に記載されているかを容易に知ることができるような工夫がなされている。ここではIIRFの指導原則でいうところの、「ステークホルダーとの関係性」、「重要性」及び「簡潔性」が意識されていると指摘できよう。要するに、ダノンが想定するステークホルダーに重要な影響を及ぼすと考えられる事項のみを抽出して、簡潔な報告が行われているのである[注7]。

このようにダノンのサステナビリティ報告書における主要な記載内容を確認したところ、同社はIIRFを強く意識して報告書を作成していると思われる。この点については、後節において、ダノンのIIRC担当者によるインタビュー調査を行った研究（Magnaghi[2013]）を踏まえて更なる検討を行うこととする。

(2) 開示情報の保証に関する特徴点

ダノンのサステナビリティ報告書に記載されている各数値指標やマネジメント・システムにかかる情報は、GRIのガイドライン（GRI 3）に準拠している。

第2群　ⅠB型（サステナビリティ・レポート活用型）の事例

【図表20-4】　2020年の自然のために

2020年の目標・ダッシュボード	2013年のパフォーマンス	2020年に向けた中期的目標	2020年の目標値
ダノンの排出量削減と炭素隔離による気候変化との戦い			
CO_2排出量削減	37％削減		50％以上削減
ダノン食物連鎖を超えたCO_2集約度の測定	46％のSAP炭素モジュール・カバレッジ		世界規模でのCO_2測定、100％のSAP導入（適用可能な場合）
工場のエネルギー消費量削減 自然冷却材のみの利用	BCoolプログラム	2015年までに100％のダノン独自の輸送手段による新規調査	60％のエネルギー消費量削減
サプライ・チェーンから森林破壊排除	森林情報の方針	2012年以降、ヤシ油と板紙に関する方針	（家畜飼養の大豆、サトウキビなど）特定政策下で保護されたリスクのある全コモディティ
エコシステムの復元と土壌、森林の炭素固定	エビアンブランドにおける40％の炭素純固定減		エビアンに残る排出の100％相殺
枯渇水源の保護と地域エコシステムおよびコミュニティーと調和した水利用			
自然のミネラルウォーター資源の保護	すべての貯水池	2014年にラムサール条約と協働したSPRING作成	すべての水源での順守
ダノンの排水に関する「クリーン・ウォーター・ガイドライン」		2015年までに定着付け	100％の水域での順守
工場での水消費量削減	46％の水消費量削減	水不足インデックスに基づく優先水域	60％の水消費量削減
水排出量の測定	子会社SAPにおけるパイロットテスト	水域拡大	100％の水源での実施
廃棄物の再利用と代替資源原料の利用			
廃棄物を資源ともに替える手法の導入	ダノン・エコシステム基金とともに子会社4社におけるプロジェクト	バイオ・プラスティック原料のアライアンスの共同創造プロジェクトの立ち上げ	優先的な子会社10社
リサイクル資源の利用	水部門で9％のrPET 生鮮製品部門で60％のrPaper 他部門で85％のrPaper	2015年までに高リスク国で100％	水部門で25％のrPET 生鮮製品部門で75％のrPaper 他部門で90％のrPaper
バイオ資源の導入	7ヶ国で販売しているActivia・Actimel・Volvic・Stonyfield・Danonino		100％バイオ資源プラスティックによるボトル
責任をもって管理された森林由来100％の消火紙・白紙	73％		100％
栄養バランスがよく、競争的で、経済的価値を創造し、自然エコスタイルを尊重する農業の促進			
持続可能な農業の促進	DanRISE革命ツールのデザインと8ヶ国におけるパイロットテスト	2014年に持続可能農業原則	
持続可能な原材料の調達		2014年末までに認証ヤシ油使用100％	

（出所）Danone [2013c], pp. 44-45をもとに筆者が作成。

そのうえで、ダノンはGRIガイドラインにおける規準でB+に相当する情報開示を行っていると自己評価している。また、ダノンでは、年次報告書(登録書類)の中のマネジメント・レポートで開示されている社会・環境(CSR)情報について、PricewaterhouseCoopers及びErnst&Youngによる検証を受けているように(Danone[2013a], p.189)[注8]、サステナビリティ報告書において開示されている非財務情報については、KPMGによる検証を受けている。そして、KPMGは、GRI適用レベルに関するダノンの自己評価をレビューするとともに承認し、限定的保証を表明している(Danone[2013c], pp.160-161)[注9]。こうしたKPMG(外部第三者)による保証は、2007年のサステナビリティ報告書から継続して実施されており、開示される非財務情報に信頼性と比較可能性が付与されているという特徴がある。

さらに、ダノンは複数の非財務情報の格付け機関から外部評価を受けていることも特筆すべき点である(Danone[2013c], pp.63-67)。Dow Jones Sustainability Index(DJSI)は、1999年に作成された指標であり、世界330社の社会、環境及び経済のパフォーマンスに基づく持続的発展にかかる格付け指標である。ダノンは1999年以来、継続して330社に含まれており、2013年には87ポイントのスコアを獲得し、サステナビリティの点で食料品製造企業のリーディング企業であると認定されている(RobecoSAM[2013], p.67)。このDJSIに加えて、ダノンは、ヨーロッパの非財務情報格付け機関であるVigroによる評価も受けている。2013年2月におけるVigroの評価は、100点中60点であり、コーポレート・ガバナンスを除く人権、環境、人的資源、企業行動及びコミュニティの観点で高い評価を得ている[注10]。

最後に、非財務情報の信頼性を確保するために、ダノン社内では内部統制システムが構築されている点を指摘しておきたい。社会的情報や環境的情報は、各グループの子会社や生産拠点のレベルで管理されており、毎月ないし四半期ごとに人的資源及び環境部門がそれらの情報を集約するというシステムをとっている(Danone[2013c], pp.158-159)。このようにして、ダノンは、作成・開示するサステナビリティ報告書における情報について、適正な内部統制のもと、内部及び外部の評価をもって「信頼性」の保持に努めている。

(3) 記載内容に関する課題

ここでは、ダノンのサステナビリティ報告書の課題について、次の点を指摘しておきたい。ダノンのサステナビリティ報告書では、多種多様な非財務情報に関連する情報が測定・開示されているが、具体的な定量情報が掲載されているのは環境的側面と社会的側面の2側面のみであり、他の側面についてはほとんど定量情報が開示されていない。また、環境的側面と社会的側面についても具体的な数値指標の測定方法が明記されているわけではなく、算定根拠を外部の第三者が知る術がなく、検証可能性が乏しい点に課題がある。同社のIIRC担当者は、比較可能性の確保はKPIによって行われるべきであると述べているが（Magnaghi [2013], p.25）、このようにKPIにかかる情報がさほど開示されていないため、一部の定量情報が開示されている非財務情報を除き、適正に企業間や年度間の比較を行えない点に課題があろう。

また、環境的側面や社会的側面に関連する長期的な戦略とその数値目標に関しては、十分な開示が行われている。しかしながら、非財務情報がビジネス・モデルにおいていかに効率的かつ有効的に活用されており、それらが財務情報とどのように結び付いて価値創造を行っているかに関する記述が極めて乏しい。この点については、ダノンのIIRC担当者が、ダノンの見解を述べているため、次節において確認を行う。

5 IIRFに対するダノンの見解

第4節においてダノンのサステナビリティ報告書の特徴を述べたように、同社は基本的にはIIRFを作成方針としてサステナビリティ報告書を作成・開示していることが確認された。それでは、ダノンの作成担当者はIIRFにはどのような特徴や課題が伏在していると考えてサステナビリティ報告書を作成しているのであろうか。Magnaghi[2013]は、ダノンのIR部門所属のIIRC担当者Palmeiro氏に対して行ったインタビュー調査をとりまとめている。以下では、Magnaghi[2013]を検討し、ダノンのIIRFに対する見解を確認する。

まず第1に、ダノン担当者は、IIRFが原則主義のアプローチに基づくこと、そしてさまざまな資本を記載することには賛同しているが、8つの内容要素の識

別については、企業の事業戦略を外部に明らかにしてしまう危惧のために賛同していない。この点に関して、同社のサステナビリティ報告書（2013 年）の前半部分は戦略を基軸に長期的数値目標を踏まえて作成されている傾向があるが、ここでは社会の長期的な発展を見据えて同社がとっている社会的・環境的戦略が記述されているのみであり、具体的な事業戦略のための資源配分計画にかかる情報は明示されていない。つまり、ダノンでは、事業戦略をいう機密性の高い戦略にかかる情報を公開することは、他社に対する競争優位性を喪失して、ひいてはステークホルダーの価値を失うことに繋がると考え、たとえ価値創造プロセスをステークホルダーにわかりやすく説明ための手段であったとしても、事業戦略にかかる内容要素の識別は行わないというスタンスをとっている。

　第 2 に、ダノン IIRC 担当者は、統合報告書の概念においては、（長期的）投資者のみならず顧客、従業員、社会や国家等も考慮されなければならないと主張する。これは、同社のサステナビリティ報告書においてステークホルダー・エンゲージメントが重点的に取り組まれていることと整合する[注11]。IIRF においては、資本について財務資本のみではなく、その他の製造、人的、知的、自然及び社会資本についても着目し、それらにかかる組織のスチュワードシップをどのように果たすべきかが重要であるとされている。しかしながら、ダノン担当者は、IIRF ではその主たる関心が、財務資本の提供者が利用可能な情報の質の改善に置かれている点に対して、懸念を抱いている。

　第 3 に、21 世紀においては従来のステークホルダーとのコミュニケーション方法では企業の真実の価値を説明できないのではないかという問いに対して、ダノン IIRC 担当者は、そうした方法による真実の企業価値の説明は、不十分ではあるが、全く時代遅れであるとは思わないという。そのような理由からダノンでは統合報告書を利用して、この点について改善を図ろうとしていると述べている。さらに、担当者は、欠如しているのは情報の結合性と事実化（factualisation）であると付け加えている。このような発言から、ダノンにおいては、情報の結合性が意識されていることがわかる。また、事実化については、企業の真実の価値が存在するという前提で（真実の価値の存在を事実化させることで）、それを測定可能な事象であると理解するべきであるという。そうした点が IIRF がいうとこ

第2群　ⅠB型（サステナビリティ・レポート活用型）の事例

ろの重要性に相当するという見解をもっている。

　そして第4に、ダノンのIIRC担当者は、極めて興味深いことに、統合報告書はバランスト・スコア・カードのようなマネジメント・ツールに非常に近いものであると述べている。これは、サステナビリティ報告書の作成プロセスから派生的に生じる効果であると考えられる。つまり、子会社や生産拠点レベルで月ごとないし四半期ごとに各種情報をとりまとめ、それを本社において集約するという作成プロセスを通じて、戦略的観点からの全社的マネジメントに役立てられていることが示唆される。

6　総　　評

　ダノンにおいては、CSRを基軸としてサステナビリティ報告書（統合報告書）が作成されている。そして、その作成に当たってはIIRFの方針に傾倒していることが確認される。とりわけ、多様なステークホルダーにかかわる資本について、価値創造プロセスに沿ってインプットからアウトプットまでのフローを示している点は興味深い。さらに、サステナビリティ報告書は、社会全体が持続的に発展できるための社会的・環境的戦略を中心に作成されており、それらでは具体的な長期的数値目標が示されているところにも特徴がある。

　また、同社のサステナビリティ報告書に記載されている非財務情報は、KPMGによる保証を受けているのに加えて、VigroやGAIN、CDPといったさまざまな外部の第三者機関から高い評価を得ている。サステナビリティ報告書のような非財務情報にかかる主要な問題点として、非財務情報の多くは主観性が強く、信憑性・透明性に問題があることがあげられるが、ダノンにおいては外部評価によって、こういった問題に対処している。

　なお、ダノンのサステナビリティ報告書に対する課題をあげるとすれば、非財務情報がどのように財務情報を結合しながら将来の利益やキャッシュ・フローをもたらすかというビジネス・モデルに関する記述がない点である。この点に関して、ダノンのIIRC担当者は、企業の事業戦略にかかる情報は極めて機密性が高いため、情報の開示を行っていないと述べている。企業の真実の価値をステークホルダーに伝達するためには、重要性の規準にしたがって情報を取捨選択し、選

第20章　ダノン（Danone）

択された情報同士をいかにビジネス・モデルと関連付けながら結合させるかが肝要であるが、ダノンのサステナビリティ報告書においてはこの点に関する更なる検討が期待されよう。

（注）
1　1ユーロ＝145.05円（2013年12月31日）で換算を行っている。
2　1997年から2007年までの間、ニューヨーク証券取引所にもADSを発行して上場していたが、ADSの出来高が小さかったために上場廃止した。ニューヨーク証券取引所に上場している間は、SECの規定に基づき、Form 20-Fが作成されていた。
3　Eccles and Serafeim [2011] は、①環境ないし社会情報に対する投資者の関心と②企業による環境ないし社会情報の統合化の取り組みという2つの視点を用いて、各国を類型化している。彼らの類型化によれば、フランスは環境情報、社会情報ともに投資者の関心は低いが、企業によるそれら情報の統合化の試みは盛んであるとされる。また、このように企業が持続的な発展可能性の思想をもつ国においては、企業パフォーマンスを測定して投資意思決定を行う際に非財務情報が重要であることを、企業が投資者を教育することが必要であると主張されている。そして、そこでは取引所への上場要件として強制的に統合報告書を作成することで、すでに報告を行っている企業に報いるとともに、報告していない企業にプレッシャーを与えることが有益であるという（Eccles and Serafeim [2011], p.90）。それゆえ、現行のようなフランス上場企業に対して環境・社会情報を強制的に開示させる法定開示制度は、情報の統合化において大きな役割を果たしていると指摘できよう。
4　持続可能な発展を公約として掲げていたサルコジ元大統領の呼び声により環境政策として環境グルネルが立ち上げられ、その施策としてグルネル2法が制定された。
5　社会的側面（social demension）と社会活動的側面（society demension）は、次のような違いである。具体的な記載事項として、社会的側面では従業員、労働・管理、職業上の健康・安全、教育訓練、多様性と機会均等について記述されており個々の従業員に関する記載が中心である一方、社会活動的側面では地域コミュニティ、不正、公共政策やコンプライアンスのような社会全体にかかわる内容が記述されている。
6　たとえば、年次報告書は8つのセクションからなるが、第2セクションではリスク・ファクターについて、第5セクションでは社会的、社会活動的及び環境的責任について、そして第6セクションではコーポレート・ガバナンスに関して記載されている。とくにリスク・ファクターとコーポレート・ガバナンスに関する記載は詳細であり、第2セクションと第6セクションはそれぞれ28頁と88頁の紙幅が割かれている。
7　ダノンが想定するステークホルダーは、地域コミュニティ、市民社会、顧客、株主及びその他の資本提供者、サプライヤー、従業員及び労働組合と多岐にわたり（Danone [2013c], p.73）、このようなマルチ・ステークホルダーの意識は「可能な限り多くの人々

第2群　ⅠB型（サステナビリティ・レポート活用型）の事例

に食を通じて健康を届けること」というダノンの使命とビジョンと合致する。
8　特筆すべきは、PricewaterhouseCoopers と Ernst&Young ともに、持続的発展の専門家（Sustainable development expert）が法定監査に携わっていることである（Danone [2013a], p.189）。
9　ここで適用されている保証基準は、ISAE3000 である。
10　他にもダノンは GAIN による栄養インデックスや、CDP による二酸化炭素や森林面積、水質に関連する格付けにおいて高評価を受けている（Danone [2013c], pp.66-67）。
11　ダノンにおいては、サステナビリティ報告書を通じて、コーポレート・ガバナンスの側面、経済的側面、環境的側面、社会的側面、人権の側面、社会活動的側面及び製造責任の側面という広範な視点から資本の利用や価値創造プロセスについて考慮がなされている。

《主要参考文献》

Autorité des Marchês Financiers (AMF), *Règlement Général.*
Danone [1998], *Annual Report 1998.*
Danone [2013a], *Annual Report 2013.*
Danone [2013b], *Economic and Social Report 2013.*
Danone [2013c], *Sustainability Report 2013.*
Danone, "Company Reports," http://finance.danone.com/phoenix.zhtml?c=95168&p=irol-reportsan nual.
Eccles, R.G. and G. Serafeim [2011], "Accelerating the Adoption of Integrated Reporting," in *CSR INDEX 2011*, edited by Leo, F. and M. Vollbracht, InnoVatio Publishing.
International Integrated Reporting Council (IIRC) [2013], *The International ⟨IR⟩ Framework.*
International Integrated Reporting Council (IIRC) "Danone, France-Food Producers," http://www.theiirc.org/2014/01/30/danone-france-food-producers/.
International Integrated Reporting Council (IIRC) "Emerging Integrated Reporting Database," http://examples.theiirc.org/home.
Magnaghi, E. [2013], "Intération des Informations Financières et Socio-environnementales: Les Cas Danone et ENI," *Working Paper*, Lille 1 University.
RobecoSAM [2013], *The Sustainability Yearbook 2013.*

第21章
ペトロブラス（PETROBRAS S.A.）

―┥ 本事例の特徴 ┝――

1　本事例は、ⅠB型に分類される。2012年度サステイナビリティレポート（Sustainability Report 2012）と2012年度財務分析と財務諸表（Financial Analysis and Financial Statement 2012）という名前で報告書を作成している。本報告書は190頁であり、簡潔性の観点からはやや分量が多い。

2　サステイナビリティレポートはGRIのG3.1を採用しており、「本報告書について」では、同報告書の範囲や準拠した原則などについて具体的に言及されている。内容要素の「H　作成と表示の基礎」のベストプラクティスをなす。

3　戦略を図表形式で要約し、サステイナビリティ要因や企業戦略サマリー事業セグメントの柱、及びコンピタンスと資源ベースが一目で分かるように工夫されている。内容要素の「E　戦略と資源配分」に関係する事例をなす。

4　戦略のセクションでは、2013〜2017年度の事業・経営計画の他、シナリオ分析や計画されている投資額について言及されている。また、リスクマネジメント体制についても説明されており、内容要素の「G　見通し」及び「D　リスクと機会」に関係する事例をなす。

5　事業活動に関するKPIsや環境、労働安全衛生、社会への貢献に関するKPIs、及び連結財務データを一覧表形式で報告書の冒頭に記載し、利害関係者の理解可能性を高める工夫を行っている。また、事業業績のセクションや成果と社会貢献のセクションで、詳しい業績の説明がなされている。さらに、雇用慣行と人権、及び環境の2項目については、重要業績評価指

標（KPIs）を用いた詳しい説明がなされている。内容要素の「F　実績」に関係する事例をなす。

6　独立監査人の限定的保証報告書がポルトガル語版のサステイナビリティレポートに添付されており、PwCから限定保証を受けている。国際監査・保証基準審議会（IAASB）から公表されたISAE3000と同等とされるブラジルの州会計審議会全国連合会（CFC）から公表されたNBC TO 3000「監査またはレビュー以外の保証業務」に基づいて、限定保証業務が実施されている。なお、英語版では、独立監査人の限定保証報告書は添付されておらず、それを参照するように指示する注意書きがなされているのみである。指導原則の「F　信頼性と完全性」に関係する事例をなす。

1 PETROBRS S.A.（Petróleo Brasileiro S.A.）のプロフィール

　PETROBRS S.A.（Petróleo Brasileiro S.A.）は、1953年に設立されたブラジル連邦共和国第二の都市リオ・デ・ジャネイロに本社を置くブラジルトップの石油会社である（PETROBRAS, 2013a, profile）。コンサルティング会社であるPFCエナジー社の調査によれば、同社は、2012年度末現在、時価総額で世界第7位のエネルギー企業である（PETROBRAS, 2013a, profile）。同社の筆頭株主はブラジル連邦政府であり、2013年12月31日現在、発行済株式総数の50.3％を保有している（PETROBRAS, 2013a, p.44）。

　PETROBRSは、探鉱、生産、精製、マーケティング、輸送、石油化学製品、石油製品の流通、天然ガス、電力、ケミカルガス、及びバイオ燃料に関する一貫操業石油会社である（PETROBRAS, 2013a, profile）。

　同社は、売上高約12兆円、当期純利益約8,900億円、総資産約28.9兆円の上場企業（2012年12月期、1R＄＝約42.64円で換算）、従業員数85,065名の大企業である（PETROBRAS, 2013b, pp.18-19; PETROBRAS, 2013a, p.117）。

2 統合報告に関する企業の作成目的・意図・狙いどころ

PETROBRAS は、2012年12月から IIRC のパイロット・プログラムに参加している（PETROBRAS, 2013a, p.25）。2012年度（2012年12月期）の報告書の体系は、以下のとおりである。

・サステイナビリティレポート：Sustainability Report 2012（総頁数190頁）
・財務分析と財務諸表：Financial Analysis and Financial Statement 2012（総頁数92頁）

このように、PETROBRS の報告書は、サステイナビリティレポートと財務分析と財務諸表がそれぞれ独立しており、2本立ての構成となっている。同社では、統合報告形式に準拠しているとは明記されていないため、最新の2012年度版サステイナビリティレポートを中心に分析を行うこととする。同社のサステイナビリティレポートは、Global Reporting Initiative（GRI）の G3.1 を採用している（PETROBRAS, 2013a, p.4）。

3 記載目次・項目のリスト

PETROBRS のサステイナビリティレポートは、PDF 版で総頁数190頁（表紙・裏表紙含む）である。本報告書は、6章構成をとっている。その目次は、【図表21-1】に示している。

第1章企業業績では、同社のプロフィールやコーポレートガバナンス、戦略、リスクマネジメント、ステークホルダーなどについて説明されている。第2章事業業績では、探鉱と生産、精製とマーケティング、石油化学製品と肥料などの各事業項目について、実際の数値を示しながら説明されている。第3章成果と社会貢献では、経済・財務成果、経済発展への貢献、サプライヤー・マネジメントなどについて説明されている。第3章雇用慣行と人権では、人材マネジメントや労働安全衛生などについて説明されている。第4章環境では、環境に関わる戦略とガバナンス、エネルギー効率性、排出マネジメントなどについて述べられている。

第2群　ⅠB型（サステナビリティ・レポート活用型）の事例

【図表21-1】　サステイナビリティレポートの目次

02 社長からのメッセージ
04 本報告書について

　　企業業績

08 プロフィール
13 コーポレートガバナンス
26 戦略
31 リスクマネジメント
36 当社のステークホルダー
49 透明性とアカウンタビリティ
53 無形資産
59 製造物責任

　　事業業績

64 探鉱と生産
71 精製とマーケティング
74 石油化学製品と肥料
77 輸送
79 流通
81 ガスと電力
85 バイオ燃料
88 国際事業

　　成果と社会貢献

91 経済・財務成果
96 経済発展への貢献
99 サプライヤー・マネジメント
104 地域振興
110 社会への投資

　　雇用慣行と人権

116 人材マネジメント
124 労働安全衛生
128 多様性と男女共同参画
131 ビジネスチェーンでの人権

　　環境

134 戦略とガバナンス
138 エネルギー効率性
140 排出マネジメント
143 生物多様性
148 水資源
152 原材料と廃棄物
154 製品とサービス
155 環境負債

　　付録

159 年間の社会的均衡
161 GRIの目次
169 ポリシーとガイドライン
172 用語集
179 マネジメント
180 表彰と認証
184 編集部

(出典) PETROBRAS, 2013a、Contentsをもとに筆者が作成。

第 21 章　ペトロブラス（PETROBRAS S.A.）

【図表 21-2】　財務分析と財務諸表の目次

財務分析		財務諸表の注記			
04	経済・財務サマリー	29	当社と事業活動		
06	連結損益	29	財務諸表の作成基準		
07	事業セグメントごとの純利益	31	連結の基礎		
08	付加価値の分配	33	重要な会計方針のサマリー		
08	流動性と資金源泉	41	現金及び現金同等物		
10	負債	41	市場性ある有価証券		
12	契約債務	42	売掛金		
12	税金と生産税	43	棚卸資産	71	利益配分方式
13	為替変動の対象となる資産及び負債	43	合併、会社分割及び投資に関するその他の情報	72	株主持分
14	株主への報酬	44	投資	75	売上高
		48	有形固定資産	75	その他の営業費用（純額）
	財務諸表	50	無形資産	76	性質別費用
16	本財務諸表に対する独立監査人の監査報告書	52	原油及びガス埋蔵量の探査と評価	76	純財務収益（費用）
18	財政状態計算書	53	買掛金	77	法的手続引当金、偶発債務及び偶発資産
19	損益計算書	54	借入による資金調達	81	天然ガス購入契約
20	包括利益計算書	57	リース	81	石油探鉱利権契約に対する保証
21	株主資本等変動計算書	58	関連当事者	81	リスクマネジメントとデリバティブ
22	キャッシュフロー計算書	63	撤去費用準備金	88	金融資産及び負債の公正価値
23	付加価値計算書	64	税金	89	保険
24	連結セグメント情報	66	従業員給付（退職後）	89	後発事象
28	社会的均衡				

（出典）PETROBRAS, 2013b, Contents をもとに筆者が作成。

　最後に、第 5 章付録では、重要業績指標（KPIs）や GRI の目次、用語集などが掲載されている。

　また、PETROBRS の財務分析と財務諸表は、PDF 版で総頁数 92 頁（表紙・裏表紙含む）である。本報告書は、3 章構成をとっている。その目次は、【図表 21-2】に示している。第 1 章では財務分析が行われており、第 2 章では財政状態計算書や損益計算書、キャッシュフロー計算書、監査報告書などの財務諸表が記載されており、第 3 章では財務諸表の注記がなされている。

　したがって、財務情報の詳細な情報は財務分析と財務諸表に記載されており、それ以外の非財務情報はサステイナビリティレポートで説明されている。このことから、同社のサステイナビリティレポートは、本来的な意味での財務と非財務情報の統合報告形式による報告は行われていない。

4　統合報告の主要構成要素の抽出・特徴点の解説

(1) 作成と表示の基礎

　サステイナビリティレポート 4～7 頁「本報告書について」では、本報告書の

第2群　ⅠB型（サステナビリティ・レポート活用型）の事例

範囲やパラメータなどについて、次のように述べられている。

「本報告書は、持続的な発展と関連して、会社の業績や戦略を利害関係者に知らせるため、年度ごとに作成しているものである。当社の業績を評価し、改善の機会を識別するための当社の活動を管理する際にも用いられている。本公表物は、2012年1月1日から12月31日までデータを提供し、2011年度サステイナビリティレポートを引き継ぐものである。しかしながら、将来の見積もりや予想に関しては、当該情報は2012年度を基礎にしているとは限らない。2013年度〜2017年度の事業・経営計画の利用は、その例である。
パラメータ
　2012年度サステイナビリティレポートの作成やその範囲と原則の定義に当たって、こうした性格の報告書のためのパラメータを設定する世界で主導的なフレームワークであるGlobal Reporting Initiative（GRI）を用いている。このようなガイドラインとしてGRI3.1版を採用し、これには2月に公表された石油・ガスセクターの補足（OGSS）が含まれている。
　本公表物は、たとえば社会的責任の情報伝達に関するISO26000のように、法的要求事項や当社の考えるコミットメントも満たしている。当社は、国連グローバル・コンパクトに参画しており、本公表物で実行しているとおり、事業体の10原則に関連した進展に関する定期的な報告書を提出しなければならない。
　本報告書の電子版は、すべての指標を含む、完全な内容を公開しているが、印刷版は物理的制約のため、最も目的適合的な情報を優先している。開示されたすべてのデータは、PwCから独立した証明を受けている。」（PETROBRAS, 2013a, p.4）

　この引用文から、同社は、GRI3.1版以外にも、ISO26000のような法的要求事項やコミットメントの準拠に努めていることや、電子版では完全な内容を公表する一方で、印刷版では目的適合的な情報に焦点を絞っていること、PwCから独立した証明を受けていることが分かる。ただし、「独立監査人の限定保証報告書」は、ポルトガル語版のサステイナビリティレポートにのみ添付されている。した

がって、英語版ではそれを参照するように指示する注意書きがなされているのみで、実際には独立監査人の限定保証報告書の英語版は添付されていない（PETROBRAS, 2013a, p.4）。

また、国連グローバル・コンパクトについては、同報告書の 23 頁で簡単に説明されている。同社は、2003 年度からグローバル・コンパクトの参加企業であり、現在、潘基文国連事務総長を議長とする審議会メンバーの一員である（PETROBRAS, 2013a, p.23）。【図表 21-3】に示すように、人権、労働基準、環境、腐敗防止に関する 10 原則を自主的に採用し、本報告書で言及されている箇所でこれらのタグが貼り付けられている。その一例を示したものが【図表 21-4】である。この例からも明らかなように、グローバル・コンパクトを適用することで、

【図表 21-3】 国連グローバル・コンパクトの 10 原則

 当社の影響が及ぶ領域で、国際的に宣言されている人権の保護を尊重、支援する
 当社が人権侵害に加担しないよう確保する
 組合結成の自由と団体交渉の権利の実効的な承認を支持する
 あらゆる形態の強制労働の撤廃する
 当社のサプライチェーンにおいてあらゆる形態の児童労働の実効的な廃止する
 雇用におけるいかなる種類の差別を撤廃する実務を奨励する
 環境上の課題に対して予防的で責任のある率先的な立場をとる
 環境に対する責任を促し、広めていくために取り組みや実務を展開する
 環境に優しい技術の開発と普及を奨励する
 強要と贈収賄を含むあらゆる形態の腐敗の防止に取り組む

（出典）PETROBRAS, 2013a, p.23 をもとに筆者が作成。

【図表 21-4】 グローバル・コンパクトのタグが付された例

腐敗防止の尺度

2012 年度に発見された腐敗のケースはなかった。当社は、あらゆる腐敗の慣習や賄賂の支払いを拒絶しており、競争行動とグッドプラクティス規範（competitive conduct and good practice codes）を用い、大統領職の公的倫理委員会（Public Ethics Commission of the Presidency）からその適用状況を監督されている連邦行政行動規範（Federal Administration Code of Conduct）に従っている。当社のビジネスセキュリティ・エリアは、様々な単位でセキュリティ・リスク評価のためのメソドロジーの適用を管理し、調整する。しかしながら、腐敗に関連したリスク評価は、いまだ直接実施されていない。その作業の一部は、脅威、弱点及び結果を発見している。腐敗行為を含む、不正行為に従業員が関与しているかを調査することを職務とする従業員委員会も設置されている。
2012 年度は、腐敗防止の方針及び手順についてトレーニングした従業員、管理職及び一般職の割合を集約化していない。

（出典）PETROBRAS, 2013a, p.51 をもとに筆者が作成。

第2群　ⅠB型（サステナビリティ・レポート活用型）の事例

より高い社会的責任を果たそうとする同社の姿勢をうかがい知ることができる。これらは、内容要素の「H　作成と表示の基礎」に関する部分である。

(2) 戦略と資源配分

　PETROBRASの戦略は、【図表21-5】で端的に示されている。図表の最上段に掲げられている3つのサステイナビリティ要因（一貫した成長、収益性、社会及び環境上の責任）に関係する「持続可能な発展へのコミットメント」は、戦略意思決定や事業業績の分析を行う際に考慮される（PETROBRAS, 2013a, p.26）。その下に、企業戦略サマリーや事業セグメントの柱、コンピタンスと資源ベースが位置づけられている。たとえば、企業戦略サマリーでは、「対象となる石油や石油製品、石油化学製品、ガス、電力、バイオ燃料及び流通の市場での事業活動を拡大し、一貫操業石油会社としてのグローバルなベンチマークを確立する」と記載されている。また、事業セグメントの柱では、たとえばE&Pについて、「持続可能な基準で石油とガスの生産や埋蔵量を拡大し、E&P業界での卓越性を認知させ、Petrobrasを世界の石油メーカーの上位5社にランクインさせる」と記載されている。さらに、コンピタンスと資源ベースでは、「マネジメント、エネルギー効率、人的資源及び技術の面での事業活動上の卓越性」を同社のコンピテ

【図表21-5】　PETROBRASの戦略

	持続的な発展へのコミットメント				
サステイナビリティ要因	一貫した成長		収益性		社会及び環境上の責任
企業戦略サマリー	対象となる石油や石油製品、石油化学製品、ガス、電力、バイオ燃料及び流通の市場での事業活動を拡大し、一貫操業石油会社としてのグローバルなベンチマークを確立する				
事業セグメントの柱	E&P	川下部門（RTC）及び流通	ガス、電力及び化学産業用ガス	石油化学製品	バイオ燃料
	持続可能な基準で石油とガスの生産や埋蔵量を拡大し、E&P業界での卓越性を認知させ、Petrobrasを世界の石油メーカーの上位5社にランクインさせる	ブラジルでの精製を拡大して、国内供給や流通におけるリーダーシップを確保し、ブラジルで生産された余剰石油のための輸出市場を開拓する	国際業務に関して、ブラジルの天然ガス市場でのリーダーシップを強化し、電力や化学産業用ガス、とくに肥料事業を拡大する	他のPetrobrasシステム事業と統合化された基準でもって、石油化学製品事業を活性化させる	Petrobrasシステムと統合された持続可能な基準でもって、バイオ燃料セグメントをブラジル国内外で事業活動する
コンピタンスと資源ベース	マネジメント、エネルギー効率、人的資源及び技術の面での事業活動上の卓越性				

（出典）PETROBRAS, 2013a, p.26をもとに筆者が作成。

ンスや資源ベースと捉えていることが分かる。これは、内容要素の「E　戦略と資源配分」に関する部分である。

(3) 見通し及びリスクと機会

　前述の「戦略」のセクションの中で、同社の事業・経営計画が述べられている。2013年3月に、2013～2017年度の事業・経営計画（2,367億米ドルの投資を含む）が取締役会で承認されている（PETROBRAS, 2013a, p.27）。

　そこでは、事業・経営計画の概要の他、シナリオ分析や計画されている投資額について述べられている。シナリオ分析については、次の引用文からも明らかなように、外部環境での機会と脅威を識別や、マクロ経済や価格形成及び市場の諸仮定の定義について言及されている。

　　「当社の戦略的計画プロセスの第一段階は、外部環境での機会と脅威を識別し、財務及び事業計画を策定するために事業セグメントごとに用いられるマクロ経済や価格形成及び市場の諸仮定を定義する。これらの予測に基づいて、当社は事業・経営計画の財務能力や、投資ポートフォリオの感応度を評価する。（以下略）」（PETROBRAS, 2013a, p.28）

　また、2013～2017年度の事業計画によるセグメントごとの投資額については、【図表21-6】を参照されたい。

　さらに、リスクマネジメントに関しては、「当社は、当社の成果に影響を及ぼす様々な種類のリスクに加えて、顧客、社会全般、及び環境に対して、当社の仕事がもたらす潜在的な影響と関係する同様のリスクをマッピングし、監視するための体系化されたメカニズムを有している。このうち、当社では、市場リスク、オペレーショナル・リスク、環境リスク、物理的リスク、規制リスク、信用リスク、及びレピュテーション・リスクを管理する。」（PETROBRAS, 2013a, p.31）と述べられている。

　企業レベルでは、発生確率や影響度などに関するシナリオ分析を行うとともに、必要に応じて、経済、社会及び環境指標の体系的な監視やレビューを行っている（PETROBRAS, 2013a, p.31）。また、金融リスクマネジメントに関しては、戦略

第2群　ⅠＢ型（サステナビリティ・レポート活用型）の事例

【図表21-6】　セグメントごとの投資額―2013～2017年度の事業計画

セグメントごとの投資額－2013～2017年度の事業計画		
（単位：10億米ドル）	投資額	％
E&P	147.5	62
川下部門	64.8	27
ガス＆電力	9.9	4
国際	5.1	2
PETROBRAS バイオ燃料	2.9	1
PETROBRAS 流通	3.2	1
ETM*	2.3	1
その他の領域**	1.0	0.4
投資総額	236.7	100

注*）エンジニアリング、技術及び原材料
注**）金融、戦略及び企業サービス
（出典）PETROBRAS, 2013a, p.29 をもとに筆者が作成。

部門の経営幹部からなる金融統合委員会の責任で実施されている（PETROBRAS, 2013a, p.31）。

さらに、リスクマネジメントのセクションでは、①事故防止、②緊急計画、③環境リスク、④保険、⑤内部統制、及び⑥与信について、簡単な説明がなされている。これらは、内容要素の「G　見通し」及び「D　リスクと機会」に関する部分である。

(4) 実績

PETOBRASでは、事業業績については、「事業業績」のセクション（63～89頁）で、項目ごとに説明されている（項目については、【図表21-1】を参照されたい）。また、経済・財務成果や社会貢献については、「成果と社会貢献」のセクション（90～114頁）で詳しく説明されている（項目については、【図表21-1】を参照されたい）。

PETROBRASでは、主要な重要業績評価指標（KPIs）をサステイナビリティ

第 21 章　ペトロブラス（PETROBRAS S.A.）

【図表 21-7】　事業活動に関する KPIs の開示例

営業概要	2011	2012
可採埋蔵量－SPE規準－(原油換算十億バレル－boe)[1][2]	16.4	16.4
原油とコンデンセート(十億バレル)	13.7	13.8
天然ガス(原油換算十億バレル)	2.7	2.7
平均日産量(原油換算千バレル)[1]	2,621	2,598
原油と液化天然ガス(千バレル/日)	2,169	2,126
陸上	301	297
海洋	1,869	1,829
天然ガス(原油換算千バレル)	452	472
陸上	195	193
海洋	257	279
生産井(原油と天然ガス)-12月31日[1]	15,116	15,437
陸上	14,404	14,699
海洋	712	738
掘削装置-12月31日	102	109
陸上	38	35
海洋	64	74
海洋石油開発-12月31日	125	137
固定式	77	80
浮体式	48	57
パイプライン(km)-12月31日	30,067	31,265
原油、石油製品、その他	15,435	16,333
天然ガス	14,632	14,932
輸送船舶-12月31日	242	237
自社運航	56	60
他社運航	186	177
ターミナル-12月31日[3]		
拠点数	48	48
貯蔵容量(百万m³)	10.3	10.3
精製-12月31日[1][5]		
拠点数	15	15
名目設備容量(千バレル/日)	2,244	2,249
原油処理量(千バレル/日)	1,990	2,121
ブラジル	1,816	1,944
それ以外の国	174	177
石油製品の平均日産量(千バレル/日)	2,044	2,189
ブラジル	1,849	1,997
それ以外の国	195	192
輸入(千バレル/日)	749	779
石油	362	346
石油製品	387	433
輸出(千バレル/日)	652	648
石油	435	364
石油製品	217	184
石油製品販売量(千バレル/日)		
ブラジル	2,131	2,131
国際販売量(千バレル/日)		
原油、ガスおよび石油製品	540	506
天然ガスの起源(百万m³/日)[4]	62	75
ブラジル	34	40
ボリビア	27	27
液化天然ガス	2	8
天然ガスの仕向(百万m³/日)[4]	62	75
非熱	40	39
熱電	11	23
精製	9	10
肥料	3	3
エネルギー[1]		
火力発電所[5][6]	17	18
設備容量(MW)[5][6]	6,466	6,235
精製[1]	2	3
サービスステーション	8,356	8,507
ブラジル	7,485	7,641
それ以外の国	871	866

(1)関連会社のPETROBRAS持分に対するブラジル以外のデータを含む
(2)可採埋蔵量は世界石油技術会規準(SPE)を使用
(3)Transpetroターミナルのみ
(4)燃焼、E&P部門の自己消費、液化及び再注入を除く
(5)50%超株式所有の資産のみ
(6)天然ガス火力発電所のみ

（出典）PETROBRAS, 2013aをもとに筆者が作成。

第2群　IB型（サステナビリティ・レポート活用型）の事例

【図表21-8】　環境、労働安全衛生、社会への貢献に関するKPIs、及び連結財務データの開示例

統計量					
指標	2008	2009	2010	2011	2012
環境					
原油及び石油製品の流出（m³）	436	254	668	234	387
エネルギー消費（テラジュール-TJ）	604,333	604,070	716,673	682,827	936,199
温室効果ガス排出量（二酸化炭素換算百万トン）	57.6	57.8	61.1	56.2	67.4
二酸化炭素排出量－CO_2（百万トン）	54	52	57	52	63
メタン排出量－CH_4（千トン）	188	235	196	161	174
亜酸化窒素－N_2O（トン）	1,215	1,241	1,360	1,753	1,945
大気排出量－NO_X（千トン）	244.50	222.04	227.75	222.21	251.50
大気排出量－SO_X（千トン）	141.79	135.39	133.73	120.64	116.30
その他の大気排出量－粒子状物質（千トン）	16.71	19.30	17.51	17.48	18.20
淡水の取水（百万m³）	195.2	176.0	187.3	190.9	193.40
排水（百万m³）	181	197	173	188	218
労働安全衛生					
死亡事故（従業員及びアウトソーサー）	18	7	10	16	13
死亡事故率（死亡事故／一億マンアワーのリスクエクスポージャー－従業員及びアウトソーサー）	2.40	0.81	1.08	1.66	1.31
損失時間の割合（従業員のみ）	2.31	2.36	2.38	2.33	2.23
社会への貢献					
社会的プロジェクトへの投資（百万レアル）	225	174	199	207	201
文化的プロジェクトへの投資（百万レアル）	207	155	170	182	189
環境プロジェクトへの投資（百万レアル）	54	94	258	172	101
スポーツプロジェクトへの投資（百万レアル）	69	42	81	80	61

連結財務データ	2010	2011	2012
売上高（百万レアル）	211,842	244,176	281,379
税引前利益（百万レアル）	46,394	45,403	32,397
一株当たり利益（レアル）	3.57	2.55	1.62
当期純利益（百万レアル）	35,189	33,110	20,959
EBITDA（百万レアル）	59,391	61,968	53,242
純負債（百万レアル）	62,007	103,022	147,817
投資額（百万レアル）	76,411	72,546	84,137
総利益率	36%	32%	25%
営業利益率	22%	19%	12%
純利益率	17%	14%	8%

（出典）PETROBRAS, 2013a をもとに筆者が作成。

第 21 章　ペトロブラス（PETROBRAS S.A.）

【図表 21-9】　付加価値計算書

付加価値計算書－連結PETROB RASシステム（単位：100万レアル）	2012		2011	
収益	426,661		379,716	
製品・サービスの売上及びその他の収益	353,066		312,841	
不良債権による損失	(76)		22	
使用に供される資産の建設に関連した収益	73,671		66,853	
第三者から取得されるインプット	(230,722)		(188,745)	
転売目的の原材料及び製品	(121,064)		(95,484)	
エネルギー、アウトソーシングされたサービス及びその他	(86,634)		(70,145)	
第三者から購入した仕入れに関する税額控除	(21,277)		(21,292)	
資産の回収に係る損失	(1,747)		(1,824)	
総付加価値	195,939		190,971	
保有物	(21,766)		(17,739)	
減価償却、減耗、及び償却	(21,766)		(17,739)	
当社で生み出された純付加価値	174,173		173,232	
移転時に受け取った付加価値	7,616		7,849	
投資による資産所得	84		386	
金融所得－通貨及び為替レートの変動を含む	7,241		6,543	
使用料、ロイヤリティ及びその他	291		920	
配分される付加価値	181,789		181,081	
付加価値の配分				
従業員及び経営者	23,626	13%	20,464	10%
直接報酬	16,621	9%	15,073	8%
給料	15,616	9%	13,513	7%
利益分配	1,005	1%	1,560	1%
給付	5,997	3%	4,530	2%
給付金	937	1%	823	0%
退職制度／年金制度	2,480	1%	1,526	1%
医療制度	2,580	1%	2,181	1%
政府退職金給付基金(Severance Fund (FGTS))	1,008	1%	861	0%
税金	104,343	57%	103,982	58%
連邦税（政府取り分を含む）	58,228	32%	61,098	34%
州政府税	39,508	22%	36,358	20%
区(市町村)税	217	0%	186	0%
諸外国(政府取り分を含む)	6,390	3%	6,340	4%
金融機関とサプライヤー	32,861	18%	23,525	13%
利子、通貨及び為替変動	18,394	10%	13,781	8%
レンタル及び運賃／チャーター費用	14,467	8%	9,744	5%
株主	20,959	12%	33,110	19%
株主持分に係る利益	8,876	5%	10,436	6%
配当	－	0%	1,565	1%
非支配持分	(223)	0	(203)	0%
留保利益	12,306	7%	21,312	12%
分配された付加価値	181,789	100%	181,081	100%

（出典）PETROBRAS, 2013a, p.95 をもとに筆者が作成。

第2群　ⅠB型（サステナビリティ・レポート活用型）の事例

【図表 21-10】 全従業員の多様性に関する記載事例

全従業員の多様性 ✚

当社は、すべての従業員に対し雇用の均等な機会を提供する。当社は、人種、性別、性的指向、信仰またはあらゆるタイプの障害に起因するいかなる差別を容認しない。当社の方針や実務、手続きは、多様性を評価し、文化や知識、適性において多様性を尊重する。

✚ 差別への不満に対してどのように対応されているか、どのような尺度が採用されているかについてのより詳細な情報は、「透明性とアカウンタビリティ」の章を参照されたい。

人種の多様性

人種／肌色	従業員数	比率
白人	31,009	50.1
Pardos（褐色）	13,052	21.1
黒人	2,840	4.6
黄色人種	782	1.3
先住民	218	0.4
言及なし	13,977	22.6
計	61,878	100

個々の従業員からの自己申告によるデータ。
人種／肌色：データは、Petróleo Brasileiro S.A.（Petrobras）に照会すること。

年齢別や性別による従業員の内訳

	男性	女性	計
30才以下	12,345	3,771	16,116
31～50才	36,839	7,768	44,607
51才以上	21,345	2,997	24,342
計	70,529	14,536	85,065

職務カテゴリーによる男女間の基本給[1]の配分

従業員の形態	中等教育を受けた従業員の割合	高等教育を受けた従業員の割合
賞与のない業務	1.05	0.94
賞与のある業務	0.93	0.92
計	0.98	0.93

1) 仕事の対価として支払われる固定最低賃金で、追加支払いは含まない。

従業員カテゴリーによる男女間の賃金の配分

従業員の形態	中等教育を受けた従業員の割合	高等教育を受けた従業員の割合
賞与のない業務	0.94	1.02
賞与のある業務	0.90	0.92
合計	0.91	0.95

取締役会と財政審議会

年代別	人数
50才以下	4
51才以上	10
性別	**人数**
男性	10
女性	4
人種	**人数**
白人	5
言及なし	9
計	14

財政審議会の代理メンバーは含まない。

（出典）PETROBRAS, 2013a, pp. 128-129 をもとに筆者が作成。

レポートの冒頭（目次よりも前）で記載している（【図表 21-7】及び【図表 21-8】を参照されたい）。【図表 21-7】は、事業活動に関する KPIs の開示例であり、【図表 21-8】は、環境、労働安全衛生、社会への貢献に関する KPIs、及び連結財務データの開示例である。重要な KPIs を一覧表形式で報告書の冒頭に記載することで、利害関係者の理解可能性を高める工夫を行っている。

また、【図表 21-9】では同社の付加価値計算書を取り上げている。これによると、2012 年度に分配された連結付加価値は、約 1,818 億レアルに達していることが分かる（PETROBRAS, 2013a, p.95）。

これに加えて、同社では、雇用慣行と人権、及び環境の 2 項目については、KPIs を用いた詳しい説明がなされている。【図表 21-10】は、「全従業員の多様性」の項目における記載事例を示したものである。そこでは、人種の多様性や年齢や性別による従業員の内訳、職務カテゴリーによる男女間の基本給の配分、従業員カテゴリーによる男女間の賃金の配分、及び取締役会と財政審議会の内訳が示されている。また、表題の「全従業員の多様性」の右側に「＋」の記号が付されており、その右側に「＋」の記号の補足説明として、「透明性とアカウンタビリティ」の項目を参照するように指示がなされている。これらは、内容要素の「F　実績」に関する部分である。

(5) 独立監査人の限定保証報告書

PETROBRAS の英語版のサステイナビリティレポートには、独立監査人の限定保証報告書は添付されておらず、ポルトガル語版にのみ添付されている。英語版とポルトガル語版の記載内容とページ数に差異はなく、言語の違いと独立監査人の限定保証報告書が添付されているか否かの違いである。この報告書を添付することにより、サステイナビリティレポートの記載内容に質を担保しようとする経営者の姿勢をうかがい知ることができる。

【図表 21-11】は、ポルトガル語版のサステイナビリティ報告書に添付されているサステイナビリティレポートに関する独立監査人の限定保証報告書であり、PWC による限定保証を受けていることが分かる。この限定保証報告書は、専門公報第 CTO 01 号（Technical Bulletin CTO 01）「サステイナビリティ及び社会

第2群　ⅠB型（サステナビリティ・レポート活用型）の事例

【図表21-11】　独立監査人の限定保証報告書

（出典）PETROBRAS, 2013c, pp.180-181 をもとに筆者が作成。

的責任に関する保証報告書の公表」（国際監査・保証基準審議会（IAASB）から公表された ISAE3000「国際保証業務基準 3000-過去財務情報の監査又はレビュー以外の保証業務」と同等とされる、ブラジルの州会計審議会全国連合会（CFC）から公表された NBC TO 3000「監査またはレビュー以外の保証業務」に基づいて CFC から公表されたもの）に基づいている。これは、指導原則の「F　信頼性と完全性」に関する部分である。

5　当該企業の統合報告の特徴点など

PETROBRAS の報告体系は、ⅠB型で分類されるサステイナビリティレポートで開示される形式であった。この他に、「財務分析と財務諸表」の報告書があり、財務データについては、そちらに詳しい情報が記載されていた。サステイナビリティレポートは 190 頁であり、簡潔性の観点からはやや分量が多い部類であると言える。

サステイナビリティレポートは GRI の G3.1 を採用しており、「本報告書につ

いて」では、同報告書の範囲や準拠した原則などについて具体的に言及されている。内容要素の「H　作成と表示の基礎」のベストプラクティスをなす。

また、戦略を図表形式で要約し、サステイナビリティ要因や企業戦略サマリー事業セグメントの柱、及びコンピタンスと資源ベースが一目で分かるように工夫されている。内容要素の「E　戦略と資源配分」に関係する事例をなす。

戦略のセクションでは、2013～2017年度の事業・経営計画の他、シナリオ分析や計画されている投資額について言及されている。また、リスクマネジメント体制についても説明されており、内容要素の「G　見通し」及び「D　リスクと機会」に関係する事例をなす。

事業活動に関するKPIsや環境、労働安全衛生、社会への貢献に関するKPIs、及び連結財務データを一覧表形式で報告書の冒頭に記載し、利害関係者の理解可能性を高める工夫を行っている。また、事業業績のセクションや成果と社会貢献のセクションで、詳しい業績の説明がなされている。さらに、雇用慣行と人権、及び環境の2項目については、重要業績評価指標（KPIs）を用いた詳しい説明がなされている。内容要素の「F　実績」に関係する事例をなす。

最後に、独立監査人の限定保証報告書がポルトガル語版のサステイナビリティレポートに添付されており、PwCから限定保証を受けている。国際監査・保証基準審議会（IAASB）から公表されたISAE3000と同等とされるブラジルの州会計審議会全国連合会（CFC）から公表されたNBC TO 3000「監査またはレビュー以外の保証業務」に基づいて、限定的保証業務が実施されている。なお、英語版では、独立監査人の限定的保証報告書は添付されておらず、それを参照するように指示する注意書きがなされているのみである。指導原則の「F　信頼性と完全性」に関係する事例をなす。

《主要参考文献》
PETROBRAS 2013b, *Financial Analysis and Financial Statement 2012*, PETROBRAS.
PETROBRAS 2013c, *RELATÓRIO DE SUSTENTABILIDADE 2012*, PETROBRAS.
PETROBRAS 2013a, *Sustainability Report 2012*, PETROBRAS.

第22章
エイチ・エス・ビー・シー
(HSBC Holdings)

> **本事例の特徴**
>
> 1　HSBC Holdings plc は、2012年12月末日の決算データに基づく Annual Report and Accounts 2012（全546頁）とは別に、GRIに準拠した Sustainability Report 2012（全40頁）を作成しており、ⅠB型の作成パターンの形態をとっている。
>
> 2　中期的長期的視点から、①戦略、②顧客、③リスク、④事業、⑤人財、⑥地域社会に関わる価値創造プロセスとその活動結果の影響（outcomes）を関連付けて説明しており、組織概要と外部環境及び業績の記載事例として参考になるであろう。
>
> 3　【図表22-5】では、「国際的トレードと資本移動」と「経済的発展と富の創造」を長期的戦略と位置付け、その戦略の方向性として「世界と繋がる事業のネットワーク」と「富の管理と地域規模での個人向け業務」を説明し、実施内容としてHSBCの①成長、②簡素化、③再構築を解説しており、長期的戦略の記載事例として参考になるであろう。
>
> 4　【図表22-6】で示すとおり、HSBCが定義する6つのセグメント地域別とその内訳の国別の地域別国別納税額の一覧が記載されており、多国籍企業の納税回避に対応するための情報開示として、時代の要請に対応したものであり、参考になるであろう。
>
> 5　監査法人PWCによる限定的保証報告書が作成されており、国際保証業務基準 ISAE3000 に準拠した保証水準となっている。統合報告の第三者による保証問題の解決の手掛かりとして、参考になるであろう。

第22章　エイチ・エス・ビー・シー（HSBC Holdings）

1　HSBC Holdings のプロフィール

　HSBC Holdings plc（本部：英国ロンドン）は、1865年に当時の大英帝国の植民地であった香港で設立された香港上海銀行（Hongkong and Shanghai Banking Corporation: HSBC）に起源を持ち、1959年1月に英国で設立登記し、英国LSE、米国NASDAQ、香港、パリ、バミューダの各証券取引所に上場している有限責任公開会社である。HSBCグループは、世界最大級の銀行業務及び金融サービスを提供する組織であり、世界を6つのセグメント（欧州、香港、アジア太平洋地域、中東と北アフリカ、北米、南米）に区分した81の国と地域にある約6,600の事業拠点を有している。事業内容は、4つの事業（個人向け銀行業務と富の管理、商業向け銀行業務、グローバル規模の銀行と資本市場業務、グローバル規模の富裕層向け資産管理業務）を展開している。日本では、香港での設立の翌年の1866年（慶応2年）に横浜に活動拠点を開設し、現在は東京・日本橋を拠点として、香港上海銀行、HSBC証券株式会社、HSBC投信株式会社、HSBCサービシーズ・ジャパン・リミテッドの4社でHSBCの業務を行っている。

　HSBC Holdings 社の株式は、129の国と地域にわたる約22万人の株主によって所有されている。2012年度には、営業総利益（total operating income）825億4,500万USドル（7兆1,467億4,610万円[注1]）、税引前純利益206億4,900万USドル、納税額93億4,900万USドルであり、同年度末（12月末）現在では、資本金1,821億2,900万USドル、資産合計額2兆6,925億3,800万USドル、従業員数27万人、顧客数5,800万件と報告されている。

2　HSBC Holdings の統合報告に関する企業の作成目的・意図・狙いどころ

　HSBC Holdings 社は、英国会社法に基づく年次報告書（Annual Report）とは別に、任意開示としてサスティナビリティ報告書（Sustainability Report）を2007年度から現在まで作成している。2006年度には企業責任報告書2006年版（Corporate Responsibility Report 2006）が作成されており、ノルウェーの独立系認証財団 Det Norske Veritas（DNV、2013年より新会社DNV GL に変更）の

第2群　ⅠB型（サステナビリティ・レポート活用型）の事例

保証報告書による認証を受けている。翌年のサスティナビリティ報告書2007年版は、「Global Reporting Initiative（GRI）のG.3報告ガイドライン」及び「AccountAbility の AA1000AS（2003）保証基準」に準拠しており、DNVによる保証報告書を受けている。

　サスティナビリティ報告書2012年版（Sustainability Report 2012）は、Annual Report and Accounts 2012 と Annual Review 2012 を補完する役割を担う独立した報告書として作成されている（p.36）。Sustainability Report 2012 の作成及び担当窓口は、「Global Corporate Sustainability」である（奥付を参照）。この部署は、目次項目（6つの報告の側面）ごとに担当部門の責任者が執筆していることから、独立した部署ではなく、6つの部門の責任者を中心として構成されるプロジェクト部署と推察できる。また、Sustainability Report 2012 は、監査法人 PWC による保証報告書が作成されており、適用基準と水準は、ISAE3000 と ICAEW Code of Ethics である（p.35）。

　HSBC Holdings 社は、IIRC のパイロット・プログラムに参加している企業であり、本稿では、Sustainability Report 2012（全40頁）を統合報告書に相当するものとして、その内容を分析することとする。

　HSBC Holdings 社の2012年度（12月末日決算）に関する各種報告書の体系は、次のとおりである。

・統合報告書に相当する名称：
　Sustainability Report 2012（全40頁、GRI準拠）
・その他の報告書：
　Annual Report and Accounts 2012（全546頁、英国会社法（EU版IFRS）準拠）
　Annual Review 2012（全68頁）
　Global Reporting Index Table of Contents–HSBC Holdings plc Sustainability Report 2012–（全8頁、GRI指標とサスティナビリティ報告書を中心とする年次報告書及び年次レビューとの照合表）
　Form 20-F（全683頁、米国証券取引法（SEC基準）準拠）

第22章　エイチ・エス・ビー・シー（HSBC Holdings）

3　HSBC Holdings の報告書の記載目次・項目のリスト

　サスティナビリティ報告書2012年版の目次構成は、6つの章と付随情報、さらにグループ会長と全体の概要からなり、【図表22-1】に示す通りである。なお、頁数は記載事項の比率を概略として把握するため、また内容要素の適用はIIRCの国際統合報告フレームワークに対応させるために筆者が作成している。また、【図表22-2】は、サスティナビリティ報告書2012年版との比較参考として、年次報告書及び計算書類2012年版の目次構成をまとめたものである。

【図表22-1】　サスティナビリティ報告書2012年版（全40頁）の目次構成

	目次構成	掲載頁	頁数	内容要素の適用
1	概要	1	1	組織概要と外部環境
2	グループ会長の挨拶	2-3	2	
3	第1章　戦略	4-8		戦略と資源配分
	我々の戦略		1	ガバナンス
	我々のアプローチ		1	リスクと機会
	我々の目的、価値、品行		3	
4	第2章　顧客	9-15		組織概要と外部環境
	グローバル事業		5	
	気候事業		2	
5	第3章　持続可能なリスク	16-19		
	我々の持続可能なリスクの枠組み		4	リスクと機会
6	第4章　持続可能なリスク	20-23		
	我々の持続可能な事業戦略		4	
7	第5章　人財	24-26		
	我々の従業員の評価		3	
8	第6章　地域社会への投資	27-31		業績
	教育		3	
	HSBC真水		2	
9	付随情報	32-36		戦略と資源配分、業績
	主要事実		3	
	保証報告書		1	
	この報告書について		1	

（出所：*Sustainability Report 2012*, p.0 を基に著者作成）

第2群　ⅠB型（サステナビリティ・レポート活用型）の事例

【図表 22-2】　年次報告書及び計算書類 2012 年版（全 546 頁）の目次構成

目次構成	掲載頁	頁数
取締役報告書	2-346	324
1　概要	2-24	22
財務ハイライト		2
グループ会長の説明		4
グループ最高責任者による事業レビュー		4
当社の開示哲学		1
主要な活動		1
HSBC の価値		1
ビジネス事業モデル		3
戦略指針		2
リスク		3
主要業績指標（KPI）		3
2　事業及び財務のレビュー（OFR）	25-300	275
財務要約		33
グローバル事業		2
商品とサービス		19
地理的区分		39
その他の情報		5
リスク		157
資本		20

目次構成	掲載頁	頁数
3　コーポレートガバナンス	301-336	35
コーポレートガバナンス報告書		1
取締役及び上級管理者の略歴		7
取締役会		9
委員会		14
内部統制		2
継続事業主義		11
従業員		2
取締役報酬報告書	347-367	20
財務諸表及びその他の情報	368-546	178
取締役責任の説明		1
独立監査人報告書		2
1　財務諸表	371-515	144
財務要約		11
財務諸表の脚注		132
2　株主情報	516-546	30
株主情報		9
将来予測の説明の警告書		1
省略語一覧		3
用語集		8
索引		5

（出所：Annual Report and Accounts 2012, p.0 を基に著者作成）

4　HSBC Holdings の統合報告の主要構成要素の抽出・特徴点の解説

(1) 概要

　HSBC Holdings 社の Sustainability Report 2012 は、カラー刷りで作成されており、同社 Web サイトにて PDF 形式で入手可能な状態にある。縦 A4 規格によるプリンタ出力に対応している。表表紙をめくると、左側頁（表表紙裏）は左欄右欄の構成になっている。左欄には「Who we are and what we do」と「事業構想」【図表 22-3】が説明されている。右欄には「目次構成」【図表 22-1】が掲載されている。一方、右側頁（1 頁）には概要の説明【図表 22-4】がなされており、両頁を左から右へ一覧すること（「Who we are and what we do」→【図表 22-3】→【図表 22-1】→【図表 22-4】）で報告内容の全体像が視覚的にも容易に把握できる配置構成となっている。

　両頁による見開き一覧（左から【図表 22-3、1、4】の順に一覧できる）は、内容要素の「A　組織概要と外部環境」と「E　戦略と資源配分」を実践した説明

第22章 エイチ・エス・ビー・シー（HSBC Holdings）

【図表22-3】 HSBCの事業構想の記載事例

HSBCの事業構想（HSBC's vision）
目的（Purpose） 当社の存在理由は何か 当社の社史の通り、我々は成長の余地のある所で活動しており、様々な機会を求めて顧客と繋がっている。我々は、人類の希望と夢を満たし、人類の大願を実現させる役立ちをすることによって、事業を繁栄させて経済を成功させることができる。
価値（Values） 当社はどの様に行動してどの様に事業を管理するのか 我々は次のことによって、勇気ある誠実性を備えた行動を行う。 　―信頼できる態度で正しいことを実行すること。 　―異なった考えや文化を受け入れること。 　―顧客、規制当局、その他と繋がること。
戦略（Strategy） 当社は何処でどの様にやり遂げるのか 　―急成長で発展した市場と繋がっている国際的ネットワーク網 　―富の管理サービスを発展させることと、我々が利益獲得可能な規模を達成できる市場にのみ個人向け銀行業務の投資を行うこと。
活動結果の影響（Outcome） 世界を先導する国際銀行になること

（出所：*Sustainability Report 2012*, p.0 を基に著者作成）

内容となっている。解説方法においても、フレームワークによる内容要素の定義の通り、質問を投げかける形で標題を掲げ、それに応える回答を用意している。

【図表22-3】の事業構想（vision）では、①目的（Reason why we exit）、②価値（How we behave and conduct business）、③戦略（Where and how we compete）、④活動結果の影響（Being the world's leading international bank）の一連の関連性が認められる。このことから、基本原則「B　情報の結合性」や基礎概念「D　価値創造プロセス」にも合致している。

【図表22-4】の組織概要では、継続企業たる持続可能性を前提とした中期的、長期的な視点をビジネスモデルに組み込むことが意図されており、①戦略、②顧客、③リスク、④事業、⑤人財、⑥地域社会に関わる価値創造プロセスを説明している。さらに、HSBCグループの事業活動による社会的環境的な貢献と影響が

第2群　ⅠB型（サステナビリティ・レポート活用型）の事例

【図表22-4】　HSBCの組織概要の記載事例

概要 (Overview)

この年次Sustainability Reportは、当社のAnnual Report and Accounts 2012とAnnual Review 2012と並んで位置付けられる。この報告書は、2012年の進捗状況、我々にとって重要な課題、将来の大願を報告する。当社の報告書が明瞭に述べていることは、持続可能性がビジネスモデルに組み込まれる場合、さらに持続可能的関わりが当社の事業を行う方法をどの様に方向付けるのか、この二つの意味において、当社にとって持続可能性とはどんな意味か、また当社は持続可能性をどの様に管理するのか、についてである。

地域社会への投資 ─ 若者支援への当社の方法は、若者の能力を発揮して若者の大望を達成する。さらにHSBC真水計画を通して真水を保護して公衆衛生設備を提供する仕事をしている。

人財 ─ 当社の戦略を達成するために、国際市場における取締役および従業員の最高の手腕を当社はどの様に呼び込み、保持し、育成するのか。

事業 ─ 2020年までに3.5トンから2.5トンに向けて、年間の従業員二酸化炭素排出量を削減するという当社の目標を、当社はどの様に達成しようとする予定があるのか。

戦略 ─ 持続可能性が当社の組織の戦略や価値にどの様に馴染んでいるのか。戦略は、組織としての当社の目的を達成するために、当社に役立つものである。

顧客 ─ 当社は、当社の4つのグローバル事業を通じて、当社の商品とサービスに顧客をどの様に結び付けるのか。「気候事業」等の自然資源の影響の縮小化による商業的機会に焦点を当てることも含む。

サスティナビリティ・リスク ─ 当社の持続可能性リスク方針を通じて、当社のリスク管理に役立ち、かつ顧客を支援する。その結果顧客が環境と地域社会への責任を果たすことを保証する。

中期的
長期的
視点

① 戦略
② 顧客
③ リスク
④ 事業
⑤ 人財
⑥ 地域社会

活動結果の影響 (Outcome)

2012年のハイライト

6,594
2011年以降に持続可能性リスクについて教育してきた従業員数

US$ 120m
地域社会への投資計画に対する寄付総額

25%
当社のグループ会社管理委員会における女性の人数

US$100m
5年間のHSBC真水計画への当社の貢献額

160,000
2011年以降にHSBCの価値ついて教育してきた従業員数

27,000
回避できた二酸化炭素のトン量

HSBC Holdings plc Sustainability Report 2012　1

（出所：Sustainability Report 2012, p.1を基に筆者作成）

第22章 エイチ・エス・ビー・シー（HSBC Holdings）

どのようになったと HSBC 社が捉えているのか（活動結果の影響：Outcome）をハイライトとして6つ記載されている。【図表 22-3】の基本原則「B　情報の結合性」や基礎概念「D　価値創造プロセス」に加えて、【図表 22-4】は基本原則「A　事業焦点と将来指向」と「C　ステークホルダーとの関係」にも合致している。

(2) 戦略

【図表 22-5】の長期的戦略は、2011年6月に設定した HSBC グループ全体の長期的指向の事業構想（ビジョン）を実現させるのに必要な戦略について、その最新の進捗状況をステークホルダーに提供するものである（内容要素「E　戦略と資源配分」の実践）。この説明は、基本原則「A　戦略的焦点と将来指向」にも合致している。

(3) 主要事実

【図表 22-6】の国別納税額の一覧は、HSBC Holdings 社が納税額を6つのセグメント地域別と国別にまとめて開示したものであり、サスティナビリティ報告書2012年版より初めて作成された開示情報である。現代社会に対応する、より効果的、効率的、公平な国際課税制度を確立することについて、G20（金融世界経済に関する首脳会合）の議題に挙げられるほど関心が高まってきている。多国籍企業特有の国別納税額の一覧情報が開示される意義は、時代の要請でもある。さらに【図表 22-6】では、従業員の労務情報（殉職数、事故数、事故率）が作成されていることも注目に値する。これらの情報開示は、内容要素「E　戦略と資源配分」と「F　業績」の実践例である。

(4) 保証報告書

【図表 22-7】は、HSBC Holdings 社のサスティナビリティ報告書2012年版に対する監査法人 PWC による保証報告書である。監査法人 PWC は、専門的実務指針と保証水準について、ISAE3000[注2]とイングランド・ウェールズ勅許会計士協会（ICAEW）の倫理規程（Code of Ethics）を用いて、限定的保証業務によ

265

第2群　ⅠB型（サステナビリティ・レポート活用型）の事例

【図表22-5】　HBSCの長期的戦略の記載事例

我々の戦略(Our Strategy)

Becoming the world's leading international bank

2011年5月に、HSBCは、グループ全体の長期的指向のビジョンを、そのビジョンの達成に役立つための明確な戦略と共に、設定した。このビジョンは、我々が競争するべく場所と方法を探究することを導くものである。我々は、この戦略に対する進捗状況をその都度評価し、規則的な最新情報を利害関係者に提供する。

長期的トレンドへの照準

我々の戦略は、下記の二つの長期的トレンドに照準が合わせられる。

国際的トレードと資本移動

世界の経済は、今以上にますます繋がりを持つようになりつつある。世界規模の取引の成長と国境を越えた資本移動は、平均的なGDP（国内総生産）の成長を上回り続ける。国や地域の中での資金移動は、高度に集約される。今後20年に渡って、我々は30の市場が世界の取引の成長の90パーセントを占めるようになり、国境を越えた資本移動の集約も同水準になると期待する。

経済的発展と富の創造

2050年までに、我々は現在考えられる経済が実態的人口統計や都市化からの恩恵を受けて、5倍の規模に成長しているまでに「台頭すること」を期待して、経済が先進国世界を超えて大規模になることを期待する。それまでに、30の最大規模の経済の内の19の経済が「台頭すること」として現在述べられる市場になるであろう。

戦略の方向性

これらの長期的トレンドと我々の競争的立場に基づくと、我々の戦略は二つの部分からなる。

世界と繋がる事業のネットワーク

HSBCは、国際的資金移動の成長を獲得すべく良い立ち位置にいる。我々のサービスのグローバル規模の距離と範囲に、企業を強固な立ち位置に置き、企業顧客に対しては、小規模企業から大規模かつ国際的な企業に成長することを、また個人顧客に対しては、さらに裕福になることを、提供する。現地の個人向け資金へのアクセスと我々の一連の国際的商品によって、我々は顧客に異なった利益のある解決方法を提案することができる。我々はお互いに急成長する経済と結びつく「発展途上国対発展途上国」取引に焦点を当てる予定である。

富の管理と地域規模での個人向け業務

急成長の市場における社会的移動性と富の創造は、我々の富の管理と現地規模での裕福層向け資産管理業務を通して達成する金融サービスの需要を生み出すことになる。我々は利益のある規模を達成することができる市場においてのみ個人向け事業に投資する予定である。

実施内容

グループ会社を成長させ、簡素にさせ、再構築させる、この3つの領域における活動に依存する。

1. HSBCの成長

我々は、成長するためにHSBCの立ち位置を維持する。我々は、我々の事業拠点と主要な成長市場に資本を展開し、急成長の市場を利用でき、主要な取引ルートを取り扱う予定である。グループ会社は、収益機会を最大化させる共同目的により、HSBCの4つのグローバル事業の中でより親密な対等関係と増加する紹介から利益を得る。

2. HSBCの簡素化

我々は、HSBCをより管理し易く支配し易いものにしている。2011年の開始以来、我々は戦略上の取引のない事業の整理として公表してきて、組織の効率を高めるべく計画と共に進行方向を作ってきた。

3. HSBCの再構築

我々は、一定の事業を再構築し、変化する環境に対応させる。我々のグローバル規模の銀行と市場事業は、我々の遺産の与信リスクを低めるように管理している。我々は、USでの事業を見直し、中心的活動、例えば国際的事業の提供、に焦点を当てる。グローバル規模の裕福層向け心算管理業務は主要市場に焦点をあてており、法令遵守の強化やリスクの枠組みのような経営上の基準を改善中である。

4　HSBC Holdings plc Sustainability Report 2012

（出所：*Sustainability Report 2012*, p.4を基に著者作成）

第22章　エイチ・エス・ビー・シー（HSBC Holdings）

【図表22-6】　国別納税額の一覧の記載事例

	単位	2012年	2011年	2010年
HSBC事業所の国と地域の数		81	85	87
(営業年度末時点)パートタイムを含む全従業員数		270,000	298,000	307,000
(営業年度末時点)フルタイム相当の全従業員数		260,591	288,316	295,061
顧客数		5800万	8900万	9500万
ベンチマーク				
（中略）				
財務				
（中略）				
主要成長市場の政府への納税額				
納税総額	US$m	9,349	8,052	5,730
国別内訳				
香港とアジア太平洋地域	US$m	2,777	2,396	2,070
主要市場		2,406	2,017	1,599
・香港	US$m	975	1,031	916
・中国	US$m	439	163	86
・インド	US$m	354	373	243
・オーストラリア	US$m	209	148	90
・マレーシア	US$m	184	102	99
・インドネシア	US$m	106	59	47
・シンガポール	US$m	86	80	74
・ベトナム	US$m	32	39	18
・台湾	US$m	21	22	26
その他の市場	US$m	317	369	471
ヨーロッパ地域	US$m	2,852	2,850	3,267
主要市場	US$m	2,700	2,627	3,150
・英国	US$m	1,566	1,464	1,808
・フランス	US$m	679	619	760
・ドイツ	US$m	200	234	233
・スイス	US$m	161	235	280
・トルコ	US$m	94	75	69
その他の市場	US$m	152	223	117
中東と北アフリカ地域	US$m	481	238	196
主要市場	US$m	443	202	138
・サウジアラビア	US$m	209	41	14
・アラブ首長国連邦	US$m	120	71	90
・エジプト	US$m	114	90	34
その他の市場	US$m	38	36	58
北米地域	US$m	1,247	604	(1,288)
主要市場				
・アメリカ合衆国	US$m	803	276	(1,439)
・カナダ	US$m	444	328	151
ラテンアメリカ地域	US$m	1,979	1,942	1,465
主要市場	US$m	1,874	1,887	1,408
・ブラジル	US$m	1,213	1,239	1,000
・アルゼンチン	US$m	391	267	142
・メキシコ	US$m	270	381	266
その他の市場	US$m	105	55	57
その他の地域	US$m	13	32	20
社会				
（中略）				
健康と安全				
従業員の労務上の殉職数		0	0	0
3日以上欠勤を含む、従業員10万人当たりの負傷事故数		58	51	120
従業員10万人当たりの全ての負傷事故の発生率		375	386	548

（納税先の一覧と納税額の推移／従業員の労務情報）

（出所：Sustainability Report 2012, pp.32-33 を基に筆者作成）

る保証報告書を作成している。

　ISAE3000は、国際会計士連盟（IFAC）の国際監査・保証基準審議会（IAASB）が公表した非財務情報を対象とする国際保証業務基準「過去財務情報の監査又はレビュー以外の保証業務」であり、保証業務実施者が実施することができる保証業務を「合理的保証業務」（reasonable assurance engagement）と「限定的保証

267

第2群　ⅠB型（サステナビリティ・レポート活用型）の事例

【図表 22-7】　国際保証業務基準 ISAE3000 による限定的保証報告書の記載事例

保証報告書(Assurance Report)

HSBC Holdings plcの取締役への独立保証報告書(Independent Assurance Report)

HSBC Holdings plc（HSBC）の取締役は、以下に記述した情報に関する限定的保証（limited assurance）を提供することと、2012年12月31日を末日とする営業年度のHSBCのSustainability Reportの中で説明することを私共と契約した。

保証基準

何を保証しているのか　（「主要な情報」）

私共の限定的保証手続きに則った主要な情報とは、以下の情報で構成される。
a．Sustainability Report 2012の19頁に記載の2012年12月31日までの12ヶ月間の赤道原則の適用に関する説明書
b．Sustainability Report 2012の34頁に記載の2012年9月30日までの12ヶ月間のHSBCの全二酸化炭素排出量

情報はどの様に評価されるのか　（「報告規準」）

私共は、HSBCの報告規準を用いて、主要な情報を評価した。http://www.hsbc.com/sus-assurance

適用した専門的実務指針と保証水準

私共は、ISAE 3000（限定的保証水準）を用い、かつICAEWの倫理規程（Code of Ethics）に準拠している。

報告方法と測定方法の理解

主要な情報を評価し測定するためのグローバル規模で認識されて確立された実務は、存在しない。異なった領域ではあるが承認されている技法は、当該組織との比較を可能にする結果をもたらし得る。従って、HSBCの報告の基礎として用いる報告規準は、主要な情報およびHSBCのWebサイト上で報告される関連物と連携して読まれるものとする。

実行した手続き

主要な情報に関する重要な誤述についてリスクを考慮する際に、私共は、以下の行為を遂行した。
●関連するHSBCの経営管理に関する疑問を作成した。
●主要な情報を管理・記録・報告する際に主要なプロセスと制御の設計を評価した。この評価は、当期間のレビューの下で意図通り制御が働く試験にまで至らない。
●会社の本部で把握される情報に基づく赤道原則の適用に関する主要な基準の限定的実質的試験を執行して、その記録を入手して、関係スタッフと29の取引について議論して、そのデータが適切に測定・評価・記録・照合・報告されていることを確認した。
●会社の本部での全二酸化炭素排出量情報に関する主要な基準の限定的実質的試験に同意して、その記録を入手して、関係スタッフと8箇所の報告地点について議論して、そのデータが適切に測定・記録・照合・報告されていることを確認した。
●主要な情報の開示と表示について評価した。

HSBCの責任

HSBCの取締役は、以下に関する責任を負う。
●詐欺や誤謬に起因する重要な誤述にとらわれない主要な情報の作成に関わる情報についての内部統制を設計・実施・維持すること。
●客観的な報告基準を確立すること。
●関連する取引一覧の完備を保証すること。

●報告規準に基づくHSBCの業績を測定すること。
●Sustainability Report 2012の中身。

私共の責任

私共は、以下に関する責任を負う。
●主要な情報が詐欺や誤謬に起因する重要な誤述にとらわれていないかどうかについて限定付保証を獲得するための契約を策定して遂行すること。
●私共が遂行した手続きと私共が獲得した証拠に基づき、独立した結論を形成すること。
●HSBCの取締役に私共の結論を報告すること。

結論

私共の結論

私共の手続きの結果、2012年12月31日までの1年間に主要な情報が当該報告規準に準拠して全ての重要な側面において作成されてこなかったことを示す事項は認められなかった。

私共の結論を含むこの報告書は、私共の間での契約して、機関としてのHSBCの取締役に対して、専ら作成されたものであり、HSBCの持続可能な業績と活動を報告する際に取締役の役に立つことを目的としたものである。私共は、独立保証報告書を獲得することにより主要な情報に結びついて取締役のガバナンス責任を取締役が述べていることを取締役が示すことができるために、2012年12月31日までの1年間のSustainability Report 2012の中で開示されるべくこの報告書に同意する。コモンロー上認められる最大限の範囲内においても、私共は、この文書作成時に私共の間で特別の事項が合意される場合を除いて、この報告書についての私共の任務に関する機関としての取締役とHSBC、これ以外の何人に対しても責任を認めず又は受け入れることはない。

（監査法人の署名）

PricewaterhouseCoopers LLP
勅許会計士（Chartered Accounts），ロンドン
2013年5月7日

（注1）　　　（省略）
（注2）私共は、国際監査保証基準審議会（IAASB）が公表した国際保証業務基準（ISAE 3000）「過去財務情報の監査又はレビュー以外の保証業務」、およびイングランド・ウェールズ勅許会計士協会（ICAEW）の倫理規程（Code of Ethics）に関する適用可能な独立的専門的要件に準拠している。
（中略）
（注3）　　　（省略）

HSBC Holdings plc Sustainability Report 2012　　35

（出所：Sustainability Report 2012, p.35 を基に筆者作成）

業務」(limited assurance engagement) とに明確に区別している。合理的保証業務は、積極的形式による結論の報告を行うための基礎として、その業務環境で、受け入れることができる程度に保証業務リスクが抑えられるように、保証業務が行われる。一方、限定的保証業務は、合理的保証業務の場合よりは高い水準ではあるが、消極的形式による結論の報告を行うための基礎として、その業務環境で、受け入れることができる程度に保証リスクが抑えられるように、保証業務が行われる。

5 HSBC Holdings の統合報告の特徴点と問題点など

IIRC による統合報告のフレームワークは、2013年12月5日に公表されたものである。したがって、早くても2013年12月末日を決算日とする企業が作成する報告書を待たなければ、フレームワークに準拠した統合報告が、世に出ることはない。本稿執筆時点の過渡期を前提として、特徴点と問題点について指摘しておきたい。

まず特徴点として、フレームワークの8つの内容要素（AからH）と1つの実施考慮要素（I）に関しては、「A　組織概要と外部環境」と「E　戦略と資源配分」の実践が重視されている。さらに、サスティナビリティ報告書2012年版の表表紙をめくった見開き2頁分でHSBCグループの事業概要が簡潔に説明されており、そこで記載されたキーワードの詳細は、後の頁で説明する展開となっている。基本原則の適用面からは、「D　重要性」のある情報について図表を作成しながら「E　簡潔性」を保ち、詳細な説明は後の頁へのレファレンス参照を用いる次元の「B　情報の結合性」が適用された報告体系となっている。

次に問題点として、基礎概念に関しては、「B　組織の価値創造と組織以外の価値創造」と「D　価値創造プロセス」は「活動結果の影響」（Outcomes）までの関わりで説明されているが、「C　各種資本」については、「財務資本」以外のその他の資本がほとんど説明されていない。HSBCグループは金融サービス業であるので、財務資本を重視するのは当然であるが、統合報告の特徴は生かし切れていない。次期の報告書において、統合報告の特徴である基礎概念「C　各種資本」をどこまでアカウンタビリティの範囲として説明されるのか期待したい。

第2群　ⅠB型（サステナビリティ・レポート活用型）の事例

（注）
1　2012年12月末の決算日レート（1USドル＝86.58円）による円換算額。
2　2013年12月9日に、2015年12月15日以降の保証業務に対して有効となるIEAE3000の改定版がIAASBより公表されている。したがって、2005年以降有効となっている現行のIEAE3000は、2015年12月14日の保証業務まで有効となる。

《主要参考文献》

HSBC Holdings plc [2013a], *Annual Report and Accounts 2012*, HSBC Holdings plc.
―――[2013b], *Sustainability Report 2012*, HSBC Holdings plc.
IAASB[2003], *ISAE 3000*, "Assurance Engagements Other than Audits or Reviews of Historical Financial Information," in IAASB, *Handbook of International Quality Control, Auditing, Review, Other Assurance, and Related Services Pronouncements-2012 Edition Volume II*, International Auditing and Assurance Standard Board, July, 2012, pp.87-106.（日本公認会計士協会国際委員会訳［2005］『国際保証業務基準3000（改訂）：過去財務情報の保証又はレビュー以外の保証業務』日本公認会計士協会、7月。）
―――[2013], *ISAE 3000 (Revised), Assurance Engagements Other than Audits or Reviews of Historical Financial Information International Framework for Assurance Engagements and Related Conforming Amendments*, International Auditing and Assurance Standard Board, December 9.

第3群

II型（結合型）、III型（独立型）及びIV型（Web・動画活用型）の事例

第23章
アクゾノーベル（AkzoNobel N.V.）

> 本事例の特徴

1. 本事例はⅡ型（結合型）に属している。すなわち、アニュアルレポートとサステナビリティレポートを1つのレポートに結合し、その中に<IR>の情報を記載している。本書の調査対象会社において、Ⅱ型（結合型）を採っているのはオランダのアクゾノーベル公開会社（AkzoNobel N.V.）のみである。

2. アクゾノーベルの特徴は、こうした報告書の作成方法（結合型）が、オランダの制度的な規制によるものではなく、同社の自主的な取り組みである旨を強調していることにある。加えて、将来情報に関する「免責事項」（safe harbor statement）を開示していることも同社の特徴である。

3. 近年、企業が開示する報告書の種類が増え、かつ、報告書の頁数（情報量）も増加している。同社はこうした情報過負荷（information overload）の問題に配慮し、報告書の「簡潔性」（conciseness）を重視している。上記1で述べたようにⅡ型（結合型）の<IR>を用いることで、こうした問題に対する解決策を提案している。次世代のコーポレートレポーティング（corporate reporting）のあり方を考える上で興味深い事例である。

4. 同社は、2008年からⅡ型（結合型）の<IR>への取り組みを始めている。2007年までは、「アニュアルレポート2007」という名称を用いていたが、2008年以降は、アニュアルレポートとサステナビリティレポートを「ワンレポート」（one report）に結合したことから、報告書の名称は「レポート2008」、「レポート2009」等の形に改められ、今日に至っている。こうした報告書の名称にも、Ⅱ型ならではの工夫が表れている。

5 2008年から2011年までは開示項目に大きな変化は見られなかったが、2012年に2つの新しい開示項目が追加されている。すなわち、「社史」（a few historical highlights）と「リーダーシップ」（our leadership）が追加されている。しかしながら、上記3で述べたような考え方から、報告書の頁数が200頁を大きく超えないように努力している。すなわち、同社の＜IR＞は、簡潔なワンレポートを目指している。

6 本章でアクゾノーベル社の＜IR＞を調査した2007年から2013年までの7年間、同社の＜IR＞を時系列で分析すると、CEOの交代によって＜IR＞の作成方針に変化が現れている点が興味深い。2007年から2011年のCEOはHans Wijers氏であり、2012年から2013年のCEOはTon Büchner氏である。同社は一貫してⅡ型（結合型）の＜IR＞に取り組んでいるが、新CEOのTon Büchner氏は「レポート2013」からPDFファイルの報告書に加えて、Web版の報告書も作成している。Web版の報告書には、iPadのアプリケーションをダウンロードする機能が設けられている。

1 アクゾノーベルの企業プロフィール

　アクゾノーベル公開会社（AkzoNobel N.V.）は、オランダの首都であるアムステルダムに本社を構え、2012年現在で凡そ80か国において化学関連の主力事業を展開しており、それらの国々に約5万6千人の従業員を配している真のグローバル企業である。1968年（昭和43年）に日本法人が東京に設立されており、現在の社名はアクゾノーベル・ジャパン（AkzoNobel Japan）である。

　同社の母体は300年を超える伝統ある歴史を有しており、1969年に化学繊維を主力事業とするAKU（Algemene Kunstzijde Unie）と、工業用塩を主力事業とするKZO（Koniklijke Zout Organon）の合併でAKZO N.V.となった。更に1994年、AKZO N.V.は、ノーベル賞の創設者であるアルフレッド・ノーベル（Alfred Bernhard Nobel）がスウェーデンに設立したNobel Industriesとの合併を意欲的に進めAkzoNobel N.V.となり、現在に至っている。2012年度の売上高は153億9千万ユーロ（約1兆7,467億円）である[注1]。

第3群　Ⅱ型（結合型）、Ⅲ型（独立型）及びⅣ型（Web・動画活用型）の事例

2 統合報告に向けたアクゾノーベルの取り組み

　アクゾノーベルは、国際統合報告評議会（International Integrated Reporting Council; IIRC）が2011年10月に立ち上げたパイロットプログラムに参加しており[注2]、IIRCとBlack Sun社（ロンドンのコンサルティング会社）が共同で運用している＜IR＞データベースにおいてベスト・プラクティス企業として紹介されている[注3]。

　この＜IR＞データベースには、同データベースを構築した時点でアクゾノーベルが作成した「レポート2010」が収録されている。しかしながら、本章では最新の状況をフォローするために、同社の「レポート2013」を分析の対象にしている。

　また、単に「レポート2013」の内容分析を行っただけでは、アクゾノーベルの＜IR＞に対する考え方が十分に理解できないことを考慮して、同社が＜IR＞への取り組みを始めた「レポート2008」まで遡って内容分析を実施することにした。したがって、同社が伝統的に作成してきた「アニュアルレポート2007」と、同社が＜IR＞として作成した「レポート2008」から「レポート2013」までの7年分の報告書を詳細にレビューし、記載内容の変化を追跡した。同社のコーポレートレポーティングの改善に向けた取り組みは、大きく見て2008年、2009年、2012年、及び2013年の四つの段階を経て実施されている。

　ここで、アクゾノーベル社が用いている報告書の名称について補足的に説明しておきたい。上記のように、同社が伝統的なアニュアルレポートを作成していた2007年までは、オーソドックスな「アニュアルレポート2007」という呼称が用いられていた。しかしながら、2008年からⅡ型の＜IR＞、すなわち結合型への取り組みが始まったことから、同社の報告書はアニュアルレポートとサステナビリティレポートの両者の内容を含む性格のものとなった。こうしたことから、同社のCEOであるHans Wijers氏の意思決定によって、2008年以降は「レポート2008」という名称が用いられるようになった。Hans Wijers氏は2011年までCEOの職を勤めた。2012年からは新CEOのTon Büchner氏のリーダーシップの下で組織横断的に＜IR＞に取り組んでいる。

第 23 章　アクゾノーベル（AkzoNobel N.V.）

以下では、アクゾノーベルが＜IR＞の改善に取り組んだ四つの段階、すなわち 2008 年、2009 年、2012 年、及び 2013 年の取り組みについて要点的に解説する。

3　レポート 2008

アクゾノーベルは、2008 年からアニュアルレポートとサステナビリティレポートを結合する取り組み（Ⅱ型の＜IR＞）に着手している。すなわち、財務諸表の次にサステナビリティのセクションを新たに設けている。また、これに伴って、従来は「アニュアルレポート 2007」という名称を用いていたが、2008 年以降は「レポート 2008」、「レポート 2009」等の名称に改めている。本書が調査対象としている 20 社においても、このような事例は他に類例がない。

アクゾノーベルが 2008 年からこのような取り組みを始めたことは、IIRC の前身である国際統合報告委員会（International Integrated Reporting *Committee*）の設立が 2010 年 7 月であることを考慮するならば、同社の自発的な「統合思考」は革新的な取り組みであったと評価できる。

更に、アクゾノーベルの「レポート 2008」では、こうした＜IR＞に向けた改善の一環として、本書が事例研究の対象としている他社には見られない事項が記載されている。すなわち、【図表 23-1】に示しているように、報告書の末尾に成長戦略や将来情報に関する免責事項（safe harbor statement）や、【図表 23-2】に示しているように、サステナビリティレポートをアニュアルレポートと結合することがオランダの法律の要請によるものではないことについて、ステークホルダーに注意を喚起している。

【図表 23-1】及び【図表 23-2】の記載事項は、レポート 2008 からレポート 2013 まで継続して用いられている[注4]。IIRC の国際＜IR＞フレームワークでは、基本原則（guiding principles）の A において「戦略的焦点と将来指向」（strategic focus and future orientation）が定められ、また内容要素（content elements）の G において「見通し」（outlook）に関する記述が求められている。こうしたことから、【図表 23-1】に示したアクゾノーベルの免責事項（Safe Harbor Statement）の記載事例は、今後の統合報告の研究において重要性を高めるであろう。

第3群　Ⅱ型（結合型）、Ⅲ型（独立型）及びⅣ型（Web・動画活用型）の事例

【図表 23-1】　免責事項（safe harbor statement）に関する記載

> 　本レポートには、アクゾノーベル社の成長戦略、将来の財務的な結果、市場の状況、製品開発、研究開発中の新製品、そして新製品の承認といった重要な問題に言及している文章が含まれている。これらの文章については、注意深く考慮する必要があり、多くの要因によって予測された結果と実際の結果がこれらの文章と異なることがあることを理解しなければならない。影響を及ぼす要因には、価格変動、為替変動、原料の採掘と人件費、年金、物的及び環境的リスク、法律上の問題、及び法制的・財政的・規制的措置が含まれるが、影響要因はここに列挙したものだけに限定されない。本レポートで述べている弊社の競争上のポジションは、経営者の見積りに基づくものであり、外部の専門機関から提供された情報によって裏付けられている。

（出所）AkzoNobel Report 2008, p.208.

【図表 23-2】　Ⅱ型（結合型）の＜IR＞が自主的開示である旨の記載

> 　弊社の年次財務報告は、サステナビリティ報告書と統合されており、1つの Report 2008（one Report 2008）に集約されている。しかしながら、サステナビリティのセクションは、オランダの法律に従って企業がアニュアルレポートに含めて開示することが求められているものではない。

（出所）AkzoNobel Report 2008, p.208.

　アクゾノーベルは、同社が自主的に＜IR＞への取り組みを始めた「レポート 2008」の表紙に「明日の答えに今日挑戦する」[注5]（Delivering Tomorrow's Answers Today）というモットーを社名と併記している。この表記は「レポート 2011」まで用いられたが、CEO が交代した「レポート 2012」からは用いられていない。

4　レポート 2009

「レポート 2008」のワンレポート（one report）に向けた改善は、当時としては革新的な取り組みであったものの、アクゾノーベルの伝統的なアニュアルレポートの体系を変えることなく、財務諸表のセクションの次にサステナビリティのセクションを挿入する形を採った。このため、【図表 23-3】に示すように 46 頁も報告書の頁数が増加してしまった。こうしたことから、「レポート 2009」の取り組みでは、【図表 23-3】に示すように報告書の頁数を 46 頁削減し、2007 年の 166 頁の水準まで戻している。

【図表 23-3】　アクゾノーベルの報告書における頁数の推移

年　度	報告書の頁数	
2007 年	166 頁	
2008 年	212 頁（+46 頁）	→サステナビリティの情報を挿入したことで頁数が増大。
2009 年	166 頁（−46 頁）	→基本原則の E「簡潔性」の観点から頁数を大幅に削減。
2010 年	184 頁	企業活動の複雑化やグローバル化に伴って、<IR>の情報量が増加しているものの、報告書の頁数が 200 頁を大きく超えないように配慮している。
2011 年	197 頁	
2012 年	211 頁	
2013 年	218 頁	

「レポート 2009」では、アクゾノーベルが<IR>への取り組みを始めた背景にリーマンショックによる世界同時金融危機があったことが述べられている。CEO の Hans Wijers 氏は、「レポート 2009」の冒頭において次のように述べている。

「2009 年は誰も忘れることができない年になりました。我々は、1920 年代末から 1930 年代に起こった世界大恐慌を凌ぐほど深刻な世界同時金融・経済危機を経験したのです。全世界の企業が、市場を襲った容赦のない厳しい試練に直面し、景気が悪化する中で競争力を維持すべく懸命に努力しました。弊社の目的は、より強い企業となってこの危機から脱することでした。」（AkzoNobel Report 2009, p.4）

2007 年の米国のサブプライムローンに端を発したバブル経済の崩壊で、2008 年 9 月に投資銀行のリーマンブラザーズは連邦裁判所に連邦破産法第 11 章の適

第3群 Ⅱ型（結合型）、Ⅲ型（独立型）及びⅣ型（Web・動画活用型）の事例

用を申請した。このことがトリガーとなり、2009年にリーマンショックとして世界同時金融危機を引き起こすこととなった。上記引用におけるCEOのコメントは、同社の＜IR＞への取り組みがリーマンショックに起因することを示唆している。

我が国においても、トヨタ自動車のサステナビリティレポートには「社長メッセージ」として次のような記述がある。

「特にリーマンショックの後赤字に転落した時には、裾野広い自動車産業では『急成長しても、急降下すれば多くの方々にご迷惑をおかけする。持続的に成長することが最も重要である』ということを学び、また『台数の拡大イコール成長ではない』ということを痛感しました。」[注6]

5 レポート2012

「レポート2009」の構成は「レポート2011」までの3年間に渡って用いられており、【図表23-4】の左側の列（レポート2009/2010/2011）に示しているように、

【図表23-4】 統合レポーティングに向けたAkzoNobelの取り組み

Report 2009/2010/2011	Report 2012	頁数
一目で分かるアクゾノーベル (AkzoNobel at a Glance)	一目で分かるアクゾノーベル (AkzoNobel at a Glance)	3頁
－	300年超の社史の概観 (A Few Historical Highlights)	2頁
目　次 (Contents)	目　次 (Contents)	1頁
戦　略 (Strategy)	戦　略 (Strategy)	24頁
－	リーダーシップ (Our Leadership)	20頁
業　績 (Business Performance)	業　績 (Business Performance)	30頁
企業統治と法令遵守 (Governance and Compliance)	企業統治と法令遵守 (Governance and Compliance)	26頁
財務諸表 (Financial Statements) サステナビリティの正確な情報 (Sustainability Facts and Figures)	財務諸表 (Financial Statements) サステナビリティの枠組み (Sustainability "Framework")	54頁
サステナビリティ報告書 (Sustainability Statements)	サステナビリティ戦略 (Sustainability "Strategy")	34頁
追加情報 (Additional Information)	要　約 (Summaries)	13頁
免責事項 (Safe Harbor Statement) ワンレポート (One Report)	免責事項 (Safe Harbor Statement) ワンレポート (One Report)	裏表紙

戦略、業績、企業統治と法令遵守、財務諸表、サステナビリティの正確な情報、及び追加情報の六つの章から構成されている。

これに対して、【図表23-4】の右側の列に示しているように、新CEOのリーダーシップの下で作成された「レポート2012」では、新たに「リーダーシップ」の章を追加するとともに、サステナビリティに関連した章を「サステナビリティ報告書」に名称変更している。将来情報に係る免責事項とワンレポートに関する説明は2012年まで継続して記載されている。

6　レポート2013

「レポート2013」は新CEOの下で作成されているため、<IR>の作成方針に大きな変更は見られない。「レポート2012」と比較すると、「レポート2013」では、ワンレポートに関する記述の中にIIRCのガイドラインに準拠している旨が明示されている。すなわち、次にように述べられている。

> 「アクゾノーベルの年次財務報告書は、サステナビリティ報告書と結合（combine）されてレポート2013という1つの報告書（one Report 2013）になっている。レポート2013には、国際統合報告評議会（IIRC）が発行した報告指針の内容要素（element）が含まれている。しかしながら、サステナビリティのセクションは、企業がオランダの法律に準拠して公表することが求められている年次報告書の一部を構成するものでは決してない。」[注7]

また、「レポート2013」では、【図表23-5】に示すように、PDFファイル（218頁）とは別にWeb版の<IR>も作成されている。興味深い点は、Apple社のiPadの利用者が世界的に急増していることを受けて、iPadのアプリケーションを開発して、無料でダウンロードできるシステムを開発していることである。

Ⅱ型（結合型）の<IR>は、アニュアルレポートとサステナビリティレポートの両者の情報を含むために、どうしても報告書の頁数が多くなってしまう傾向にある。「レポート2012」が211頁であったが、「レポート2013」は218頁になっている。第9章の【図表9-1】を見ると、調査対象会社の20社において<IR>の頁数が200頁を超えている企業はアクゾノーベルを含めて2社である。

アクゾノーベルが「レポート2013」からウェブ版を作成し、<IR>の全体像

第3群　Ⅱ型（結合型）、Ⅲ型（独立型）及びⅣ型（Web・動画活用型）の事例

【図表23-5】　アクゾノーベルのiPadアプリケーションのダウンロード画面

（出所）http://report.akzonobel.com/2013/ar/servicepages/welcome.html

を俯瞰的に把握しやすくする試みを始めたことは、こうした問題を改善することが目的であったと考えられる。同社の今後の取り組みが注目される。

（注）
1　AkzoNobel N.V.の企業情報の詳細については、オランダ本社のウェブサイト（www.akzonobel.com）及び日本法人のウェブサイト（www.akzonobel.co.jp）を参照した。
2　IIRCのパイロットプログラムは、当初2年間の予定であったが2014年まで延長されることになった。少しデータが古くなるが、2013年3月現在の状況では、日本を含む23か国から86社がIIRCのパイロットプログラムに参加しており、国別の参加企業数をみると、1位がUKの13社で、2位がオランダの12社となっている。こうしたことから、オランダ企業の＜IR＞に対する意識の高さがうかがえる。
3　正式名称はEmerging Integrated Reporting Database（http://examples.theiirc.org/home）である。2013年5月現在で58社がこの＜IR＞データベースに登録されている。ただし、ここで注意すべき点がある。すなわち、＜IR＞データベースに登録されている58社のうち、IIRCのパイロットプログラムに参加している企業は24社であり、残りの34社はパイロットプログラムに参加していない。
4　Ⅱ型（結合型）の＜IR＞が自主的開示である旨の記載は、「レポート2013」において若干の修正が加えられている。詳細については「6　レポート2013」を参照されたい。
5　「明日の答えに今日挑戦する」という訳語は、AkzoNobel Japanのウェブサイトを参考にした。
6　「サステナビリティレポート2013」（http://csr-toshokan.net/book/toyota-2013/index.

html），4 頁。
7　AkzoNobel Report 2013, p.212.

《主要参考文献》

AkzoNobel，Annual Report 2007.（Downloaded from www.akzonobel.com）

AkzoNobel，Report 2008/2009/2010/2011/2012/2013.（Downloaded from www.akzonobel.com）

International Integrated Reporting Council（IIRC），*The International ＜IR＞ Framework*, December 2013.（Downloaded from www.theiirc.org）

第24章

マシサ（MASISA S.A.）

― 本事例の特徴 ―

1 本事例は、ⅢA型に分類される。2012年度財務・社会・環境の統合報告書（Integrated Financial Social and Environmental Report 2012）（Annual Report 2012）という名前で統合報告書を作成しており、本体は133頁とややボリュームがある報告書となっている。

2 IIRCの〈IR〉フレームワークを参考にした6つの原則（戦略アプローチ、将来志向、情報の結合性、ステークホルダーの対応能力、簡潔性、重要性及び信頼性、及び比較可能性と首尾一貫性）を反映して作成されている。また、GRIのG3.1に準拠して作成されており、内容要素の「H　作成と表示の基礎」のベストプラクティスをなす。

3 重層的なコーポレートガバナンス・モデルを図示することで、「誰のために統治を行うのか」、「誰に対して説明する義務があるのか」、「ガバナンス戦略」を一度に理解できることから、内容要素の「B　ガバナンス」に関係する。

4 ビジネスモデルに関する図表では、重要なパートナーや主な活動、主な資源、価値提案、顧客関係、流通チャネル、顧客細分化、コスト構造、収益源を記載しており、内容要素の「C　ビジネスモデル」の良い事例をなす。

5 チリの「法人刑事責任法」に関する法律を遵守するために、独自の不正行為防止モデルを構築し、図表を用いて説明されている。また、成長機会については、南米地域のウッドボード消費量の増加などについて、簡単な説明がなされている。内容要素の「D　リスクと機会」に関連する事例である。

> 6　MASISAのビジョンやミッションとともに、4つの戦略の柱やその基礎をなす人的資本などが、図表を中心に説明されている。内容要素の「E　戦略と資源配分」のベストプラクティスをなす。
> 7　報告書の第3章と第4章でKPIsを用いて、業績と見通しが記述されている。とくに、社会・環境業績に関して、第4章の冒頭に「価値創出と将来目標」が図示されており、環境・社会の具体的項目と戦略の柱との関係性や、記載頁、ターゲット設定の有無、中長期目標が一目で分かるように工夫されている。内容要素の「F　実績」と「G　見通し」の好事例をなす。

1　MASISA S.A. のプロフィール

MASISA（MASISA S.A.）は、南米にあるチリ共和国の首都サンティアゴ・デ・チレに本社を置く、家具やインテリア建築に用いられるウッドパーティクルボードや繊維版の製造や販売を手掛ける林業・製造業分野における南米のリーディング・カンパニーである（MASISA, 2013, p.16）。

世界経済フォーラム＝ボストンコンサルティングから公表された「ニュー・サステイナビリティ・チャンピオン」（Redefining the Future of Growth：The New Sustainability Champions）の中で、新興市場の企業を対象としたサステイナビリティに関する表彰で、MASISAは、世界を代表する16社に選出されている（World Economic Forum＝Boston Consulting Group, 2011, p.5 and 9）。

MASISAは、売上高約1,386億円、当期純利益約71億円、総資産約2,783億円、純資産約1,421億円の上場企業であり（2012年12月期連結ベース、1USドル＝102.78円で換算）、従業員数9,264名の大企業である（MASISA, S.A., 2013 pp.76, 82, and 88）。同社は、チリのサンチアゴ証券取引所と米国のニューヨーク証券取引所にそれぞれ上場している。

2　統合報告に関する企業の作成目的・意図・狙いどころ

MASISAは、2011年からIIRCのパイロット・プログラムに参加している。2011年度版から2012年度版まで、統合報告形式で統合報告書を公表している

(MASISA S.A., 2013, p.6)。

　同社は、2010年1月1日以降に始まる事業年度から、IFRSに基づいた財務指標が使用されており、Global Reporting Initiative（GRI）のG3.1に準拠して作成されている（MASISA S.A., 2013, p.9）。2012年度（2012年12月期）の報告書の体系は、以下のとおりである。

・財務・社会・環境の統合報告書（アニュアルレポート）：Integrated Financial Social and Environmental Report 2012（Annual Report 2012）（総頁数133頁・GRI G3.1準拠）

　このように、MASISAは、財務・社会・環境の統合報告書（アニュアルレポート）を統合報告書として公表している。

3　記載目次・項目のリスト

　MASISAの財務・社会・環境の統合報告書（アニュアルレポート）は、PDF版で総頁数133頁（表紙・裏表紙含む）である。同社の統合報告書は、4章構成をとっている。その内容と目次は、【図表24-1】及び【図表24-2】に示している。統合報告書の冒頭である範囲（SCOPE）では、「本アニュアルレポート2012年度版は、2012年12月31日を事業年度末とするMASISAのすべての支配企業についての、財務・社会・環境のトリプルボトムラインに関する連結情報を含んでいる。」ことが明示されている（MASISA S.A., 2013, p.5）。MASISAでは、CEOをトップとする編集委員会を設置して、重要性を識別したり、どのような情報を収集し、報告するかに関する戦略の立案を図ったりしているのが特徴である。

　具体的に、まず、第1章組織・事業環境では、MASISAの事業環境やコーポレートガバナンスの現状が説明されている。次に、第2章戦略、ビジネスモデル及び将来の見通しでは、企業目標と戦略や、将来の見通しが説明されている。第3章財務業績では、企業の主要な財務指標が掲載されている。第4章社会・環境業績では、人的資本マネジメントの状況や家具メーカーのネットワーク、地域コミュニティとの関係性、環境業績などが説明されている。いずれも重要な情報で

第 24 章　マシサ（MASISA S.A.）

あるが、その説明に当たっては図表や写真が多用されており、文章による説明が可能な限り省かれている。これにより、統合報告書の分量を増やすことなく、情報利用者に対して重要な情報を提供できることが可能になるとともに、視覚的に理解できるように配慮されている。

したがって、同社の統合報告書は、本来的な意味での財務と非財務情報の統合報告形式による報告が行われていると指摘できる。

【図表 24-1】　統合報告書の記載事項

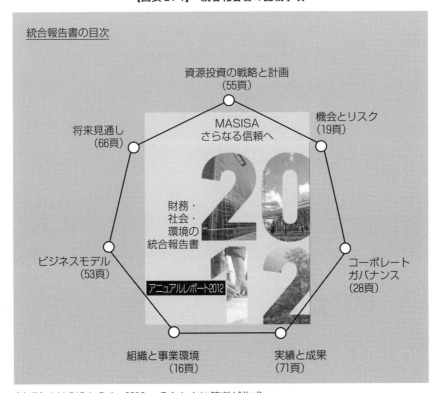

（出典）MASISA S.A., 2013, p.7 をもとに筆者が作成。

第3群　Ⅱ型（結合型）、Ⅲ型（独立型）及びⅣ型（Web・動画活用型）の事例

【図表 24-2】　統合報告書の目次

目次	
頁	
5	範囲
10	社長メッセージ
12	CEO メッセージ
15	第1章：組織・事業環境
	当社について
18	事業環境
	─　機会とリスク
28	コーポレートガバナンス
	─　取締役会
	─　マネジメント
	─　事業方針
	─　トリプルボトムライン戦略
	─　ガバナンス及び透明性の実践・ポリシー
	─　リスクマネジメント
	─　MASISA のサステイナビリティ・ポリシー
	─　主要な株主
51	第2章：戦略、ビジネスモデル及び将来見通し
	ビジョン
	ミッション
58	企業目標と戦略
	─　最終消費者指向
	─　価値創造のためのイノベーション
	─　ブランドの活性化
	─　運営の効率性
66	将来見通し
	─　将来における戦略上のコミットメント
71	第3章：財務実績
	─　市場
	─　売上
	─　売上原価
	─　売上総利益
	─　正味生物資産の変動
	─　管理費及び物流コスト
	─　EBITDA
	─　その他の営業費用
	─　財務費用
	─　為替換算差額／価値調整
	─　支配持分に帰属する利益
	─　貸借対照表
85	第4章：社会・環境実績
88	人的資本マネジメント
	─　健康・安全管理
	─　人材開発
	─　教育・開発
98	MASISA の家具メーカー・ネットワーク（Red M）
101	地域コミュニティ
109	サプライヤー
112	環境業績
	─　環境効率の事例
	─　エネルギーと大気排出量の効率的活用
	─　エネルギーと大気排出量
	─　水消費量と効率性
	─　木材繊維の原産地管理
	─　森林環境管理
130	受賞歴

（出典）MASISA S.A.,2013, pp.2-3, Index をもとに筆者が作成。

第24章　マシサ（MASISA S.A.）

4　統合報告の主要構成要素の抽出・特徴点の解説

(1) 作成と表示の基礎

　MASISAでは、IIRCの〈IR〉ガイドラインを参考にしており、次のような6つの原則が掲げられている（MASISA S.A., 2013, p.6）。すなわち、①戦略アプローチ、②将来志向、③情報の結合性、④利害関係者の対応能力、⑤簡潔性、重要性及び信頼性、及び⑥比較可能性と首尾一貫性である。また、国連のグローバル・コンパクトを採用した報告書作りがなされている。この国連グローバル・コンパクトとは、「各企業・団体が責任ある創造的なリーダーシップを発揮することによって、社会の良き一員として行動し、持続可能な成長を実現するための世界的な枠組み作りに参加する自発的な取り組み」（グローバル・コンパクト・ジャパン・ネットワーク　ウェブサイト 2014）をいう。

　これらは、内容要素の「H　作成と表示の基礎」に関係する部分である。

(2) 組織概要と外部環境

　MASISAは、【図表24-3】に示すように、南米の地図上で自社の事業展開の状況を図示している。たとえば、本社のあるチリでは、森林地を81か所、産業施設4か所、Placacentro MASISA アウトレットを54か所展開していることがわかる。この図表を示した上で、次のような最小限の事業内容しか説明されていない。

　これらは、内容要素の「H　作成と表示の基礎」に関係する部分である。

　「MASISAのコアビジネスは、南米での家具やインテリア建築向けのウッドパーティクルボードや繊維版を製造・販売することである。戦略的に重要な森林地とPlacacentroネットワーク・ビジネス・ユニットは、コアビジネスの成功を保証する上で重要な役割を担っている。」（MASISA S.A., 2013, p.16）

　このように、基本的に必要な情報は図表で説明がなされており、その補足説明が簡単になされる仕組みとなっている。

　これは、内容要素の「A　組織概要と外部環境」に関する部分である。

第3群　Ⅱ型（結合型）、Ⅲ型（独立型）及びⅣ型（Web・動画活用型）の事例

【図表24-3】　南米でのMASISAのプレゼンス

（出典）MASISAS.A. 2013 p.17をもとに筆者が作成。

(3) ガバナンス

　MASISAでは、28頁からの「コーポレートガバナンス」のセクションで、取締役会、マネジメント、事業方針、トリプルボトムライン戦略、ガバナンス及び透明性の実践・ポリシー、リスクマネジメント、MASISAのサステイナビリティ・ポリシー、及び主要な株主に関する記述がなされている。このうち、同社

第24章　マシサ（MASISA S.A.）

【図表24-4】　コーポレートガバナンス・モデル

誰のために統治を行うか？
当社の株主や利害関係者のためであり、彼らは透明性、倫理性及び誠実性をもって事業を遂行し、管理する実務から便益を享受する

誰に対して説明する義務があるのか？
取締役会や委員会に加えて、管理職やMASISAの各従業員

ガバナンス戦略
当社のガバナンス戦略は、4本の中核的な柱によって支えられており、価値創造を目的とする企業の営業活動を全体として定義し、規定するものである

（出典）MASISA S.A., 2013 p.28をもとに筆者が作成。

では、【図表24-4】に示すような重層的なコーポレートガバナンス・モデルが構築されている。こ図表から、「誰のために統治を行うのか」、「誰に対して説明する義務があるのか」、及び「ガバナンス戦略」を一度に理解できるように工夫されている。ガバナンスに関する同社の説明は、次のとおりである。

　「MASISAは、コーポレートガバナンス戦略として長期的に持続可能な事業戦略を重要視する戦略を採っている。こうした戦略は資源の効率的かつ有効なマネジメントを促進するので、健全な内部統制環境を生み出し、株主やステークホルダーに対する価値を創出する。コーポレートガバナンスを強化し続けていくことは、将来なりたい企業に高め続けるための絶え間ない関心事である。」（MASISA S.A., 2013, p.28）

これは、内容要素の「B　ガバナンス」に関する部分である。

(4) ビジネスモデル

　MASISAは、ビジネスモデルとして、【図表24-5】のモデルを示している。すでに述べたように、MASISAの主力製品は、中密度繊維板（MDF）、中密度パー

第3群　Ⅱ型（結合型）、Ⅲ型（独立型）及びⅣ型（Web・動画活用型）の事例

【図表 24-5】　ビジネスモデル

（出典）MASISA S.A., 2013 p.28 をもとに筆者が作成。

ティクルボード（MDP）、パーティクルボード（PB）、メラミン塗布板である（MASISA S.A., 2013, p.54）。これらの製品を生産・販売するに当たって、①重要なパートナー、②主な活動、③主な資源、④価値提案、⑤顧客関係、⑥流通チャネル、⑦顧客細分化、⑧コスト構造、⑨収益源をこの図表から容易に知ることができる。この内容を補足する形で、主力製品や生産能力、投資プロジェクト、戦略的に重要な森林地ビジネス・ユニット、戦略的に重要な Placacentro ネットワーク・ビジネス・ユニットについて、簡単に説明されている（MASISAS.A., 2013, pp.54-57）。

たとえば、戦略的に重要な Placacentro ネットワーク・ビジネス・ユニットについては、次のように記載されている。

「MASISA は、2012 年度、南米の 381 か所のアウトレット内に、Placacentro MASISA を専門に取り扱う流通チャネルをもっている。このチャネルでのウッドボードの売上は、2012 年度の国内市場の総売上の 35 ％に相当する。

2012 年度において、Placacentro ネットワークは、南米 11 か国で家具向けの製品を製造し、販売する最大の専門店ネットワークとして地域をリードする

アウトレットであるという記録をつくった。

　これと一致して、MASISA はウッドボートの売上 321 百万米ドルをこのネットワークを通じて達成しており、これは地域内における各国の MASISA 総売上の 35 ％に相当するものであり、1 年ごとに 11 ％の伸びを示している。このネットワークを通じて達成された売上総利益は、対前年度比 14 ％増であった。

　このことはすべて、次に示すような当社のマルチチャネル戦略における Placacentro ネットワークの役割を後押しするのに役立つであろう。

- さまざまなチャネル間の長期的なバランスを保証する。
- 最終顧客へのアクセスによる効率的な市場の開拓
- 製品とサービスを統合化した購入経験を保証する。
- 流通チャネルにおいて大部分の MASISA 製品の配置を保証することで、売上の安定性を持続させる。

　当ネットワークのほとんどは、MASISA がマーケティングの対象としており、かつフランチャイズと類似した流通契約を結んでいる中規模の実業家が所有するアウトレットで構成されるが、2010 年以降、MASISA 自社所有のアウトレットも含まれる。2012 年 12 月 31 日現在、381 か所のアウトレットのうち、339 か所が第三者の所有によるものであり、42 か所が MASISA の直接所有によるものである。」（MASISA S.A., 2013, p.57）

　このように、MASISA は、主たる情報伝達手段として図表を用いながら、重要な事柄については文章で補足説明するシステムをとっている。これは、内容要素の「C　ビジネスモデル」に関する部分である。

(5) リスクと機会、及びステークホルダーとの関係性

　MASISA は、「包括的なリスクマネジメントの一環として、事業展開において直面する主要な戦略リスクを年 1 回分析している」ことが示されており、詳細なリスクマネジメント・システムについては、コーポレートガバナンス・セクションを参照するように指示されている（MASISA S.A., 2013, p.19）。

　また、MASISA は、市場リスク、事業リスク、金融リスクにさらされており、これらに対するリスクマネジメントの状況が簡単に要約されている（MASISA S.

第3群　Ⅱ型（結合型）、Ⅲ型（独立型）及びⅣ型（Web・動画活用型）の事例

【図表24-6】　リスクマネジメント

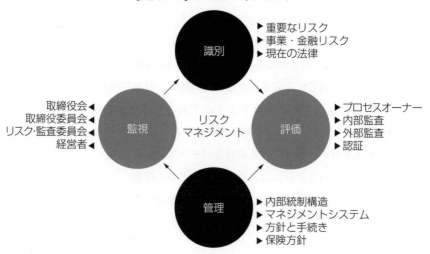

（出典）MASISA S.A., 2013, p.43 をもとに筆者が作成。

【図表24-7】　不正行為防止モデル

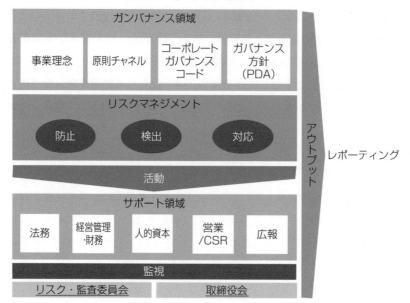

（出典）MASISA S.A. 2013, p.45 をもとに筆者が作成。

A., 2013, pp.24-26)。同社のリスクマネジメント・サイクルは、【図表24-6】で示したとおりである。リスクマネジメントは、経営者の責任で行われており、取締役会によって定期的に監視されており、これにはリスク・監査委員会の支援を受けている（MASISAS.A., 2013, p.42）。

また、同社は、チリの国内法である「法人刑事責任法」（Criminal Liability of Companies）（法20.393）を遵守するために、【図表24-7】で示すような不正行為防止モデルを構築している（MASISA S.A. 2013, p.44）。この法律は、マネーロンダリング、テロへの資金提供、国内または外国の公務員への贈賄に対する法人の刑事責任を規定しており、それに対応したシステム作りが重要となる（Jonesday, 2012, p.9）。

さらに、成長機会については、①南米地域のウッドボード消費量の増加、②森林地ビジネス・ユニット、③包括的ビジネス、④持続可能な建設、⑤ステークホルダー・エンゲージメントについて、簡単な説明がなされている。

このうち、ステークホルダー環境は【図表24-8】で示すように要約的に示されている。まず、ステークホルダーを①直接・間接雇用の従業員、②顧客、③納入業者、④地域コミュニティ、⑤監督官庁及びNGO、及び⑥株主に細分化し、そのステークホルダーごとに、(a) 識別、(b) なぜ関与するのか、(c) エンゲージメント・メカニズム、(d) プラス及びマイナスの影響、(e) MASISAにとってのリスク、(f) MASISAにとっての機会、(g) リスクと機会のマネジメント、(h) 情報源を箇条書きでわかりやすく記載している。

これらは、内容要素の「D　リスクと機会」及び指導原則の「C　ステークホルダーとの関係性」に関する部分である。

第3群　Ⅱ型（結合型）、Ⅲ型（独立型）及びⅣ型（Web・動画活用型）の事例

【図表24-8】　ステークホルダー環境

ステークホルダー	直接・間接従業員	顧客	サプライヤー	周辺コミュニティ	関係当局・NGO団体	株主
識別	・MASISAがさまざまな事業活動で雇用する直接または間接従業員	・製品の購入者 ・中小家具メーカー（RedM）、流通業者 ・この分野での広大な表面積、家具業界及び企業	・生産に必要なサービス、サプライ及び原材料を提供する大中小規模の外部企業	・MASISAの林業や産業活動に隣接する町の人々 ・居住者協会 ・社会的組織（正式及び非公式） ・現地コミュニティ（チリとベネズエラ）の代表者 ・コミュニティ・プログラムから便宜供与を受けている私立学校（学校、高校） ・近隣企業	・国、地方及び地区の行政当局 ・健康、環境及び港湾当局、その他 ・環境及び社会的な非営利組織（地方、国及び国際） ・当社が業務に携わっている領域の大学やその他の研究支援団体	・GrupoNueva ・年金基金（AFPs） ・投資ファンド ・個人
なぜエンゲージメントするのか	・従業員とのエンゲージメントは、MASISAの財務、社会及び環境パフォーマンス（たとえば製品の品質や、事業活動及び労働安全から生じる環境への影響）に直接、影響を及ぼす ・公益通報	・満足度の高い顧客は、当社の長期予測を可能にする ・中小家具メーカーを強化することは、当社の事業の社会的影響力を高め、当社の事業や持続性戦略と整合する	・MASISAの事業の連続性をもたらし、事業を計画していく上で必要となるあらゆるサービスや製品を入手するために、良好な関係を維持する	・事業活動や成長するための社会的ライセンスを維持するために、良き隣人としての地位を強化することを目指す ・地域生活の質を発展させ、改善するのに貢献できるようなパートナーシップを目指す	・利害関係者の理解を促し、将来の動向や傾向を先取りする東京及び市民社会組織との良いエンゲージメント ・コミュニティ／社会マネジメント戦略の展開における潜在的なパートナーや従業員	・企業成長 ・株式市場価値をMASISAの資産や戦略に付加する
エンゲージメントのメカニズム	・地域ごと、訓練ごと、普及活動ごとの定期的なミーティング ・組合とのミーティング ・雇用主-従業員共同委員会のミーティング ・さまざまな方法による内部交流 ・組織イベントへの招待 ・ボランティア・プログラム／イニシアティブ ・エンゲージメント調査（2年ごとの完全調査及び年次動向調査）	・役員、営業職及びマーケティング職の分野ごとのミーティングや訪問 ・技術者による製品の説明 ・長期的に扱えるように問い合わせやアドバイスの体制 ・業界ショーや展覧会への参加 ・中小家具メーカーのための訓練プログラム ・RedMプログラム ・家具メーカーの日 ・公益通報	・重要なサプライヤーの評価 ・労働基準及びリスクマネジメントの評価 ・含有物 ・情報伝達及び普及キャンペーン ・業務監査と監督 ・入札、購入注文及び契約 ・導入プログラム ・公益通報	・コミュニティや地元組織とのミーティングや定期訪問 ・コミュニティの活動やまつりへの参加 ・工場訪問 ・不満・苦情システム（受付と対応） ・社会協議システム（最低4年ごと）及び動向調査（2年ごと）。 ・スケジュール（林業）にしたがった業務活動の前、活動中、活動後の参加型協議 ・コミュニケーション手順 ・共同開発計画への参加 ・訓練及び環境教育コース	・公式なコミュニケーション ・開催された会議 ・訪問と検査 ・地域／地元のプロジェクトやイベントへの参加 ・認証と連続的な改善プロセス ・ワーキンググループへの参加 ・開催されたイベント、フォーラム、セミナーへの参加 ・コラボレーション協定	・株主総会 ・定期的な情報発信 ・財務情報の公表 ・工場や施設への訪問 ・四半期業績の電話会議とミーティング ・プレス・リリース
プラスとマイナスの影響	・プラス面：地域の人材開発、知識の移転及び雇用可能性の高まり	・プラス面：最高品質の製品（たとえば、認証された低ホルムアルデヒドの排出）、時間通りの配達、良いアフターサービス、苦情への迅速な対応 ・RedM関連のベネフィット	・信用関係、良い契約状況 ・サプライヤー開発プログラム（SDP）に参加できる利点	・プラス面：労働力 ・企業家精神の機会、当社の事業に関連した取引に関する訓練へのアクセス ・コミュニティ・プランの共同開発に関連したベネフィット ・マイナス面：事業活動の影響（たとえば：ガスの排出、悪臭、騒音）	・信頼の形成 ・共通目的を達成するための戦略的パートナーシップとコラボレーション ・知識の移転／交換 ・ネットワーク	
MASISAにとってのリスク	・コミットメントしていない従業員は、それ以外の従業員の安全や環境、製品の品質を危機	・環境の構築や更新に影響を及ぼしかねない金融危機	・サプライやサービスまたは原材料を時間通りに入手できないことは、業務を一時的に停	・事業活動のための社会的免許を妨げるコミュニティとの対立 ・MASISAは、次の問題に関連したさまざま	・検査と処罰機能 ・企業の社会的／環境パフォーマンスに対する不信	・金融市場における価値損失

294

第24章　マシサ（MASISA S.A.）

	・にさらしたり、生産活動を麻痺させることさえある			・止させることになり、さらに重大な場合は、業務を止めることになる ・法令不遵守と労働災害 ・低環境基準	・なシナリオの社会的リスクを評価する手続きを有している：地域開発における環境、コミュニケーション、エンゲージメント及び参加。これは、2012年以降のすべての活動に適用される		
MASISAにとっての機会	・プロセス、製品、サービスのイノベーション		・未だ満たされていない住宅ニーズ ・中小規模の家具メーカーの強化。彼らにアプローチできるより多く、より良い流通チャネル	・サプライヤー基準を改善し、事業に対する連続性を提供する	・労働力の供給源 ・地元サプライヤーの強化と開発 ・プラスの影響を促進するような共同コミュニティ計画を識別し、開発するためのパートナーシップを行う	・協働の機会やプロジェクトを創り出し、共通の目的を達成する	・企業へのより好ましい世論
リスク・機会マネジメント	・エンゲージメント調査、パフォーマンス評価プロセスとともに、このプロセスから生じる計画は、従業員エンゲージメントを改善し、それによりリスクを減らして、機会を高める	・RedM、MASISAのロイヤリティプログラム ・ダイレクトなコミュニケーション ・市場ニーズを先取りするような製品やソリューションのイノベーションと共同創作	・重要なサプライヤーの評価とフォローアップ ・新しいサプライヤーの選定に関する環境・社会開発水準 ・契約への社会・環境条項の包摂 ・マネジメントや環境、社会的パフォーマンスを改善するための重要なサプライヤーとのSDP開発 ・導入及び訓練プロセス	・リスクマネジメント：MASISAの事業活動に関連した環境側面をコントロール下におき、コミュニティとの効果的かつ透明性のあるエンゲージメントや、相互尊重のコミュニケーション活動を維持する ・機会： ・直接的及び間接的仕事を満足する選好 ・長期ビジョンで、一緒に識別し、優先順位をつけた問題／ニーズの解決に役立つコラボレーション計画	・当社の環境側面をコントロール下におき、法令遵守の状況を維持する ・常設の内部及び外部監査 ・統合マネジメントシステム ・プロセス及び製品認証 ・官民委員会への参加と対話 ・イベント（環境）の促進	・MASISAの透明性・リスクマネジメント
情報源	・2012年度エンゲージメント調査	・2012年度顧客満足度調査	・2012年度サプライヤー開発プログラム ・2011年度戦略的サプライヤーに対する自己評価調査	・受け付けたコミュニケーション、不満及び苦情 ・2012年度サーベイ調査と協議 ・社会的協議 ・近隣や地元のリーダーとのミーティング ・経営者への報告書	・2012年度の対話及び円卓会議の実施 ・2012年度に受け付けたコミュニケーション ・2011年度の社会的協議	・2012年度株主総会 ・フィードバック・ミーティング

（出典）MASISA S.A., 2013, pp.22-23 をもとに筆者が作成。

(6) 戦略と資源配分

　MASISAは、【図表24-9】に示すように「南米においてあらゆる家具やインテリアの市場環境を創り出していくために、デザインや性能、持続性を提供する」という明確なビジョンを提示している（MASISA S.A., 2013, p.58）。これを具体化するために、「パーティクルボードや繊維材業界で、最も革新的で持続性に富み、最も信頼されるブランドであり続けることで、顧客の選好を獲得し、経済、社会、環境の価値創造を最大化する」というミッションが打ち立てられている。そのためのコアとなるビジネスがパーティクルボードや繊維材の製造と販売であり、その戦略の柱として、①最終顧客へのフォーカス、②価値創造のための

第3群　Ⅱ型（結合型）、Ⅲ型（独立型）及びⅣ型（Web・動画活用型）の事例

【図表24-9】　ビジョンとミッション

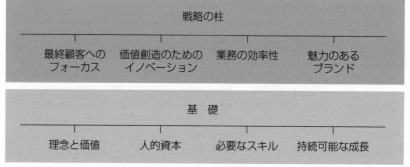

（出典）MASISA S.A., 2013, p.58 をもとに筆者が作成。

イノベーション、③業務の効率性、④魅力のあるブランドという4つの柱を示している。また、その戦略実行の基盤となるものとして、理念と価値や人的資本など4つの基盤が示されている。

このうち、4つの戦略の柱について、59〜65頁の7頁にわたって補足説明がなされている。たとえば、最終顧客へのフォーカスについて、「当社は、安定した長期的な成長を図っていくために、最終顧客によりたくさんの知識を提供し、彼らとエンゲージメントしていくためチャネル戦略を強化し続けていきます。」（MASISA S.A. 2013, p.59）と述べられており、Placacentro アウトレット標準化・改善プログラムや家具メーカー・エンゲージメント・プログラム、Model モデル Placacentro プログラム、購買センターの強化に関する概要がそれぞれ説明されている。

これは、内容要素の「E　戦略と資源配分」に関する部分である。

第 24 章　マシサ（MASISA S.A.）

【図表 24-10】　価値創出と将来目標

	戦略の柱				ページ	ターゲット	中長期目標	
	最終顧客へのフォーカス	イノベーション	業務の効率性	魅力のあるブランド				
環境								
水の消費量と監視			●		117	✓		
最終処分による無駄			●		118	✓	2025	最終処分となる産業廃棄物ゼロ
エネルギー消費量とCO2			●		114	✓	2025	化石燃料消費量を5%に
繊維の素材ついての知識			●		119	✓		
生物多様性の保護			●		128	✓		
プランテーションの生産性			●		129	ターゲットなし	2025	1ヘクタールあたり10%の生産性向上。全体の表面積は、新世代のプランテーション基準で管理される
社会								
従業員								
－教育			●		96	✓	2014	教育終了に関心をもつ100%のオペレーターが、これに着手する
－エンゲージメント			●		94	✗	2014	82%のベストプラクティスを達成する
－業界IFATとISAT			●		90	✓	2025	業界内の労働安全衛生の主導
－林業IFATとISAT			●		90	✗		
サプライヤー開発			●		109	✓	2015	開発計画によるサプライヤー・パフォーマンスの改善
周辺コミュニティ：中期計画と企業サポート			●		104	✓	2016	社会的指標の改善
製品イノベーション								
ホルムアルデヒド無添加	●	●			68	ターゲットなし	2025	ホルムアルデヒド無添加で生産されるウッドボードを5%に
家具の持続性保証シール	●	●			68	ターゲットなし	2025	家具消費者が持続性認証のある製品を選好する
Mueblistas：								
－訓練	●				98	✓	2025	家具製造ビジネスに影響を及ぼすレッドM
－レッドMメンバー	●				98	✓		

（出典）MASISA S.A., 2013, pp.86-87 をもとに筆者が作成。

第3群　Ⅱ型（結合型）、Ⅲ型（独立型）及びⅣ型（Web・動画活用型）の事例

(7) 実績と見通し

　統合報告書の第3章「財務業績」及び第4章「社会・環境業績」のセクションの約60頁にわたって、重要業績評価指標（KPIs）を用いた説明がなされている。ただし、財務業績に関しては、損益計算書を中心とした説明にとどめられており、貸借対照表やキャッシュ・フロー計算書などは掲載されておらず、必要最小限の説明しかなされていない点にその特徴がある。

　また、社会・環境業績に関して、第4章の冒頭に【図表24-10】の「価値創出と将来目標」が示されている。この図表により、環境・社会の具体的項目と戦略の柱との関係性や、記載頁、ターゲット設定の有無、中長期目標が一目で分かるように工夫されている。

　たとえば、従業員の人材開発に関して、MASISA は、【図表24-11】のようなモデルを構築している。この図表から、まずタレントを志望、スキル、エンゲージメントの3つに大きく区分し、それに合わせて、後継者育成計画や360度フィードバック評価、エンゲージメント調査などを実施していることが分かる。

【図表24-11】　タレント開発モデル

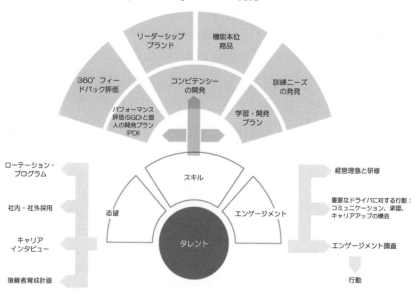

（出典）MASISA S.A., 2013, p.92 をもとに筆者が作成。

【図表 24-12】　従業員エンゲージメントの KPI の例

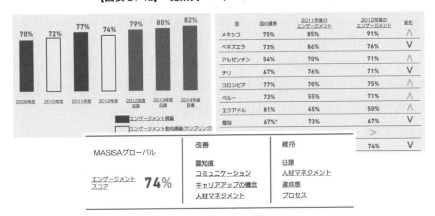

（出典）MASISA S.A., 2013, pp.93-94 をもとに筆者が作成。

　このうち、従業員エンゲージメントについて、KPI を用いた説明がなされている（【図表 24-12】を参照されたい）。たとえば、2012 年度のエンゲージメント動向調査では 74％であったが、2012 年度の目標が 79％で未達であり、2013 年度は 80％、2014 年度は 82％を目標としていることが分かる。また、国別のエンゲージメントの状況やその年度間の変化、及びグループ全体で改善したものと維持しているものが一覧形式で示されている。これにより、【図表 24-10】では従業員の教育やエンゲージメントの中長期目標が示されているが、【図表 24-11】や【図表 24-12】から実際のタレント開発の方法や KPI によるエンゲージメント・マネジメントの状況をうかがい知ることができるように体系づけられている。

　これらは、内容要素の「F　実績」と「G　見通し」に関する部分である。

5　当該企業の統合報告の特徴点など

　MASISA の報告体系は、統合報告書内において、財務と非財務の情報が開示される統合形式であった。統合報告書は、IIRC のガイドラインを参考にした 6 つの原則（①戦略アプローチ、②将来志向、③情報の結合性、④ステークホルダーの対応能力、⑤簡潔性、重要性及び信頼性、及び⑥比較可能性と首尾一貫性）が提示されていた。ゆえに、指導原則の「A　戦略的焦点と将来志向」、「B

第3群　Ⅱ型（結合型）、Ⅲ型（独立型）及びⅣ型（Web・動画活用型）の事例

情報の結合性」、「C　ステークホルダーとの関係性」、「D　重要性」、「E　簡潔性」、「F　信頼性と完全性」、「G　首尾一貫性と比較可能性」を意識した報告書作りがなされていることが分かった。

　また、重層的なコーポレートガバナンス・モデルを用いて、「誰のために統治を行うのか」、「誰に対して説明する義務があるのか」、「ガバナンス戦略」の理解可能性を高める工夫がなされており、内容要素の「B　ガバナンス」のベストプラクティスをなす。

　さらに、ビジネスモデルに関する図表では、重要なパートナーや主な活動、主な資源、価値提案、顧客関係、流通チャネル、顧客細分化、コスト構造、収益源が記載され、重要な項目については補足説明がなされていた。したがって、内容要素の「C　ビジネスモデル」のベストプラクティスをなす。

　チリの「法人刑事責任法」に関する法律を遵守するために、独自の不正行為防止モデルを構築し、図表を用いて説明されていた。成長機会については、南米地域のウッドボード消費量の増加などについて、簡単な説明がなされていた。このことから、内容要素の「D　リスクと機会」に関連する好事例であると言える。

　MASISAのビジョンやミッションとともに、4つの戦略の柱やその基礎をなす人的資本などが、図表を中心に説明されていた。内容要素の「E　戦略と資源配分」のベストプラクティスをなす。

　最後に、統合報告書の第3章と第4章でKPIsを用いて、業績と見通しが記述されていた。とくに、社会・環境業績に関して、第4章の冒頭に「価値創出と将来目標」が図示されており、環境・社会の具体的項目と戦略の柱との関係性や、記載頁、ターゲット設定の有無、中長期目標が一目でわかるように工夫されていた。また、人材開発についても、独自のモデルを構築して、KPIを用いたマネジメントがなされていた。したがって、内容要素の「F　実績」と「G　見通し」のベストプラクティスをなす。

《主要参考文献》

グローバル・コンパクト・ジャパン・ネットワーク　ウェブサイト、2014, http://www.ungcjn.org/gc/index.html。

Jonesday, 2012, *ANTI-CORRUPTION REGULATION SURVEY OF SELECT COUNTRIES 2012*（汚職行為防止法に関する調査2012～メキシコ・南米編）、Jones website, http://www.jonesday.com/files/Publication/4e0c8ad7-c079-4636-acc9-5bc953b923c2/Presentation/PublicationAttachment/85cba45b-c635-4f92-88fe-5262fb52e566/Anti-Corruption%20Survey%20Japanese%20translation%20(Mexico%20and%20South%20America).pdf

MASISA S.A., 2012, *Integrated Financial Social and Environmental Report*(Annual Report 2011), MASISA S.A..

MASISA S.A., 2013, *Integrated Financial Social and Environmental Report*(Annual Report 2012), MASISA S.A..

World Economic Forum=Boston Consulting Group, 2011, *Redefining the Future of Growth: The New Sustainability Champions*, World Economic Forum.

第25章
サソール（SASOL）

> 本事例の特徴

1 本事例は、ⅢB型（独立型）に分類される。年次統合報告書（Annual Integrated Report）という名前で統合報告書を作成しており、本体は144頁とややボリュームのある報告書となっている。本統合報告書は、重要な情報を簡潔に記載した主要な報告書である。これに対して、年次財務諸表、SEC提出年次報告書、及び持続的発展報告書の3つの報告書は、より詳細を知りたいときに利用する下層の報告書である。年次統合報告書と他の3つの報告書間では、広範なクロス・リファレンスが付されている。

2 統合報告書は、6つの章から構成されているが、IIRCフレームワークで示されている9つの内容要素は、概ね「02 戦略パフォーマンス」の章に収録されている。

3 「戦略」の箇所では、グループの責務として、卓越したオペレーション、卓越した資本力、卓越した事業及び価値創出型組織が掲げられており、その責務を果たすために、3つの基盤をもとにして、持続可能な成長を果たし、それによってさきに設定された「勝利の定義」を達成することが明示されている。内容要素の「E　戦略と資源配分」のベストプラクティスをなす。

4 「ビジネスモデル」の箇所では、ガス・石炭・原油の採掘から精製・製造を経て製品に至るプロセスがビジュアル化されており、各プロセスに関与するビジネスユニットがマッピングされている。内容要素の「C　ビジネスモデル」のベスト・プラクティスをなす。

5 「リスクマネジメント」の箇所では、同社のリスクマネジメント方針やリスクマネジメントプロセスが図式化されている。リスクに対して、グルー

プ戦略や戦略の目的を踏まえて、リスクマネジメントプロセスが適用される。リスクマネジメントプロセスでは、第1段階のコンテキストの明確化から第7段階のリスクの報告まで、各段階の対応内容が仔細に規定されており、第7段階のリスクの報告においては、リスク水準に応じて、どのレベルの委員会または役職者に報告すべきかが明示されている。内容要素の「D リスクと機会」のベスト・プラクティスをなす。

6 「重要な業績指標」の箇所では、3つの財務KPIと7つの非財務KPIが取り上げられている。いずれのKPIも計測可能な数値に基づいた検証可能なものである。財務KPIは、純利益成長率などであり、非財務KPIは、BBBEE（広範囲な黒人の経済参加促進）レベル、揮発性有機化合物などである。内容要素の「F 実績」のベスト・プラクティスをなす。

7 「重要なリレーションシップ」の箇所では、9つのステークホルダーを主要なステークホルダーとして明示しており、これらの各ステークホルダーに対して、同社の考え方が見開き2頁の一覧表にまとめられている。指導原則の「C ステークホルダーとの関係性」のベスト・プラクティスをなす。

1　Sasolのプロフィール

Sasol（Sasol Ltd.）は、1950年創業の南アフリカ共和国に本社を置く、エネルギーと化学の総合企業である（Sasol 2014, Historical Milestones）。同社は、売上高約1.6兆円、同当期純利益約2,200億円、総資産約1.9兆円、純資産約1.2兆円の上場企業であり（2012年6月期連結ベース ZAR/JPY＝9.4で換算）、200社以上の連結子会社と約34,000人のグループ従業員を世界38か国に展開・配置している（Sasol 2012a, pp.4, 81, 51, and 79-80）。また同社は、1979年からヨハネスブルグ証券取引所に、2003年からニューヨーク証券取引所にそれぞれ上場している（Sasol 2014, Historical Milestones）。

同社の事業内容は、天然ガス・石炭・原油を採掘し、それらを精製・加工して燃料や化学製品を販売することである（Sasol 2012a, pp.24-25）。近年は、とくにGTL技術（Gas to Liquid；天然ガスの液体燃料化）やCTL技術（Coal to

Liquid；石炭の液体燃料化）に注力している。

2 統合報告に関する企業の作成目的・意図・狙いどころ

Sasol は、*King Code of Governance Principles for South Africa 2009*（通称「King Ⅲ」）を適用して、統合報告書を作成している（Sasol 2012a, About this report）。同社は、IIRC のパイロット・プログラム開始当初から参加した企業であり、統合報告書の名称で 2 期分の報告書（2011 年度版と 2012 年度版）を公表している。同社の統合報告書は、IIRC と Black Sun 社が共同運営する統合報告書のデータベース（IIRC, 2014）で好事例として紹介されている。

Sasol の 2012 年度（2012 年 6 月期）の報告書の体系は、以下のとおりである。

- ・年次統合報告書：Annual Integrated Report 2012（144 頁）
- ・年次財務諸表：Annual Financial Statement 2012（272 頁・IFRS 準拠）
- ・SEC 提出年次報告書：Form 20-F 2012（527 頁）
- ・持続的発展報告書：Sustainable Development Report 2012（52 頁・GRI G3 準拠）

このうち、Annual Integrated Report 2012（年次統合報告書 2012 年度版）は、Sasol の重要な情報を簡潔に記載した主要な報告書である（【図表 25-1】を参照）。これに対して、他の 3 つの報告書は、より詳細を知りたいときに利用する下層の報告書である（Sasol 2012a, inside front cover p.3）。年次統合報告書と他の 3 つの報告書間では、広範なクロス・リファレンスが付されている。

第 25 章　サソール（SASOL）

【図表 25-1】　年次統合報告書と他の報告書との関係

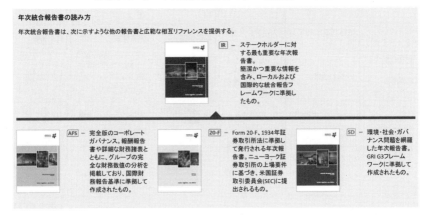

出所：Sasol 2012a, Inside front cover から引用。

3　記載目次・項目のリスト

　Sasol の年次統合報告書は、6つの章から構成されている。その目次は**【図表 25-2】**で示しており、各項目の左端の数字は頁番号を示している。

　各項目の頁番号から明らかなように、各項目には A4・2頁を基本とした頁数が割り当てられている。多くの頁数を割いて説明したくなるような項目であっても、可能なかぎり2頁に収めることによって、見開き2頁をいわば1つの画面とした効果的なプレゼンテーションを実現している。また、戦略、ビジネスモデル、及びリスクマネジメントのように、外部者にとって容易に理解できない項目を説明する場合には、洗練されたインパクトのある概念図を使用している。したがって、報告書全体を通じて、IIRC の指導原則のうち「D　重要性」と「E　簡潔性」を重視した構成となっている。

　本統合報告書の総ページ数は 144 頁数である。ややボリュームのある報告書ではあるが、このうち、IIRC フレームワークで示されている9つの内容要素は、概ね「02　戦略パフォーマンス」の章に収録されている。**【図表 25-3】**に示すように、この章（38頁数）だけでも1つの統合報告書として完結できるような内容となっている。

305

第3群　Ⅱ型（結合型）、Ⅲ型（独立型）及びⅣ型（Web・動画活用型）の事例

【図表25-2】　年次統合報告書の目次

01	02	03	04	05	06
イントロダクション	戦略パフォーマンス	ガバナンスと報酬	財務業績	営業業績	付記情報
表紙の裏ページ　本報告書について	10 会長挨拶	50 コーポレートガバナンス報告書の要約	70 CFOによる概説の要約	86 南アフリカのエネルギー・クラスター	118 用語集
2 目次	14 CEOによる概説	56 取締役会	78 財務情報の要約	88 ―Sasolの鉱業	119 問い合わせ先
4 業績ハイライト	20 共通ビジョンと共通目的	60 執行委員会		90 ―Sasolのガス	119 株主情報
6 グループの構造	21 共有する価値	62 報酬報告書の要約		92 ―Sasolの合成燃料	120 年次総会案内と委任状フォーム
8 海外展開	22 戦略			94 ―Sasolの石油	裏表紙の裏ページ　補足情報
	24 ビジネスモデルと統合バリューチェーン			96 国際エネルギー・クラスター	
	26 製品			98 ―Sasolの国際合成燃料	
	28 2013年度の最優先事項			100 ―Sasolの国際石油	
	29 重要業績指標			104 化学クラスター	
	34 リスクマネジメント			106 ―Sasolのポリマー	
	36 最重要リスク			108 ―Sasolの溶媒	
	39 事業に影響を及ぼす最重要課題			110 ―Sasolのオレフィン&サーファクタント	
	42 プロジェクトと戦略の結びつき			112 ―その他化学事業	
	43 事業の海外展開			114 その他の事業	
	44 重要なリレーションシップ			116 ―Sasolの新エネルギー	
	46 付加価値報告書			117 ―Sasolのテクノロジー	
	47 政府との純通貨取引				

出所：Sasol 2012a, Inside front cover をもとに作成。太枠線は筆者が加筆。

第 25 章　サソール（SASOL）

【図表 25-3】　各章の概要

01	イントロダクション	財務ハイライトとグループの構造（4 つのクラスターの下に、13 のビジネスユニット）が図表で説明されている。	9 頁
02	戦略パフォーマンス	本報告書の中心であり、この章（38 頁）だけ抜粋することでよりシンプルな統合報告書が作成できるほどに、グループ全体の戦略・ビジネスモデル・業績等の情報が網羅的かつ簡潔に記載されている。	38 頁
03	ガバナンスと報酬	取締役会・各委員会の内容及びガバナンス姿勢の説明と、役員報酬額及びインセンティブ・スキームの説明。役員ごとの支給額が記載されている。	20 頁
04	財務業績	CFO による本年度の業績解説と要約財務諸表の掲載。	16 頁
05	営業業績	13 のビジネスユニットについて、それぞれの事業内容と本年度の業績を各 2～4 頁で説明。	34 頁
06	付記情報	用語集、株主総会情報、配当情報、定款変更の整理表	27 頁

出所：Sasol 2012a をもとに作成。

【図表 25-4】　リファレンス表示例

報酬委員会

THNyasulu 女史を除いて、委員長を含め委員会の全メンバーは、独立した社外取締役である。委員会は少なくとも1年に2回、会議を開くことが求められる。レビュー下にある当会計年度では、4回の会合が実施された。

IR	報酬政策や取締役の報酬は、62～67頁にわたり、報酬報告書の要約版で詳述している。
AFS	報酬委員会の機能や付託事項は、その他の関連情報とともに、年次財務諸表の一部を構成する報酬報告書の完全版に記載されている。

出所：Sasol 2012a, p.51から引用．

　Sasol 社の統合年次報告書では、同報告書内の参照箇所と同様に、他の 3 つの報告書に対する参照箇所も明示している点にその特徴がみられる。年次統合報告書には IR、年次財務諸表には AFS、SEC 提出年次報告書には 20-F、持続的発展報告書には SD の「タグ」を割り当てている。この 4 つのタグをリファレンスのための「付箋」として使用している（**【図表 25-4】**を参照）。見開き 2 頁に 7 つも「付箋」を貼り付けているケースも見られる。これは、指導原則の「B 情報の結合性」（報告書間の情報の結合性）の具体例であると言える。

第3群　Ⅱ型（結合型）、Ⅲ型（独立型）及びⅣ型（Web・動画活用型）の事例

　このように、Sasol の年次統合報告書は、報告書の構成と表示について「重要性」と「簡潔性」と、形式的な「情報の結合性」を強く意識したものであると指摘できる。

4　統合報告の主要構成要素の抽出・特徴点の解説

(1) 戦略と資源配分

　IIRC では、内容要素の「E　戦略と資源配分」において、組織はどこを目指すのか、どのようにたどり着くのかを明示するように求めている（IIRC, par.4.27）。Sasol は、組織の目標として、【図表 25-5】のような共通ビジョンと共通目的を示している。この図表からも明らかなように、Sasol では、共通ビジョンから出発して、共通目的が導出され、その下位概念として、共通目標と勝利の定義が設定されている。

【図表 25-5】　共通ビジョンと共通目的

共通ビジョン

収益をあげつつ、持続可能性を維持しながら、包括的に成長すること。他方で、南アフリカ及び世界中のエネルギー市場や化学市場において、技術や人材の能力を通して、ステークホルダーに価値を提供すること。

共通目的

力強さのある持続可能な収益性を達成するために、個人として、チームとして、そして一つの組織として、何のために働いているのか、何が求められているのかを知る必要がある。当社は、より一致団結する。1つのチーム－1つの Sasol として。

共通目標　＋　勝利の定義

Sasol を株主や従業員に長期的価値をもたらす卓越した企業にすること；すべてのステークホルダーと積極的な関係をもつ企業にすること。

株主価値を持続的に高めること。

出所：Sasol 2012a, p.20 から引用。

第25章　サソール（SASOL）

【図表 25-6】　Sasol の戦略

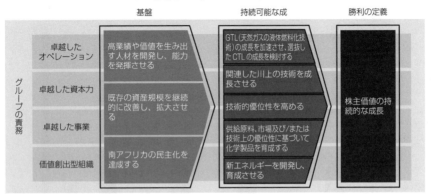

出所：Sasol 2012a, p.22 から引用．

また、【図表 25-6】では、Sasol の戦略が示されている。そこでは、グループの責務として、卓越したオペレーション、卓越した資本力、卓越した事業及び価値創出型組織が掲げられている。その責務を果たすために、3つの基盤をもとにして、持続可能な成長を果たし、それによってさきに設定された「勝利の定義」を達成することが明示されている。

このように、Sasol の統合報告書は、内容要素の「E　戦略と資源配分」のベストプラクティスをなす。

(2) ビジネスモデル

IIRC では、内容要素の「C　ビジネスモデル」において、組織のビジネスモデルは何かを説明するよう求めている（IIRC 2013, par.4.10）。【図表 25-7】は、Sasol のビジネスモデルを示したものである。同社のビジネスモデルは、この見開き2頁のみで簡潔に説明されており、ガス・石炭・原油の採掘から精製・製造を経て製品に至るプロセスがビジュアル化され、各プロセスに関与するビジネスユニットがマッピングされている。

また、持続可能な統合ビジネスモデルのために留意している事柄も、図の下段にコンパクトに列挙されている。このように、同社のビジネスモデルは、「D　重要性」と「E　簡潔性」の指導原則に従って効率的かつ効果的にプレゼンテー

309

第3群　Ⅱ型（結合型）、Ⅲ型（独立型）及びⅣ型（Web・動画活用型）の事例

【図表25-7】ビジネスモデルと統合バリューチェーン

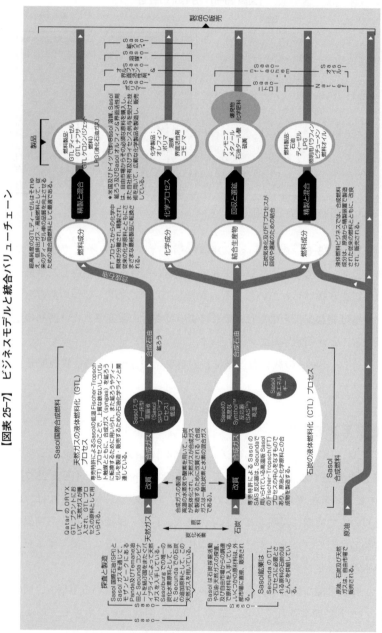

出所：Sasol 2012a, pp.24-25から引用。

第 25 章　サソール（SASOL）

ションされている。なお、各ビジネスユニットの業務内容と業績のより詳細な説明は、「B　情報の結合性」の原則を意識しつつ、同報告書の「05　オペレーティング・パフォーマンス」に記載されている。

　このように、Sasol の統合報告書は、内容要素の「C　ビジネスモデル」のベストプラクティスをなす。

(3) リスクと機会

　IIRC では、内容要素の「D　リスクと機会」において、組織の短、中、長期の価値創造能力に影響を及ぼす具体的なリスクと機会は何か、また、組織はそれらに対しどのような取り組みを行っているか何かを説明するよう求めている（IIRC 2013, par.4.23）。

　【図表 25-8】は、Sasol のリスクマネジメント方針とリスクマネジメントプロセスが図式化されている。グループのリスクとしては、市場リスク、信用リスク、オペレーショナルリスク、ファンクショナルリスク、投資・プロジェクトリスクが列挙されている。これらのリスクに対して、グループ戦略や戦略の目的を踏まえて、リスクマネジメントプロセスが適用されていることが分かる。

　リスクマネジメントプロセスでは、第 1 段階のコンテキストの明確化から第 7 段階のリスクの報告まで、各段階の対応内容が仔細に規定されていることが分かる。また、第 7 段階のリスクの報告においては、リスク水準に応じて、どのレベルの委員会または役職者に報告すべきかが、明示されている。

　このように、Sasol の統合報告書は、内容要素の「D　リスクと機会」のベストプラクティスをなす。

(4) 実績

　IIRC では、内容要素の「F　実績」において、組織は当該機関における戦略目標をどの程度達成したか、また資本への影響に関するアウトカムは何かを説明するよう求めている（IIRC 2013, par.4.30）。

　Sasol は、実績を示すために、重要業績指標（KPI）として、3 つの財務 KPI と 7 つの非財務 KPI を取り上げている。いずれの KPI も計測可能な数値に基づ

第3群　Ⅱ型（結合型）、Ⅲ型（独立型）及びⅣ型（Web・動画活用型）の事例

【図表 25-8】　リスクマネジメント

```
                        グループ戦略
                            ↕ 戦略の方向性
          コンプライアンス
          モニタリング  リスクマネジメント   導
                      プロセスの適用     入
                        リスクに基づく
                        戦略的選択
                        グループ戦略の目的
```

グループの戦略的方向性を検討し、とるべき戦略的選択を知らせるためにリスクマネジメントプロセスを提供する。

グループのリスク エクスポージャーの管理
- 市場・信用リスク
- オペレーショナル・ファンクショナルリスク
- 投資・プロジェクトリスク

戦略の実行とオペレーション
リスクに適合したコントロールと対応
リスク調整後のアウトカム

グループの戦略的目的を調整し、期待されるアウトカムを実現するために事前対策としてリスクマネジメントプロセスを提供する。

第1段階 コンテキストの明確化
検討されるリスクの中で、社外環境、取引環境及び社内環境を検討することで、戦略上の、及び組織上のコンテキストを明確化する。

第2段階 リスクの識別化
さらなる分析の基礎としてどのようなリスク事象が、どのような理由でどのくらい生じるのかを識別する。すべての不確実な将来事象を識別するのに焦点が置かれており、かかる事象は目的の達成に影響を及ぼす。

第6段階 リスクの監視と見直し
現在の状況とリスクプロフィールの変化を追跡し、リスクマネジメントシステムの有効性やそれに影響を及ぼす変化に対する個別評価を行う。

第7段階 リスクの報告（情報伝達と対話）
社内及び社外のステークホルダーに対し、適切であれば、全体のリスクマネジメントプロセスに関心を払いながら、そのプロセスの段階ごとに情報伝達し、対話を図る。社内のステークホルダーにリスク報告を行う順番は、右記の図形に従って行われる。

- レベル1・2（グループ最高）リスク　Sasolのリスク・安全・健康・環境委員会
- レベル1・2（グループ最高）リスク　グループの執行委員会
- レベル1・2のリスク　事業単位会議
- レベル1・2・3のリスク　事業単位・企業部門執行委員会
- レベル1・2・3のリスク　事業単位・企業部門ガバナンス委員会
- レベル1～6のリスク　事業単位・企業部門ラインマネジメント

第5段階 リスク対応
リスク選好と適合した受け入れ可能な残余リスク水準まで固有リスクを管理するために軽減策を識別する。検討すべき4つの主なリスク対応オプションがあり、すなわち、リスクの容認、リスクの回避、リスクの低減及びリスクの移転（またはこれらの組み合わせ）。重要な軽減策を文書化し、関連するリスクをひとまとめにして有効性を評価し、所有主をコントロールする。

第4段階 リスク査定（リスク評価）
影響度と発生確率でリスクを分析し、リスクマトリックス表を用いてリスクを描写する。リスクをリスク水準で分類し、レベル1は最も重大なリスクであるのに対し、レベル6は最も低いリスクである。

第3段階 リスク調査（リスク分析）
原因・リスク及び結果間の連続した関係を明確化する。リスク調査の目的は、識別されたリスクが適切かつ十分に記述されるよう確実にするためである。重要なリスク軽減策を識別できるようにする。

出所：Sasol 2012a, pp.34-35から引用.

いた検証可能なものである。財務 KPI は、純利益成長率（earnings growth）、投下資本収益率、及び負債比率である。非財務 KPI は、BBBEE（広範囲な黒人の経済参加促進）レベル、揮発性有機化合物、エネルギー効率、安全率（従業員の20万時間当たり傷病率）、物流事故率、温室効果ガス排出量、及び新プラントの温室効果ガス排出である。

　これらの KPI は、内容要素の「F　実績」のグッドプラクティスをなす。従来の企業レポーティングでは、KPI として財務指標や非財務であっても財務的業績に結びつくような指標が多く、それ以外には環境関連指標のみを掲載するのが一般的である。これに対して、本報告書では、安全率や物流事故率といった従業員や取引会社に関する指標も掲載しており、幅広いステークホルダーに対応した指標も取り上げている点で特徴的である。

(5) ステークホルダーとの関係性

　IIRC では、指導原則の「C　ステークホルダーとの関係性」において、組織と主要なステークホルダーとの関係性について、その性格及び質に関する洞察を提供し、組織がステークホルダーの正当なニーズと関心をどのように、どの程度理解し、考慮し、対応しているかについて説明するよう求めている（IIRC 2013, par.3.10）。

　【図表25-9】は、Sasol の主要なステークホルダーに関する「重要なリレーションシップ」を示したものである。主要なステークホルダーとして、9つのステークホルダーを明示している。これらの各ステークホルダーに対して、同社の考え方が見開き2頁の一覧表にまとめられている。一覧表では、9つのステークホルダーを縦軸にとり、ステークホルダー・エンゲージメント、ステークホルダーの価値創造に対する貢献、ステークホルダーの同社に対する期待、及びステークホルダーの関心事という4つの事項を横軸にとって、それぞれの項目について記述形式もしくは箇条書きで掲載されている。また、その一覧表の右端には、当該報告書になかで各ステークホルダーに読んで欲しい参照頁番号が、ステークホルダーごとに付されている点が特徴的である。

　このように、Sasol の統合報告書は、指導原則の「C　ステークホルダーとの

第3群　Ⅱ型（結合型）、Ⅲ型（独立型）及びⅣ型（Web・動画活用型）の事例

【図表25-9】　重要なリレーションシップ

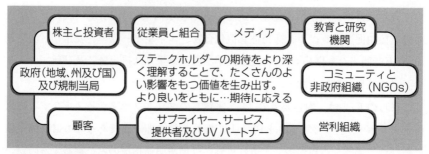

出所：Sasol 2012a, p.44から引用。

関係性」のベストプラクティスをなす。

5　当該企業の統合報告の特徴点など

　Sasolの報告体系は、同社の重要な情報を簡潔に記載した主要な報告書として年次統合報告書があり、より詳細を知りたいときにそれ以外の3つの報告書を参照するように工夫されていた。本報告書では、構造上からとくに指導原則の重要性と簡潔性、及び情報の結合性が重視されていた。また、指導原則のステークホルダーとの関係性にも言及がなされていた。

　内容要素については、戦略と資源配分、ビジネスモデル、リスクと機会、及び実績について、非常に参考となる事例であった。とくに、戦略とビジネスモデル、及びリスクマネジメントとの相関関係については、簡潔に図表で明示されていた。

　Sasolの統合報告書は、全体として完成度が高く、非常に参考となるベストプラクティスであるといえる。

《主要参考文献》

IIRC 2013, International 〈IR〉 Framework, IIRC website, 〈http://www.theiirc.org/wp-content/uploads/2013/12/13-12-08-THE-INTERNATIONAL-IR-FRAMEWORK-2-1.pdf〉、2014年9月20日アクセス。（『国際統合報告 フレームワーク　日本語訳』、IIRC website, 〈http://www.theiirc.org/wp-content/uploads/2014/04/International_IR_Framework_JP.pdf〉、2014年9月20日アクセス。）

IIRC 2014, *Emerging Integrated Reporting Database*, IIRC website, 〈http://examples.

theiirc.org/home〉、2014年9月20日アクセス。
Sasol 2012a, *Annual Integrated Report 2012*, Sasol.
Sasol 2012b, *Annual Financial Statement 2012*, Sasol
Sasol 2012c, *Form 20-F 2012*, Sasol.
Sasol 2012d, *Sustainable Development Report 2012*, Sasol.
Sasol 2014, Sasol website, 〈http://www.sasol.co.za/〉、2014年9月20日アクセス。

第26章

アエゴン（AEGON N.V.）

> 本事例の特徴
>
> 1 本事例は、＜IR＞の作成方法としてⅢB型（独立型）に属している。
> 2 ⅢB型の事例は、アエゴン（AEGON社N.V.）、ナショナルオーストラリアバンク（National Australia Bank Limited）、及びストックランド（Stockland）の3社であり、＜IR＞の媒体としてAnnual Reviewが用いられている。しかしながら、この3社の中で、AEGON社のみがAnnual Reviewを「本体」と「補遺」に分けており、このことが同社の＜IR＞の特徴をなしている。IIRCの基本原則における重要性（materiality）や簡潔性（conciseness）を意識した作成方法である。
> 3 ⅢB型（独立型）に属する3社は＜IR＞に熱心に取り組んでおり、保証業務を自主的に導入している。一般的に、＜IR＞の保証にはISAE3000またはAA1000AS（2008）が用いられているが、AEGON社では王立登録会計士協会（Royal NIVRA）の3410N「サステナビリティレポートに関連する保証業務」（Assurance Engagements Relating to Sustainability Reports）が保証基準として用いられている。
> 4 AEGON社は2011年から＜IR＞への取り組みを始めており、2012年には新しい統合報告書が開示されている。2011 Reviewと2012 Reviewを比較すると、報告書の構成が一貫しており、年度間での比較可能性が担保されている。
> 5 AEGON社の＜IR＞は、IIRCが定めた基本原則の「戦略的焦点と将来指向」（strategic focus and future orientation）及び「情報の結合性」（connectivity of information）において秀逸である。

第 26 章　アエゴン（AEGON N.V.）

1　AEGON 社のプロフィール

　AEGON 社は、生命保険、年金、及び資産運用を主力とする保険・金融会社であり、オランダを代表するグローバル企業の1つである。同社は高齢化が急速に進んでいる日本や中国に熱い視線を送っており、日本や中国にもオフィスを置いている。同社のビジネスは、グローバルな高齢化（global aging）に着目しており、2050 年には、60 歳以上の人口が日本では 4,500 万人、西ヨーロッパでは 6,500 万人、合衆国では 1 億 700 万人、そして中国では 4 億 3,900 万人に登ることを指摘している。

　同社は 2011 年現在で、世界 20 か国以上に 4,700 万人の顧客を有し、税引後純利益は 827 百万ユーロ、従業員は 25,000 人以上である。

2　AEGON 社の統合報告書の特徴

　AEGON 社は 2011 年から統合報告への取り組みを始めている。同社はⅢB 型（独立型）に属しており、アニュアルレポートとは別に 2011 Review という名称で統合報告書を作成している。事例研究として興味深い点は、統合報告書を 2011 Review（本体）と Supplement to 2011 Review（補遺）に分けて作成している点にある。本体が約 60 頁で補遺が約 40 頁である。統合報告書を本体と補遺に分けて作成する考え方は、2012 Review にも継承されている。本書が調査対象会社とした 20 社において、このように統合報告書を本体と補遺に区分しているのは AEGON 社のみである。その意味で貴重な事例であるということができる。

　同社の Global Head of Sustainability である Marc van Weede 氏は、統合報告書として最初に作成した 2011 Review の意義について、補遺の冒頭で次のように述べている（傍点は引用者による強調）。

　「本年、弊社は、より統合されたレポーティングに向けて重要な一歩を踏み出した。初の試みとして、弊社の 2011 Review は、財務的な業績と、環境・社会・ガバナンス（ESG）への影響の両者を説明している。しかしながら、本報告書を膨大な量の文書にするつもりはない。そうではなく、弊社のビジネスやステークホルダーにとって重要な問題に焦点を絞っている。」（Supplement to the 2011

317

第3群　Ⅱ型（結合型）、Ⅲ型（独立型）及びⅣ型（Web・動画活用型）の事例

Review, p.3)

　IIRC の概念フレームワークは統合報告書の簡潔性を求めているが、統合報告書の中に上記引用のような記載を行っている企業は、調査対象の 20 社においても多くないと思われる。こうした点にも AEGON 社の＜ IR ＞の特徴が現れている。

　同社の統合報告書の記載内容を年度で比較したものが【図表 26-1】である。内容構成に大きな変化はなく、年度間での比較可能性が担保されている。

【図表 26-1】　AEGON 社（ⅢB 型）の統合報告書の内容構成

2011 Review の内容構成	2012 Review の内容構成
会社概要（We are AEGON）	会社概要（This is AEGON）や CEO のメッセージ（Interview with our CEO）
戦略（Our Strategy）	戦略（Our Strategy Story: How we are transforming tomorrow）
ビジネス（Our Business）	ビジネス（Our Business）
ガバナンス（Our Governance）	ガバナンス（Our Governance）
財務情報（Financial Information）	正確な情報（Facts & Figures）

　IIRC と Black Sun 社が運用しているデータベース Emerging Integrated Reporting Database（http://examples.theiirc.org/home）において、AEGON 社の統合報告書がベスト・プラクティスの1つとして紹介されており、基本原則（guiding principles）の「戦略的焦点と将来指向（strategic focus and future orientation）及び「情報の結合性」（connectivity of information）において評価されている。【図表 26-1】において 2011 Review と 2012 Review を比較すると、戦略についての記述が改善されていることが理解される。すなわち、「戦略」が「戦略のストーリー」に変更されるとともに、サブタイトルとして "How we are transforming tomorrow" という文言が追加されており、同社の将来指向のスタンスが鮮明に打ち出されている。

　AEGON 社の 2011 Review の「戦略」においては、ビジネスを取り巻く環境の変化を「5つのキートレンド」（Five Key Trend）、すなわち、①高齢化社会、②リーマンショック以降の顧客行動の変化（金融商品のリスクに敏感）、③企業

第 26 章　アエゴン（AEGON N.V.）

の社会的責任に対する利害関係者の期待の高まり、④経済成長の鈍化に伴う不確実性の増大、及び⑤消費者保護による規制の変化の5つの観点から分析し、それらの変化が AEGON 社に及ぼす「機会」（opportunity）と「リスク」（risk）を明確に分析している（2011 Review, pp.10-13）。

AEGON 社の 2012 Review の「戦略ストーリー」では、上記の5つのキートレンドが「新たな現実」（New Reality）という表記に改められている。すなわち、①地球規模の高齢化（aging planet）、②不確実性の高い経済（uncertain economy）、③ユーロ圏の危機（crisis in the euro zone）、④金融商品の売買方法の変化（the way our products are bought and sold is changing）、⑤信頼を勝ち取ること（winning trust）、及び⑥新しい労働環境（a new working environment）の6つの事実が挙げられており、それぞれについての機会とリスクが簡潔に記載されている（2012 Review, pp.24-25）。

AEGON 社は、戦略上の4つの目的、すなわち、「ポートフォリオの最適化」、「顧客ロイヤリティの促進」、「オペレーショナルエクセレンスの実現」、及び「従業員のパワーの強化」を設定している。同社は、上記の①～⑥の6つの新たな事実に対して、これらの戦略上の目的を具体的に示している（2012 Review, pp.26-27）。ここに、「オペレーショナルエクセレンス」とは、「業務改善プロセスが現場に定着し、業務オペレーションが磨きあげられ、競争上の優位性にまでなっている状態」を意味する用語である（http://ja.wikipedia.org）。

例えば、上記①の「地球規模の高齢化」に対する「ポートフォリオの最適化」であれば、北米と欧州で拡大しつつある退職者の市場への投資や、合衆国における年金ビジネスの拡大が挙げられている。

興味深い点は、2011 Review では、5つのキートレンドに対する戦略上の目的に 10 頁の紙幅を割いていたが（2011 Review, pp.12-21）、2012 Review では6つの新たな事実に対する戦略上の目的を2頁の見開きで記載していることである（2012 Review, pp.26-27）。

AEGON 社の統合報告書は、イメージデータ（写真等）を挿入することで、紙面全体が文字で埋まることを避けており、個人投資家等の読者に対する心理的な効果を考慮しているように忖度される。

3 統合報告書の信頼性保証

　AEGON 社は、2011 Review から保証業務を自主的に導入している。すなわち、内部的な検証に加えて、同社の外部監査人である Ernst & Young（以下、EY）の保証業務を受けている。保証水準としては、合理的保証を付与する「監査」ではなく、限定的保証を付与する「レビュー」であるものの、保証業務を受けることにより情報の信頼性が担保されなければプライマリーレポートとして意味をなさないという同社のスタンスが現れている。EY の「独立保証報告書」は 2011/2012 Supplement に掲載されている。

　本書が調査対象とした 20 社の事例においては、＜IR＞の保証基準として ISAE3000 または AA1000AS（2008）が用いられていることが多い。ここに、ISAE3000 とは、国際会計士連盟（International Federation of Accountants; IFAC）の国際監査・保証基準審議会（International Auditing and Assurance Standards Board; IAASB）が発行した「国際保証業務基準 3000：歴史的財務情報の監査またはレビュー以外の保証業務」（International Standard on Assurance Engagements 3000: Assurance Engagements other than Audits or Reviews of Historical Financial Information）である。この ISAE3000 は非財務情報の保証業務に用いられており、保証水準には、「合理的保証」（reasonable assurance）と「限定的保証」（limited assurance）の 2 つのレベルがある。

　これに対して、AA1000AS（2008）とは、イギリスの非営利団体である AccountAbility（Institute of Social and Ethical Accountability）が 2008 年に発行したサステナビリティレポートの保証基準である。AA1000AS（2008）の保証水準には「高位の保証」（high assurance）と「中位の保証」（moderate assurance）の 2 つのレベルがある。この 2 つの保証水準は、それぞれ ISAE3000 の合理的保証と限定的保証に相当する。

　AEGON 社の＜IR＞に対する保証では、王立登録会計士協会（Royal NIVRA）が定めた 3410N「サステナビリティレポートに関連する保証業務」（Assurance Engagements Relating to Sustainability Reports）が用いられている。

　AEGON 社の 2011 Review に対する EY の保証報告書については【図表 26-2】

第 26 章　アエゴン（AEGON N.V.）

（全文）を参照されたい（Supplement to the 2011 Review, p.20）。また、同社の 2012 Review に対しても EY が保証報告書を発行している（Supplement to the 2012 Review, p.68）。2012 Review の保証においても Royal NIVRA の 3410N が用いられており、保証報告書の記載内容に大きな変更点はない。

【図表 26-2】　AEGON 社の統合報告書に対する Ernst & Young の保証報告書

保　証（Assurance）

　本報告書は、AEGON 社が事業を展開している国や部門から入手した情報とデータに基づいて作成されている。総ての情報は、内部的な検証（internal verification）を受けた上で、全社的に集計して報告している。加えて、本報告書は AEGON 社の外部監査人である Ernst & Young 有限責任監査法人のレビューを受けている。監査人の報告書については、以下を参照されたい。

2011 Review とその補遺に対する独立保証報告書
　AEGON 公開株式会社
　　経営者　御中

序　文
　当監査法人は、添付している AEGON 公開株式会社の統合 2011 Review レビュー及び 2011 Review レビューの補遺（Integrated 2011 Review and Supplement to the 2011 Review of AEGON N.V.）に含まれる情報を検証した（以下においては、これらをまとめて「2011 Review」と称する）。AEGON 公開株式会社の取締役会は、適用しているクライテリアに準拠して情報を作成し、利害関係者との契約を締結し、そして重要事項を選択することに責任を有している。2011 Review の範囲と、内部の報告指針に関する経営者の意思決定は、2011 Review の補遺において、「付録Ⅲ：グローバル・レポーティング・イニシアティブ」という見出しが付けられたセクションの

24 頁以降で説明している。当監査法人の責任は、2011 Review に含まれる情報に対して限定的保証（limited assurance）を付与することである。当監査法人の契約には、見積値のような将来情報（future information such as estimates）、あるいは期待値や目標値の達成可能性（achievability）に関連するような保証の提供は含まれていない。

適用したクライテリア

　AEGON 公開株式会社は、2011 Review の補遺に収録している付録Ⅲのレポーティングポリシーで述べているように、GRI（Global Reporting Initiative）の定めた G3 ガイドラインを適用しており、この G3 ガイドラインは内部報告ガイドラインによって支えられている。これらのクライテリアのコンテクストにおいて、業績のデータを見ることが重要である。これらのクライテリアは、当監査法人の保証業務という目的に照らしても適切なものであると信じている。

実施した手続

　当監査法人は、オランダ監査基準第 3410N「サステナビリティ報告書に関する保証業務」（Assurance Engagements with respect to Sustainability Reports）を含むオランダの法律に準拠して業務を実施した。限定的な保証水準を得るための手続は、合理的な保証水準を得るための手続よりも簡略なものになるので、付与される保証の水準も低くなる。

　2011 Review に対して当監査法人が実施した主要な手続は以下のとおりである。

◆　適用されているレポーティングの方針と適用の継続性について、その受容性を評価するとともに、統合 2011 Review（integrated 2011 Review）の情報を作成する際に用いられた重要な見積りやその計算をレビューすること。

◆　部門、組織、及びそれに最も関連した CSR 問題について理解を得ること。

- ◆ 報告されている情報について、収集、処理、及び連結のプロセスが設計され、かつ、実在しているかを、連結のプロセスに関連づけて理解を得ること。
- ◆ リスク分析に基づいて、分析的手続、責任を有する企業役員へのインタビューの実施、試査によるこの情報の実証性の確認を実施するとともに、関連する企業の文書とAEGON社が報告のソースとして用いた外部のソースを通読することで、AEGON社の統合2011 Reviewに含まれるサステナビリティ情報の妥当性をレビューすること。
- ◆ 財務情報はフォーム20-Fから適切に誘導されているかを評価すること。
- ◆ AEGON社の統合2011 Reviewにおけるサステナビリティ情報と、その全体的なプレゼンテーションは、上記のクライテリアに照らして十分であるかを評価すること。

当監査法人は、我々が入手した保証証拠（assurance evidence）は、我々の結論に基礎を与えるだけの十分かつ適切なものであると信じている。

結　論

　当監査法人が実施した統合2011 Reviewに含まれる情報の検証に基づくならば、情報は、総ての重要な点において、グローバルレポートイニシアティブの定めたサステナビリティレポーティングガイドライン（G3）、及び2011 Reviewの補遺に収録されている付録Ⅲで述べられている内部報告クライテリアに準拠して適正に表示されていないと信じさせるような事項は認められなかった。

Zwolle, the Netherlands
2012年3月23日
（監査人の署名）

（出所）Supplement to the 2011 Review, p.20.

第27章
ナショナル・オーストラリア・バンク（National Australia Bank）

本事例の特徴

1. 本事例はⅢB型に分類される。National Australia Bank の統合報告書は年次レビュー（Annual Review）という名前で作成され、本体は42頁しかない簡潔なものになっている。統合報告書とその補遺（Dig Deeper Papers）、さらに企業責任へのアプローチ情報等によって統合報告体系を構成しようとしている。「情報の重要性と簡潔性」を有すると同時に、統合報告書内部と補遺との間にはクロス・リファレンスを付けており、「情報の結合性」を意識している。

2. 4年連続して統合報告書を作成し、毎年統合報告体系に含まれる書類の種類、統合報告書の記載量と記載内容（細目）はともに安定しており、報告書の記載内容やデータについて「首尾一貫性」と「比較可能性」を保っている。

3. 企業のガバナンス・フレームワークとリスクマネジメントについて、図表でその構造を示し、さらに詳細な説明を加えている。グループの委員会、主要な執行役、企業の責任、リスクマネジメント委員会の構成、さらに日常の業務と意思決定へのリスクの考え方の織り込みも明示している。

4. ステークホルダー・エンゲージメントについて AA1000 SES 基準[注1]に加え、自らの基準も適応することで、ステークホルダーとのインタラクションを図り、さらに14-18年度の企業責任への約束も開示している。GRI の G3 ガイドラインに準拠すると同時に、Ernst&Young の限定保証を受けている。「信頼性と完全性」を有する報告書と言えよう。

5. 特別断っていない場合は特定の項目（配当、無形資産償却、特定の引当金等）について調整を行った非法定利益指標であるキャッシュ・アーニング[注2]（Cash earnings）をベースにして作成している。

第 27 章　ナショナル・オーストラリア・バンク（National Australia Bank）

1　National Australia Bank のプロフィール

　National Australia Bank（以下 NAB と略す）はオーストラリア最大の商業銀行であり、世界中に約 1,240 万人超の顧客、4.2 万人超の従業員、50 万人超の株主、1,800 超の店舗とサービスセンターを有している。同グループはオーストラリアを拠点として、ニュージーランド、アジア、イギリス、及びアメリカにおいて金融サービスを展開している。

　NAB は 2012 年度において純利息収益約 133.5 億オーストラリアドル、包括利益は 63.93 億オーストラリアドルを達成して、総資産 8,084.27 億オーストラリアドル、純資産は 466.2 億オーストラリアドルを有している（NAB [2013] *2013 Annual Financial Report*, pp.67-69）。

　NAB の前身はシドニー商業銀行（Commercial Banking Company of Sydney）とオーストラリア国立銀行有限連合（the National Bank Limited's union）であり、個人業務と企業業務の両方を運営している。

　2010 年に NAB は以前作成した株主レビュー（Shareholder Review）と企業の責任レビュー（Corporate Responsibility Review）という 2 つの書類を年次レビュー（Annual Review）という 1 つの報告書にまとめ、初めて統合報告書を作成した。同社はまた 2011 年に IIRC のパイロット・プログラムに参加し、さらに統合報告へ取り組み、統合報告書を毎年作成してきた。

　NAB は IIRC のフレームワークに準拠した統合報告書の作成において比較的に豊富な経験があり、かつ、報告書における高い評価を得ている企業である。以下では、同グループの統合報告の経緯と報告体系、統合報告書の構造上の特徴、及び統合報告書の記載内容の特徴について解説する。

2　NAB の統合報告の経緯と報告体系

　NAB は 2010 年にオーストラリアの統合報告フレームワーク促進ネットワーク――ビジネス報告リーダー・フォーラム（The Australian Business Reporting Leaders Forum、BRLF）――に参加し、2011 年に IIRC のパイロット・プログラムの最初のメンバーにもなり、IIRC の統合報告フレームワークの改善に努めてきた。

第3群　Ⅱ型（結合型）、Ⅲ型（独立型）及びⅣ型（Web・動画活用型）の事例

　これらの取り組みの結果として、NABはすでに連続4年間統合報告書（Annual Review）（2010年度版、2011年度版、2012年度版、2013年度版）を公表している。

　同グループの統合報告書への取り組みはIIRCの『パイロット・プログラム・イヤーブック』（2012、2013年度版）において紹介され、2011年度版、2012年度版の統合報告書はIIRCとBlack sun社が運営する統合報告書のデータベースに好事例として選ばれている。さらに、NABの2011年度統合報告書(Annual Review)とその補遺（Dig Deeper papers）はオーストラリア報告賞サステナビリティ報告賞（Australasian Reporting Awards Sustainability Reporting Reward）（私的部門）を受賞し、2012年度統合報告書は2013年オーストラリア報告賞コミュニケーションとサステナビリティ報告私的部門特別賞(the Private Sector Special Awards for Communication and Sustainability Reporting in the Australasian Reporting Awards）を受賞した。

【図表27-1】　NABの2013年度年次報告体系

位置づけ	名称	頁数
統合報告書	年次レビュー（Annual Review 2013）	42
財務報告書	年次財務報告書（Annual Financial Report 2013）	187
ディグ・ディーパー・ペーパー	コミュニティ・ディグ・ディーパー・ペーパー（2013 Community Dig Deeper Paper）	8
	顧客ディグ・ディーパー・ペーパー（2013 Customer Dig Deeper Paper）	14
	環境ディグ・ディーパー・ペーパー（2013 Environment Dig Deeper Paper）	36
	従業員ディグ・ディーパー・ペーパー（2013 People Dig Deeper Paper）	12
	サプライチェーン・ディグ・ディーパー・ペーパー（2013 Supply Chain Dig Deeper Paper）	5
その他	企業責任へのアプローチ（Our Approach to Corporate Responsibility 2013）	4
	独立保証報告書（Independent Assurance Report-Ernst&Young）	3
	ペーパー・インパクト・ステートメント（Paper Impact Statement）	1

出所：NABホームページ
http://www.nab.com.au/about-us/shareholder-centre/reports-and-presentations に基づき作成。

第27章　ナショナル・オーストラリア・バンク（National Australia Bank）

次には、NABの2013年度年次報告体系に焦点を当て同社の統合報告の位置づけについて見てみたい。【図表27-1】の示すとおりである。

NABの年次報告体系は年次レビュー（統合報告書）以外に、年次財務報告書、顧客・コミュニティ・環境・サプライチェーン・従業員に関するディグ・ディーパー・ペーパー（Dig Deeper papers）、及びその他の書類を含む。統合報告書に記載されていない詳細な情報は他の書類に補足されるような体系になっており、そのため、統合報告書と他の書類との間に必要に応じてクロス・リファレンスを付けられている。

上記の書類以外に、NABは『年度成果フル公告（2013 Full Year Results Announcement）』という書類も別途作成し、必要に応じてクロス・リファレンスを付けている。また、上記のすべての書類はホームページにおいて開示され、ダウンロードできるようにしている。

3　NABの統合報告書の構造上の特徴

【図表27-2】においては2010～2013年度NABの統合報告書の内容変遷を示している。この図表から次の3点が分かる。

まず第1に、NABの統合報告書は作成当初から常に40頁前後の読みやすい量に維持され、大幅な量的な追加と削減は行われていないこと。これは、ここ数年間統合報告書で伝える重要な情報の量はさほど変わらず、「情報の簡潔性」が保たれていると理解できる。

第2に、NABの統合報告書の目次において、情報のまとめ方には変化があったこと。

2010年の統合報告書は報告内容を「我々の事業活動」、「我々の業績」、「さらなる情報」という3つの大きな枠に分類し、その中に細目を入れているが、2011年に「会長メッセージ」、「CEO」、「CFO」という細目を上記の3つの枠から独立させ、2012年にはさらに「リスクマネジメント」「我々の戦略」、「企業責任」、「我々のガバナンス」「取締役会と執行役のプロファイル」、「株主情報」、「保証報告書」を独立させ、報告書の最後には「用語集」を追加した。さらに、2013年の報告書は「リスクマネジメント」と「ガバナンス」に関する事項を「我々の譲

第3群　Ⅱ型（結合型）、Ⅲ型（独立型）及びⅣ型（Web・動画活用型）の事例

【図表27-2】　NAB の統合報告書内容変遷

	Annual Review 2010	Annual Review 2011	Annual Review 2012	Annual Review 2013
内容	我々の事業活動（今年の業績についての会長、グループ CEO、及び CFO のディスカッション、取締役会のプロフィール、業務活動のスナップショット、戦略実現） 我々の業績（業務と企業責任パフォーマンスのハイライトと直面する挑戦） さらなる情報（ガバナンスアプローチ、多様性とリスクマネジメント、役員報酬、過去5年間の財務ハイライト、主要な株主情報）	会長メッセージ グループ CEO CFO 我々の事業活動（事業活動、ガバナンス、リスクマネジメント、戦略実現に関するスナップショット） 我々の業績（業務内容・地域ごとの業績、顧客、従業員、地域社会、環境、サプライチェーン） さらなる情報（取締役会プロフィール、過去5年間の財務ハイライト、主要な株主情報）	我々の事業活動 会長メッセージ グループ CEO メッセージ リスクマネジメント 我々の戦略 グループ業績 企業責任 我々のガバナンス 取締役会と執行役のプロファイル 株主情報 保証報告書 用語集	我々の事業活動 会長からのメッセージ CEO からのメッセージ 我々の戦略 我々の譲れない項目（Non-negotiables） ステークホルダーのエンゲージメントと将来の焦点 我々の業績 取締役会とグループ執行役のプロファイル 株主情報 保証報告書 用語集
頁数	44	42	40	42

出所：NAB（2010～2013）Annual Review の目次に基づき作成、下線は著者追加。

れない事項」の細目に入れ、「ステークホルダーのエンゲージメントと将来の焦点」を独立させた。この目次における報告書の構成の変化は、統合報告書の内容がより読みやすく整理されたことのみならず、独立させた項目の重要性も示唆していると理解できる。特に2013年の独立した項目はIIRCの「ステークホルダー対応性」及び「将来指向」のIIRCの原則を意識していると解される。

第3に、上記の開示内容のまとめ方には変化があったにもかかわらず、2010～2013年の統合報告書の細目を確認すると、網羅される内容はさほど変わらず、大きな方針の変化が見られない。NAB の統合報告書に伝達される情報内容には「首尾一貫性」を有することが言える。

上記の結果から、NAB の統合報告書は、IIRC の「ステークホルダー対応性」と「将来指向」という原則要素を意識しながら、読みやすさを進化させていると言える。また、同社の統合報告書の内部、及び他の書類との間に必要に応じてク

第27章 ナショナル・オーストラリア・バンク（National Australia Bank）

【図表27-3】 NABグループのリファレンス例

Our corporate responsibility performance

You can read further information on our CR approach and performance on page 25 and on the Group's website at www.nabgroup.com. To add rigour to our external reporting we engaged EY to conduct independent limited assurance of our reporting of material CR issues, 26 non-financial metrics and Group financial performance table on page 27. See EY's summary assurance report on page 35.

出所：NAB[2013] *2013 Annual Review*, p.19.

ロス・リファレンスが付けられており、情報の「重要性と簡潔性」及び「結合性」原則を反映している。【図表27-3】はNABグループの統合報告書（2013年度版）の内部リファレンスの一例を示している。

次には、NABの2013年度版統合報告書を中心に同グループの統合報告書の構成を見てみたい。NABの2013年度版統合報告書目次は【図表27-4】に示すとおりである。この報告書の本体部分が11の項目があるが、情報の性質により大まかに3種類の情報に分けられる。まず、第1種類の情報は、NABの事業活動、会長からのメッセージ、CEOからのメッセージといった企業全体についてのレビュー情報である。また、第2種類の情報は、会社戦略や、譲れない事項、ステークホルダーのエンゲージメントと将来の焦点、企業業績といったIIRCの重要な内容要素を網羅した主要な企業情報である。最後に第3種類の情報は取締役と執行役のプロフィール、株主情報、保証報告書、用語集などの補足情報である。

NABの統合報告書（2013年度版）は全部で42頁しかなく、それぞれの事項の記載量は、「CEOからのメッセージ」、「我々の戦略」、「リスクとコンプライアンス」、「リスクとコンプライアンス」（「譲れない事項」全体は8頁）、「企業業績」、「取締役とグループ執行役のプロフィール」のように長くても4-5頁で完結させ、残りの事項について1-2頁にとどまる。よって、NABの統合報告書は「情報の簡潔性」基準に準拠していると言えよう。次には、NABの2013年度版統合報告書を中心に当社の統合報告書の内容特徴を分析してみたい。

329

第3群　Ⅱ型（結合型）、Ⅲ型（独立型）及びⅣ型（Web・動画活用型）の事例

【図表27-4】　NABグループの統合報告書（2013年度版）の構成

目次	細目
（主要）結果	
目次	報告のアプローチ 受賞 この年次レビューについて
ようこそ	
（重要事項リスト）	
2　我々の事業活動	
4　会長からのメッセージ	
6　CEOからのメッセージ	
11　我々の戦略	12　オーストラリア営業権の増強 15　国際的なポートフォリオ・マネジメント（オーストラリア以外の地域）
16　譲れない事項（Non-negotiables）	17　全体の技術環境の移転 17　バランスシートの強み 18　リスクとコンプライアンス 22　従業員、文化、評判
24　ステークホルダーのエンゲージメントと将来の焦点	
26　企業業績（財務・非財務）	
30　取締役とグループ執行役のプロフィール	
34　株主情報	
35　保証報告書	
36　用語集	

出所：NAB［2013］2013 *Annual Review, contents* に基づき作成[注3]。

4　記載内容の特徴

(1)「事業活動」と「戦略」

　NABの統合報告書（2013年度版）は「我々の事業活動」において自社の主要な目標、責任及びサービスを紹介し（NAB（2013）*2013 Annual Review*, p.2）、「我々の戦略」において自社の新しい戦略は依然としてオーストラリアの営業権を中心にしていることを説明している（*Ibid.*, p.11）（**【図表27-5】**参照）。

第27章　ナショナル・オーストラリア・バンク（National Australia Bank）

【図表27-5】　NABの戦略

A strong basis for future success

Over the past few years we have made significant progress on our key strategic priorities. We have a more balanced and sustainable Australian banking franchise, an enhanced reputation, a stronger balance sheet and increased productivity. We have made solid progress in technology transformation and we have continued to manage our international portfolio for value.

In March 2013 we updated our strategy to better align our business to the evolving economic landscape and our customers' changing needs.

We are now well placed to capitalise on the changing economic, demographic and regulatory environment. Our updated strategy continues to focus on enhancing our Australian franchise, with our key priorities being to:

- simplify and digitise our business
- build world class customer relationships, including developing stronger, data-driven insights
- enhance services for superannuation and the ageing population
- broaden services for our Asia active customers
- provide DIY digital options for customers through our direct channels.

To help deliver our updated strategy, this year we implemented a more integrated and simplified operating model in both our Australian banking and Wealth businesses which features:

- more streamlined customer management divisions, serving all customer segments, with a focus on managing and growing customer relationships
- a single product house to effectively coordinate and manage all product offerings and drive innovation
- a centralised operations, shared services and transformation division to drive greater scale, efficiency and delivery of enterprise-wide transformation
- centralised support divisions to remove duplication and promote greater consistency.

To support this strategy we have continued to invest in our non-negotiables – key business-wide priorities critical to our success. Each non-negotiable informs how we act across every aspect of our business. They include:

- delivering a total technology environment transformation
- building on our balance sheet strength
- maintaining our focus on risk and compliance
- investing in our people, culture and reputation – ensuring that we act in a responsible manner and that our people are supported.

出所：NAB（2013）*Annual Review*, p.11.

　上記の戦略に基づき、【図表27-5】に示すとおり、NABの優先事項がビジネスを簡略化・デジタル化し、世界レベルの顧客関係、高齢者へのサービスの増強、アジアの顧客のためのサービスの拡大、顧客にデジタル化のオプションを提供することである（*Ibid.*）。それを実現するためにはより統合的簡略した経営モデルを実行し、「譲れない事項」—技術環境の転換、バランスシートの強みの維持、

第3群　Ⅱ型（結合型）、Ⅲ型（独立型）及びⅣ型（Web・動画活用型）の事例

リスクとコンプライアンスへのフォーカス、従業員・文化・評判への投資―への投資を続ける（*Ibid.*）。一方、過去3年間、NABの戦略的な優先事項は、オーストラリアの強い営業権にフォーカスし国際的なビジネスをマネジメントすること、バランスシートの強みを維持すること、複雑さとコストの削減、評判を高めることであった（NAB（2012）2012 *Annual Review*, p.12）。このように、戦略の基本を維持しつつも、新しい要素を取り入れており、開示情報の「首尾一貫性」と「将来指向」を意識している説明となる。

(2)「ガバナンス」（「譲れない事項」の「リスクとコンプライアンス」に所収）

　NABの統合報告書（2013年度版）は、企業の譲れない事項の1つとして自社のリスクとコンプライアンスに関する取り組みを説明している。そこで、リスクマネジメントのフレームワークを紹介する前にまず、グループの業務運営を支持し、グループ内の権限などに明白なガイダンスを提供する企業のガバナンス・フレームワークを示している（NAB（2013）2013 *Annual Review*, p.18）。NABのガバナンス・フレームワークは次の4つのことを通じて企業内に効率的な意思決定のためのガイダンスを提供する：①戦略と経営計画、②リスクマネジメントとコンプライアンス、③財務管理と外部報告、④連続な計画と文化である（*Ibid.*）。NABのガバナンス・フレームワークは【図表27-6】に示すとおりである。

　【図表27-6】に示すように、NABの取締役会は5つの委員会、監査委員会、リスク委員会、報酬委員会、指名委員会、情報技術委員会（2013年より追加）に支えられている。このフレームワークには堅実的、機能的な独立監査機能（内部、外部）、適切に記録・実行される権限委任のフレームワーク、明確な説明責任、報告及びエスカレーションガイドライン（escalation guidelines）などの保証がついている。取締役会は株主を代表して、グループ業務管理に責任を負っており、その中心的な役割は透明性のある報告と積極的なエンゲージメントを通じて株主とその他のステークホルダーの利益に適合させると同時に、効率的なガバナンスを用いて価値を創造と提供することである（*Ibid*）。効率的、独立的に運営することを保証するために、取締役会は多様なバックグラウンドと多くの専門技術を持つメンバーより構成されている（*Ibid.*）。また、CEOは取締役会及び各委員会

第27章　ナショナル・オーストラリア・バンク（National Australia Bank）

【図表27-6】　NABのガバナンス・フレームワーク

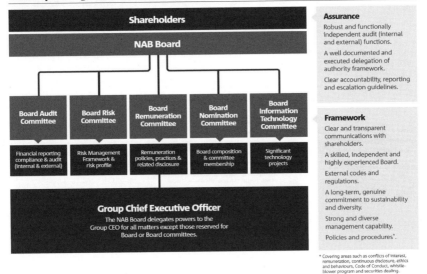

出所：NAB（2013）*2013 Annual Review*, p.18.

の権限以外に戦略と技術の更新など企業のマネジメントと運営活動に責任を持つ（*Ibid.*）。

このように、NABは図表と文字説明を組み合わせて、IIRCに求められる内容要素「ガバナンス」を「重要性と簡潔性」の基本原則に従って説明している。

(3)「リスクと機会」（「譲れない事項」の「リスクとコンプライアンス」に所収）

NABは自らの事業のあらゆる方面と経営環境においてリスクの存在を認識し、グループ範囲でのリスクマネジメント・フレームワーク（Risk Management Framework, RMF）の一部としてリスクを定義し、管理していることを示している（*Ibid.*, p.19）。NABのRMFは、成功する戦略実施を支援し、変化する環境に対応できる持続可能な、かつ弾力のあるビジネス（resilient business）の展開を可能にする（*Ibid.*）。

NABは、主要リスクをモニターと管理するためのシステムを確立するための

333

第3群　Ⅱ型（結合型）、Ⅲ型（独立型）及びⅣ型（Web・動画活用型）の事例

【図表27-7】　NABのリスク分類とリスクアカウンタビリティ

Table 1 – Risk categories

RMSD Risk Categories	Definition – "The risk of loss from …"
Credit Risk	… the potential that a counterparty or customer will fail to meet its obligations to the Group in accordance with agreed terms"
Operational Risk	… inadequate or failed internal processes, people and systems or external events"
Non Traded Market Risk	… the Group's banking book activities e.g. capital, funding, liquidity, interest rate, foreign exchange and equity"
Traded Market Risk	… the Group's trading activities, including proprietary trading, as a result of adverse movements in market prices"
Life Insurance Risk	… claims exceeding those anticipated in the premiums collected and underlying investment income earned"
Regulatory and Compliance Risk	… failing to identify, influence and monitor changes in the regulatory environment, failing to comply with laws, regulations and licence conditions, and damaging the Group's relationship with its regulators"
Defined Benefit Pension Risk	… the Group's defined benefit pension scheme being in deficit (i.e. the assets available to meet pension liabilities are at a value below current and future pension scheme obligations)"
Strategic Positioning Risk	… strategic choices that we make and their ongoing viability, including improper management of the assumed or embedded risks within the strategic choices"
Strategic Execution Risk	… failing to execute the chosen strategy, including understanding the dependencies of success for the strategy and our responsiveness to changes to these factors"

Table 2 – Risk accountability across our three lines of defence

Line Management　1	Independent Risk　2	Internal Audit　3
Responsible for managing the risks originating within the business.	Responsible for ensuring that the risk and control environment is actively and appropriately managed through the provision of risk insight, risk appetite and oversight.	Provides independent assurance over the risk and control framework.
Identify, assess, control and monitor risks. Manage risks within risk appetite. Establish and maintain a robust risk and control environment.	Establish Group-wide and specific risk appetite. Develop and maintain policies, tools and processes for risk management. Oversee, monitor and challenge the business on risk related activities. Define minimum standards and oversee related consequence management. Provide insight.	Independently review, monitor and test 1st and 2nd line risk activities. Independent assurance on compliance requirements by regulators. Assess the overall effectiveness of the business' risk and control environment and ability to self assess.

[20]

出所：NAB（2013）2013 *Annual Review*, p.20.

　リスクマネジメント・システムの説明（Risk Management System Descriptions、RMSD）をオーストラリア健全性規制庁（Australian Prudential Regulation Authority、APRA）に毎年提出している（*Ibid.*）。そこで、会社の主要なリスクは【図表27-7】のTable1に示すとおり、信用リスク、運営リスク、非取引市場リスク、取引市場リスク、生命保険リスク、規制とコンプライアンスリスク、確定給付型年金リスク、戦略ポジショニング・リスク、戦略執行リスクに分けられている。NABのRMFは強いリスク文化を確立するため、取締役会の戦略リスク欲求、資産、資金、及び経営計画からはじめ、従業員全員に日常活動においてリスクマネジメントの意義を理解してもらい、間違いが生じる時にその経験をシェアするようにしている（*Ibid.*, p.20）。さらに、NABはリスクを防御するための3つのラインを【図表27-7】のTable2のように示している。第1のラインは、ライン・マネジメントと言い、ビジネス内に発生するリスクをマネジメントする段階である。第2のラインは独立リスクと呼ばれ、リスク洞察、リスク欲求とリ

第27章　ナショナル・オーストラリア・バンク（National Australia Bank）

スク管理への対策を通じてリスクとコントロールの環境を能動的で、適切に管理することを保証する。第3のラインは内部監査であり、リスク・コントロールフレームワークに独立保証を提供する。同じくオーストラリア会社であるStocklandにも3つのリスク防衛ラインを提示していが、2つの会社のリスク防衛ラインについての定義には差異がみられる。特に第3のラインについてNAB社は内部監査のみを言及し、Stockland社のように外部監査をラインの一部として示していない（第28章 Stockland社の事例を参照）。

　NABのリスクマネジメントは取締役会のレベルから（前述の【図表27-6】参照）始めており、取締役会は独立した非執行役から構成されるリスク委員会を成立し、グループのリスクマネジメントを監督している（Ibid., p.21）。執行役のレベルではグループのCEOが「グループ・リスク・リターン・マネジメント委員会（Group Risk Return Management Committee, 以下「GRRMC」と略す）を通じてリスクを監督している（Ibid.）。委員会の組織構成は【図表27-8】を参照されたい。

　【図表27-8】に示すとおり、まず、リスク管理の組織の一番上にGRRMCが位置しており、GRRMCはグループCEOを委員長として、全体のトーンを設定し、リスク文化、統合的なリスク・ガバナンス・プロセス、及びリスク戦略と業績の管理をリードする。GRRMCの下には4つのサブ委員会が設立され、戦略選択、リスク・リターンのトレードオフ、リスク・パフォーマンスへの洞察に支援を提供する。この4つのサブ委員会は「資産負債委員会」、「資本委員会」、「規制・コンプライアンス・経営リスク委員会」、「信用と市場リスク委員会（「市場」は2013年より追加）」から構成される。さらに、「信用と市場委員会」の下に「取引信用委員会」と「技術リスクモデル委員会（2012年度報告書では「信用モデル支持委員会」だった）」が設置され、より専門性と経験が必要な領域において専門家がアドバイス、支援、及び意思決定を提供する。最後にGRRMCと並行して「リスクマネジメント委員会（部門と地域）」が設置され、各関連部門と地域のグループ執行役にリスクマネジメントのアカウンタビリティと効率的なリスクとコントロールの環境を実現するために支援を与える。

　このように、NABの2013年度統合報告書は自社のリスクマネジメントのフ

第3群　Ⅱ型（結合型）、Ⅲ型（独立型）及びⅣ型（Web・動画活用型）の事例

【図表27-8】　リスクマネジメント委員会

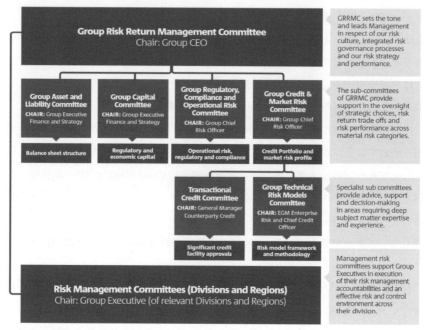

出所：NAB（2013）*2013 Annual Review*, p.21.

レームワークとガバナンスについて分かりやすい図表と文字説明を用いて示し、さらに2013年におけるリスクマネジメントの実績をハイライトしており、IIRCの内容要素である「リスクと機会」を「重要性と簡潔性」の基本原則に準拠して開示していると言えよう。

また、NABの2013年度版統合報告書におけるリスクマネジメントについての図表と文字説明は2012年版の統合報告書（NAB（2012）*2012Annual Review*, pp.10-11.）に比べ、少々な組織の変更とより充実な説明が加えられているが、基本のコンセプトなどには変化がなく、情報の「首尾一貫性」が保たれている。

(4)「ステークホルダーと将来指向」

NABはステークホルダーのエンゲージメントを成功の基礎として考えており、

第27章　ナショナル・オーストラリア・バンク（National Australia Bank）

【図表 27–9】　企業責任の取り組み

出所：NAB(2013) *2013 Annual Review*, p.25.

常にステークホルダーのフィードバックを聴取し、コミュニケーションをとるように努力している（NAB(2013), *op.cit.*, p. 24）。NAB の意見聴取は従業員、サプライヤー、消費者擁護団体、研究と環境組織、政府部門、機関投資家、ファンドマネジャーなど幅広いステークホルダーを対象とし、フォーカスグループや、個人面談、ワークショップという形で行われ、KPMG により手伝われている（*Ibid.*）。ステークホルダーのエンゲージメントについて、NABはAA1000の基準に準拠し、独自のポリシーも運用している。さらに、外部ガバナンスメカニズム―企業責任顧問団―も企業責任戦略と活動に価値あるインプットを提供している（*Ibid.*）。

　NAB は、2013 年に企業責任戦略を修正し、「機会の富（Wealth of Opportunity）」というコンセプトを唱え、従業員、地域社会、経済のためにより多くのものを創出することを約束し、2014-2018 年度の取り組みの優先事項を表にまとめ、簡潔に示している（【図表 27–9】参照）。

　【図表 27–9】に示すように、NAB の企業責任の取り組みは大きく 3 つの枠、お金との健康的なリレーションシップの作り、より豊かな地域社会の構築、及び将来指向の共同体（Future Focused Nation）に分けられている。このように、ステークホルダーのエンゲージメントを意識しつつ、「将来指向的」な責任戦略と取組事項を示している。

第3群　Ⅱ型（結合型）、Ⅲ型（独立型）及びⅣ型（Web・動画活用型）の事例

5　NABの統合報告に関する総評

　NABの統合報告書（2013年度版）はIIRCの提示した内容要素、特に「ガバナンス」、「リスクと機会」、「戦略と資源配分」において、「重要性と簡潔性」、「情報の結合性」といった基本原則に準拠して特徴的に記載されているように見える。

　また、本章では詳細を取り上げていないが、NABの統合報告書（2013年度版）は、もう1つの重要な内容要素「業績」についてAA1000（ステークホルダーのエンゲージメントについて）、GRI G3、NABの非財務的評価基準と会計ポリシーに準拠して情報を作成し、財務情報と非財務情報の両方を開示している。

　NABの統合報告書全体は、IIRCの内容要素の多くを揃え、補遺により充実した報告内容を実現しており、さらにErnst＆Youngの限定付き外部独立保証を受けているため、報告書体系全体では「信頼性と完全性」を有すると評価できる。

　また、NABの統合報告書は4年間連続して、分量と内容を安定して開示しており、「首尾一貫性と比較可能性」を有すると評価できる。ただし、統合報告書本体では特別断っていない場合は「キャッシュ・アーニング（Cash Earnings）」を使っており、この指標はオーストラリアの会計基準と監査基準に準拠しない非法定指標であるため、本体のみを利用する場合は企業間の比較可能性を損ないかねないと懸念する（『年度成果フル公告』ではキャッシュ・アーニングについての詳細な説明があるので、同時に使用する場合には問題がない）。

　ただし、銀行という業種特性によるものかと思われるが、NABの統合報告書は企業の価値創出プロセスについてIIRCの提唱している「複数の資本」という概念を用いて説明していないことを知っておきたい。

　総じて、NABの統合報告書は独立した「アニュアル・レビュー」として作成され、補遺、及び企業責任へのアプローチ情報等とともに統合報告体系を構成していると同時に、多くのIIRCの内容要素と基本原則を揃えている報告書となる。

（注）

1　AA1000SES（Stakeholder Engagement Standard）は、英国の非営利組織であるAccountAbilityによって作成されたサステナビリティ保証業務用国際基準AA1000 Series

第27章　ナショナル・オーストラリア・バンク（National Australia Bank）

の構成部分の1つであり、高品質なステークホルダー・エンゲージメントを設計、実施、評価、伝達するためのフレームワークを提供している。(AA1000 Stakeholder Engagement Standard 2011, pp7-8.)

2　Cash earnings は主要な財務業績指標の1つであり、NAB、投資界及び類似した経営活動を行うNABのオーストラリアの仲間（peers）たちに使われている。Cash Earnings はNABグループの基礎的な業績をよりよく反映するために、株主に帰属する法定純利益に含まれるいくつの項目を取り除いて計算される。Cash earnings はオーストラリアの法定基準に準拠する法定指標ではなく、キャッシュ・フロー、資金調達、流動性、及びキャッシュ・フロー計算書上の数字にも関係しない。2013年のCash earnings は配当、自己株式、公正価値及びヘッジの非有効部分、IoRE（投資利益対留保利益割引率変動（Investment earnings on retained Earnings discount rate variation）、訴訟費用と償却、無形資産の償却、債務返済補償保険、消費者被害回復引当金等について調整されている。また、Underling profit は所得税費用や不良債権を計算する前のCash earnings を示す。National Australia Bank (2013), 2013 Full Year Results Announcement, Section 1 Profit Reconciliation, p.2.

3　各項目の左側の数字は頁数を示す。括弧内の文字は筆者加筆。

《主要参考文献》

Account Ability (2011), AA1000 Stakeholder Engagement Standard 2011.
International Integrated Reporting Council (2012) *IIRC Pilot Programme Yearbook 2012.*
International Integrated Reporting Council (2013) *IIRC Pilot Programme Yearbook 2013.*
National Australia Bank (2010) *Annual Review 2010.*
National Australia Bank (2011) *Annual Review 2011.*
National Australia Bank (2012) *Annual Review 2012.*
National Australia Bank (2013) *Annual Review 2013.*
National Australia Bank (2013) *Annual Financial Report 2013.*
National Australia Bank (2013) *2013 Community Dig Deeper Paper.*
National Australia Bank (2013) *2013 Customer Dig Deeper Paper.*
National Australia Bank (2013) *2013 Environment Dig Deeper Paper.*
National Australia Bank (2013) *2013 People Dig Deeper Paper.*
National Australia Bank (2013) *2013 Supply Chain Dig Deeper Paper.*
National Australia Bank (2013) *Our Approach to Corporate Responsibility 2013.*
National Australia Bank (2013) *Independent Assurance Report-Ernst&Young.*
National Australia Bank (2013) *Paper Impact Statement.*
National Australia Bank (2013) *2013 Full Year Results Announcement.*

第28章

ストックランド（Stockland）

本事例の特徴

1. 本事例はⅢB型（独立型）に分類される。従来のアニュアルレポートと区分して年次レビューという名前で統合報告書が作成され、60頁というちょうどいいボリュームで本体を完結し、財務報告書、企業の資産詳細、サステナビリティ情報（オンラインのみ）により補足する統合報告体系が初歩的に確立されている。

2. 図表を大量に利用し、説明を加え、必要な箇所にリファレンスを付けることで企業の全貌を明確に示しており、情報の「重要性と簡潔性」及び「情報の結合性」を意識した報告書である。

3. 戦略的焦点と将来指向が明確である。企業戦略について現在と将来の状況、取り組み、優先事項などを明示し、また経営効率、従業員、企業の顧客満足、持続可能な発展など各項目について記述する時、「過去、現在、未来」という時間軸を使い、目標の設定、進行、今後の発展を分かりやすく記述している。

4. 企業財務業績の評価について、法定利益指標を使用するとともに、特定の未実現利益（損失）等を取り除いた企業の主要な経営活動の業績を反映するための「基礎利益（Underlying Profit）」[注1]（非IFRS指標）という指標を投資家向けに5年以上使用している。

5. 独立保証によって信頼性を高めている。統合報告書の温暖化ガスの排出についてKPMGの独立監査を受け、持続可能性のある報告書としてGRIのG4に準拠して作成しており、Net Balance社のAA1000 AS（2008）[注2]に基づき独立保証を受けている。

第28章　ストックランド（Stockland）

1　Stockland社のプロフィール

　Stockland社は1952年にオーストラリアのシドニーに創業された不動産会社であり、オーストラリア証券取引場に上場している。同社はオーストラリアを中心に多様な不動産投資事業-ショッピングセンター、オフィス、住宅コミュニティ（residential communities）、高齢者生活施設などを幅広く展開している。同社の現在のビジョンは「すべてのステークホルダーに価値をもたらす素晴らしいオーストラリアの不動産会社になる」ということである。

　2013年にStockland社の財務実績は、主要な収益の2つ、資産開発販売収益954.8百万オーストラリアドル、投資不動産の賃金収益674.1百万オーストラリアドルを達成し、また包括利益124.4百万オーストラリアドルを創出しており、期末総資産14,069.70百万オーストラリアドル、純資産8,194.9百万オーストラリアドルとなっている（2013年6月30日決算。Stockland（2013）*Stockland Financial Report 2013*, p.57）。同社はオーストラリアにおいて1,367人の従業員を有し、世界中に50,000人の株主を持ち、さらに8,000のアクティブ・サプライヤーから製品とサービスを調達している。

　Stockland社はオーストラリアの統合報告フレームワーク促進ネットワーク-ビジネス報告リーダー・フォーラム（The Australian Business Reporting Leaders Forum、BRLF）のメンバーであると同時に、IIRCのパイロット・プログラムに当初から参加し、2期分の統合報告書（2012年度版と2013年度版）を公表済みの企業である。同社の統合報告書（2012年版）はIIRCとBlack Sun社が共同運営する統合報告書のデータベースで好事例として紹介されている。

　Stockland社はIIRCのフレームワークに準拠した統合報告書の作成について比較的豊富な経験を有し、統合報告先進国のなかでもとくに高評価の報告書を作成している企業である。以下では、同社統合報告の経緯と体系、統合報告書の構造上の特徴、及び統合報告書の記載内容の特徴について解説する。

2　Stockland社の統合報告の経緯と報告体系

　Stockland社は、2012年に国際統合報告委員会（現国際統合報告審議会、

第3群　Ⅱ型（結合型）、Ⅲ型（独立型）及びⅣ型（Web・動画活用型）の事例

IIRC）のパイロット・プログラムに参加し、世界中の統合報告のリーダーたちと議論しながら、彼らの経験を活かして、利害関係者への報告フレームワークをレビューした。その結果、2012年6月に同社の財務・社会・環境業績を初めてコンバインした統合報告書 Annual review 2012 が作成され、さらに2013年に引き続き Annual Review 2013 が作成された。この2年間を含み、Stockland 社はこれまでの10年間、情報開示の発展プロセスは大きく3つの段階を経てきた。

第1段階は、伝統的な開示段階であった。この段階（2002～2005年度）において、Annual Report のみが開示されていた。

第2段階は、非財務情報を含めた情報開示の拡充段階であった。2006～2011年度において、同社は通常の財務レポートを開示すると同時に、CRSR レポート（Corporate Responsibility and Sustainability Report）を追加的に開示していた。

第3段階は、統合報告の段階である。2012年度において、Stockland 社は初めての統合報告書である Annual Review 2012 を開示し、2013年に引き続き Annual Review 2013 を開示している。また、統合報告書の開示に伴い、今までの CRSR レポートを取りやめ、Sustainability Performance の名前にしてオンラインのみの開示に変更した。この変更は、同社の報告体系において CRSR レポートが財務レポートと同時に企業のメインのレポートを構成するという位置づけから、Annual Review を支える立場への転換を示したと考えられる。

上記の Stockland 社の統合報告体系の変化を通じて、同社の報告は財務情報を重点にした伝統的な報告姿勢から、非財務報告を含めた統合的な報告姿勢へ転換しつつあることが分かる。

2013年度 Stockland 社の統合報告体系は5つのメインの報告書によって構成

【図表28-1】　2013年度 Stockland 社の報告体系

出所：Stockland(2013) *Annual Review 2013* に基づき、筆者作成。

第 28 章　ストックランド（Stockland）

されている：① Annual Review、② Shareholder Review、③ Financial Report、④ Property Portfolio、⑤ Sustainability performance（オンラインのみ）。この 5 つのレポートの関係は【図表 28-1】に示される。

【図表 28-1】に示されている Stockland 社の報告体系の特徴は、統合報告書（Annual Review 2013）の冒頭にある「About this report」の説明により、次のように理解できる。

第 1 に、Annual Review は、Stockland 社の戦略、企業統制、統合的な財務・社会・環境パフォーマンスに焦点を当て、60 頁ぐらいの程よい量である。

第 2 に、Shareholder Review は、すべての証券所有者に送付される Annual Review の要約版であり、8 頁しかない。

第 3 に、残りの 3 つの報告書は Annual Report に記載された要点をさらに詳細に展開されたものとなる。具体的には、③の Financial Report が 2013 年の財務業績の詳細（160 頁）、④の Property Portfolio が（6 か月ごとに更新される）会社の資産ポートフォリオの詳細（2013 年 6 月 30 日版 80 頁）、⑤の Sustainability Performance（オンラインのみ）は GRI G4 に準拠した持続可能な業績と管理の詳細報告であり、同社の重要事項、各種データ、及びケーススタディに関する詳細なディスカッションを記載している。

上記のとおり、2013 年度 Stockland 社の報告体系は、統合報告書である Annual Review を中心に、1 つの要約版と 3 つの補完的な個別報告書を含め、情報を詳細度に応じて 3 つの階層を区分し、情報利用者の異なるニーズに応えるものである。

Annual Review 2013 は AA1000 Accountability Principles（2008）に準拠してステークホルダーのエンゲージメント（包括性、重要性、対応性）を実現していることは Net Balance によって AA1000 AS（2008）assurance standard に基づき保証されている。また、持続可能性に関する内容は GRI G4 に準拠していることも同じく Net Balance によって保証されている。

Stockland 社の報告書はすべてホームページから自由にダウンロード可能である。また、重要な報告書については、Sustainability Performance を除く、紙ベースも発行されている。したがって、同社の情報開示は、高いアクセス可能性を有

第3群　II型（結合型）、III型（独立型）及びIV型（Web・動画活用型）の事例

していると評価でき、コミュニケーションを重視している姿勢がみられる。

3　構造上の特徴

　Stockland社の統合報告書は、すでに2年公表されているので、ここで、まず2013年版と2012年版における統合報告書の構成の変化を確認したい（**【図表28-2】**参照）。

　【図表28-2】に示すように、Stockland社の統合報告書2012年度版と2013年度版はどちらも合計60頁であり、基本的に伝える情報量には変化がないと理解してよい。次に、目次の構成を見ると、多くの項目については2013年度版が2012年度版を継承している形となっている一方、2012年度版の「我々の地域」、「気候と我々の環境」、「我々のサプライヤー」、「独立保証レポート－温暖ガス排出について（KPMG）」は目次から消え、2013年度版には「04. 資産管理」、「05.

【図表28-2】　Stockland社2012年と2013年統合報告書の目次比較

2012年統合報告書（合計60頁）	2013年統合報告書（合計60頁）
1　会長からの手紙	1　会長からの手紙
3　取締役社長からの手紙	3　取締役社長兼CEOからの手紙
5　2012年度我々の業績	5　01. 2013年度我々の業績
11　Stocklandについて	13　02. Stocklandについて
19　ガバナンスと報酬	21　03. ガバナンスと報酬
26　我々の顧客	28　04. 資産管理
32　我々の従業員	31　05. 経営効率
37　<u>我々の地域</u>	34　06. 参加型と生産的な従業員（engaged and productive workforce）
42　<u>気候と我々の環境</u>	40　07. 顧客満足
48　<u>我々のサプライヤー</u>	46　08. 持続可能な発展
52　<u>独立保証レポート－温暖化ガス排出について（KPMG）</u>	53　我々のレポート作成アプローチ
54　独立保証書（Net Balance）	54　独立保証書－Net Balance

出所：Stockland社2012年と2013年度Annual Reviewの目次に基づき作成。各事項の左側の数字は頁数を表し、下線と括弧内の注釈は筆者加筆。

経営効率」、「08. 持続可能な発展」、「我々のレポート作成アプローチ」が目次に入った。本文の内容を具体的に確認すると、2012年度版の「我々の地域」「気候と我々の環境」に関する内容は2013年版度版の「08. 持続可能な発展」に、2012年度版の「サプライヤー」に関する情報は2013年度版の「05. 経営効率」に織り込まれていることが分かった。つまり、統合報告書におけるこれらの項目の位置づけには多少変化があったが、重要性のある項目であることには変わりなく、統合報告書の報告内容には「首尾一貫性」を有すると理解できる。

　また、Stockland社の統合報告書（2013年版）に記載している独立保証書はNet Balance社のみのものとなった。Stockland社の統合報告書は2013年度からNet Balance社の協力を得て統合報告書のフレームワークを適用するように作成されているため、Net Balanceの独立保証書は2012年度よりも広範なものとなり、温暖化ガスの排出データ等についても一部照合を行うようになっている。KPMGが依然としてStockland社の温暖化ガス排出について保証しているが、その保証書はウェブページに置かれ、統合報告書の中には注記してリファレンスを付けることにした。これらの変化から同社の統合報告書のスタンスのさらなる確立と報告書の簡潔性への工夫がみられる。

　次には、Stockland社の統合報告書の構造上の特徴について2013年度版を中心に見てみたい。まず、同社の2013年度版統合報告書の目次の詳細は【図表28-3】に示すとおりである。

　【図表28-3】に示すとおり、Stockland社の2013年統合報告書は全体的に60頁の量で完結し、読みに疲れない程度でありながら、企業の業績や、ガバナンス、戦略などの重要な項目はほぼ網羅している。また、各細目については、基本的にA4・1-2頁の量で簡潔にまとめていることが多く、「重要性と簡潔性」を意識していることが分かる。

　Stockland社の統合報告書は、必要な箇所に同報告書内、他の報告書、あるいは同社のウェブサイトを参照するようリファレンスを付けている。たとえば、【図表28-4】に示すように、主要な業績成果について、Balance sheetにおけるReturn on Equityの評価方法はウェブサイトの投資者プレゼンテーションにおいて説明されていると注記している。また、それぞれの成果について頁の下部に

第3群　Ⅱ型（結合型）、Ⅲ型（独立型）及びⅣ型（Web・動画活用型）の事例

【図表28-3】　Stockland社の統合報告書（2013年度版）の目次

目次（合計60頁）	細目
（このレポートについて、目次）	
1　会長からの手紙	
3　取締役社長兼CEOからの手紙	
5　01. 2013年度我々の業績	6　主要な業績成果 8　主要な財務成果 9　グループCEOたちによる分野別経営レビュー
13　02. Stocklandについて	14　我々のビジネス 16　我々の戦略 　　（今日、将来動向） 17　我々の挑戦と機会 　　（短期、長期） 18　我々のバリュー・チェーン 19　ステークホルダー・エンゲージメント
21　03. ガバナンスと報酬	22　コーポレート・ガバナンス 24　我々の取締役会 25　報酬
28　04. 資産管理	
31　05. 経営効率	（過去、現在、未来）
34　06. 参加型と生産的な従業 　　（engaged and productive workforce）	（過去、現在、未来）
40　07. 顧客満足	（過去、現在、未来）
46　08. 持続可能な発展	（過去、現在、未来）
53　我々のレポート作成アプローチ	
54　保証報告書-Net Balance	

出所：Stockland（2013）Annual Review 2013の目次に基づき作成、「細部」と括弧内の内容は筆者により追加。

👁マークを使い、同報告書内の詳細情報を参照できる頁数を示している。同社の統合報告書におけるリファレンスはほかの会社のボリュームある統合報告書に比べ絶対数量が特に多くはないが、全体的に60頁しかない報告書にしては適切だと考えられる。これらのリファレンスは同報告書内の他箇所や、他の書類に詳細をゆだねることで、統合報告書の「重要性と簡潔性」を保ち、また、「情報の結

第28章　ストックランド（Stockland）

【図表28-4】　Stockland社の統合報告書（2013年度版）のリファレンス例

出所：Stockland(2013) Annual Review 2013, p.6.

【図表28-5】　Stockland社の統合報告書（2013年版）の概念図の例

出所：Stockland(2013) Annual Review 2013, p.28.

合性」も意識していると言えよう。

　Stockland社の統合報告書（2013）が「重要性と簡潔性」を意識しているもう1つの特徴として、図表を多用していることが挙げられる。「会長からの手紙」と「取締役社長兼CEOからの手紙」、「コーポレート・ガバナンス」、「我々の取締役会」以外のほとんどの項目に何らかの形の図表–数字データをまとめた表や、概念図など–を盛り込み、さらに文字と図表の両方にカラフルな色彩表現を使い、非常に明快的で、読みやすいレポートとなっている。【図表28-5】は同社の概念

347

第3群　Ⅱ型（結合型）、Ⅲ型（独立型）及びⅣ型（Web・動画活用型）の事例

図の一例を示している。

【図表28-5】はStockland社「04.資産管理」を示す概念図である。そこで、まず、「資産管理」の明確な位置づけを示し、強い財務状態を維持することの重要性と慎重なバランスシートの管理に焦点を置くことを強調している。また、積極的な資産管理を基礎に最適な資金源を確保し、それら（負債、資本、資産循環、資産パートナー）を通じて機会の増加や市場条件の変化に応じて財務的な強さと弾力性に貢献することを示している。類似的な概念図は「05.経営効率」、「06.参加型と生産的な従業員」、「07.顧客満足」、「08.持続可能な発展」においても示されている。

さらに、Stockland社の統合報告書（2013年度）は各項目を説明する時、「時間軸」を多用している。たとえば、「我々の戦略」（「02. Stocklandについて」の細目）項目については、「今日」と「将来動向」に分け、企業の戦略の変化を示している。また、「我々の挑戦と機会」（「02. Stocklandについて」の細目）項目については、「短期」と「長期」に分けて、企業の面する挑戦と対応を説明している。最後に、「05.経営効率」、「06.参加型と生産的な従業員」、「07.顧客満足」、「08.持続可能な発展」という項目については、それぞれ1頁の幅を割いて、「過去、現在、未来」という時間軸を使い、「進展と優先事項（Progress & priorities）」を中心に各項目の取り組みの状況を示している。これらの書き方は、情報をより簡潔にわかりやすく説明することができ、IIRCの「重要性と簡潔性」の基本原則に満たすと同時に、「戦略的焦点と将来指向」という基本原則も意識していると言えよう。（【図表28-6】はその一例を示している）

【図表28-6】「過去、現在、未来」という時間軸を使う例

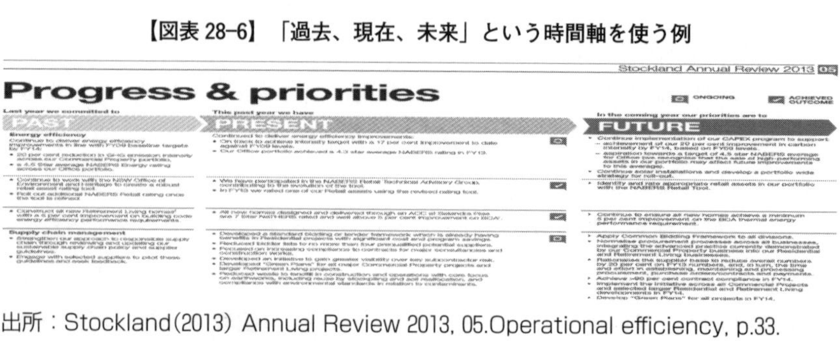

出所：Stockland(2013) Annual Review 2013, 05.Operational efficiency, p.33.

このように、Stockland 社の統合報告書（2013）は構成と表示について「重要性と簡潔性」、「首尾一貫性」、形式的な「情報の結合性」を意識していることが分かる。次には、報告書の記載内容の特徴について検討したい。

4 記載内容の特徴

(1) 「コーポレート・ガバナンス」項目

Stockland 社の統合報告書（2013 年度版）は「Governance and Remuneration」(Stockland（2013）Annual Review 2013, pp.21-27）において取締役会の役割と構成、取締役会委員会、取締役と執行役のパフォーマンス、リスクマネジメントのアプローチ、取締役名簿、報酬等を開示している。特にリスクマネジメントのアプローチは『オーストラリア/ニュージーランド・リスクマネジメント基準（Australia/Newzealand Risk Management Standard（AS/NZS ISO 31000：2009））』、『ASX 企業ガバナンス原則（ASX Corporate Governance Principles』及び、その他の適応可能な基準に従い作成されている。同社のリスクマネジメントは、すべての従業員の責任であり、「3つの防衛ライン（Three Lines of Defence）によって保証される。(Stockland（2013）Annual Review 2013, p. 23)。まず第1の防衛ラインは、ビジネス単位とグループ、執行役委員会を含んだすべての職能においてリスクの定義、評価と処置を通じてリスクを管理する責任を負うことである。第2の防衛ラインは、グループ・リスク職能（The Group Risk functions）を用いて第1の防衛ラインを補助し、リスクマネジメントのフレームワークをデザインと実施に責任を負い、ビジネスと外部環境の変化に適用することである。第3の防衛ラインは社内外の独立的な監督とチェックを通じて、リスクを継続的にモニターすることである。この「3つの防衛ライン」についての詳細は同社の 2013 年度版報告書から追加されたものであり、リスクマネジメントの開示について 2012 年度版に比べより充実に記述されていることが分かる。同じくオーストラリア会社である NAB 社にも3つの防衛ラインを提示しているが、2つの会社の防衛ラインについての定義には差異がみられる。特に第3ラインについて、Stockland 社は内部監査のみならず、外部監査もラインの一部として認識している（第 27 章 NAB 社の事例を参照）。

第3群　Ⅱ型（結合型）、Ⅲ型（独立型）及びⅣ型（Web・動画活用型）の事例

【図表 28-7】　Stockland 社の報酬フレームワーク

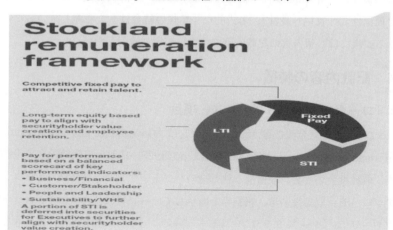

出所：Stockland(2013) Annual Review 2013, p.25.

　Stockland 社は公平的、責任のある、競争的な報酬方針を有し、それを完全に開示することにしている。そのため、統合報告書において、同社の報酬フレームワークが示されている（【図表 28-7】参照）。

　【図表 28-7】は、同社の報酬体系の3つの構成部分、固定給（Fixed Pay）、業績ベース報酬あるいは短期報奨金（STI）、長期報奨金（LTI）を示し、それぞれの報酬基準を簡潔に説明している。また、同報告書は、役員報酬における重要な変化、さらに各執行役の 2013 年度における報酬を上記の3つの構成により分けた内訳、各非執行役の報酬総額、及び過去5年間従業員のバンドごとの賃金比率（女性対男性、固定給のみ）を示している（Stockland (2013) Annual Review, p.27）。

　このように、Stockland 社の統合報告書（2013 年度版）は簡潔しかし重点をフォーカスするような記述で同社のガバナンスの状況を分かりやすく開示し、また、比較的に詳細なデータを用いることで「重要性と簡潔性」、「信頼性」を保っている。

第28章 ストックランド（Stockland）

(2)「バリュー・チェーン」と「ステークホルダー・エンゲージメント」項目

　Stockland社の統合報告書（2013年度版）には、「我々のバリュー・チェーン」（Stockland（2013）Annual Review 2013, About Stockland, p.18）について【図表28-8】のように示している。

　【図表28-8】は、Stockland社が自らのバリュー・チェーンを通じて何をコントロールと影響するのかを説明している。そのため、まず左側に「我々は建築業者ではない（We are not a builder）」と念押し、同社の4つの経営分野−高齢者生活施設、住宅コミュニティ、小売り、オフィスと工場−を示している。さらに、それぞれの分野について、上流製品（建築材料と建築技術）から下流製品・サービス（設備リース、倉庫管理など）までの流れを明示し、それぞれの環節において同社の引き受けている項目、時期によって引き受けたりコーディネートしたりする項目、引き受けていない項目に分けてマークしている。この図表を使うことで、同社の価値創出サイクルが分かりやすく説明でき、「重要性と簡潔性」の基本原則に準拠していると言えよう。

　また、「バリュー・チェーン」の次の頁において、「ステークホルダー・エンゲージメント」項目が続いており、Stockland社の主要なステークホルダーを【図表28-9】のように示している。

【図表28-8】　Stockland社のバリュー・チェーン

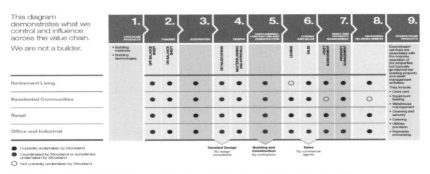

出所：Stockland（2013）Annual Review 2013, About Stockland, p.18.

第3群　Ⅱ型（結合型）、Ⅲ型（独立型）及びⅣ型（Web・動画活用型）の事例

【図表28-9】　ステークホルダー・エンゲージメント

出所：Stockland(2013) Annual Review 2013, About Stockland, p.19.

　【図表28-9】はStockland社のステークホルダーを「従業員」、「政府と規制者」、「株主と投資界（債権者を含み）」、「顧客」、「サプライヤー」、「地域住民（住宅と高齢者生活開発項目内の地域住民、小売りセンターに訪ねる地域住民を含む）」、及び「メディア」に分け、同社と広範囲のステークホルダーとの強い相互的関係を示している。同社のステークホルダー・エンゲージメントのフレームワークは「取締役と執行委員会」が2010年に推奨された5つの基本原則に基づいて設定されている。この5つの原則は、①ビジネスを通じて事前対策的（proactive）、調和的なアプローチを取ること、②早期的、優先的にステークホルダー・エンゲージメントを行うことで、明白なプロジェクト・ビジョンを設定し、主要なマイルストンを確認すること、③ステークホルダーと彼らの主要なドライバーを明確に理解してプロジェクトを超えた信頼関係を構築すること、④必要であれば企業の取引の一時停止も含めた定期的なコミュニケーション、記録、報告をすること（Regular communications, recording and reporting with corporate circuit breaking if required）、⑤ビジネスを通じてステークホルダーのトレンドを取り込み、将来の戦略を告知することである（Stockland (2013) Annual Review 2013, p.19）。

　Stockland社の統合報告書（2013年度版）は「ステークホルダー・エンゲージメント」について図表と記述を組み合わせることで、Stockland社の主要なステークホルダーは誰か、また、同社のステークホルダー・エンゲージメントの原則は何かを明確に示し、この部分においては特に「政府と産業界へのエンゲージメント」と「投資者関係」について説明を行っている。一方、他のより重要なステークホルダー・エンゲージメントについては別途「05. 経営効率」、「06. 参加

第28章　ストックランド（Stockland）

型と生産的な従業員」、「07. 顧客満足」、「08. 持続可能な発展項目」という項目を設け、開示を行っている。この4つの項目についての開示形式は非常に類似している。まず、最初に概念図を用いてそれぞれの項目の全体のイメージを示し、次に、2013年度に各項目に関する取り組みの成果を比較的に詳細的に説明している。最後に、「過去、現在、未来」という「時間軸」に沿って図表を作り、当該事項の取り組みの目標、実績、将来計画を「進展と優先事項」に明白にまとめている。この図表を通じて、情報利用者はすぐに同社の過去、現在、未来の取り組みの要点をつかむことができるため、ステークホルダー・エンゲージメントを開示する際の「重要性と簡潔性」が実現できている。【図表28-10】と【図表28-11】はその例を示す。

【図表28-10】は、Stockland社の「07. 顧客満足」の項目の最初に置く概念図である。そこで、まず「我々の顧客の変化するニーズを理解し、それに応えることは我々のビジネスの持続可能性にとって重要であり、彼らの期待を超えて顧客満足を最大化にすることは我々のより広範な事業成功にとって重要である」という「1つの明確な見通し（A Clear Insight）」が頁の一番左側に示されている。同社は自社の地域に住む1,700の住民に独自な調査を行い、顧客満足あるいは居住性をより高めるための要素を定義している。その結果は、顧客満足の構成比率が「地域デザイン要素」27％、「地域理解（Community perceptions）」26％、「家と土地全体（General house & land elements）」20％、「個人の都合（Personal

【図表28-10】　Stockaland社の「顧客満足」の概念図

出所：Stockland(2013) Annual Review 2013, p.40.

第3群　Ⅱ型（結合型）、Ⅲ型（独立型）及びⅣ型（Web・動画活用型）の事例

circumstances）」16％、「マイホーム」11％であり、このページの下に示されている。この結果に基づき、Stockland 社は「顧客満足」の最も大きなドライバーが顧客の家以外の要素に由来することを理解した。満足した顧客は（新規客を）紹介したくなり（現在 20％の新規見込み客が紹介されている）、紹介された見込み客は売り上げに転換する倍率は非紹介客の 3 倍であるため、もっとも重要な地域要素に焦点を当て開発と地域創造活動を行うことで、Stockland 社は「顧客満足」を高め、新規客の紹介を促進できる。このように、この図表を通じてStockland 社が調査の結果を活用し、顧客満足を高めようとしていることは明白になった。

【図表 28-11】は Stockland 社の「顧客満足」の「進展と優先事項」を「過去、現在、未来」という時間軸に沿って、同社昨年において顧客満足について取り組んだ事項とその成果、さらに次年度における計画を簡潔かつ明確に示している。このように、最初の概念図と途中の業績説明、さらに「進展と優先事項」を用いた要約を組み合わせることで、Stockland 社の顧客満足についての取り組み姿勢や、進捗状況を明白に示すことができている。このような開示形式は「05. 経営効率」、

【図表 28-11】　Stockland 社の「顧客満足」の「進展と優先事項」

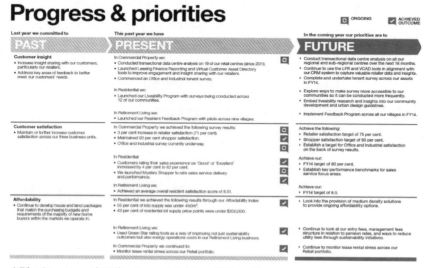

出所：Stockland（2013）　Annual Review 2013, p.45.

「06. 参加型と生産的な従業員」、「08. 持続可能な発展項目」においても使われ、同様な開示効果を有すると言える。

　上記のように Stockland 社の 2013 年度統合報告書における「バリュー・チェーン」と「ステークホルダー・エンゲージメント」等についての記述は、2012 年度の同項目についての記述様式を継承し、必要箇所を修正している。これらの項目を通じて、Stockland 社の価値創出プロセス（ビジネスモデル）とステークホルダーへ与える影響を結び付けることができ、読者に明快かつ深い印象を与えることができる。これらの記述は「ステークホルダー対応性」、「重要性と簡潔性」、「情報の結合性」の基本原則を実現していると同時に、情報開示の「首尾一貫性」も保っている。

(3)「我々の戦略」と「我々の挑戦と機会」項目

　「戦略と資源配分」、「リスクと機会」は統合報告書の重要な内容要素であるが、Stockland 社の統合報告書（2013 年度版）は、それについての記述は「重要性と簡潔性」の基本原則を一貫している（【図表 28-12】、【図表 28-13】参照）。

　【図表 28-12】に示すとおり、Stockland 社の主要な戦略重点は「すべてのステークホルダー」に価値をもたらすことである。つまり、高品質の不動産を創造し顧客に価値をもたらすことで、オーストラリア不動産投資トラスト指標の平均値を超える 1 株当たり利益の成長とリスク調整後の総株主リターンを提供することである。この戦略目標に基づき、同社の統合報告書（2013 年度版）は「今日、将来」という時間軸に沿って、それぞれの事業の現時点と将来の資源配分を数字データを用いて明白に開示している。また、戦略目標を実現するための「取り組み」と「優先事項」を箇条書きで示し、さらに「持続可能な業績」を検討している。

　「我々の戦略」の次には、すぐに「挑戦と機会」項目が設けられている（【図表 28-13】参照）。

　【図表 18-13】に示すとおり、Stockland 社は「挑戦と機会」について開示する際に、まず、「短期のパフォーマンスを促進するための意思決定は長期的に企業のビジネスと地域社会の持続可能性にも考慮している」と確信していることを述

第3群　Ⅱ型（結合型）、Ⅲ型（独立型）及びⅣ型（Web・動画活用型）の事例

【図表28-12】　Stockland社の戦略

出所：Stockland(2013) Annual Review, About Strategy, p.16.

【図表18-13】　Stockland社の挑戦と機会

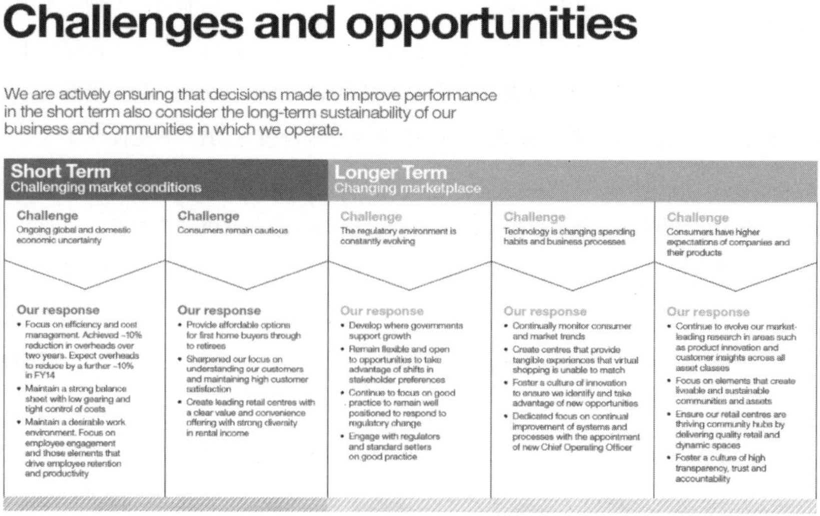

出所：Stockland(2013) Annual Review, About Strategy, p.17.

べる(*Ibid*, p.17)。したがって、企業の「挑戦と機会」を「短期、長期」という2つのスパンに分け、短期的には挑戦的な市場条件とその対応、長期的には変化する市場とその対応を箇条書きで示している。この図表を通じて、Stockland社の面するリスクと機会の中身、その変化を時間軸に沿って明白に理解することができる。

上記のように、企業の「戦略と資源配分」と「リスクと機会」について、Stockland社の総合報告書(2013年度版)は「重要性と簡潔性」を保ちつつ、「戦略焦点と将来指向」の開示を実現している。

5 Stockland社の統合報告に関する総評

Stockland社の統合報告アプローチは、「投資家とその他のステークホルダーたちに我々のビジネス業績、戦略、ガバナンス、短・中・長期における価値創造に関する見通しを知らせること」、「ステークホルダーたちにとって重要な事項を含む簡潔な書類を提供すること」を目的としている(*Ibid.*, p.53)。本章の分析に基づき、Stockland社の統合報告書は、この目的をはっきり意識し、実現していると言えよう。

Stockland社の統合報告書(2013年度版を中心に)は60頁の量で重要な情報を網羅し、また、図表と箇条書き、リファレンス、時間軸を多く使用することを通じて、構造上IIRCの「重要性と簡潔性」、「情報の結合性」、「首尾一貫性」、「戦略的焦点と将来指向」といった基本原則に準拠している。また、ステークホルダーの意見重視や、Stockland社による独立保証を実施することを通じて「ステークホルダー対応性」、「信頼性」の基本原則にも準拠していると言えよう。

内容要素については、特に「ガバナンス」、「ビジネスモデル(バリュー・チェーン)」、「戦略と資源配分」、「リスクと機会」について紙面を割いて明確に記載している。また、「将来の見通し」や「業績」、「組織概要と外部環境」、「開示の基準」等の内容要素も含めている。

また、業種特性によるものか、Stockland社の統合報告書には、企業の価値創出プロセスにおいてIIRCが定義している「複数の資本」という概念を特に使用しておらず、そのインプットとアウトプットについての明確な記述がないことに

第3群　Ⅱ型（結合型）、Ⅲ型（独立型）及びⅣ型（Web・動画活用型）の事例

ついて知っておきたい。

　総じて、Stockland社は「アニュアル・レビュー」という統合報告書を独立的に作成し、そこに重要な内容要素の要点のみを網羅し、その詳細はほかの報告書を用いて補完している。そのため、同社の統合報告体系は、情報利用者に理解しやすい情報を提供するのみならず、今まで作成し続けてきたほかの報告書を活用して、情報を有機的に結合するものとなっている。

（注）
1　Underlying Profitは経営活動から得られた結果を示す非IFRS指標であり、Stocklandの取締役らの意見に基づき、Stocklandグループの基礎的な業績を適切に反映するよう設定されている。Underlying Profitの計算は未認識公正価値利益/損失、未認識引当金利益/損失（Unrealised Provision gains/losses）（たとえば住宅減損）、資産/負債（たとえば、デリバティブ、金融商品、投資不動産）の評価調整額を除き、また稀にしか発生しない取引や主要な経営活動以外の取引についても調整を行う。Underlying Profitは投資家に同社のビジネス業績を理解させるために役立ち、また配当決定の基礎にもなる。（Stockland (2013) Annual Review 2013, p.8.）
2　AA1000 AS（Assurance Standard）(2008)はAccountAbilityによって設定された保証基準であり、ある組織がAA1000AccountAbility Principles (2008)に準拠してサステナビリティ事項についての管理、業績及び報告に責任もって実行しているかどうかを評価する方法を提供している。Stockland (2013) Annual Review 2013, p.54.

《主要参考文献》
International Integrated Reporting Council (2012) *IIRC Pilot Programme Yearbook 2012*.
International Integrated Reporting Council (2013) *IIRC Pilot Programme Yearbook 2013*.
Stockland (2013) Annual Review 2013.
Stockland (2013) Financial Report 2013.
Stockland (2013) Property Portfolio 30 June 2013.
Stockland (2013) Shareholder Review 2013.
Stockland (2013) Sustainability (Online only).
Stockland (2012) Annual Review 2012.
Stockland (2012) Financial Report 2012.
Stockland (2012) Shareholder Review 2012.
Stockland (2011) Corporate Responsibility and Sustainability Report
Stockland (2011) Financial Report 2011.
Stockland (2011) Shareholder Review 2011.

第29章
エスコム
(Eskom Holdings SOC Limited)

本事例の特徴

1　本事例は、Ⅳ型（Web・動画活用型）に分類される。統合報告書（Integrated Report）という名称で統合報告書を作成しており、本体は190頁とややボリュームのある報告書となっている。Eskom の報告書は web 開示が主体であり、PDF 版（紙媒体）と同じ内容が web で簡単に入手できることから、紙ベースの報告書は補助的な役割を果たしているにすぎない。本統合報告書は、Eskom 独自のナビゲーションアイコンを使用することで、指導原則の「B　情報の結合性」を高めようとする工夫がなされている。

2　企業目的と目的を設定する理由が記述されており、必要な財務計画、事業計画及び資源計画を示すことや、ステークホルダーとの結びつきを強めるための文書として使用している。また、種々の法規制を遵守し、自社の方針を支援するために用いている内容要素の「E　戦略と資源配分」のベストプラクティスをなす。

3　ビジネスモデルについては、10頁の紙面を割いて詳しく説明している。具体的に、「南アフリカの電力業（ESI）」、「Eskom 社内のオペレーション環境」、及び「Eskom のバリューチェーン」について、簡潔に説明されている。また、ビジネスモデルが図表化されており、図表と簡潔な説明を併用することで、同社のビジネスモデルに対する理解を深める工夫がなされている。内容要素の「C　ビジネスモデル」のベストプラクティスをなす。

4　6つの資本概念に関する IIRC の定義を説明した上で、戦略目標と6つの資本概念との関連性がマトリックスで示されている珍しいケースである。基礎概念の「C　資本」に関する良い開示例をなす。

5 実績については、多様な KPI が採用され、その目標値と実績値や、到達度が分かりやすく表示されている。内容要素の「F　実績」のグッドプラクティスをなす。

6 ステークホルダーとの関係性については、主要なステークホルダーを明示するとともに、彼らとのインターラクションの方法が明示されている。指導原則の「C　ステークホルダーとの関係性」のベストプラクティスをなす。

7 KPMG サービス有限責任会社による保証報告書が添付されており、選択されたサステイナビリティ重要業績指標について、国際監査・保証基準審議会（IAASB）から公表された ISAE3000（「国際保証業務基準 3000−過去財務情報の監査又はレビュー以外の保証業務」）に基づいて、合理的な保証（reasonable assurance）を受けている。指導原則の「F　信頼性と完全性」を有する報告書であるといえる。

1　Eskom のプロフィール

Eskom（Eskom Holdings SOC Limited）は、1923 年に南アフリカにおいて、電力供給委員会として設立され、2002 年 7 月に、政府が 100 ％出資した公営の有限責任会社に変更した電力会社である（Eskom 2014b, Company Information）。同社は、売上高約 1.3 兆円、同当期純利益約 700 億円、総資産約 5 兆円、純資産約 1.2 兆円であり（2014 年 3 月期連結ベース ZAR/JPY＝9.8 で換算）、46,919 人のグループ従業員を雇用している（Eskom 2014a, p.1）。

同社の発電能力（純最大発電能力：41 194MW）は、世界トップ 20 の公益事業体である（Eskom 2014b, Company Infomation）。また、同社は、南アフリカで使用される電力の約 95 ％、アフリカ大陸で使用される電力の約 45 ％を発電している（*Ibid*）。

2　統合報告に関する企業の作成目的・意図・狙いどころ

Eskom の統合報告書は、2013 年 12 月に公表された IIRC の国際統合報告フレームワークや他のガイドラインを含む、統合報告のベストプラクティスに準拠して

いる（Eskom 2013a, p.7）。Eskom は、IIRC のパイロット・プログラムの開始時からのメンバーである（*Ibid*）。同社は、「KingⅢ」や GRI の G3 ガイドラインを適用して、統合報告書を作成している（Eskom 2014a, p.7）。

Eskom の 2014 年度（2014 年 3 月期）の報告書体系は、以下のとおりである。

- 統合報告書：Integrated Report 2014（PDF 版・190 頁、GRI G3 に準拠）
- 年次財務諸表：Annual financial statement 2014（PDF 版・100 頁、IFRS、公共財務管理法及び南アフリカ会社法に準拠）
- Eskom の補足・事業別報告書：The Eskom supplementary and divisional report（PDF 版・91 頁）
- Eskom 基金報告書：The Eskom Foundation report（PDF 版・53 頁）
- Eskom ファクター報告書：The Eskom Factor report（PDF 版・87 頁）
- Eskom 半期（中間）統合報告書（2013 年 9 月 30 日決算期）：The Eskom interim integrated report for the six months ending 30 September 2013（PDF 版・71 頁）

Eskom の報告書は web 開示が主体である（【図表 29-1】を参照）。PDF 版による紙ベースの報告書もダウンロードできるものの、同じ内容が web で簡単に入手できることから、紙ベースの報告書は補助的な役割を果たしているにすぎないといえる。

また、Eskom のウェブサイトからは、YouTube にアップロードされた Eskom に関する動画を閲覧することができる。Eskom のツイッター（Eskom tweets）では、Eskom Ⅱ関する最新情報がつぶやかれている。したがって、Eskom の統合報告書は、他の報告書とは異なり、Web・動画活用型であるといえる。

第3群　Ⅱ型（結合型）、Ⅲ型（独立型）及びⅣ型（Web・動画活用型）の事例

【図表29-1】　Eskomの報告書体系

報告書	作成の目的及び基礎	オンラインリファレンス
2014年3月31日決算期の年次財務諸表	Eskom Holdings SCC Limitedの連結・個別財務諸表は、国際財務報告基準、南アフリカ公共財務管理法の規定及び南アフリカ会社法の規定に準拠している。	www.eskom.co.za/IR2014/01.html
Eskomの補足・事業別報告書	補足・事業別報告書は、統合報告書内の情報を補足し、詳述したものである。2013/14年度におけるEskomの事業部門、重要な戦略・支援部門、及び関係団体の実績について詳細な報告書を提供する。	www.eskom.co.za/IR2014/02.html
キング報告書「コーポレートガバナンス」（KingⅢ）チェックリスト	Eskomは適用しないKingⅢ原則や、それを適用しなかった理由の説明、及び追加的な改善が必要な分野について識別し、開示している。	www.eskom.co.za/IR2014/03.html
Eskom基金報告書	Eskom開発基金NPC（以下、「基金」という）は、Eskomの事業上の責務を支援するために、Eskomの企業の社会的投資（CSI）の協働と実行について責任を負っている。本報告書は、2013/14年度における財団の事業と遂行状況を詳細に記載している。	www.eskom.co.za/IR2014/04.html
Eskomファクター報告書	Eskomファクターは、南アフリカにおけるEskomのフットプリントを説明するための総称である。すなわち、2010年4月から2011年3月決算期における当社の南アフリカに対するプラスとマイナスの両方の経済的、社会的、及び環境的影響の包括的評価を通じて、定量化されている。	www.eskom.co.za/IR2014/05.html
Eskom半期（中間）統合報告書（2013年9月30日決算期）	2013年9月期中間統合報告書は、2013年4月1日から9月30日までの期間を通じた全業績についてコンテキストを記述したものであり、2013年3月31日決算期の統合報告書と合わせて解釈されなければならない。	www.eskom.co.za/IR2014/06.html

出典：Eskom 2014a, p.4 から引用。

第29章　エスコム（Eskom Holdings SOC Limited）

3　記載目次・項目のリスト

　Eskom の統合報告書の目次は、14章から構成されている。その目次は【図表29-2】で示しており、各項目の右端の数字は頁番号を示している。総ページ数は190頁あり、統合報告書としてはやや簡潔性にかけるボリュームのあるものとなっている。第1章の「本報告書について」の Eskom の統合報告に対するアプローチでは、同社の統合報告に対するアプローチと報告書の構造について簡潔な説明がなされている。

　また、Eskom の統合報告書の特徴は、【図表29-3】で示すような独自のナビゲーションアイコンを報告書全体（webも同様）で使用していることである。このナビゲーションアイコンは、8つのアイコンから成り、たとえば、「高業績をあげる組織となること」には、✓マークのナビゲーションアイコンを割り当てている。これらのアイコンは、ビジネスモデルや戦略目標などを示す際に使用されている。また、【図表29-2】の目次からも明らかなように、それぞれのアイコンの内容が各章のタイトルになっており、各章で重要業績指標（KPI）を用いながら詳細に説明されている。このようなナビゲーションアイコンを使用して、指導原則の「B　情報の結合性」を高めようとする工夫がなされている。

4　統合報告の主要構成要素の抽出・特徴点の解説

(1) 戦略と資源配分

　IIRC では、内容要素の「E　戦略と資源配分」において、組織はどこを目指すのか、どのようにたどり着くのかを明示するように求めている（IIRC, par.4.27）。Eskom は、企業目的として、【図表29-4】で示すような目的を示している。すなわち、「南アフリカや周辺地域において経済を成長させ、人々の生活の質を改善させるために、持続可能な電力ソリューションを提供すること。」である（Eskom 2014a, p.44）。

　このような企業目的を示す理由として、次の2つの理由を掲げている。まず、Eskom の戦略的及びオペレーションの方向性に関する概要を説明し、この方向性をサポートするために必要な財務計画、事業計画及び資源計画を示すことであ

第3群・Ⅱ型（結合型）、Ⅲ型（独立型）及びⅣ型（Web・動画活用型）の事例

【図表 29-2】　統合報告書の目次

①	本報告書について	7
	Eskom の統合報告に対するアプローチ	7
	会長挨拶	10
	代表取締役報告書	14
	株主の関心のある情報の抜粋	26
②	Eskom グループについて	31
	Eskom のビジネスモデル	31
	Eskom の法的・営業構造	42
	目的、価値及び戦略目標	44
	Eskom の今後の戦略	48
③	Eskom の統合報告に対するアプローチ	51
	ステークホルダーとのパートナーシップにおける重要事項の明確化	51
	重要事項に関連したリスク	57
④	リーダーシップとコーポレートガバナンス	65
	株主と取締役会	65
	コーポレートガバナンスフレームワーク	68
	リーダーシップの最重要分野	71
	取締役とグループ役員の報酬	81
⑤	高業績をあげる組織となるために	83
	安全性	85
	オペレーションの改善	89
	お客様中心主義	94
	優れたスキルの習得	100
	専有技術への投資	101
⑥	安定した電力供給のための主導的役割と協働化	103
	安定した電力供給のために	106
	供給能力の拡大	115
⑦	Eskom の環境負荷を削減し、低炭素化による成長の機会を追求すること	127
	微粒子及びガスの排出量の削減	128
	水消費量の削減	129
	Eskom のカーボンフットプリントの削減	130
⑧	将来必要な資源を確保すること	135
⑨	石炭の輸送及び道路から鉄道への移送計画の実行	141
⑩	民間部門の参入を促進すること	143
⑪	変革	147
⑫	Eskom の財務持続可能性を保証すること	153
⑬	グループ決算数値の要約	163
⑭	付録	169

出所：Eskom 2014a, p.4 から引用。

第29章 エスコム（Eskom Holdings SOC Limited）

【図表29-3】 ナビゲーションアイコン

ナビゲーション アイコン	内容
✓	高業績をあげる組織となること
	安定した電力供給のための主導的役割と協働化
	Eskomの環境負荷を削減し、低炭素化による成長の機会を追求すること
	将来必要な資源を確保すること
	石炭の輸送および道路から鉄道への移送計画の実行
	民間部門の参入を促進すること
	変革（事業生産性プログラムを含む）
	Eskomの財務サステイナビリティを保証すること

出所：Eskom 2014a, p.2から引用。

る（Eskom 2014a, p.44）。こうした企業計画をステークホルダーとの結びつきを強めるための文書として使用している（*Ibid*）。

次に、企業目的を設定する理由として、公共財務管理法（PFMA）の第52項の規定や国家財務規則（National Treasury regulations）の第29項を遵守し、自社の方針を支援するために用いることを指摘している（Eskom 2014a, p.44）。このように、Eskomの統合報告書は、内容要素の「E　戦略と資源配分」のベストプラクティスをなす。

(2) ビジネスモデル

IIRCでは、内容要素の「C　ビジネスモデル」において、組織のビジネスモデルは何か（より具体的には、組織のビジネスモデルは、組織の戦略目的を達成し、短、中、長期に価値を創造することを目的とした、事業活動を通じて、インプッ

第3群　Ⅱ型（結合型）、Ⅲ型（独立型）及びⅣ型（Web・動画活用型）の事例

【図表29-4】　Eskomの企業目的

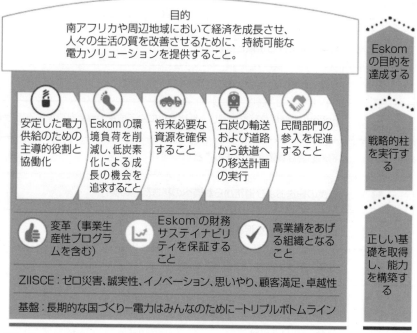

出所：Eskom 2014a, p.44から引用。

トをアウトプット及びアウトカムに変換するシステム）を説明するよう求めている（IIRC 2013, pars.4.10-4.11）。

【図表29-5】は、Eskomのビジネスモデルを図示したものである。Eskomのビジネスモデルについては、31～40頁の10頁の紙面を割いて詳しく説明している。そこでは、まず「南アフリカの電力業（ESI）」の項目では、Eskomに影響を及ぼす外部要因や株主の信任、経済的・社会的・環境的状況、2010～2030年の電力に関する統合資源計画について、簡潔に説明されている。また、「Eskom社内のオペレーション環境」の項目では、リーダーシップとガバナンス、Eskomの価値、方針・手続き及びシステム、技術について、簡潔に説明されている。さらに、「Eskomのバリューチェーン」の項目では、コア・オペレーション、供給能力の拡大計画、資金調達、労働力、調達、企業の社会投資（corporate social

第29章 エスコム(Eskom Holdings SOC Limited)

[図表29-5] ビジネスモデル

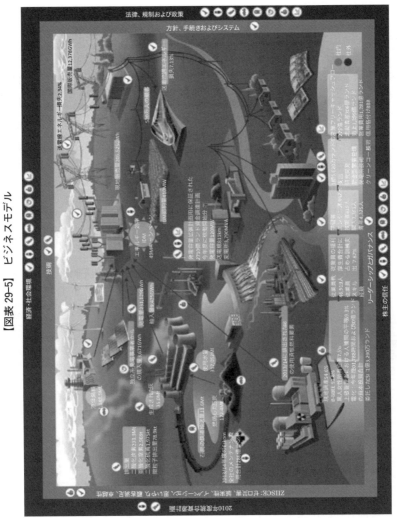

出所:Eskom 2014a, pp.39-40から引用。

第3群　Ⅱ型（結合型）、Ⅲ型（独立型）及びⅣ型（Web・動画活用型）の事例

investment）と開発サービスについて、簡潔に説明されている。【図表29-5】のような図表と簡潔な説明を併用することで、同社のビジネスモデルに対する理解を深めようとする意図をくみ取ることができる。このように、Eskomの統合報告書は、内容要素の「C　ビジネスモデル」のベストプラクティスをなす。

(3) 資本

IIRCでは、基礎概念の「C　資本」において、組織の成功は、多様な形態の資本に支えられており、財務資本、製造資本、知的資本、人的資本、社会・関係資本、自然資本から構成されると述べられている（IIRC 2013, par.2.10）。Eskomは、IIRCの統合フレームワークの6つの資本概念を採用して、同社の戦略目標との関連性を【図表29-6】のようなマトリックスで説明している。

たとえば、「高業績をあげる組織となる」という戦略目標に対しては、6つすべての資本が関連していることを示している。他方で、「石炭の輸送及び道路から鉄道への移送計画の実行」という戦略目標に対しては、財務資本、製造資本及

【図表29-6】　Eskomの戦略目標と6つの資本概念との関連性

		6つの資本					
		財務資本	製造資本	知的資本	人的資本	社会・関係資本	自然資本
戦略目標	高業績をあげる組織となること	✓	✓	✓	✓	✓	✓
	安定した電力供給のための主導的役割と協働化	✓	✓	✓	✓	✓	✓
	Eskomの環境負荷を削減し、低炭素化による成長の機会を追求すること	✓	✓	✓	✓	✓	✓
	将来必要な資源を確保すること	✓	✓			✓	✓
	石炭の輸送及び道路から鉄道への移送計画の実行	✓	✓			✓	
	財務サステイナビリティを保証すること	✓	✓			✓	✓
	民間部門の参入を促進すること	✓	✓		✓	✓	
	変革（事業生産性プログラムを含む）	✓	✓	✓	✓	✓	✓

出所：Eskom 2014a, p.47 から引用。

第29章　エスコム（Eskom Holdings SOC Limited）

び社会・関係資本の3つの資本が関連していることを示している。

　Eskomの場合、6つの資本概念のIIRCの定義の説明と、戦略目標と6つの資本概念との関連性をマトリックスで示しているのみである。より詳細な説明があってもしかるべきところではあるものの、報告書の総ページ数が190頁とかなりのボリュームを鑑みて、指導原則の「E　簡潔性」を重視した結果であると考えられる。したがって、Eskomの統合報告書は、基礎概念の「C　資本」を説明したベストプラクティスであるといえる。

(4) 実績

　IIRCでは、内容要素の「F　実績」において、組織は当該機関における戦略目標をどの程度達成したか、また資本への影響に関するアウトカムは何かを説明するよう求めている（IIRC 2013, par.4.30）。

　Eskomの唯一の株主は、公営企業大臣を代表とする南アフリカ政府である（Eskom 2014a, p.26）。本統合報告書の第1章の株主の関心のある情報の抜粋（shareholder's compact）では、26～28頁の3頁にわたって、同社の重要業績指標（KPI）を【図表29-7】のように一覧表形式でまとめている。【図表29-7】で示しているように、図表の一番右側の欄の参照ページで記述されている内容やKPIを抜粋したものである。これらのKPIは、1999年度公共財務管理法に則って、毎年株主との協議により、年間目標や業績目標、測定尺度及び指標を承認している（Eskom 2014a, p.26）。この図表から、多様なKPIが採用され、その目標値と実績値や、到達度がわかりやすく表示されていることが分かる。

　このように、Eskomの統合報告書は、内容要素の「F　実績」のベストプラクティスをなす。

(5) ステークホルダーとの関係性

　IIRCでは、指導原則の「C　ステークホルダーとの関係性」において、組織と主要なステークホルダーとの関係性について、その性格及び質に関する洞察を提供し、組織がステークホルダーの正当なニーズと関心をどのように、どの程度理解し、考慮し、対応しているかについて説明するよう求めている（IIRC 2013,

第3群 Ⅱ型（結合型）、Ⅲ型（独立型）及びⅣ型（Web・動画活用型）の事例

【図表29-7】 重要業績指標（KPI）の一覧表

重要業績領域	業績指標	単位	2013/14年度目標	目標を達成したか？	2013/14実績値	2012/13実績値	2011/12実績値	参照ページ
安全性	休業を伴う労災件数（LTIR）	指数	0.36	◎	0.31	0.40	0.41	85
安定した電力供給	Eskomの技術ガバナンス委員会の承認に基づくメンテナンスバックログの削減	件数	0	◎	0	—	n/a	106,114
	統合型需要管理（IDM）による需要抑制	MW	379	◎	410	595	365	106,111
	内部エネルギー効率性	GWh	15.0	◎	19.4	28.9	45.0	106,113
顧客中心主義	顧客サービス指標	指数	88.7	✕	86.6	86.8	85.6	96
オペレーションの改善	正常な計画外能力創出（UCLF）	％	10.00	✕	12.61	12.12	7.97	89,91
	制約条件による計画外能力創出（UCLF）	％	—	—	1.63	3.41	—	
	基礎的計画外能力創出（UCLF）	％	—	—	10.98	8.71	—	
	エネルギーの利用可能性要素（EAF）	％	80.0	✕	75.13	77.65	81.99	
	1分以内のシステム停止事象の合計時間	分	3.40	◎	3.05	3.52	4.73	89,93
	システムの平均停電時間指数（SAIDI）	時間	45.0	◎	37.0	41.9	45.8	
供給資本の強化	自社及び委託先発電容量	MW	100	◎	120	261	535	117
	既設送電線	Km	770.0	◎	810.9		631.0	117,123
	自社及び委託先送電容量	MVA	3790	◎	3790	3580	2525	
	新建設の発電容量マイルストーン（Medupi, Kusile 及びIngula）	日数の偏差	30.00	✕	48.90	43.48	n/a	117
既存施設の環境負荷の削減	関連のある微粒子排出量	kg/MWh	0.36	◎	0.35	0.35	0.31	128
	1キロワット時送電あたりの水使用量	L/kWhSO	1.39	◎	1.35	1.42	1.34	128,129
石炭の輸送及び道路から鉄道への移送計画の実行	石炭の道路から鉄道への移送	Mt	11.48	◎	11.58	10.12	8.50	141
財務持続可能性の保証	発電コスト（減価償却費を除く）	R/MWh	453.40	✕	541.92	496.24	374.19	153
	利子負担	倍	1.18	✕	0.65	0.27	3.27	155
	負債比率（長期準備金を含む）	倍	2.17	◎	2.21	1.96	1.69	
	負債合計に対する営業フリーキャッシュフロー（FFO）	％	9.11	◎	9.21	8.55	15.06	

第 29 章　エスコム（Eskom Holdings SOC Limited）

優れたスキルの習得（ルート合計ないし新しい登録数）	従業員の福利厚生費合計に占める訓練支出	%	5.00	◎	7.87	—	—	100
	エンジニア	人数	2007	⊜	1962	2144	2273	
	技術者	人数	780	◎	815	835	844	
	職人	人数	2619	✖	2383	2847	2598	
	青年プログラム	人数	5000	✖	4325	5701	5159	
社会経済的貢献の最大化	現地調達	%	52.0	◎	54.6	80.2	77.2	148
	広範囲な黒人の参加促進（B-BBEE）を順守している企業からの調達	%	75.0	◎	93.9	86.3	73.2	
	黒人青年所有企業からの調達	%	1.0	◎	1.0	1.0	—	
	雇用機会の均等—障害者	%	3.00	⊜	2.99	2.59	2.49	151
	上級経営者における人種間の平等、すなわち、上級経営者に占める黒人従業員の割合	%	61.0	⊜	59.5	58.3	53.9	
	上級経営者における男女同権、すなわち、上級経営者に占める女性従業員の割合	%	30.0	⊜	28.9	28.2	24.3	
	専門職及び中間管理職における人種の平等、すなわち、上級経営者に占める黒人従業員の割合	%	71.0	◎	71.2	69.6	65.7	
	専門職及び中間管理職における男女同権、すなわち、上級経営者に占める女性従業員の割合	%	36.0	⊜	35.8	34.6	32.4	

出所：Eskom 2014a, pp.26-28 から引用。

par.3.10））。

【図表 29-8】は、Eskom のステークホルダーの一覧表である。これにより、多種多様なステークホルダーと関係をもっていることが分かる。また、【図表 29-9】は、ステークホルダーとの多様なエンゲージメントの方法が示されている。本報告書の 54 頁では、【図表 29-8】と【図表 29-9】の内容を踏まえて、各ステークホルダーとの主たるインターラクションの方法が明示されている。たとえば、政府、議会、省庁及び規制当局というステークホルダー集団に対しては、「1 対 1 ミーティング」、「議会ポートフォリオ委員会へのプレゼンテーション」、「委員会会議」、「Eskom ウェブサイト」、「報告書」、「年間定例会合」、「業界団体・タス

第3群　Ⅱ型（結合型）、Ⅲ型（独立型）及びⅣ型（Web・動画活用型）の事例

【図表29-8】　ステークホルダー一覧表

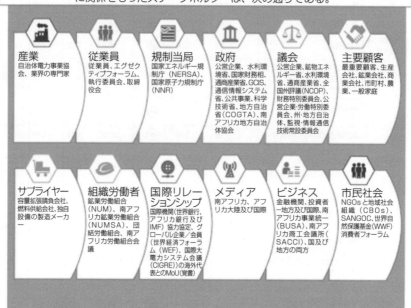

出所：Eskom 2014a, p.52 から引用。

クチーム」、「サイト訪問・公聴会」、「月次、四半期及び半期の会合」、及び「コミュニティ・エグゼクティブフォーラム」をインターラクションとして挙げている。これ以外のステークホルダーとして、「借入先、投資者及び顧客」、「サプライヤーと契約業者」、「Eskom の経営者、従業員、及び労働組合によって代表される従業員（組織労働者）」、「事業グループ、市民社会及び非政府組織」、及び「業界の専門家、アナリスト、研究者及びメディア」が取り上げられており、それぞれについてインターラクションの方法が示されている。

このように、Eskom の統合報告書は、指導原則の「C　ステークホルダーとの関係性」のベストプラクティスをなす。

【図表 29-9】　ステークホルダー・エンゲージメント

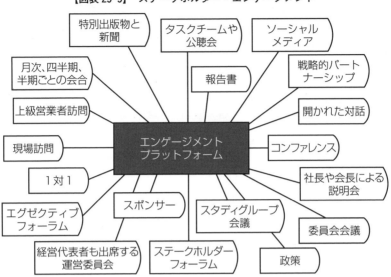

出所：Eskom 2014a, p.53 から引用。

(6) 保証報告書

　Eskom は、【図表 29-10】のような保証報告書を添付しており、KPMG サービス有限責任会社（KPMG Services Proprietary Limited）から、選択されたサステイナビリティ重要業績指標について合理的な保証（reasonable assurance）を受けている。この保証報告書は、国際監査・保証基準審議会（IAASB）から公表された ISAE3000（「国際保証業務基準 3000-過去財務情報の監査又はレビュー以外の保証業務」）に基づいて、保証業務が実施されている。

第3群　Ⅱ型（結合型）、Ⅲ型（独立型）及びⅣ型（Web・動画活用型）の事例

【図表29-10】　サステイナビリティ保証報告書

サステイナビリティ保証報告書

本報告書で設定されたサステイナビリティに関する重要業績指標は、ステークホルダーにとって重要課題に関する実績を測定する。これらの重要業績指標は、Eskom の内部報告ガイドラインでサポートされている GRI G3 ガイドラインに準拠して作成されている。

King Code は、サステイナビリティ報告や開示が独立して保証されるべきであると提唱している。KPMG サービス有限責任会社は、本報告書の付録 A と B で「RA」と記されたサステイナビリティに関する選択された重要指標に対して、合理的な保証を提供している。

取締役会は、統合報告書の作成やプレゼンテーションに当グループの意見を反映させており、国際統合報告フレームワークバージョン 1.0 に準拠して表示されているとの結論を下した。

取締役会は、統合報告がグループ全体の統合された実績について公平な表示を提供しており、以下の組み合わされた保証プロセスに沿って、取り扱われている重要項目の完全性や、提示されたデータや情報の信頼性を取り扱う項目の信頼性を適切に考慮しているものと考えている。

直筆サイン　　　　　　　　　直筆サイン
MC Matjila　　　　　　　　　 TBL Molefe
暫定代表取締役社長　　　　　財務担当取締役
2014 年 5 月 29 日　　　　　 2014 年 5 月 29 日

Eskom Holdings SOC Limited の取締役に対する選択されたサステイナビリティ情報に関する独立保証報告書

当社は、以下で記述した選択されたサステイナビリティ情報について合理的な保証業務を実施し、2014 年 3 月 31 日決算期の Eskom Holdings SOCLimited (Eskom) の 2014 年度統合報告書（以下、「本報告書」と略す）に記載している。本業務は、サステイナビリティ報告において豊富な経験を持つ健康、安全、環境及び保証の専門家を含む、多くの学問領域にわたるチームによって実施された。

主要事項

当社は、次の重要業績指標について、グローバル・レポーティング・イニシアティブ (GRI) の G3 ガイドラインに準拠して、合理的な保証を提供することを求められており、付録 A（重要業績指標）や付録 B（その他の業績指標）で「RA」という記号で明示している。
・技術業績変数（14 項目）
　（項目は省略）
・環境業績変数（12 項目）
　（項目は省略）
・社会業績変数（20 項目）
　（項目は省略）
・経済変数（13 項目）
　（項目は省略）

取締役の責任

取締役は、GRI G3 ガイドラインに準拠して、サステイナビリティ情報の選択、作成及び表示に責任を負っている。サステイナビリティ業績に関する取り組みや、不正及び誤謬による重要な虚偽表示がない報告書の作成に係る内部統制の設計、実施及び維持に対する責任には、ステークホルダーや、ステークホルダーの要求及び重要課題の識別が含まれる。

当社の独立性及び品質管理

当社は、国際会計士倫理基準審議会が発行した職業会計士の倫理規程（独立性や、完全性、客観性、専門的能力及び正当な注意義務、機密性と専門的行動の基本原則に基づく他の要件を含む）に準拠している。

KPMG サービス有限責任会社は、国際品質管理基準 (ISQC 1) に従い、包括的品質管理システム（倫理規程、職業基準及び適用される法規制の遵守に関する文書化された方針や手続きを含む）を採用している。

当社の責任

当社の責任は、取得した証拠資料に基づいて、選択されたサステイナビリティ情報に対し意見を表明することにある。当社は、国際監査・保証基準審議会が公表した国際保証業務基準 (ISAE3000：過去財務情報の監査又はレビュー以外の保証業務) に準拠して、保証業務を実施している。本基準は、選択されたサステイナビリティ情報に重要な虚偽表

第 29 章　エスコム（Eskom Holdings SOC Limited）

示の有無について合理的な保証を得るための業務を計画立案し、実行するよう求めている。
ISAE3000 に準拠した合理的な保証業務は、選択されたサステイナビリティ情報や関連する開示の定量化を図るために、証拠資料を取得するための手続きを実施することを必要とする。選定された手続きの性格や時期及び範囲は、不正又は誤謬による重要な虚偽表示のリスク評価を含む保証業務実施者の判断に依存する。このようなリスク評価を行う際に、当社は、Eskom の選択されたサステイナビリティ情報の作成に関連した内部統制を検討した。合理的な保証業務は、次の 3 項目も実施する。
（省略）
当社の業務は、次の 5 つの証拠資料収集手続きを含む。
（省略）
当社は、取得した証拠資料が意見表明のための基礎を提供するのに十分かつ適切であると考える。

意見
当社の意見では、2014 年 3 月 31 日決算期の選択されたサステイナビリティ情報は、あらゆる重要事項について、GRI G3 ガイドラインに準拠して作成されている。

その他の事項
本報告書は、次の指標について合理的な保証を提供している。当社は、これらの重要業績指標について、過年度に保証を提供するよう求められていない。
（14 項目の指標は省略）
当社の報告書は、本報告書で開示されている将来の業績計画及び / または戦略に関連するいかなる開示及び表明には適用されない。
Eskom ウェブサイトのメンテナンスと保全性は、Eskom 経営者の責任である。当社の手続きは、これらの事項を考慮に入れておらず、Eskom ウェブサイトの最初の表示日以後に生じた本報告書の情報ないし当社の独立保証報告書のいずれかの変更について、一切の責任を負わない。

責任の制限
当社の業務は、当社の業務条件に基づいて、Eskom の取締役への選択されたサステイナビリティ情報に対し意見を表明できるようにすることであり、それ以外の目的はない。当社は、当社の業務、本報告書、及び当社が表明した意見について、Eskom 以外の第三者に対して責任を負わない。
KPMG サービス有限責任会社
直筆サイン
Per PD Naidoo　　　　　HG Motau
取締役　　　　　　　　　取締役
ヨハネスブルグ　　　　　ヨハネスブルグ
2014 年 5 月 29 日　　　　2014 年 5 月 29 日

出所：Eskom 2014a, pp.180-184 から加筆・修正の上、引用。下線部は、筆者が加筆・修正。

5　当該企業の統合報告の特徴点など

　Eskom の報告体系は、web 開示が主体であることが明らかとなった。独自のナビゲーションアイコンを報告書で多用することで、様々な項目との相互関係を理解しやすくしている点で、指導原則の「B　情報の結合性」を高めようとする工夫がなされているといえる。
　また、同社のビジネスモデルを図表化することで、簡潔に重要な情報が分かりやすく表示されている。6 つの資本概念の IIRC の定義の説明と、戦略目標と 6 つの資本概念との関連性をマトリックスで示すなど、基礎概念の「C　資本」項

第3群　Ⅱ型（結合型）、Ⅲ型（独立型）及びⅣ型（Web・動画活用型）の事例

目の説明を行っている点で珍しいケースであった。多様な KPI が採用され、その目標値と実績値や、到達度が分かりやすく表示されている好事例であった。

　さらに、ステークホルダーとの関係性については、主要なステークホルダーを明示するとともに、彼らとのインタラクションの方法が明示されていた。KPMG サービス有限責任会社から選択されたサステイナビリティ重要業績指標について合理的な保証を受けていた。このことは、指導原則の「F　信頼性と完全性」に関係する部分である。

《主要参考文献》

Eskom Holdings SOC Limited 2014a, *Integrated Report 2014*, Eskom.
Eskom Holdings SOC Limited 2014b, Eskom website, 〈http://www.eskom.co.za/Pages/Landing.aspx〉、2014 年 9 月 23 日アクセス．
Eskom Holdings SOC Limited 2014c, *Annual financial statement 2014*, Eskom.
Eskom Holdings SOC Limited 2014d, *The Eskom supplementary and divisional report*, Eskom.
Eskom Holdings SOC Limited 2014f, *The Eskom Foundation report*, Eskom.
Eskom Holdings SOC Limited 2014g, *The Eskom Factor report*, Eskom.
Eskom Holdings SOC Limited 2014h, *The Eskom interim integrated report for the six months ending 30 September 2013*, Eskom.
IIRC 2013, International 〈IR〉 Framework, IIRC website, 〈http://www.theiirc.org/wp-content/uploads/2013/12/13-12-08-THE-INTERNATIONAL-IR-FRAMEWORK-2-1.pdf〉、2014 年 9 月 20 日アクセス．(『国際統合報告 フレームワーク　日本語訳』、IIRC website, 〈http://www.theiirc.org/wp-content/uploads/2014/04/International_IR_Framework_JP.pdf〉、2014 年 9 月 20 日アクセス。)

索　引

[A–G]

AA1000 ·· 161, 174
AA1000 Accountability Principles (2008)
　·· 343
AA1000AS (AA1000 Assurance Standard, 2008) ··············· 49, 52, 84, 316, 320, 340
AA1000SES 基準 ······································· 324
AA1000 保証基準 ·· 84
AA1000 シリーズ ······································ 159
AccountAbility ············· 49, 52, 84, 260, 320
AEGON 社 ··· 317
B Corporation ·· 52
Black Sun 社 ······························· 274, 318, 341
Ceres ··· 161
Ceres-ACCA 北米ベスト・サステナビリティ報告書賞 (Best Sustainability Report for the Ceres-ACCA North American Awards for Sunstainability Reporting)
　·· 162
CLP Holdings Limited ···························· 126
COP（Communication on Progress）········ 78
CPAS（Canadian Public Accountability Statement） ··············· 146, 162, 174
CSR 情報 ··· 230
CSR 報告書 ··· 203
Deloitte Touche ·· 48
Det Norske Veritas ··································· 259
Emerging Integrated Reporting Database
　·· 318
Ernst & Young ······ 48, 159, 174, 235, 320, 321
ESG 情報 ··· 227
FSA（Danish Financial Statements Act）
　·· 77
G20 ··· 265
G3 Sustainability Reporting Guideline
　（GRI の G3 ガイドライン）····· 85, 233, 322, 324
Global Reporting Initiative（GRI）
　······································· 85, 125, 260, 322
Globe Forum ··· 162
GRI G4 ·· 340, 343
GRI（Global Reporting Initiative）
　······································· 85, 125, 260, 322
GRI ガイドライン ······································· 85
GRI の G3 ガイドライン（G3 Sustainability Reporting Guideline）······· 85, 233, 322, 324

[H–N]

high assurance（高位の保証）····· 49, 52, 320
HSBC 社 ·· 188
IAASB（International Auditing and Assurance Standards Board）·········· 49, 52
IFAC（International Federation of Accountants）····································· 49, 52
IIRC（International Integrated Reporting Council）······································ 46, 159, 341
IIRC の国際＜IR＞フレームワーク ········· 275
IIRC のパイロット・プログラム
　······································· 160, 194, 227
IIRF（International Integrated Reporting Framework）······························· 86, 231
Integrated Reporting ································· 46
International Standard on Assurance Engagements 3000 : Assurance Engagements other than Audits or Reviews of Historical Financial Information ····························· 49, 52, 320
＜IR＞の信頼性保証 ···································· 51
ISAE3000 ························ 49, 52, 265, 316, 320
ISO14064 ·· 159, 174
KPMG ························· 48, 159, 174, 235, 340
LEED ··· 161
limited assurance ································· 49, 52
moderate assurance ····························· 49, 52
MoU ··· 86
National Australia Bank（NAB）··········· 325

377

索引

Net Balance 社 ·················· 52, 340
New Economics Ltd 社 ················ 161
Novo Nordisk A/S ·················· 74
Novo Nordisk Way ·················· 80

【O-U】

One Report（ワンレポート）······ 75, 272, 277
PricewaterhouseCoopers（監査法人 PwC）
  ············· 46, 48, 58, 84, 125, 179, 188, 235, 265
reasonable assurance ··············· 49, 52
Robert Eccles 教授（Harvard Business School）
  ································ 52
Sarbanes Oxley 法 ··················· 77
Solstice Consulting ················ 161
Stockland 社 ······················ 341
TBL アプローチ ······················ 90
The Crown Estate ············· 178, 179
UN PRI（United Nations Principles for Responsible Investment）········· 78
Unilever N.V. ·················· 57, 58, 70
Unilever plc ··················· 57, 58, 70
Unilever 社 ························ 56

【数】

ⅠA 型（アニュアルレポート活用型）
  ························ 46, 47, 50, 51
ⅠB 型（サステナビリティレポート活用型）
  ···························· 46, 47, 51
Ⅱ型（結合型）················ 46, 47, 272
3つの防衛ライン（Three Lines of Defence）
  ································ 349
ⅢA 型（独立型・統合報告書の名称を使用）
  ······························ 46, 47
ⅢB 型（独立型）············· 46, 47, 316
4大監査法人 ························ 48
Ⅳ型（Web・動画活用型）·········· 46, 47

【あ】

アーム（ARM Holdings plc）········ 109, 110
アウトプット ···················· 87, 231
アクゾノーベル公開会社 ··············· 273

イメージデータ ······················ 319
インフォグラフィックス ··············· 187
インフォグラフィックスの効果 ········· 192
インプット ··················· 30, 87, 231
インベスターリレーションズ
  （Investor Relations）·············· 46
英国1961年国王王領地法 ············· 179
英国2006年会社法 ·············· 57, 123
英国議会 ······················ 179, 188
英国国王王室財産 ··················· 179
英国勅許公認会計士協会 ········· 192, 193
エスコム（Eskom Holdings SOC Limited）
  ································ 359
欧州委員会規制 No. 809/2004 ········ 228
王立登録会計士協会（Royal NIVRA）
  ····························· 316, 320
オーストラリア報告賞コミュニケーションと
  サステナビリティ報告私的部門特別賞
  ································ 326
オーストラリア報告賞サステナビリティ報告賞
  ································ 326
覚え書 ···························· 86
オランダ民法第2編第9章 ············· 57

【か】

会計検査院長 ·················· 179, 188
会計責任 ·························· 9
外部環境 ·························· 31
外部監査法人 ······················ 320
外部保証 ·························· 84
仮想的な合併会社 ·················· 57, 70
価値観 ··························· 198
価値創造プロセス ·············· 198, 231
価値創造要因 ······················ 198
ガバナンス（B）
  ············· 31, 40, 67, 94, 119, 144, 196, 282
環境・社会・ガバナンス（ESG）········ 317
環境資本 ·························· 125
環境パフォーマンス ············· 80, 82
関係資本 ·························· 125
簡潔性 ······················· 32, 233

索　引

監査 ････････････････････････････････ 320
機会の富（Wealth of Opportunity）･･････ 337
企業価値の評価 ････････････････････ 15
企業サイクル ･･･････････････････ 126, 129
企業責任報告書 ･･･････････････････ 110
基礎概念 ･･････････････････････ 28, 359
基礎利益（Underlying Profit）･･･････ 340
基本原則（guiding principles）･･･････ 375
キャッシュ・アーニング（Cash earnings）
　･････････････････････････････････ 324
業績 ･･･････････････････････････ 43, 196
国別納税額の一覧 ･････････････････ 265
グルネル２法 ･･･････････････････････ 229
グローバル・サステナビリティ報告賞
　（the Globe Sunstainability Reporting Award）
　･････････････････････････････････ 150
経営者による説明 ･･･････････ 192, 194, 203
経営理念 ･･･････････････ 60, 62, 66, 113, 198
経済・社会報告書 ･････････････････ 229
啓蒙活動 ･･････････････････････････ 83
原型フレームワーク（Prototype Framework）
　･････････････････････････････････ 142
原則主義 ････････････････････････ 236
原則主義アプローチ ･･････････････ 25
現代建設（Hyundai Engineering & Construction）
　･････････････････････････････････ 206
限定合理性 ･･････････････････････ 11, 51
限定付き外部独立保証 ･･･････････ 338
限定的保証 ･･･････････････ 49, 52, 84, 235
限定（的）保証（limited assurance）
　･･････････････････ 49, 52, 84, 235, 320, 324
限定的保証業務 ･･･････････････ 188, 265, 267
高位の保証（high assurance）･･････ 49, 52, 320
合理的保証（reasonable assurance）
　･･････････････････････････････ 49, 52, 320
合理的保証業務 ･･･････････････････ 267
コーポレート・ガバナンス報告書 ･････ 77
コーポレート・ブランド ･････････････ 57
国際会計士連盟（International Federation
　of Accountants；IFAC）･･････ 49, 52, 320
国際監査・保証基準審議会（International
Auditing and Assurance Standards
Board；IAASB）･････････････ 49, 52, 320
国際統合報告評議会（International
Integrated Reporting Council；IIRC）
　･････････････････････････････ 44, 274
国際統合報告フレームワーク ･･････ 86
国際保証業務基準3000：歴史的財務情報の
　監査またはレビュー以外の保証業務
　（International Standard on Assurance
　Engagements 3000；Assurance
　Engagements other than Audits or
　Reviews of Historical Financial
　Information）（国際保証業務基準3000：歴
　史的財務情報の監査またはレビュー以外の
　保証業務）･････････････････ 49, 52, 320
国連グローバル・コンパクト ･･････････ 78
国連グローバル・コンパクト報告書 ････ 77
国連責任投資原則 ･････････････････ 78
個人投資家 ･･････････････････････ 319

［さ］

最低生活賃金支払企業（Living Wage Employers）
　プログラム ･････････････････････ 160
財務・社会・環境報告書 ･･･････････ 81
財務資本 ･･････････････････････････ 125
財務情報 ･･･････････････････････････ 9
作成と表示の基礎 ･･････････ 44, 94, 206, 241, 282
サステナビリティ報告書 ･･････････ 229
サソール（SASOL）･･･････････････ 302
資源配分 ･････････････････････････ 31
自主的開示 ････････････････････ 276
市場の場所 ･･････････････････････ 120
市場の方向性 ････････････････････ 120
持続可能な金融機関ネットワーク GABV
　（Global Alliance for Banking on Values）
　････････････････････････････････ 160
持続的成長経済 ････････････････････ 5
実施考慮要素 ･･･････････････････ 39
実績（F）･･･････ 31, 144, 242, 283, 303, 360
指導原則 ････････････････････････ 32
資本（C）････････････････････ 29, 359

索　引

使命とビジョン ……………………………… 30
社会責任報告 ………………………………… 5
社会パフォーマンス …………………… 80, 82
従業員の労務情報 ………………………… 265
重要性 …………………………… 32, 85, 221
重要性テスト ……………………………… 85
重要性と簡潔性
　…… 336, 340, 345, 348, 350, 351, 353, 355, 357
首尾一貫性 ……………………… 328, 332, 355
首尾一貫性と比較可能性 ………………… 32
主要業績評価指標（KPI） …………………… 114
情報の簡潔性 ……………………………… 327
情報の結合性（B） … 32, 87, 237, 340, 355, 359
正味収益剰余金 …………………………… 166
正味剰余金 …………………………… 183, 185
将来志向 ………………………… 328, 332, 337
将来情報 …………………………… 272, 275
新経済規制法 ……………………………… 217
進捗状況 …………………………………… 121
人的資本 …………………………………… 125
信頼性 ……………………………… 235, 350
信頼性と完全性（F） …… 32, 95, 206, 242, 360
スチュワードシップ …………………… 237
ステークホルダー・エンゲージメント
　……………………………………… 74, 237
ステークホルダー対応性 ………… 328, 355
ステークホルダーとの関係性
　………………………… 32, 94, 233, 303, 360
製造資本 …………………………………… 125
成長推進要因 ……………………………… 114
成長の好循環 ………………………… 66, 67
政府系特殊法人 ……………………… 179, 185, 190
世界同時金融危機 ……………………… 277
責任表明書 …………………………… 37, 184
説明責任 …………………………………… 20
戦略 ……………………… 31, 62, 66, 114, 196
戦略(的)焦点と将来志向 … 32, 232, 345, 348
戦略と資源配分（E）
　………… 42, 144, 206, 241, 283, 302, 355, 359
戦略報告書（Strategic Report） ………… 123
組織概要と外部環境（A） …………… 40, 144

組織に対する価値創造 …………………… 28

[た]

大規模事業における社会的責任の報告 …… 77
他者に対する価値創造 …………………… 28
ダノン・グループ（Groupe Danone） …… 227
多様性報告書 ……………………………… 78
短期的意思決定 …………………………… 16
チェックリスト項目 ……………………… 39
知的資本 …………………………………… 125
中位の保証（moderate assurance）
　………………………………… 49, 52, 320
中小会社 …………………………………… 190
長期的意思決定 …………………………… 17
勅許状 ……………………………………… 194
テクニカル・アプローチ ………………… 2
デンマーク財務諸表法 …………………… 77
問い合せ形式 ……………………………… 39
統合経営 …………………………………… 21
統合思考 ……………………………… 21, 25
統合報告 (integrated reporting) …… 2, 46, 126
統合報告革命 ……………………………… 4
統合報告書 ………………………………… 123
統合報告書の記述構成要素 ……………… 37
統合報告書の信頼性保証 ………………… 320
統合報告書の表現技術 …………………… 36
統合報告書の表現形態 …………………… 36
統合保証 …………………………………… 52
投資決定有用性 …………………………… 14
トータル貢献報告書 ……………………… 179
独立保証報告書 ……………… 179, 188, 320
取締役会の着席位置一覧 ………………… 187
トリプル・ボトム・ライン（TBL） …… 5, 80
トリプル・ボトム・ライン・マネジメント
　……………………………………………… 81
トリプル・ボトム・ライン報告書 ……… 76

[な]

内部統制システム ………………………… 235
内容要素（content elements） ……… 37, 275
内容要素「F 実績」 ……………………… 95

ナチュラ（NATURA）……………94
二元上場会社 …………57, 58, 69, 70
年次報告書 ……………………111
ノボ・ノルディスク　ウェイ ………80
ノボ・ノルディスク　ウェイによる経営
　……………………………87
ノボ・ノルディスク株式会社 ………74

[は]

パイロット・プログラム ………86, 95
バランスト・スコア・カード(BSC) …89, 238
パワーバランス ………………187
バンクーバー・シティ貯金信用組合グループ
（Vancouver City Savings Credit Union；
Vacity）……………………160
非営利会社 ……………………190
非財務情報 ……………………9
非財務情報の保証業務 ……………52
ビジネス報告リーダー・フォーラム ……341
ビジネスモデル（C）
　……………30, 41, 66, 144, 282, 302, 359
非上場会社 ……………………190
ビジョン ………………61, 62, 66
標準配列構造 …………………38
ファシリテーター ………………88
ファンクショナル・アプローチ ………2

フィッシャー＝ステーゼル ………14
フランス金融市場庁一般規則 ………229
プロダクト・ブランド ……………57
ブンデス(BNDES(The Brazilian Development
Bank)) ……………………144
ペトロブラス（PETROBRAS S.A.）…241
報告境界 ………………………33
保証基準 …………………52, 320
保証業務 …………………51, 320
保証報告書 ……………………198

[ま]

マシサ（MASISA S.A.）…………282
見通し（G）…………31, 43, 196, 241, 283
免責事項（safe harbor statement）
　…………………272, 275, 276

[ら]

リーマンショック ………………277
リスクと機会（D）
　…………31, 42, 206, 241, 282, 303, 336, 355
リスク防衛ライン ………………335
レビュー ………………………320

[わ]

ワンレポート（one report）……75, 272, 277

執筆者紹介

＜責任編集者＞

古賀 智敏（こが ちとし）　【執筆担当】第1章、第2章、第3章、第4章

1973年、神戸大学大学院経営学研究科修士課程修了
1976年、イリノイ大学経営大学院修了（MAS取得）
現在、東海学園大学経営学部教授、神戸大学名誉教授、元同志社大学商学部・特別客員教授
経営学博士（神戸大学）
日本知的資産経営学会会長（2011年～現在）
国際会計研究学会会長（2011年～2014年）
あらた監査法人基礎研究所研究員（非常勤）

　主な研究業績として、『情報監査論』同文舘、1990年（日本公認会計士協会より「日本公認会計士協会学術賞」を受賞）；『デリバティブ会計』森山書店、1996年（日本会計研究学会より「太田・黒澤賞」を受賞）；『デリバティブ会計（第2版）』森山書店、1999年；『会計基準のグローバル化戦略』（共著）森山書店、1999年；『価値創造の会計学』税務経理協会、2000年；『ブランド資産の会計』（監訳）東洋経済新報社、2004年；『知的資産ファイナンスの探求』（共編著）中央経済社、2007年；『知的資産の会計』東洋経済新報社、2005年；『グローバル財務会計』森山書店、2011年；『知的資産の会計（改訂増補版）』千倉書房、2012；『日本語と英語で学ぶ企業分析入門』千倉書房、2014年などがある。Emerald Group Publishing Limitedより2007 Highly Commended Awardを受賞。

＜編著者＞

池田 公司（いけだ こうじ）　【執筆担当】第9章、第23章、第26章

1987年、神戸大学大学院経営学研究科博士課程前期課程修了
現在、甲南大学経営学部教授
経営学博士（神戸大学）
システム監査技術者（経済産業省）
公認会計士試験委員（平成24年度～平成27年度、監査論担当）

　主な研究業績として、『知的資産の監査』中央経済社、2009年（日本内部監査協会より「青木賞」を受賞）；『電子情報開示のフロンティア』（共著）中央経済社、2007年；『ITのリスク・統制・監査（日本監査研究学会リサーチシリーズⅦ）』（共著）同文舘、2009年；「知識情報型市場経済におけるIT監査の理論展開」『会計プログレス』第8号（日本会計研究学会）、2007年、1-22頁；「デリバティブの公正価値測定における内部統制・監査上の問題」国際会計研究学会年報、2009年、61-73頁；「時価測定における内部統制・監査上の問題」『企業会計』第61巻第7号、2009年、31-37頁；「IFRS公正価値測定と監査人の判断形成」『會計』第180巻第

5 号、2011 年、42-56 頁；「統合報告における信頼性保証のあり方」『現代監査』第 23 号（日本監査研究学会）、2013 年、50-57 頁などがある。

＜著　者＞

沖野　光二（おきの　こうじ）【執筆担当】第 8 章、第 10 章、第 13 章、第 17 章、第 18 章、第 22 章
1999 年、神戸商科大学大学院経営学研究科博士後期課程単位取得、修士（経営情報科学）（神戸商科大学）
現在、兵庫大学共通教育機構准教授

　主な研究業績として、「英国財務報告制度の将来像の新たな展開：英国 ASB 財務報告公開草案（草案 FRS100, 101, and 102）を手掛かりとして」『国際会計研究学会年報』2011 年度第 2 号、2012 年、75-91 頁；「電子化時代における簿記研究の拡張可能性：電子商取引に象徴されるデジタル財の認識・測定とその周辺」『日本簿記学会年報』第 28 号、2013 年、119-126 頁、「英国 2006 年会社法（戦略報告書及び取締役報告書）2013 年規則（SI 2013/1970）」『国際商事法務』Vol.41/No.12、2013 年、1769-1778 頁などがある。

島永　和幸（しまなが　かずゆき）【執筆担当】第 5 章、第 7 章、第 12 章、第 15 章、第 19 章、第 21 章、第 24 章
2003 年、神戸大学大学院経営学研究科博士課程後期課程修了、神戸大学博士（経営学）
現在、神戸学院大学経営学部准教授

　主な研究業績として、「人的資本の本質的特性と使用権モデルに基づく新しい認識アプローチの探究」国際会計研究学会年報、2013 年度第 1 号、2014 年、73-89 頁；「人的資本の公正価値評価と税制上の論点と課題」神戸学院大学経営学論集、第 9 巻第 2 号、2013 年、51-75 頁；「人的資本の資産性と公正価値測定：サティヤム・コンピュータ・サービス社の事例を中心として」会計プログレス第 8 号、2007 年、63-75 頁などがある。

戸田　統久（とだ　もとひさ）【執筆担当】第 25 章、第 29 章
2009 年、神戸大学大学院経営学研究科博士課程後期課程修了、神戸大学博士（経営学）
現在、近畿大学経営学部准教授

　主な研究業績として、「知的資産レポーティングの構造と展望」『會計』第 175 巻第 5 号、2009 年、127-139 頁；「知的資産情報開示の現状と課題：レポーティング・アプローチを中心に」『商経学叢』第 58 巻第 2 号、2011 年、327-350 頁などがある。

付　馨（ふ　けい）【執筆担当】第14章、第16章、第27章、第28章
2009年、神戸大学大学院経営学研究科博士課程後期課程修了、神戸大学博士（経営学）
現在、公立鳥取環境大学経営学部准教授
　主な研究業績として、「知的資産情報開示決定の動的メカニズムと知的資産情報の役割：知識創造型企業の視点から」『會計』第172巻第3号、2007年、131-142頁；「超インフレ経済下における財務報告」（『国際会計基準と日本の会計実務』第31章所収）同文舘出版、2009年；「地球温暖化問題へのわが国の産業界の対応実態評価」（共著）『鳥取環境大学紀要』第8号、2010年、123-130頁；「中小企業の業種による低炭素化への取組み状況調査研究」（共著）『鳥取環境大学紀要』第9号・第10号合併号、2012年、49-69頁などがある。

島田　佳憲（しまだ　よしのり）【執筆担当】第6章、第11章、第20章
2012年、神戸大学大学院経営学研究科博士課程後期課程修了、神戸大学博士（経営学）
現在、東京理科大学経営学部講師
　主な研究業績として、『自社株買いと会計情報』中央経済社、2013年；「自社株買い公表前における利益数値制御に関する実証研究」『経営財務研究』第31巻第2号（日本経営財務研究学会）、2011年、76-92頁；「利益目標達成と研究開発費の裁量行動」『日本知的資産経営学会誌』創刊号（日本知的資産経営学会）、2014年、106-126頁などがある。

責任編集者・編著者・著者との契約により検印省略

| 平成27年5月1日 | 初版第1刷発行 |
| 平成28年9月1日 | 初版第2刷発行 |

統合報告革命
ベスト・プラクティス企業の事例分析

責任編集者	古 賀 智 敏
編 著 者	池 田 公 司
著 者	沖 野 光 二
	島 永 和 幸
	戸 田 統 久
	付 　 　 馨
	島 田 佳 憲
発 行 者	大 坪 嘉 春
製 版 所	美研プリンティング株式会社
印 刷 所	税経印刷株式会社
製 本 所	牧製本印刷株式会社

発行所　〒161-0033　東京都新宿区下落合2丁目5番13号　株式会社　税務経理協会

振替　00190-2-187408
FAX (03) 3565-3391
電話 (03) 3953-3301（編集部）
　　 (03) 3953-3325（営業部）
URL http://www.zeikei.co.jp/
乱丁・落丁の場合は，お取替えいたします。

Ⓒ 古賀智敏・池田公司・沖野光二・島永和幸・戸田統久・付馨・島田佳憲 2015
Printed in Japan

本書の無断複写は著作権法上での例外を除き禁じられています。複写される場合は，そのつど事前に，㈳出版者著作権管理機構（電話03-3513-6969,FAX03-3513-6979, e-mail : info@jcopy.or.jp）の許諾を得てください。

JCOPY ＜㈳出版者著作権管理機構　委託出版物＞

ISBN978－4－419－06191－3　C3034